D1943272

Kohlhammer

Georg-Hinrich Hammer

Nur ein stilles Verdienst?

Frauen als karitative Avantgarde im 19. Jahrhundert

Verlag W. Kohlhammer

Ellen, Sonja, Sabine
gewidmet

1. Auflage 2022

Gesamtherstellung: W. Kohlhammer GmbH, Stuttgart

Print:
ISBN 978-3-17-042216-2

E-Book-Format:
pdf: ISBN 978-3-17-042217-9

Inhalt

Nur ein stilles Verdienst?

Ein Verdienstorden für Frauen Anfang des 19. Jahrhunderts? 1814 entschloss sich der preußische König Friedrich Wilhelm III. zu diesem revolutionären Schritt. Er zeichnete eine Reihe von Frauen mit dem „Luisenorden" aus. Sie erhielten ihn für ihre Hilfstätigkeit in den Frauenvereinen des ersten Befreiungskrieges. Diese öffentliche Auszeichnung widersprach dem bis dahin geltenden Schweigen zu den Verdiensten von Frauen. An der repräsentativen Spitze der Frauen in Preußen stand Prinzessin Marianne, nach dem Tod der Königin Luise erste Frau im Staat. Einen Tag nach der Ordensverleihung machte der Adjutant ihres Mannes ihr nachdrücklich deutlich ***„wie bei Frauen nur ein stilles Verdienst sein dürfe – kaum reden dürfte man von ihnen"***. Sehr beeindruckt hielt sie diese kritische Bewertung der öffentlichen Auszeichnung in ihrem Tagebuch fest.[1] Die Haltung des Adjutanten entsprach der noch lange verbreiteten gesellschaftlichen Einstellung gegenüber der Tätigkeit von Frauen. Sie bildete die Begleitmusik gerade auch zu ihrem karitativen Engagement weit über die Zeit der Befreiungskriege hinaus.

Dem „stillen Verdienst" korrespondiert das „stille Wirken", das den Frauen für ihre karitative Tätigkeit[2] – analog zur ihrem stillen Wirken im Haus[3] – bescheinigt wurde. Im Fokus öffentlicher Würdigungen stand *„das Leben und Wirken der ausgezeichnesten Staatsbeamten, Krieger, Literatoren und wohlverdienten Privatmänner"*.[4] Dieser Auffassung folgend hat sich die Geschichtsschreibung lange Zeit auf die Darstellung militärischer, politischer und wirtschaftlicher Tätigkeit fokussiert. Wohltätigkeit und später Wohlfahrt waren in der Darstellung entschieden nachrangig trotz der Bedeutung, die sie für das Leben von

---

1 Prinzessin Marianne von Preußen in ihrem Tagebuch am 20.8.1814 in: Wilhelm Baur: Prinzeß Wilhelm von Preußen, geborene Prinzeß Marianne von Hessen-Homburg. Ein Lebensbild aus den Tagebüchern und Briefen der Prinzeß, Hamburg 1886, S. 193; ders.: Geschichts- und Lebensbilder aus der Erneuerung des religiösen Lebens in den deutschen Befreiungskriegen, 1. Bd., 4. Aufl., Hamburg 1884, S. 144.

2 U. a. Eduard Reis: Mainzer Silhouetten u. Genrebilder. Ein Panorama des heutigen Mainz, Mainz 1841, S. 111, Digitalisat dilibri Rheinland-Pfalz, Stadtbibliothek Mainz 2018; Wolfgang Schmidt-Scharff: Geschichte des Frankfurter Frauenverein 1813–1913, Frankfurt a. M. 1913, S. 122; Dora Eschenburg: Der Frauenverein von 1813 während der ersten 100 Jahre seines Bestehens, Lübeck 1913, S. 8; in Berlin unterstützte ein „Stiller Verein" von Frauen die Armen der „Jesuskirchengemeinschaft" (Die Wohlfahrtseinrichtungen von Groß-Berlin, hg. v. d. Zentrale für private Fürsorge, 4. Aufl., Berlin 1910, S. 26).

3 Amélie Sohr: Frauenarbeit in der Armen- und Krankenpflege, Daheim und im Auslande. Geschichtliches und Kritisches, Berlin 1882, S. 1.

4 Oesterreich's Pantheon. Gallerie alles Guten und Nützlichen im Vaterlande, hg. v. einer Gesellschaft vaterländischer Schriftsteller, 1. Bd., Wien 1830, Titelunterschrift.

vielen Menschen hatten. Selbst Hanna Arendt benutzt für Rahel Levin, die sich in Berlin und Prag 1813 für die Versorgung von Verwundeten aller Nationen einsetzte, abwertend den Begriff „Wohlfahrtsdame".[5] Die mangelnde Anerkennung hatte immer wieder erhebliche Folgen: Die Arbeit des 1813 gegründeten Berliner „Weiblichen Wohltätigkeits-Vereins" erforderte 30 Jahre lang ein stetes Ringen mit den Behörden. Die Regierung ging sogar mit einem Rede- und Veröffentlichungsverbot gegen die Gründerin vor, um die öffentliche Darstellung des sozialen Elends zu verhindern. Immer wieder konnten die jungen karitativen Frauengenossenschaften der katholischen Kirche nur gegen den Widerstand von Bischöfen, Generalvikaren und Pfarrern ihre kirchenrechtliche Anerkennung erreichen. Gelegentlich war diese nur mit Protektion oder List zu erlangen. Nach dem Tod selbst besonders wirkungsstarker Gründerinnen mussten die Ordensgemeinschaften auf die Seligsprechung viele Jahre warten. Erst 300 Jahre nach der Gründung der „Barmherzigen Schwestern" wurde Louise de Marillac durch Pius XI. 1934 heiliggesprochen. Doch der von ihr begründete Orden wurde nicht nach ihr, sondern nach ihrem „geistlichen Vater" Vincenz von Paul benannt. Rosa Flesch, die Gründerin der Genossenschaft der Waldbreitbacher Franziskanerinnen, musste noch während ihres Lebens in ihrem Orden eine förmliche „damnatio memoriae" erleiden. Einer ihrer Biographen kommt sehr zurückhaltend zu dem Ergebnis, dass ihr *„ein schon fast bedauernswertes – oder positiv formuliert beneidenswertes Nichtbeachtetsein zuteil wurde."*[6] Regine Jolberg, Gründerin der evangelischen Schwesternschaft von Nonnenweier, wurde von Theologen angezeigt und musste ihre Kindergartenarbeit deswegen zeitweise unterbrechen. Während der Revolution 1848/49 in Baden geriet sie durch antireligiöse Gegner in Lebensgefahr. Unverblümt kritisch äußerte sich auch Otto von Bismarck über die Rolle von Vereinen und Frauen. Für ihn waren *„alle Vereine"* – dabei zielte er neben den *„politischen"* besonders auf die *„kirchlichen"* – *„als Werkzeuge zum* ***Angreifen*** *und* ***Zerstören*** *des Bestehenden sehr wirksam zu verwenden, aber nicht zum Bauen und Erhalten."*[7] Ausdrücklich wandte er sich gegen das Engagement von *„Damen"* in der Inneren Mission.[8] Da blieb nicht einmal „das stille Verdienst" übrig.

In der großen diakonischen Bewegung der Inneren Mission hatten die Frauen ganz im Gegensatz zu ihrem praktischen Anteil am Handeln zumeist nur eine „stille", nachgeordnete Position. Weder im Centralausschuß noch unter den 62 „Agenten" für die einzelnen deutschen Staaten und Provinzen findet sich in den ersten Jahren eine einzige Frau.

5 Hanna Arendt: Rahel Varnhagen. Lebensgeschichte einer deutschen Jüdin aus der Romantik, München 1975, S. 185.

6 Hans-Joachim Kracht (Hg.): Rosa Flesch. Leidenschaft für die Menschen, Bd. 2 Dokumente, Trier 2006, S. 30.

7 Otto von Bismarck: Gedanken und Erinnerungen, Bd. 3 Erinnerung und Gedanke, Stuttgart u. Berlin 1919, S. 21.

8 Ebd., S. 17.

Die mangelnde Würdigung der sozialen, karitativen und sozialpolitischen Leistungen von Frauen blieb nicht auf reaktionäre Regierungen, Behörden, linke Revolutionäre und konservative Kirchenvertreter beider Konfessionen beschränkt. Sie kann sich auch mit einer scheinbar emanzipatorisch-kritischen Beurteilung der Rolle der Frau als „Helferin“ verbinden. Maria Juchacz hatte 1919 für die Gründung der Arbeiterwohlfahrt als dem sozialdemokratischem Wohlfahrtsverband im Parteiausschuss der SPD bei manchen Parteivertretern Skepsis und Widerstand zu überwinden. Deren Interesse richtete sich auf die öffentliche Wohlfahrtspflege. Die freie Wohlfahrtspflege war für sie entschieden nachrangig und doch hatten bis zu diesem Zeitpunkt schon zahlreiche sozialdemokratische Frauen jahrelang engagierte Sozialarbeit und wertvolle Hilfstätigkeit während und nach dem Ersten Weltkrieg geleistet. Auch noch 1979 sah sich Susanne Miller gezwungen, manchen Parteigenossen kritisch vorzuhalten, dass sie *„verkennen ... welch enorme Bedeutung dieser Arbeit zukam angesichts der brennenden Not jener Jahre der Nachkriegszeit, der Inflation, der Wirtschaftskrisen.“*[9]

Der Beitrag der Frauen zur Entwicklung einer karitativen und sozialen Zivilgesellschaft wurde und wird teilweise noch heute herablassend betrachtet. Ihr Anteil am Entstehen der Hilfeinstitutionen, die wir als selbstverständliche Elemente unseres gesellschaftlichen Systems ansehen, ist weitgehend in Vergessenheit geraten. Lediglich ihre Bedeutung als Pflegende und Erziehende insbesondere als Diakonissen und Ordensschwestern wurde gelegentlich gewürdigt.[10] Als Ergebnis einer selektiven Erinnerungskultur wird die Vorgeschichte unseres Sozialstaates jedoch überwiegend verbunden mit Namen von Männern wie Fliedner, Wichern, Kolping, Ketteler, Bodelschwingh und in der Sozialgesetzgebung mit Bismarck. Dagegen befindet sich die Aufarbeitung der Geschichte der ersten karitativen Vereine, der Gründerinnen und Leiterinnen sozialer Institutionen noch in den Anfängen. Selbst in den führenden evangelischen oder katholischen Lexika berichten nur wenige Artikel von diesen Frauen. Das außerordentlich umfangreiche karitative Wirken von Carola von Wasa und Augusta von Sachsen-Weimar zum Beispiel wird in ihnen nicht erwähnt. Auch die Gründungen jüdischer Stifterinnen und die Arbeit jüdischer Frauenvereine fanden bisher zu wenig Beachtung. Das Deutsche Rote Kreuz feierte im

9 Miller: Marie Juchacz, S. 9.

10 Dazu u. a.: Amélie Sohr: Frauenarbeit in der Armen- und Krankenpflege, daheim und im Auslande, Geschichtliches und Kritisches, Berlin 1882; Wilhelm Hohn: Barmherzige Schwestern vom heiligen Karl Borromäus 1652–1900, Trier 1900; Hermann Schauer: Frauen entdecken ihren Auftrag. Weibliche Diakonie im Wandel eines Jahrhunderts, 2. Aufl., Stuttgart 1962; Ursula Foertsch: Nächstenliebe war ihr Werk. Bedeutende Frauen in der sozialen Arbeit, Stuttgart 1975; Frauen gestalten Diakonie, hg. v. Adelheid M. von Hauff, Stuttgart, Bd. 1: Von der biblischen Zeit bis zum Pietismus, 2007; Bd. 2: Vom 18. bis zum 20. Jahrhundert, 2006.

Januar 2021 sein 100-jähriges Jubiläum, ohne in der offiziellen Stellungnahme die vor 1921 geschehene Geschichte der Zusammenschlüsse der deutschen Rot-Kreuz-Organisationen zu erwähnen. Immerhin gab es ab 1879 das „Zentralkomitee der deutschen Vereine vom Roten Kreuz". Doch diese Vereine wurden überwiegend von Frauen getragen. Für die Anfänge der Rot-Kreuz-Arbeit in Deutschland wird auf Pfarrer Ulrich Hahn und seinen württembergischen Sanitätsverein von 1863 verwiesen. Nicht erwähnt wird jedoch der „Badische Frauenverein" von 1859, der die Idee Dunants aufnahm und aus dem die erste Rot-Kreuz-Schwesternschaft hervorging. Nicht erwähnt wird die von Henri Dunant inspirierte Gründung des „Vaterländischen Frauenvereins" 1866 in Berlin, bei der Dunant anwesend war.

Der Versuch einer stärkeren Würdigung karitativer Tätigkeit von Frauen im 19. Jahrhundert muss sich jedoch auch mit einer Reihe von kritischen Fragen auseinandersetzen.

Dies betrifft zunächst die Rolle der Fürstinnen, allen voran die Rolle von Prinzessin Marianne von Preußen. Ihr Name stand unter dem Spendenaufruf an die Frauen im preußischen Staat, sie nahm Geld- und Materialspenden entgegen und besuchte gelegentlich Lazarette. Sie wurde zum Prototyp der wohltätigen Fürstin. Im Laufe des 19. Jahrhunderts wurde es geradezu zu einer Stereotype, Fürstinnen als wohltätig zu beschreiben. Zumeist war das persönliche Engagement der Fürstinnen sehr begrenzt und beschränkte sich auf die Wahrnahme repräsentativer Rollen. Das erschwert eine angemessene Würdigung der einzelnen Fürstinnen. Insofern scheint die heutige Zurückhaltung, das karitative Wirken von Fürstinnen zu würdigen oder überhaupt zu erwähnen, zunächst verständlich. Es stellt sich die Frage, ob eine Würdigung überhaupt angemessen erscheint. Die Fürstinnen stützten mit ihren karitativen Aktivitäten das monarchisch-feudale Herrschaftssystem. Dadurch, dass sich die Darstellung der Tätigkeit der Frauen in den Befreiungskriegen auf Prinzessin Marianne fokussierte, trat das Verdienst der Frauen und Mädchen des dritten und vierten Standes in den Hintergrund. Der massenhafte aufopferungsvolle Einsatz von Frauen und Männern während der Befreiungskriege führte in Preußen nicht zu einer Liberalisierung oder gar Demokratisierung. Die offizielle, sorgsam erstellte Auflistung der umfangreichen Leistungen des preußischen Volkes wurde entgegen der ursprünglichen Absicht nicht veröffentlicht. Diese Zusammenstellung wäre ein schwerwiegendes Argument für den Beginn eines Demokratisierungsprozesses gewesen, den die inzwischen einsetzende Restauration verhinderte. Die Rollenwahrnahme der Fürstinnen auch im weiteren Verlauf des 19. Jahrhunderts stabilisierte auf sanfte Weise ein System, zu dem nicht nur die politische Unfreiheit des dritten und vierten Standes gehörte, sondern auch die enormen Einkommensunterschiede und die strukturelle Armut des vierten Standes und der Kleinbauern. Damit stellt sich die Frage, ob die Aktivitäten der Fürstinnen nicht nur eine punktuelle Hilfe darstellten und die nachhaltige Hilfe, die von einem demokratischen System zu erwarten war, verhinderten, zumindest verzögerten. Zu fragen ist jedoch auch, ob von Fürstinnen als „Gefangenen ihres Systems“ dennoch Wirkungen ausgingen, die Veränderungen in der Gesellschaft begünstigten.

Es fällt auf, dass bei Veröffentlichungen zur Diakonie- und Caritasgeschichte die Frauenvereine nur sehr kurz, pauschal und allein hinsichtlich ihrer Zahl als beachtenswert erwähnt werden.[11] Wenn der Nachhall der Frauenvereine so schwach war, stellt sich die Frage, was haben diese Vereine geleistet? Wie viele der zahllosen Verletzten wurden tatsächlich von den Frauenvereinen erreicht? Den Frauen fehlte jede Ausbildung und Erfahrung in der pflegerischen Versorgung von Verwundeten. In der Geschäftsführung waren sie nach der Rechtslage auf Männer angewiesen. Konnte ihre Hilfe effektiv sein? Den Frauenverein zu Wohle des Vaterlandes löste Prinzessin Marianne schon nach dem Ende des ersten Befreiungskrieges 1814 auf. Entsprechend stellten viele Frauenvereine ihre Tätigkeit ein. Sie waren oft nur einige Monate lang aktiv.
Bedeutete die Leitung von Frauenvereinen durch Frauen der bürgerlichen Oberschicht im 19. Jahrhundert möglicherweise nur die Wahrnahme einer neuen, gesellschaftlich geachteten Rolle? Zeigten die Vertreterinnen dieser feudalen Schicht des Bürgertums ein Engagement, das über die Milderung der Armut hinausging?

Welche Wirkung konnten Frauenvereine bei der „Armenpflege“[12], der Betreuung von Kindern, der schulischen Bildung von Mädchen und der Sozialarbeit erzielen – alles Tätigkeiten, für welche die beteiligten Frauen keine Erfahrung und keine Ausbildung mitbrachten? War die Motivation vieler Frauen der adligen und bürgerlichen Oberschicht wirklich eine karitative? Diese Punkte griff die Autorin Rosa Litten in der Schrift „Frauenverein in Krähwinkel“ auf.[13] Ist das satirische Bild, das diese Schrift ausmalt, vielleicht nur Spiegel der Realsatire? Könnte es nicht sein, dass insbesondere in den Frauenvereinen, die

---

11 Im Unterschied dazu die ausführliche, sozialgeschichtliche Darstellung der Frauenvereine in Dirk Alexander Reder: Frauenbewegung und Nation. Patriotische Frauenvereine in Deutschland im frühen 19. Jahrhundert (1813–1830), Köln 1998.

12 Der Begriff der Armenpflege wurde bis in die dreißiger Jahre des 20. Jahrhunderts weitgehend zum Sammelbegriff der Tätigkeiten und Einrichtungen für die Unterstützung von Armen und auch zur Vorbeugung von Armut u. a. durch Schul- und Ausbildungsmaßnahmen gebraucht; vgl. dazu Victor Böhmert: Die Armenpflege, Zimmers Handbibliothek der praktischen Theologie Bd. XI–XIV, Abt. 34, Gotha 1890; Martin Schian: Praktische Theologie, 3. Aufl., Gießen 1934, § 87, S. 336–338 u. ö.

13 Rosa Litten: Frauenverein in Krähwinkel und andere Humoresken, Berlin 1897, S. 3–62. Die Honoratiorinnen einer Kleinstadt gründen in dieser Satire einen Frauenverein. Dieser soll einen Hort für die Kinder von Arbeiterinnen einrichten. Im Mittelpunkt des Frauenvereins steht eher der gesellige Austausch als die Förderung des Projektes. Der Verein findet durch den Fortgang der Initiatorin und mit dem für die Finanzierung des Hortes veranstalteten, jedoch missglückten Bazar sein Ende.

auf äußeren, obrigkeitlichen Anstoß hin entstanden, im Laufe der Zeit Kaffee und Kommunikation wichtiger wurden als das soziale Engagement?

Im 19. Jahrhundert bildeten sich nicht nur zahlreiche Frauenvereine, sondern auch eine große Zahl von Schwesternschaften, weiblichen Genossenschaften und Ordensgemeinschaften. Oft stellten sie Kirchenvertreter vor Probleme: Wie sollte etwa ein Orden, der nicht allein die Schwestern, sondern auch den Orden zur Armut verpflichtete, ohne ökonomische Sicherheit effektive Arbeit leisten? Durfte diakonische Arbeit ökonomisch darauf bauen, dass mithilfe von Gebeten zur Finanzierung die notwendigen Spenden rechtzeitig eintreffen würden? Die besondere religiöse Ausprägung evangelischer wie katholischer Gründerinnen von Schwesternschaften konnte sicherlich so manchen Theologen und Bischof skeptisch werden lassen. Durften ihnen Schwestern anvertraut werden und die kirchliche Anerkennung ihrer Gemeinschaften ausgesprochen werden?

Die zurückhaltende Einstellung zur Gründung von Schwesternschaften war ökumenisch. Evangelische Pfarrer in größeren Städten des Rheinlandes lehnten die Anfrage Theodor Fliedners ab, in ihren Städten einen weiblichen Krankenpflegeverein zu gründen. Für einen solchen Verein bzw. eine derartige evangelische Schwesternschaft gab es kein Beispiel. War zu erwarten, dass dadurch eine zuverlässige und kompetente Krankenversorgung entstehen würde und welcher Aufwand an Zeit und Geld war nötig?

In den Frauenvereinen und Schwesternschaften sowie in den Aktivitäten Einzelner zeigte eine ganze Reihe von Frauen ein starkes persönliches Engagement. Dies hatte auch seine emotionale und religiöse Komponente. Stand dahinter, wie Hanna Arendt es für Rahel Varnhagen nahelegte, nur die Pflege des eigenen Egos? Konnte die starke emotionale Komponente ihrer Motivation zu einer wirkungsvollen Hilfe mit nachhaltiger Wirkung führen?

Neue Fragen entstanden, als der Staat sich in den letzten zwanzig Jahren des 19. Jahrhunderts genötigt sah, eine umfassendere Sozialpolitik zu entwickeln. Bis dahin waren die Kommunen für die Versorgung von Armen und mittellosen Kranken zuständig. Die Armenbehörden der Kommunen und karitative Frauenvereine sowie dort tätige Schwesternschaften hatten manchmal strittig, zumeist aber friedlich zusammengearbeitet. Ab der Mitte des Jahrhunderts wurde ihre Tätigkeit ergänzt durch eine schnell zunehmende Anzahl von männlich dominierten Vereinen der „Inneren Mission“ und entsprechenden katholischen Vereinigungen. Zusammen bildeten ihre Dienste insbesondere für Arme, Kranke und die Erziehung von Kindern ein wesentliches Element des sozialen Lebens. Ihre soziale Wirksamkeit war jedoch dadurch beschränkt, dass diese Vereine und Ordensgemeinschaften ausdrücklich auch religiöse und kirchliche Ziele verfolgten. Bismarck setzte in seiner Sozialpolitik auf staatliches Handeln. 1883 wurde das Gesetz zur Krankenversicherung beschlossen, ein Jahr später das Gesetz zur Unfallversicherung. 1889 folgte das Gesetz zur Rentenversicherung.[14] War die Arbeit missionarisch tätiger Vereine in dieses System zu integrieren oder störten sie? Symbol dieser Frage war Adolf Stoecker, zugleich Hofprediger, Leiter der Berliner Stadtmission, eines besonders aktiven Vereins der Inneren Mission, und Abgeordneter des Reichstages. Bismarcks scharfe Kritik an kirchlichen Vereinen zielte nicht zuletzt auf Stoecker und die Berliner Stadtmission. Die religiös-missionarische Ausrichtung Stoeckers und der Inneren Mission störte seinen Politikansatz. Er verstand seine Sozialpolitik zwar als *„praktisches Christentum"*[15], war jedoch darauf angewiesen, mit konfessionell unterschiedlichen, konfessionslosen und antikirchlichen Kräfte seine Politik zum Erfolg zu bringen. Er befürchtete einen Einfluss Stoeckers auf die kommende Kronprinzessin und Kaiserin, wenn diese sich für die Protektion karitativer Vereinstätigkeit im Sinne Stoeckers gewinnen ließe. Mit oder ohne „Damen" an der Spitze entwickelte sich in Deutschland ein spannungsreiches Verhältnis zwischen freier, „privater", zumeist konfessionell geprägter sozialer Tätigkeit und staatlicher Sozialpolitik. Beide Elemente sahen sich durch die viele Menschen bedrückende soziale Lage herausgefordert. In dieser Situation stellten sich zahlreiche Frauen mit persönlicher Initiative, durch Vereine und Schwesternschaften der Not entgegen.

---

[14] Vgl. dazu Otto von Bismarcks „Rede über die Sozialpolitik der Regierung vom 9.1.1882, in: Fürst Bismarcks gesammelte Reden, hg. v. Valentin von Bismarck, Bd. 3, S. 119–134.

[15] Gesammelte Reden, Bd. 3, S. 125.

Die Not

Steigende Verarmung gehörte schon zu Beginn des 19. Jahrhunderts zur gesellschaftlichen Entwicklung in Deutschland. Doch die Aufmerksamkeit für den Pauperismus setzte von Ausnahmen abgesehen erst spät ein.[1] Mit Beginn des 4. Jahrzehnts wurden erste umfassendere Darstellungen des sich ausbreitenden Pauperismus veröffentlicht. *„Die Verarmung des Landmanns ist eine Wahrheit“*[2], stellte 1831 Salomon Philipp Gans fest in seinem Beitrag *„Über die Verarmung der Städte und des Landmanns und dem Verfall der städtischen Gewerbe im nördlichen Deutschland, besonders im Königreiche Hannover.“*[3] Aus den Jahren 1831/32 stammen Gesuche an die Obrigkeit, die dörflichen Eigentumslosen im Amt Eutin betreffend.[4] Über die Situation der Tagelöhner im Großherzogtum Mecklenburg-Schwerin berichtet 1835 Christoph Friedrich Wilhelm Bollbrügge.[5]

Selbst grundbesitzende Bauern gerieten immer wieder in existenzbedrohende Lagen. Die Bauernbefreiung änderte an ihrer Situation wenig, da sie weiterhin zu Abgaben und Dienstleistungen herangezogen wurden. Auch an der Situation der Eigentumslosen änderte die Bauernbefreiung nichts. In der weitestgehend bäuerlich geprägten Situation der ersten Jahrzehnte des 19. Jahrhunderts waren es *„die großen ausgedehnten Besitzungen, die es dem kleinen Manne unmöglich machten, zu eigenem Heim und genügendem Auskommen zu gelangen“*.[6] Besonders von Armut geprägt waren die Regionen mit kargen Böden wie der Westerwald und die Rhön. Der Kulturhistoriker Wilhelm Heinrich Riehl bezeichnete in der Mitte des Jahrhunderts diese Regionen als *„das Land der armen Leute“*.[7]

Die Armut breitete sich im Zuge der Industrialisierung auch in den städtischen Zentren aus.

---

1 Vgl. Die Eigentumslosen. Der deutsche Pauperismus und die Emanzipationskrise in den Darstellungen und Deutungen der zeitgenössischen Literatur, hg. v. Carl Jantke u. Dietrich Hilger, Freiburg/München 1965.

2 In: Die Eigentumslosen, S. 83.

3 Zweiter Teil des Titels: „Versuch einer Darstellung der allgemeinen Hauptursachen dieser unglücklichen Erscheinungen und der Mittel zur Abhilfe“, in: Die Eigentumslosen, S. 83–92.

4 Philipp Lindemann: Die Eigentumslosen im Amte Eutin, 1832, in: Die Eigentumslosen, S. 57–70.

5 In: Die Eigentumslosen, S. 71–82.

6 Christian Tischhauser: Geschichte der evangelischen Kirche Deutschlands in der ersten Hälfte des 19. Jahrhunderts, Basel 1900, S. 211.

7 Wilhelm Heinrich Riehl: Die Naturgeschichte des Volkes als Grundlage einer deutschen Sozial-Politik, 1. Bd. Land und Leute, 1. Aufl., Stuttgart 1854, 10. Aufl. 1899, S . 245–290.

1843 veröffentlichte Bettina von Arnim ihr Buch mit dem programmatischen Titel „Dieses Buch gehört dem König", das sie Friedrich Wilhelm IV., dem neuen preußischen König, widmete. In dem Buch enthalten ist eine detaillierte Beschreibung der hoffnungslosen Lage einer verarmten Familie in einer Berliner Armenkolonie.[8] Doch diese Erkenntnisse bewirkten keine zeitnahen gesellschaftlichen Veränderungen.

Die Armut hatte tiefgreifende Folgen. Mangelernährung war weit verbreitet. Ende des 18. Jahrhunderts und in der ersten Hälfte des 19. Jahrhunderts kam es immer wieder zu regionalen oder überregionalen Hungersnöten (1804/5, 1816/17, 1830/31, 1836/37, 1846–48).[9] Wie verbreitet der Hunger in diesen Jahren war und mit welchen konträren Zielsetzungen die Regenten sich beschäftigten, zeigt eine Bemerkung in der Zeitschrift „Irene" aus dem Jahr 1805. Kritisch fragt der Autor G. A. von Halem: „*Wie kann ein Fürst sich zu Prachtgebäuden entschließen, ehe er sicher ist, daß in seinem Lande sich keiner hungrig schlafen legt.*"[10] In den Zeiten von regionalen oder übergreifenden Mangelernten und Hungersnöten war die Armut unmittelbar existenzbedrohend. 1816/17 verursachten Missernten und Überschwemmungen Verarmung und eine in großen Teilen Mitteleuropas verbreitete Hungersnot. Zwar wurden hierfür die außergewöhnlichen Naturereignisse verantwortlich gemacht, doch waren die Folgen von Missernten nur deswegen so verheerend, weil vorher schon größte Dürftigkeit herrschte. Trotz der sich verschärfenden Situation beließ man es bei den in den größeren deutschen Staaten im 18. Jahrhundert erlassenen Armen- und Bettelordnungen[11] und Bestimmungen zur „Armenpflege"[12], die jedoch keine durchgreifende Wirkung zeigten.

---

8 Bettina von Arnim. Werke und Briefe, 3. Bd., hg. v. Gustav Konrad, Darmstadt 1963. Die Schilderung Bettina von Arnims beruhte auf Informationen, die Heinrich Grunholzer ihr vermitteltet hatte. Dazu: Joachim Mehlhausen: Vom Elend der Almosen zur solidarischen Selbsthilfe – Wege und Ziele evangelischer Sozialarbeit im 19. Jahrhundert –, Vortrag Duisburg, Kirche und Diakonie Bank 1988, S. 3f.

9 Dazu Rheinische Blätter, Wiesbaden 1817, u. a. Nr. 88 vom 3. Juni, S. 361f. Digitalisat: digiPress Bayrische Staatsbibliothek München 2016; 17. Neujahrsblatt der Zürcherischen Hülfsgesellschaft, Zürich 1817, S. 5; ähnlich u. a. Der Katholische Frauenverein St. Barbara in Coblenz, Entstehung, Geschichte und Wirken unter besonderer Berücksichtigung des St. Barbara-Waisenhauses zur Errichtung des neuen Waisenhauses mit Kapelle am 20. Oktober 1908, Coblenz, S. 5; Daniel Römer: Die Ursprünge der Verflechtungen zwischen Pietismus und Staat auf dem Gebiet des Sozialen im Württemberg des 19. Jahrhunderts, Dissertation, Stuttgart 2012, S. 260–283; Max Rehm: Königin Katharina von Württemberg. Ihr Leben und Wirken nach Selbstzeugnissen und im Spiegel der Zeitgenossen, 1788–1819, S. 24f.; Wilhelm Janssen: Kleine Rheinische Geschichte, Düsseldorf 1997, S. 270.273f.

10 Irene. Eine Monatsschrift, hg. v. G. A. von Halem, 3. Bd., 1805 Oldenburg, S. 192f., in: Hans Kiewning: Fürstin Pauline zur Lippe, Detmold 1930, S. 159.

11 Preußen 1701 u. 1708, Bayern 1713, Sachsen 1729 u. Österreich 1754.

12 In Preußen das Edikt 1748, das eine gemeinsame Zuständigkeit von Landräten und Superintendenten, von Pfarrern und Ortsoberen für die Armenpflege festlegte, sowie das All-

Kinder, Kranke und Alte wurden von der Armut besonders hart getroffen. Ärztliche Behandlung und Pflege im Krankheitsfall sowie Pflege und Versorgung im Alter waren für Arme zumeist unerreichbar. Vorhandene Spitäler hatten den Charakter von Siechenhäusern bzw. Sterbehäusern. Das Personal war nicht ausgebildet und die Ernährung schlecht. Es fehlten Medikamente und angemessenes Verbandsmaterial und es herrschte oft eine unvorstellbare Unsauberkeit weit bis in die Mitte des 19. Jahrhunderts. Die wiederholt ausbrechenden Choleraepidemien deckten schonungslos die fehlende Krankenversorgung für die ärmere Bevölkerung auf. Bis in die Mitte des Jahrhunderts blieben die Opfer der Epidemien 1831, 1837, 1848/49 weitgehend auf die helfenden Eingriffe Einzelner angewiesen. So halfen während der Choleraepidemie 1831 in Berlin Rahel Varnhagen und Bettina von Arnim mit Kleidung, Medikamenten und Lebensmitteln.[13] Freiwillige wie Amalie Sieveking und Bettina von Arnim beteiligten sich sogar an der Krankenpflege. Doch diese punktuellen Initiativen verdeutlichten nur den generellen Mangel.

Armut und Hunger trafen besonders schonungslos die Kinder. Bettelnde, verwahrloste, unversorgte Kinder waren am Anfang des Jahrhunderts und während der napoleonischen Kriege keine Seltenheit. Sie fristeten ihr Leben auf den Straßen der Kleinstadt Detmold[14] ebenso wie auf den Straßen und unter den Brücken der Großstadt Berlin[15], im Rheinland[16] und Mitteldeutschland.[17] Die fehlende Finanzierung der wenigen für ausgesetzte oder „verwahrloste“ Kinder bestehenden Einrichtung und die mangelnde Ausbildung der Mitarbeitenden konnte die Zielsetzung geradezu pervertieren: Das Ergebnis war im Wiener „Findelhaus“, das die ausgesetzten Säuglinge aufnahm, *„eine wahrhaft*

gemeine Landrecht von 1794, das den Kommunen und Gutsbezirken die Pflicht auferlegte, Bedürftige zu versorgen und für Arbeitsangebote zu sorgen.

13 Zu Bettina von Arnim Heinz Ohff: Bettina von Arnim oder Das Genie als Hofnarr, in: ders.: Auch sie waren Preußen. 15 Lebensbilder, Berlin 1979, S. 94; zu Rahel Varnhagen: Brief an ihren Bruder Ludwig Robert vom 20.9.1831, in: Rahel. Ein Buch des Andenkens für ihre Freunde, 3. Theil, Berlin 1834, Nachdruck Rahel Varnhagen. Gesammelte Werke, hg. v. Konrad Feilchenfeldt, Uwe Schweikert und Rahel E. Steiner, Bd. 3, München 1983, S. 524.

14 Kiewning: Fürstin Pauline, S. 85f.; Karl Meyer: Die Fürstin Pauline zur Lippe und ihre Liebesthätigkeit, in: Monatsschrift für Innere Mission, hg. v. Theodor Schäfer, 21. Bd., Gütersloh 1901, S. 178.183.

15 Das Luisenstift. Geschichte seiner Gründung im Jahre 1807, Berlin 1982, Neudruck der Schrift: Geschichte des Luisenstifts bis zum Schlusse des Jahres 1808. Aus den Verhandlungen erzählt von Theodor Heinsius, Berlin 1809, S. 59: „Les enfans mendians aux coins des rues et sur les ponts ...“

16 Der Menschenfreund, Düsselthal 1848, S. 1ff. mit Rückblick auf die Situation des Jahres 1819, Text in: Quellen zur Geschichte der Diakonie, Bd. II, hg. v. Herbert Krimm, S. 138f.

17 Johannes Falk: Gesellschaft der Freunde in der Not zu Weimar, Entstehung, Ursprung und Fortgang im Jahre unseres Herrn 1813, S. 31–35, in: Quellen zur Geschichte der Diakonie, Bd. II, S. 132f.

Schauder erregende Sterblichkeit".[18] Die Teilnahme an schulischer Bildung war für die in der Landwirtschaft mitarbeitenden Kinder nur in geringsten Maß möglich. Qualifiziertere Angebote in den Städten konnten von Armen aufgrund des erhobenen Schuldgeldes nicht in Anspruch genommen werden.

Die Armut der Kinder war Ausdruck der Armut ihrer Eltern. Auch sie bettelten, waren arbeitslos oder fanden nur während der Sommer- und Herbstmonate eine gering bezahlte Beschäftigung. Bei jeder wirtschaftlichen Krise standen sie als Eigentumslose vor dem Nichts. Viele nutzten als Ausweg das Betteln oder setzten zur Ergänzung ihres geringen Einkommens ihre Kinder zum Betteln ein. Um die Zahl der nichteinheimischen Bettler zu reduzieren, entstanden menschenunwürdige Praktiken. Durch den „Wiener Schub" wurden regelmäßig am Anfang des 19. Jahrhunderts eine große Anzahl von Bettlern gewaltsam über die Grenze nach Bayern „geschoben". Die Hessen-Nassauische Regierung sah sich 1807 veranlasst, die „Bettelfähren" zu untersagen.[19] Bei dieser Praktik wurden nicht mehr gehfähige Bettler über die nächste kommunale Grenze transportiert, um der Kommune, in der sie liegengeblieben waren, die Unterhaltskosten zu ersparen. Es gab Städte wie Hanau, in denen das Betteln von der Armenverwaltung organisiert wurde. Dort mussten die Armen unter Leitung des „Bettelvogtes" durch die Straßen ziehen, „um ihr Brot zu erbetteln."[20] In zahlreichen Städten gab es für Arme Zwangsbeschäftigungsanstalten, die den dort Arbeitenden nur eines Lebensunterhalt auf geringstem Niveau boten. Wer Schulden nicht bezahlen oder wiederholt bei unerlaubten Betteln angetroffen wurde, befand sich schnell und für lange Zeit im Zuchthaus.

Armut und Leiden der Bevölkerung steigerten sich durch die katastrophalen Folgen der Kriege, die ab 1795 ihre leidvollen Spuren in Deutschland und Europa hinterließen. Die Kriege hatten u. a. in Teilen des Rheinlandes (1795–1798), in Österreich (1805 und 1809), in Preußen (1806–1807, 1813–1815), in Spanien (1808–1814) in Russland (1812) und in Frankreich (1795–1815) hunderttausende von Opfern unter den Soldaten und der Zivilbevölkerung gefordert.[21] Mit dem

[18] Oesterreich's Pantheon. Gallerie alles Guten und Nützlichen im Vaterlande, hg. v. einer Gesellschaft vaterländischer Schriftsteller, 1. Bd., Wien 1830, S. 12.

[19] Vgl. Maura Böckeler: Die Macht der Ohnmacht, 5. Aufl., Mainz 1987, S. 21.

[20] Gerhard Uhlhorn: Die christliche Liebesthätigkeit, Bd. 3, Stuttgart 1890, S. 450 mit Verweis auf Victor Böhmert: Das Armenwesen in 77 deutschen Städten, Dresden 1886, Bd. 2, S. 206.

[21] Vgl. für das Rheinland die Schilderung von Böckeler: Die Macht der Ohnmacht, 5. Aufl., Mainz 1987, S. 23f. u. 43; Napoleon rechnete für seinen Russlandfeldzug mit einem Verlust von 400 000 Mann. (in: Napoleon, übersetzt u. hg. v. Heinrich Conrad, Ich der Kaiser, 3. Bd., 4. Aufl., Stuttgart o. J. [1910], S. 2), Carl von Clausewitz geht aufgrund französischer Angaben (de Chambray) von einem Verlust von 552 000 Mann aus (Sämtliche hinterlassene Werke über Krieg und Kriegführung, hg. v. Wolfgang von Seidlitz, Bd. 3, 1999, Anm. S. 69). Hansjoachim W. Koch: Die Befreiungskriege 1807–1815, 2. Aufl., Berg 1998, S. 323–

Beginn der Befreiungskriege ab 1813 wurden Nord-, Mittel- und Westdeutschland, Belgien und Nordfrankreich unmittelbar in die Kriegshandlungen einbezogen. Durchziehende Armeen in bis dahin nicht gekannter Größenordnung, zahlreiche Gefechte, kleinere und größere Schlachten forderten einen hohen Tribut. Allein von Napoleons Armee wurden im Jahr 1813 rund 400 000 Mann an Gefallenen, Verwundeten und Gefangenen Opfer der Kriegshandlungen.[22] Die Völkerschlacht bei Leipzig forderte 53 774 Tote und Verletzte auf Seiten der alliierten Russen, Preußen, Österreicher und Schweden sowie 37 000 Tote und Verwundete und 35 000 Gefangene auf französischer Seite.[23] Zahlreiche weitere Verwundete verstarben auf dem ungeregelten Rückzug der Franzosen.[24] Zu den Opfern an Menschenleben kamen quantitativ nur annähernd zu fassende materielle Belastungen, die vielen Familien die Existenzgrundlage raubte und ganze Landstriche auszehrte. Die Soldaten aller Kriegsparteien, später auch die Verletzten und Gefangenen waren zu ernähren.[25] Das galt für Russland, Polen, Preußen, Sachsen ebenso wie für kleinere Staaten wie das Großherzogtum Sachsen-Weimar-Eisenach oder das Fürstentum Lippe-Detmold sowie die von Frankreich annektierten rheinischen Gebiete.[26] Durchziehende Heere hinterließen insbesondere im feindlichen Gebiet eine breite Schneise verwüsteten Landes. Große Teile der Ernten mussten 1813–15 für sie aufgewandt werden.[27] Auf den Schlachtfeldern gingen die Dörfer in Flammen

325.337–340 summiert die Verluste nicht, kommt aber zu einem ähnlichen Ergebnis. Zu den Toten zählen auch zahlreiche Rheinbundsoldaten, insbesondere 30 000 Bayern (Koch: Die Befreiungskriege, S. 380).

22 Koch: Die Befreiungskriege, S. 398.

23 Koch: Die Befreiungskriege, S. 397. Dirk Alexander Reder: Frauenbewegung und Nation. Patriotische Frauenvereine in Deutschland im frühen 19. Jahrhundert (1813–1830), Köln 1998, S. 374f. geht für Leipzig von 115 000 Toten und Verletzten aus; Napoleon gibt die Zahl der eigenen Verluste an „*Toten, Verwundeten, Gefangenen, Ertrunkenen oder Versprengten*“ bei der Völkerschlacht von Leipzig mit 60 000 und rechnet mit einer gleichhohen Zahl bei den Gegnern, in: Napoleon: Ich der Kaiser, S. 161.

24 Klein: Befreiung, S. 326f.; vgl. Napoleons Bilanz: Ich der Kaiser, S. 166f.

25 Koch: Die Befreiungskriege, S. 322; Hermann Nau: Der Evangelische Frauenverein für Kleinkinder- und Nähschulen Hagen/Westf. 1815–1945, S. 18f. für die Stadt Hagen.

26 Für Napoleons Russlandfeldzug wurden allein in Preußen entschädigungslos 100 000 Pferde requiriert, so Gerd Heinrich: Geschichte Preußens. Staat und Dynastie, Frankfurt a. M. 1981, S. 298; hinzukam die Zwangsablieferung von großen Mengen an Lebensmitteln und weiteren Materialien; Heinrich von Treitschke: Deutsche Geschichte im Neunzehnten Jahrhundert, 1. Theil, 7. Aufl., 1. Teil., Leipzig 1904, S. 377 für die Auszehrung 1812 von Altpreußen (Ost- u. Westpreußen, Pommern u. Brandenburg), Ernst Müsebeck: Freiwillige Gaben und Opfer des preußischen Volkes in den Jahren 1813–1815, Leipzig 1913, S. 26 für Ostpreußen. Für Lippe-Detmold: Kiewning: Fürstin Pauline, S. 402–409; Janssen: Kleine Rheinische Geschichte, S. 271.

27 Dazu u. a. Daniel Römer: Die Ursprünge der Verflechtungen zwischen Pietismus und Staat auf dem Gebiet des Sozialen im Württemberg des 19. Jahrhunderts, Dissertation, Stuttgart 2012, S. 260.

auf.[28] Die Zahl der Verletzten, Invaliden, Witwen, Waisen, materiell schwer Geschädigten und Flüchtlinge war groß.[29] Hinzukamen die zahlreichen Opfer von Seuchen, die im Zusammenhang der Kriegshandlungen sich ausbreiteten.

Der Zustand in den Lazaretten, die oft den Namen nicht verdienten, war vielfach unbeschreiblich.[30] Insbesondere die preußische Armee war bei der Mobilmachung im Jahr 1806 nahezu unvorbereitet auf die Versorgung von Verwundeten und Kranken. Prinz Louis Ferdinand, der die Vorhut befehligte und bei dem ersten Gefecht ums Leben kam, kritisierte die Vorbereitungen scharf, insbesondere *„daß, im Augenblick des Losschlagens, ... wir nur eine Ambulanz für 200 Verwundete oder Kranke haben.“*[31] Damit waren die Verwundeten in den verlustreichen Schlachten der Jahre 1806–1807 weitestgehend ohne Hilfe. Auch 1813–15 gab es weder in Preußen noch in den anderen beteiligten deutschen Staaten ein personell und materiell angemessen ausgestattetes Lazarettwesen. Die Zahl der Militärärzte war viel zu gering und professionelle Pflegekräfte gab es nicht. Dabei verursachten die Kriegshandlungen eine hohe Anzahl an Verletzten und Kranken. Nach Ernst Moritz Arndt, der Leipzig kurze Zeit nach der Schlacht besuchte, befanden sich dort *„30.000 Kranke und Verwundete in Lazaretten, Freunde und Feinde“*.[32] Auch das in der französischen Armee bereits weiter ausgebaute Sanitätswesen war durch die hohe Zahl der Verletzten und Kranken überfordert.[33] Die Erfahrungen dieser Zeit gipfelt in dem Satz des Arztes Dr. Johann

---

28 Klein: Befreiung, S. 198f.

29 Zu der Notsituation in Preußen: Müsebeck: Freiwillige Gaben, S. 26.32.37.44.58f.76.83. 92.100; für die einzelnen preußischen Provinzen; Tim Klein: Die Befreiung 1813.1814. 1815. Urkunden, Berichte. Briefe, Ebenhausen 1913, S. 185f.198f.258 über die Leiden der Zivilbevölkerung in Deutschland u. S. 362f. in Frankreich u. S. 362f.388f.423 in Hamburg; Valentin Scherer: Preußen und seine Hauptstadt im Jahre 1813, Berlin o. J., S. 133f. für Flüchtlinge aus der Umgebung von Berlin: Wolfgang Schmidt-Scharff: Geschichte des Frankfurter Frauenverein 1813–1913, Frankfurt a. M. 1913, S. 2.12f.21 für Frankfurt; Clemens Perthes: Friedrich Perthes Leben nach dessen schriftlichen und mündlichen Mittheilungen, 1. Bd., 6. Aufl., Gotha 1872, S. 160.213.265–267 für Hamburg, S. 188f. für Preußen; ders., 2. Bd., 6. Aufl., Gotha 1872, S. 3f. für Hamburg; Gerhard Ritter: Freiherr vom Stein. Eine politische Biographie, Frankfurt a. M. 1983, S. 471 für Frankreich; Reder: Frauenbewegung, S. 45–48.

30 Klein: Die Befreiung, S. 328–331; Reder: Frauenbewegung, S. 374–381.

31 So nach der Überlieferung seines Kammerdieners Louis Uhl in: DZA, Historische Abt. II, Merseburg, H. A. Rep. 57. II. J. 11., zitiert in: Eckart Kleßmann: Prinz Louis Ferdinand von Preußen, München 1972, S. 232f.

32 Zitiert in Klein: Die Befreiung, S. 331; Wilhelm Baur: Geschichts- und Lebensbilderbaus der Erneuerung des religiösen Lebens in den deutschen Befreiungskriegen, 2. Bd., Hamburg 1884, S. 78f. schwankt zwischen 20 000 und 30 000 Verwundeten und Kranken.

33 Koch: Die Befreiungskriege, S. 325. Allein in Königsberg befanden sich beim französischen Rückzug aus Russland 12 000 Verletzte und Kranke. Für sie gab es vom Militär gestellte *„Ärzte, Wächter und Geld“* (Napoleon: Ich, der Kaiser, S. 9 u. 6). Auch nach dem Abzug sollte die Versorgung der Verwundeten damit gesichert werden. Zur Situation beim Rückzug der Franzosen nach der Leipziger Völkerschlacht zwei Berichte bei Klein: Die Befreiung,

Christian Reil: „*... in keinem Lazareth in der Welt bekämen die Kranken, was sie soll-ten.*“[34]

Für die betroffenen Zivilpersonen und entlassenen Soldaten gab es keine geregelte staatliche Unterstützung. Die schwachen staatlichen Institutionen der Armenfürsorge und des Gesundheitswesens leisteten eine bei Weitem nicht ausreichende Arbeit. Die kommunale Armenfürsorge war weder konzeptionell noch finanziell in der Lage, wirkungsvolle Hilfe zu leisten.

Die Voraussetzungen für die dringend benötigte Hilfe in dieser Situation waren schlecht: Das Kirchengut als Quelle zur Finanzierung von Hilfemaßnahmen – von „Almosen“ – war nicht mehr vorhanden. In den protestantischen Gebieten hatten die Regenten das Kirchengut zumeist schon bald nach der Reformation eingezogen. Mit der Säkularisation allen Kirchengutes nach dem Reichsdeputationshauptschluß vom 25.2.1803 wurden nun das gesamte Kirchengut der katholischen Kirche einschließlich des Ordensbesitzes und die restlichen Teile, die im Besitz evangelischer Institutionen verblieben waren, von den Staaten vereinnahmt. Davon betroffen waren auch die Teile des Kirchenguts, die für Almosen bestimmt waren: „*Das einmal für Almosen zusammengelegte und zusammengehaltene Kapital ging im allgemeinen Staatsbesitz unter; es war praktisch nicht mehr möglich, festzustellen, welche Erträge für welchen Zweck jeweils zur Verfügung standen.*“[35] Dadurch „*gerieten die Almosen ins Elend*“[36] und konnten dem Elend nicht mehr abhelfen.

Sozialpolitisch waren erste Schritte im 18. Jahrhundert unternommen worden. Das „Allgemeine Landrecht für die preußischen Staaten“ aus dem Jahr 1794 verwies die Zuständigkeit für die Armenfrage an die Kommunen. Entsprechende Regelungen wurden in weiteren deutschen Staaten nach und nach getroffen.[37] Damit änderte sich für die Betroffenen wenig. Es wurde bald klar, dass in der so geregelten Armenversorgung „*einige* Lükken“ klafften, wie ein

S. 326f. Johannes Falk: Gesellschaft der Freunde in der Not zu Weimar, Entstehung, Ursprung und Fortgang im Jahre unseres Herren 1813, S. 31f., in: Quellen zur Geschichte der Diakonie, hg. v. Herbert Krimm, Bd. 2, S. 131.

34 Wiedergegeben im Brief Rahel Levins vom 20. 4. 1813 an Varnhagen, in: Rahel Varnhagen, Gesammelte Werke hg. v. Konrad Feilchenfeldt, Uwe Schweikert und Rahel E. Steiner, Bd. 2: Rahel. Ein Buch des Andenkens für ihre Freunde, 2. Theil, Berlin 1834, Nachdruck 1983, S. 92.

35 Mehlhausen: Vom Elend der Almosen, S. 8; vgl. auch Alfred Kall: Katholische Frauenbewegung in Deutschland, Paderborn, München, Wien, Zürich 1983, S. 40 u. Johann Hinrich Wichern: Die Innere Mission der deutschen evangelischen Kirche. Eine Denkschrift an die deutsche Nation, Sämtliche Werke, Bd. I., hg. v. Peter Meinhold, Berlin u. Hamburg 1962, S. 195.

36 Mehlhausen: Vom Elend der Almosen, S. 8.

37 U. a. in Baden Organisationsedikt von 1809 und Reskript über das Armenwesen 1810.

Mitglied der Central-Armen-Kommission der Stadt Mainz 1823 einräumte.[38] Die Armenkommissionen der Kommunen und ähnliche Gremien setzten sich ausschließlich aus Männern zusammen. Die äußerst begrenzte Wirkung ihrer Arbeit hatte nicht allein darin ihren Grund, dass die zu verwaltenden Mittel viel zu gering waren. Die wirkliche Nähe zu den Problemen der Armut bei ihren Mitgliedern dürfte sehr unterschiedlich gewesen sein. Angesichts der verhängnisvollen Folgen der Choleraepidemie in Berlin kritisierte Rahel Varnhagen 1831 die Oberschicht scharf wegen ihrer Untätigkeit und schlägt einen radikalen Wandel in der Besetzung der Armenverwaltung vor: *„Überhaupt sollten* ***Frauen*** *das Armendirektorium sein; tausend Witwen, und brave Frauen giebt's dazu"*. Die Männer seien nur als *„Sergeanten ... zu Zwang, und Hilfe"* einzusetzen.[39] Es kann zudem bezweifelt werden, dass alle Mitglieder der Armenverwaltung ein Interesse hatten, an der Lage der Armen etwas zu ändern. Eine auskömmliche Lohngestaltung konnte den Wohlstand der Vermögenden schmälern. Eine menschenwürdige Versorgung von mittelosen Kranken und Pflegebedürftigen hätte zu höheren Abgaben für die Wohlhabenden geführt. Ein Teil der Mitglieder dieser Gremien setzten sich aus wohlhabenden Honoratioren zusammen.[40] Ähnliches galt für die männlich zusammengesetzten Gesellschaften, die den Betrieb von Armeneinrichtungen übernommen hatten. Der erfahrene Diakoniker Uhlhorn kritisierte, dass trotz der ansteigenden Armut in der „Armenpflege" durch die Kirche, die Kommunen und die halböffentlichen *„Armenverbände"* die Beteiligten nur den *„alten Schlendrian"* fortsetzten.[41] Nüchtern stellte Wichern 1848 fest, dass *„der Staat und die Communalbehörden mit der Philanthropie vergeblich sich bemüht, der Noth zu steuern"*.[42] Hinzukam, dass in den ersten Jahrzehnten des Jahrhunderts die staatlichen wie die privaten Finanzen weitestgehend erschöpft waren. Lediglich vermögende Fürsten hatten noch finanziellen Spielraum für wohltätige Stiftungen. Zuvor reiche Kaufleute oder wohlhabende Handelsstädte fielen als Gründer von großzügigen Stiftungen weitgehend aus. Die von Napoleon gegen England verhängte Kontinentalsperre hatte den Handel der Hansestädte fast ganz zum Erliegen gebracht. Die kriegsbedingten Lasten schädigten die Wirtschaft der mit Napoleon verbündeten und der ihm feindlichen deutschen Staaten schwer. Kleinere Fortschritte in der Gewerbefreiheit und die wirtschaftliche Verbundenheit mit Frankreich in den annektierten Gebieten schufen bei weitem keinen Ausgleich dafür. Selbst Vermögende verarmten. Die durch die Gesellschaftsstruktur bedingten Armut in Stadt

---

[38] Jakob Neus: Die allgemeine Armenversorgungsanstalt in der Stadt Mainz, Mainz 1823, S. 93, Digitalisat dilibri Rheinland-Pfalz, Stadtbibliothek Mainz 2019.

[39] Brief an ihren Bruder Ludwig Robert vom 20.9.1831, in: Rahel. Ein Buch des Andenkens für ihre Freunde, 3. Theil, S. 524, im Original Hervorhebung gesperrt.

[40] Uhlhorn: Die christliche Liebesthätigkeit, Bd. 3, S. 449.

[41] Uhlhorn: ebd., S. 449f.

[42] Wichern: Die Innere Mission, Sämtliche Werke, Bd. I., hg. v. Peter Meinhold, Berlin u. Hamburg 1962, S. 195.

und Land hatte noch lange Bestand: Im Jahr 1870 veröffentlichte der Vorstand des „Evangelischen Frauen-Vereins zu Coblenz" einen dringenden Unterstützungsaufruf für „*Witwen, Waisen und Kranke*". Er begründete sein Vorgehen damit, dass „*die allgemeine städtische Armen-Verwaltung durchaus nicht in der Lage ist, alle Bedürfnisse unserer armen evangelischen Mitglieder zu befriedigen.*"[43]

[43] Jahres-Bericht des Evangelischen Frauen-Vereins zu Coblenz pro 1870, Digitalisat des Landesbibliothekszentrums Rheinland-Pfalz 2012.

Erste Initiativen gegen die Not

Frauen eröffneten am Anfang des 19. Jahrhunderts einen neuen gesellschaftlichen Prozess, der die Gesellschaft veränderte. Schon im Mittelalter und der frühen Neuzeit wurden karitative Einrichtungen auch von Frauen gegründet. Jahrhundertelang bot die Pflegetätigkeit weiblicher Orden eine auf Erfahrungswissen gegründete Hilfe. Sie kam im 16. Jahrhundert mehr und mehr auch in den katholisch bleibenden Gebieten zum Erliegen. In den evangelischen Ländern fand sie durch die Auflösung der Klöster ein abruptes Ende. Die oft engagierte diakonische Tätigkeit evangelischer Pfarrfrauen – sie versorgten Kranke und Arme mit Suppe, kümmerten sich um Flüchtlinge, richteten bei Epidemien Notkrankenhäuser ein[1] – konnte diese Lücke nicht ausfüllen. Hospize und Spitäler bestanden in evangelischen Städten weiter, verfügten jedoch über kein qualifiziertes Personal und standen schnell in einem schlechten Ruf. Die Armen erhielten durch die kommunale Armenverwaltung geringste Unterstützung oder erhielten in den Arbeitshäusern der Städte Löhne oder Lebensmittel auf niedrigstem Niveau. Auf dem Land waren sie weitestgehend sich selbst überlassen.

Für die Frauen der herrschenden Dynastien spielte die Förderung der Wohltätigkeit nur am Rande eine Rolle. Der Drang zur Prachtentfaltung nach französischem Vorbild bestimmte das höfische Leben und die Interessen der Herrschenden bis in die ersten Jahrzehnte des 19. Jahrhunderts. Dennoch ergriffen einzelne dieser Frauen ungewöhnliche karitative Initiativen. Zu ihnen gehörte Maria Anna von Pfalz-Sulzbach (1722–1790). Als Frau des Herzogs Clemens Franz, der den Hofkriegsrat leitete, erarbeitete sie sich eine einflussreiche Position am bayerischen Hof. Im Jahr 1770 schuf sie eine umfangreiche Stiftung zugunsten der Errichtung eines „Findelhauses" und der Erziehung ausgesetzter Kinder in München. Sie setzte sich damit einer tiefgreifenden Kontroverse aus. Gegner sahen in dem Vorhaben eine Begünstigung von unmoralischem Lebenswandel und eine Vergeudung von Geld.[2] Befürworter verwiesen wie Maria Anna auf das Leid der „*unschuldigen*" Kinder und die Gefahr der Tötung von unehelich geborenen Kindern. 1784 konnte das Findelhaus die

---

1 Dazu Georg-Hinrich Hammer: Geschichte der Diakonie in Deutschland, Stuttgart 2013, S. 96–100.185f.; ders., Das Pfarrhaus als „öffentliches Hospitium". Beispiele für seine diakonische Bedeutung im 16. und 17. Jahrhundert, in: Diakonie im reformierten Protestantismus. Vorträge der 11. Internationalen Emder Tagung zur Geschichte des reformierten Protestantismus, hg. v. Matthias Freudenberg u. J. Marius J. Lange van Raavensway, Göttingen 2018, S. 87–97.

2 Münchner Intelligenzblatt, 1780, S. 986, Digitalisat MDZ München 2021.

ersten Kinder aufnehmen. Es verfügte über fast 120 Plätze.[3] Wie notwendig der Betrieb des Hauses war, dokumentiert der schlechte Gesundheitszustand der aufgenommenen Säuglinge und Kinder.[4] Die ungewöhnlichste soziale Maßnahme findet sich in Maria Annas Testament, mit dem sie u. a. das „Malefikanten-Unterhalts-Fundationscapital“ schuf. Zur Todesstrafe Verurteilte, denen durch einen Gnadenakt die Todesstrafe erlassen worden war, sollten nach ihrer Freilassung mithilfe der Unterstützung des Fonds eine Arbeitsstelle finden.[5]

Erst im 19. Jahrhundert nahmen in Deutschland die Initiativen einzelner Persönlichkeiten zu, die das soziale System langsam veränderten. Bekämpfung der Armut, vielfältige „Wohltätigkeit“ und Krankenpflege wurden zum Programm zahlreicher Frauen. Aus anfänglicher kurzfristiger Wohltat wurde im Laufe des Jahrhunderts nachhaltige freie Wohlfahrtspflege.

Pauline zur Lippe (1769–1820) – Reform des Armenwesen, der erste Kinderhort, humane Psychiatrie

„*Als Mutter der Armen*“ unter den Politikern wurde die Fürstin Pauline zur Lippe 1815 in einem Zeitungsbericht bezeichnet.[6] Die erste Regentin, die sich in herausragendem Maß für soziale und karitative Ziele einsetzte, stammte aus dem kleinen Fürstentum Anhalt-Bernburg. Pauline wurde als Tochter von Luise und Friedrich von Anhalt-Bernburg 1769 geboren. Reformierte Religiosität, der Geist der Aufklärung und die früh einsetzende praktische Beteiligung an der Regierungstätigkeit ihres Vaters prägten ihre ersten Lebensjahrzehnte. Nach ihrer Heirat im Jahr 1796 mit Leopold I., Fürst zur Lippe, war sie nicht bereit, als Fürstin sich mit einer repräsentativen Rolle zu begnügen. Ihre Vorbildung befähigte sie, ihren Mann in seiner Regierungstätigkeit zu unterstützen und erste sozialpolitische bedeutsame Maßnahmen zu verwirklichen.

Den übergeordneten Leitgedanken Paulines bildete die Bekämpfung der Armut. Pauline zur Lippe setzte sich tatkräftig gegen eine Kriminalisierung der Armut ein und stellte klar, „*daß unverschuldete Armuth, unverdientes Unglück wohl ein großer Anspruch auf erhöhte Sorge, vermehrte Achtsamkeit, aber wahrlich kein*

---

3 Die Statistik weist für das Ende des Jahres 1788 eine Belegung mit 114 Kindern auf. Münchner Intelligenzblatt, 1789, S. 72, Digitalisat MDZ der BSB München 2021

4 Ebd.

5 August Rosenlehner: Art. „Maria Anna Josepha, Herzogin in Baiern“, in: ADB, Bd. 52, Leipzig 1906, S. 201.

6 Brief Paulines an Hellwing in Wien vom 25.3.1815, in dem sie die Worte der Vossischen Zeitung wiedergibt, in: Kiewning, S. 159.

Verbrechen ist“[7]. Armut und Bettelunwesen prägten die soziale Situation im Fürstentum.[8] 1792 hatte sogar das Konsistorium der obrigkeitsduldsamen Landeskirche auf den Missstand des Armenwesens hingewiesen.[9] Pauline fiel bei ihren Wegen durch Detmold und das Fürstentum die notvolle Lage der Menschen schnell auf. Zunächst nahm Pauline die aktuellsten Anregungen und Versuche zur Kenntnis, das Armenwesen zu bessern. Eine besondere Rolle spielten die Veröffentlichungen von Benjamin Thompson, des Grafen von Rumford[10], der sich in München tatkräftig der Armutsfrage angenommen hatte, und der Austausch mit der 1799 gegründeten „Zürcherische Hülfsgesellschaft“,[11] von der sie 1808 das Diplom der auswärtigen Mitgliedschaft erhielt.[12] Ihren Erkenntnisstand und ihre Vorschläge veröffentlichte sie im Jahr 1800 in der Zeitschrift „Beiträge zur Befoerderung der Volksbildung“.[13] Die Detmolder Armen wurden nach einer detaillierten Befragung ihrer Lage in vier Gruppen eingeteilt. Paulines Vorschlag entsprechend wurden die vollständig Arbeitsunfähigen auf Staatskosten versorgt.[14] Eingeschränkt Arbeitsfähigen sollten die von ihnen angefertigten Produkte zu überhöhten Preisen abgekauft werden, um ihren Lebensunterhalt zu sichern. Zusätzlich war je nach Situation eine angemessene Unterstützungsleistung vorgesehen. Für die gesunden, voll arbeitsfähigen Armen schuf Pauline eine *„große Arbeitsanstalt*“,[15] eine Einrichtung, die ihr Biograph Karl Meyer *„die Wohltat des ... freiwilligen Arbeitshauses*“ nannte, aber doch von einer Arbeitspflicht nicht weit entfernt war.[16] Männer und Frauen erhielten *„hier, Sonn- und Festtage ausgenommen, jeden Tag unentgeltlich Wärme, Licht, des Mittags Rumfordsche Suppe und anderthalb Pfund Brot, auch Arbeitsmate-*

---

7 Pauline zur Lippe: Über die Vereinigung der Wohlthätigkeits- und Strafanstalten“, Allgemeine deutsche Justiz- und Polizey-Fama, hg. v. Theodor Konrad Hartleben, 1804, Nr. 139, in: Kiewning, S. 161.

8 Hans Kiewning: Fürstin Pauline zur Lippe 1769–1820, Detmold 1930, S. 80f.

9 Kiewning: ebd., S. 81.

10 Karl Meyer: Die Fürstin Pauline zur Lippe und ihre Liebesthätigkeit, in: Monatsschrift für Innere Mission, hg. v. Theodor Schäfer, 21. Bd., Gütersloh 1901, S. 177.188; Kiewning: ebd., S. 87f.91.96; in der Literatur wird Thompson rückwirkend für diese Zeit schon Graf Rumford genannt, diesen Titel erhielt er jedoch erst später vom bayerischen König.

11 Meyer: Die Fürstin Pauline zur Lippe, S. 178.202; Kiewning: Fürstin Pauline, S. 82.87f.160f.

12 Kiewning: S. 159f.

13 Hg. v. dem Lippischen General-Superintendenten Ludwig Friedrich von Cölln; dazu Karl Meyer: Die Fürstin Pauline zur Lippe und ihre Liebesthätigkeit, in: Monatsschrift für Innere Mission, hg. v. Theodor Schäfer, 21. Bd., Gütersloh 1901, S. 177–181; Döring: Frauenbewegung, S. 17; Arand, Tobias: Fürstin Pauline zur Lippe (1769–1820), in: Frauen gestalten Diakonie, Bd. 2, S. 65f.

14 Döring: ebd., S. 20.

15 Paulines Schreiben an die Zürcherische Hilfsgesellschaft, zitiert in Döring: Frauenbewegung, S. 20.

16 Meyer: Die Fürstin Pauline, S. 180.

rial" und Lohn.[17] Das „Strafwerkhaus" war als Lösung für die arbeitsunwilligen aber arbeitsfähigen Bettler gedacht, denen bislang die Einweisung in das Zuchthaus drohte. Zur Realisierung ihrer Vorschläge wurde ein größeres Gebäude erworben, dessen Kauf die Fürstin zu zwei Drittel bestritt. 1801 wurde das Gebäude in seiner neuen Funktion mit der Bezeichnung „Pflegeanstalt" eingeweiht. In dem Gebäude wurden das seit 1781 bestehende Lehrerseminar, das 1720 geschaffene Waisenhaus, das freiwillige Arbeitshaus und ein „Krankenhaus" untergebracht. Das „Strafwerkhaus" für *„Bettler", „Trunkenbolde"* und *„schlechte Wirte"*[18] kam in dem ehemaligen Waisenhaus unter.[19] Auch die 1799 gegründete *„Frei- und Erwerbsschule"* für arme Kinder – bisher im Waisenhaus – fand nun seinen Platz in dem neuen Haus.[20] Die Fürstin zeigte ein lebhaftes Interesse an pädagogischen Fragen und informierte sich insbesondere über die Methoden von Pestalozzi. Über längere Zeit bestritt sie einen Briefwechsel mit dessen Schüler Zeller. Die Methoden Pestalozzis wollte sie jedoch nicht in Lippe übernehmen. Sie vermied es, Zeller einzuladen, der dies wohl gerne gesehen hätte, oder ihn gar anzustellen.[21] Dennoch ist ein gewisser Einfluss der pädagogischen Ansätze von Pestalozzi bei ihrem Einsatz für die Erwerbsschule und die Ausrichtung des Lehrerseminars festzustellen. Die Umstände sprechen dafür, dass die Initiative und Finanzierung für die Schule auf Pauline zurückging.[22] Zusätzlich zu dem Unterricht erfolgte in dieser Schule für zunächst 48 Kinder eine Ausbildung in Handarbeitstechniken. Die Zahl der Kinder erhöhte sich innerhalb von zwölf Jahren auf 112.[23] Von dem Verkauf der Handarbeiten erhielten die Kinder einen Anteil.[24]

In den Ämtern des Landes wurden Magazine eingerichtet für Holz und Torf zum kostenlosen Heizen sowie für Wolle und Flachs, die gegen geringes Entgelt für die Weiterverarbeitung abgegeben werden sollten. Arbeitslosen verschaffte Pauline so in den Landgemeinden Einnahmen durch Weben und Spinnen.[25] 1802 erließ sie ein Gesetz, das Vorsorge für Mangelzeiten traf und die Bauern verpflichtete, einen Anteil der Ernte bis zur nächsten aufzubewahren. In Notzeiten sollte auf diesen Teil, der nicht außer Landes verkauft werden durfte,

---

17 Paulines Schreiben an die Zürcherische Hilfsgesellschaft, zitiert in Döring: Frauenbewegung, S. 20; Meyer: Die Fürstin Pauline, S. 180f.

18 Schreiben Paulines an die Zürcherische Hilfsgesellschaft, zitiert in Döring: Frauenbewegung, S. 21

19 Meyer: Die Fürstin Pauline, S. 182; Döring: Frauenbewegung, S. 20f.

20 Meyer: Die Fürstin Pauline, S. 183–185; Döring: Frauenbewegung, S. 20f.

21 Dazu Kiewning: ebd., S. 181–203.

22 Der im Folgejahr über die Schule berichtende General-Superintendent von Cölln verweist auf *„die hohe Stifterin des Instituts"*, nennt sie jedoch nicht mit Namen. Cölln: Beiträge, 1800, 2. H., S. 92, zitiert in: Meyer: ebd., S. 183.

23 Meyer: ebd., S. 183.

24 Meyer: Die Fürstin Pauline, S. 179.

25 Meyer: ebd., S. 198; Kiewning: ebd., S. 150.

zurückgegriffen werden. Ziel war es, dadurch die für die arme Bevölkerung ruinöse Teuerung zu vermeiden.[26] Die Wirkung dieser Maßnahmen wurde jedoch durch schlechte Ernten und durch kriegsbedingte wirtschaftliche Auszehrung stark beeinträchtigt.[27] Industrieschulen sollten auch den Kindern der ländlichen Bevölkerung an ein Arbeitsleben heranführen und sie vom Betteln abhalten. Im Unterschied zu der Detmolder Erwerbsschule wurde dort jedoch kein allgemeiner Unterricht erteilt. Es ging ausschließlich um das Anlernen von Handarbeitsfähigkeiten, die Produktion derselben und deren Verkauf. Diesen Industrieschulen war kein durchgängiger Erfolg beschieden.[28] Die Lage der ländlichen Bevölkerung war durch Leibeigenschaft und verschiedene unentgeltliche Pflichtdienstleistungen gegenüber den Grundherren belastet. Entsprechend der Gesetzgebung in Frankreich, im Königreich Westfalen und kleineren Rheinbundstaaten verordnete die Fürstin Ende 1808 die Aufhebung der Leibeigenschaft zum 1.1.1809. Die Aufhebung entfaltete jedoch zunächst nur eine Wirkung auf die Bauern in Paulines eigenen Grundherrschaften, während die weiteren Grundherren erst allmählich die Befreiung vollzogen. Die wirtschaftliche Wirkung war gering, da die Dienstleistungspflichten erst mehr als zwei Jahrzehnte später ein Ende fanden.

Das „Krankenhaus" der Pflegeanstalt war Teil der neugeordneten Armenversorgung Es diente der Aufnahme kranker und arbeitsunfähiger Armer der Stadt Detmold.[29] Das Krankenhaus stand unter der Leitung des anerkannten Arztes Medizinalrat Dr. Johann Friedrich Christian Scherf und wies in den ersten Jahren nur eine geringe Belegung auf. In den ersten 11 Jahren konnten nur 27 Aufnahmen verzeichnet werden.[30] Die arme Bevölkerung stand der Einrichtung mit Vorbehalten gegenüber. Sie befürchtete, es handle sich um eine Art Sterbeeinrichtung, auch musste dort auf Branntweingenuss verzichtet werden.[31] Die räumliche Ausstattung war behelfsmäßig. Immerhin waren die Bettstellen *„einschläfrig"*.[32] Chronisch oder epidemisch Kranke wurden nicht aufgenommen. Die Akzeptanz des Hauses verbesserte sich nur allmählich. Dazu trug bei, dass von den 27 Aufgenommenen nur 8 starben und die übrigen als geheilt entlassen wurden. Die Behandlung war kostenlos und auch die Kosten der Bestattung wurden übernommen.

---

26 Meyer: ebd., S. 198.

27 Kiewning: ebd., S. 151; vgl. auch die Stellungnahme des Landtages von 1805 zur Finanzierung des Irrenhauses, zitiert in: Kiewning: ebd., S. 155.

28 Ebd., S. 147f.

29 Meyer: Die Fürstin Pauline, S. 189.

30 Kiewning: Die Fürstin Pauline, S. 146 für die Jahre 1802–1813; Meyer: Die Fürstin Pauline, S. 190.

31 Ebd., S. 191; Kiewning: ebd., S. 146.

32 Meyer: ebd., S. 190.

Im Jahr 1802 wurde die Fürstin durch einen Zeitschriftenartikel angeregt, eine Kleinkinderbewahranstalt zu gründen. Eine „*Pariser Mode*" wollte Pauline für Kinder „*bis zum vierten und fünften* Jahre" in Detmold aufgreifen.[33] Pauline hatte die Mütter in Sinn, die vor der Frage standen, entweder die Armut ihrer Familie durch den Verzicht auf Erwerbstätigkeit zu verstärken oder die Kinder unbeaufsichtigt zu lassen. Im Unterschied zu der Pariser Lösung sollten daher nicht allein Kinder lediger Mütter, sondern auch Kleinkinder von Ehepaaren aufgenommen werden. Die Aufnahme der Kinder war zunächst versuchsweise nur vorgesehen „in den Sommermonaten, während der dringendsten Zeit der Ernte", in der die Mütter außer Haus arbeiten mussten.[34] Unter der Anleitung der Aufseherin des Waisenhauses und der Oberaufsicht von Damen der Gesellschaft sollten ältere Mädchen des Waisenhauses und der Erwerbsschule die Aufgabe der „Wärterinnen" übernehmen und nach dem Ende der Schulzeit eine entsprechende Ausbildung erhalten.[35] Die Kinder „*würden bei ihrem Eintritte gewaschen, gesäubert, und wann ihr Bedürfnis es heischte, für die Zeit des Dortseins mit dazu vorrätigen, im Waisenhause, in der Erwerbsschule gefertigten Kittelchen und reiner Wäsche versehen, bekleidet, überhaupt genährt, getragen, gepflegt*" und sie „*verlebten, verspielten den Tag unter steter Aufsicht*".[36] Diese Kleinkindereinrichtung konnte schon am 1. Juli 1802 mit 12 Kindern ihre Arbeit beginnen.[37] Die Fürstin schuf damit die erste Einrichtung dieser Art in Deutschland, ein früher Vorläufer unserer Kitas. Aufgenommen wurden bis zu 20 kleine Kinder, in der Regel nach der Entwöhnung bis zu einem Alter von vier oder fünf Jahren. Im Ausnahmefall konnten sogar Säuglinge aufgenommen werden.

Als besonders schwierig erwies sich die Schaffung einer Einrichtung für Geisteskranke. Noch war es im Fürstentum üblich, bestimmte Geisteskranke im Zuchthaus unterzubringen.[38] Pauline beschäftigte sich längere Zeit mit der Planung dieses Vorhabens. Konzeptionelle Anregungen erhielt sie durch einen Aufsatz über die neue brandenburgische „Landirrenanstalt", die 1801 in Rup-

---

33 Meyer: ebd., S. 192f.; Goltz: ebd., S. 116f.; dazu Paul Philippi: Die Vorstufen des modernen Diakonissenamtes, (1789–1848) als Elemente für dessen Verständnis und Kritik, Neukirchen-Vluyn 1966, S. 51; Döring: Frauenbewegung, S. 17–19.

34 Fürstin Pauline in ihrem gedruckten Vorschlag zitiert in: Meyer: ebd., S. 193; Kiewning: ebd., S. 144 ohne Zitat „von Johanni bis Ende Oktober".

35 Meyer: ebd., S. 194; Goltz: ebd., S. 118.

36 Meyer: ebd., S. 193f.; Goltz: ebd., S. 118.

37 Pauline in einem Brief an ihren Bruder, Kiewning: ebd., S. 143; Meyer: ebd., S. 192, Anm. 1: „im Sommer 1802".

38 Meyer: Fürstin Pauline, S. 199; Wilhelm Alter: Die Fürstlich Lippische Heil- und Pflegeanstalt Lindenhaus 1811–1911, in: Festschrift zur Feier des 100jährigen Bestehens der Fürstlich Lippischen Heil- und Pflegeanstalt Lindenhaus 1811–1911, Lemgo o. J., Digitalisat der Lippischen Landesbibliothek, S. 5.

pin (heute Neuruppin) entstanden war.[39] Im Herbst des Jahres 1803 begann sie mit der Ausführung ihres Vorhabens. Sie verfasste eine schriftliche „Aufforderung und Bitte“ zu einer Landeskollekte für ein „Verwahrungs- und Genesungshaus“ und beauftragte Dr. Scherf, ein medizinisches Gutachten zu erstellen.[40] Das ermutigende Ergebnis der Landeskollekte ermöglichte später für viele Jahre die Finanzierung des Inventars.[41] Der Landtag verweigerte jedoch 1805 die Bewilligung der von Pauline beantragten Steuermittel, da eine solche Einrichtung Aufgabe der großen und reichen Staaten sei und kriegsbedingte Ausgaben notwendig werden könnten.[42] Trotzig beantwortete die Fürstin die Ablehnung des Landtags mit den Worten: *„aber die Anstalt wird darum nicht minder Statt haben und der wird sie seegnen, der sich des Kranken und leidenden Nächsten anzunehmen gebot ...“*[43] Die finanziellen Bedenken des Landtages waren nicht unberechtigt. Die dem Fürstentum als Rheinbundstaat von Napoleon auferlegten Kriegslasten hinderten die Fürstin mehrere Jahre, ihr Vorhaben umzusetzen. Die nach jahrelanger Verzögerung 1811 erfolgte Eröffnung gelang nur, weil mehrere finanziell günstige Elemente zusammenkamen: Pauline konnte einige Nebengebäude des seit 1804 leerstehenden Schlosskomplexes in Brake zur Verfügung stellen.[44] Ab 1810 erhielt sie die Hälfte der Steuern, die der Stadt Lippstadt vom Königreich Westfalen auferlegt worden waren – die Stadt wurde von beiden Staaten verwaltet.[45] Zudem sorgte Pauline aus eigenen Mitteln für den Um- und Ausbau und für einen „Betriebsfonds“. Hinzukam die Nutzung eines besonderen Finanzierungsinstruments, der „Tontine“, zugunsten der Einrichtung. Bei der Tontine handelte es sich um eine in Italien und Frankreich verbreitete Finanzierung von Wohlfahrtseinrichtungen durch verzinsliche, rückzahlbare Einlagen. Die Fürstin ließ 100 Aktien zu 50 Talern mit einem Zinsfuß von 3% ausgeben. Eine Verlosung regelte den Zeitpunkt der Rückzahlung. Mehrfach wurden die rückzahlbaren Beträge jedoch auch gespendet.[46] Es entstand eine für die Zeit vorbildliche „Heil- und Pflegeanstalt“ und eine der ersten Einrichtungen, in der es nicht mehr allein um die Verwahrung der Geisteskranken ging.[47] Die Fürstin kümmerte sich um zahlreiche Details: „... *sie verlang-*

39 Dazu Wolfgang Bender: Fürstin Pauline und die Gründung der „Irrenanstalt“ zu Brake, Vortrag 2003, Digitalisat des Nordrhein-Westfälischen Staatsarchivs Detmold, o. S. (1): der Aufsatz stammte aus „Hartlebens Justiz- und Polizeifama“ vom Oktober 1802 und war der Fürstin von einem Lippischen Amtmann zugesandt worden; Arand: Fürstin Pauline, S. 68.

40 Altner: ebd., S. 5; Bender: Fürstin Pauline, o. S. (1).

41 Altner: ebd., S. 5.

42 Beschluss des Landtages 1805, zitiert in: Kiewning; ebd., S. 155.

43 Zitiert in Kiewning: S. 155.

44 Altner: ebd., S. 5.

45 Kiewning: ebd., S. 157.

46 Meyer: ebd., S. 200; Bender: Fürstin Pauline, o. S. (2) mit Anm. 23 o. S. (5).

47 Im gleichen Jahr eröffnete im sächsischen Sonnenstein die erste reine Heilanstalt für Geisteskranke.

te die Herstellung großer Baderäume ... sie ersetzte die von Arzt und Baumeister vorgesehenen kleinen dunklen Zellräume - weil ein Aufenthalt in solchen für Geisteskranke nicht nützlich sein könne - überall durch helle luftige Räume ... sie erörtert die hohe Bedeutung eines in jeder Beziehung gut abgestimmten Milieu, sie weist darauf hin, daß selbst Mobiliar und Einrichtung der Krankenzimmer - bis zu den Fenstervorhängen! - dem Rechnung tragen muß.“[48] Die Auswahl des Personals beschäftigte die Fürstin ebenso wie die wirtschaftlichen Fragen der Einrichtung.[49] Altner bezeichnet die „Heil- und Pflegeanstalt“ daher als „*das eigenste Werk der Fürstin Pauline zur Lippe*“.[50] Nach dem Willen von Pauline sollte es um „*Heilung, Pflege und Verhütung von Selbstmord oder Unglück*“ gehen.[51] Die Anwendung körperlichen Zwanges sollte auf Ausnahmen beschränkt werden.[52] Schläge u. ä. waren untersagt. Die Praxis scheint diesen Vorgaben entsprochen zu haben.[53] Anfangs noch nicht realisiert wurde die Trennung der nach damaligen Erkenntnissen heilbaren von den unheilbaren Geisteskranken. Dieses Ziel verbunden mit einer Erweiterung des Platzangebotes konnte ab 1818 durch eine weitere Baumaßnahme erreicht werden.[54] Mit 23 Patienten war die Einrichtung 1818 an der Grenze der Belegungsmöglichkeit angelangt.[55] Ein Direktor der Anstalt würdigte die Konzeption von Pauline Jahrzehnte mit den Wort: „*Ein System, das erst viele Jahre später Wissenschaft und Praxis als das richtige und bewährte erklärten und einführten.*“[56]

Auch nach der Einweihung der Heil- und Pflegeanstalt für Geisteskranke war die Regentin mit dem für ihre Landeskinder Erreichten noch nicht zufrieden. In einem Brief an die „Zürcherische Hülfsgesellschaft“ teilte sie 1813 mit, dass sie an „*noch eine Anstalt*“ denke. Ihrer Meinung sei „*ein Aufbewahrungs- und Trennungsort für Fallsüchtige so nötig.*“[57] Die daraufhin ihr mitgeteilten Schweizer Erfahrungen überzeugten sie offenbar ebenso wenig wie diejenigen aus Eng-

---

48 Altner: ebd., S. 6.

49 Altner: ebd., S. 7: „*Aber die Fürstin interessierte sich nicht nur für die rein charitativen Fragen, sondern sie bemühte sich auch selbst für alle wirtschaftlichen Angelegenheiten ihrer Schöpfung. Sie bearbeitete den Etat und die Kostordnung der Anstalt, sie stellte die leitenden Gesichtspunkte für die ganze Wirtschaftsführung auf, sie bestimmte das Heizmaterial und die Stoffe zur Wäsche und Bekleidung.*“

50 Alter: ebd., S. 5.

51 Meyer: ebd., S. 200.

52 Altern: ebd., S. 6: *Sie wies überhaupt immer wieder darauf hin, daß alles, was an Zwang und Strafe erinnern könnte, nach Möglichkeit vermieden werden müsse.*

53 Altner: ebd., S. 7: „*Schon am Schlusse des ersten Wirtschaftsjahres war die Anstalt voll besetzt.*“

54 Bender: Fürstin Pauline, o. S. (3):

55 Eduard Meyer: Direktorialbericht über die Verwaltung der Irren-, Heil- und Pflege-Anstalt zu Brake, von der Eröffnung im Jahre 1811 bis Ende 1868, 1869, Digitalisat der Lippischen Landesbibliothek, S. 2.

56 Meyer: ebd., S. 200.

57 Meyer: ebd., S. 202.

land. Wie es scheint, hat sie eine realisierbare Konzeption einer Einrichtung für Epileptiker in der verbleibenden Zeit nicht gefunden. 1820 übergab sie die Regentschaft an ihren Sohn. Wenige Monate später starb sie im selben Jahr.

Die Fürstin hat in rund zwanzig Jahren eine sozialpolitische Gesamtkonzeption geschaffen, die in ihrem Umfang und ihrer fachlichen Qualität ohne Beispiel in ihrer Zeit war.[58] Zu den besonderen Inventionen gehörten die Kombination von Krippe und Hort in der Kinderbewahranstalt und die Schaffung der „Pflegeanstalt“ für Geisteskranke. Dabei musste sie erhebliche Schwierigkeiten und Widerstände überwinden. Schon bald nach der Übernahme der Regentschaft klagte sie über gesundheitliche Probleme.[59] Die Auseinandersetzung mit den Ständen, die bis zum Verfassungskonflikt eskalierte, die außenpolitische Lage zwischen Frankreich und Preußen und insbesondere die Katastrophe Napoleons, den sie bewunderte, griffen ihre Gesundheit in erheblichem Maße an.[60] Die wirtschaftliche Lage war infolge von Missernten und Inflation am Anfang ihrer Regentschaft und später durch Bündnis- und Kriegslasten zugunsten von Napoleon sowie die preußische Besatzung 1813–1815 beeinträchtigt.[61] Zum Gelingen ihrer Vorhaben trugen bei ihre christliche Motivation, ihr nachhaltiger Tatendrang, die konsequente Nutzung autoritärer Strukturen und ein vielfältiges, für Neues offenes Bildungsinteresse.

Die von Pauline geschaffenen Einrichtungen hatten lange Bestand und leben teilweise in veränderter Form bis heute weiter. Die „Heil- und Pflegeanstalt“ in Brake wurde im 19. und 20. Jahrhundert mehrfach baulich erweitert und konzeptionell an die neueren Erkenntnisse angepasst. Sie trug ab 1890 den Namen „Lindenhaus“ und ab 1908 führte sie die Bezeichnung „Fürstlich Lippische Heil-

---

[58] Wilhelm Liese: Geschichte der Caritas, Bd. 1, Freiburg 1922, S. 321, würdigt die „*überaus anerkennenswerte Wohlfahrtsarbeit*“ der Fürstin. Nach Döring: Frauenbewegung, S. 20, war die Bilanz von Paulines Wirken „*ein vorzüglich ineinander greifender, ganz modern anmutender Gesamtorganismus von Liebeswerken*“. Dieser entwickelte sich jedoch nicht allein aus der „*Reorganisation des Armenwesens*“. Parallel zu den ersten Schritten in der Armenfrage sandte ihr ein Mitarbeiter den Artikel über die brandenburgische „Landirrenanstalt“. Dies setzt voraus, dass ihr Interesse an dieser Frage bekannt war. Ihre Überlegungen zur Hilfe für Geisteskranke sind möglicherweise sogar älter als diejenigen zur Armenfrage. Die Geisteskrankheit ihres Mannes war bereits vor ihrer Heirat auffällig, bessert sich, brach aber in seinen letzten Jahren wieder aus. Arand: Fürstin Pauline, S. 70, hebt in seiner Würdigung die Schaffung der Anstalt für Geisteskranke hervor: „*Hier war Pauline theoretisch auf dem Stand der Zeit, in der praktischen Umsetzung den meisten deutschen Staaten hingegen weit voraus.*“

[59] Vgl. ihre Schreiben an Friedrich Christian von Augustenburg vom 11.6.1804 u. vom 7.7.1809, in: Fürstin Pauline zur Lippe und Herzog Friedrich Christian von Augustenburg, Briefe aus den Jahren 1790–1812, hg. v. Paul Rachel, Leipzig 1903, S. 233 u. 236.

[60] Kiewning: ebd., S. 391.400.405.407.

[61] Zur wirtschaftlichen Situation: Kiewning: ebd., S. 376–388.

und Pflegeanstalt Lindenhaus". In der NS-Zeit beugte sich die Anstaltsleitung zwar den Sterilisierungsvorgaben des NS-Regimes, verweigerte jedoch die Mitarbeit an der nationalsozialistischen Euthanasieaktion. Die Auflösung des Lindenhauses und die Verteilung der Patienten auf andere Einrichtungen in Nordrhein-Westfahlen erfolgten 1951.Eine bauliche und konzeptionelle Weiterentwicklung am bisherigen Standort schien nicht mehr möglich. Die in der Detmolder „Pflegeanstalt" zusammengefassten Einrichtungen setzen nach einer wechselvollen Geschichte und unterschiedlicher Entwicklung z. T. bis heute ihre Arbeit fort. Aus dem Armen-Krankenhaus wurde das selbstständige Landkrankenhaus mit 200 Betten, das 1899 mit einem Diakonissenhaus verbunden wurde.[62] In der unmittelbaren Nachfolge der „Pflegeanstalt" steht die „Fürstin-Pauline-Stiftung", die zwischenzeitlich auch als „Paulinenanstalt" bezeichnet wurde. Diese betreibt heute 15 Kindergärten in Detmold, Lemgo und Salzuflen, Einrichtungen der Jugendhilfe und zwei Altenheime.[63]

Margaretha Elisabeth Jenisch (1763–1832) – Schulische Bildung für Mädchen in Lübeck

Auf Margaretha Elisabeth Jenisch geht eine der ersten Initiativen im 19. Jahrhundert zurück, die eine soziale und pädagogische Intention verbanden. Margaretha gehörte ebenso wie Emilie Jenisch, der wir später begegnen werden, einer vermögenden und einflussreichen Hamburger Familie an. Schon als Kind litt sie unter schweren Erkrankungen. Nach dem Tod ihrer Eltern zog sie 1787 nach Lübeck um. Dort verschlechterte sich ihr Gesundheitszustand so sehr, dass sie für längere Zeit ihr Bett nicht verlassen konnte. Während dieser Zeit *„fing sie damit an, einige arme Mädchen in Handarbeiten unterrichten zu lassen, vertheilte sie, als ihre Zahl sich mehrte, in verschiedene Schulen, führte aber dabei eine sorgfältige Aufsicht über ihr Betragen und ihre Fortschritte, indem sie mehrmals wöchentlich jedes Kind vor ihr Bett kommen ließ und seine Arbeiten nachsah."*[64] Als sommerliche Wohnung und als Versammlungsort für die Schülerinnen kaufte sie ein Gartenhaus, in dem auch gemeinsame Feste veranstaltet wurden.[65] Während einer erneuten, anhaltenden Krankheitsphase begann sie nicht nur selbst zu unterrichten, sondern gründete 1803 auch eine eigene, kostenlose Schule für arme Mädchen.[66] Sie beteiligte sich an dem Unterricht und stellte eine von ihr selbst ausgebildete erste Lehrkraft ein. Die steigende Zahl der

62 Döring: Frauenbewegung, S. 22.
63 Dazu: Burkhard Meier: Fürstin Pauline Stiftung. Von der ältesten Kinderbewahranstalt zum modernen Diakonieunternehmen, Detmold 2002.
64 Alexander Michelsen: Die innere Mission in Lübeck, Hamburg 1880, S. 6.
65 Ebd., S. 6.
66 Ebd., S. 7.

Schülerinnen veranlasste Margareta Jenisch, 1811 ein großes Haus zu kaufen, in dem die Schule untergebracht wurde. Bis zu 120 Schülerinnen wurden hier von einem leitenden Lehrer und weiteren Lehrerinnen unterrichtet.[67] Der Unterricht sollte „*vom vollendeten achten Lebensjahre an ... in der Regel bis zum vollendeten sechzehnten Lebensjahre*“ erteilt werden.[68] Hinzukam ein „Geistlicher“ für die „*Erhaltung christlicher Lehre und Zucht*“. Der „*angemessen beschränkte Unterricht*“ hatte „*die Bildung christlicher Dienstmädchen*“ zum Ziel.[69] Margaretha Jenisch legte dabei Wert darauf, dass durch den Verkauf der im Unterricht hergestellten Handarbeiten für die Mädchen Geld für die Aussteuer und ein „*Sparpfennig*“ zurückgelegt wurde.[70] Damit erhielten die Schülerinnen eine bescheidene finanzielle Basis für eine Eheschließung. Mittellose oder verwaiste Mädchen nahm sie unentgeltlich bis zur Konfirmation in ihrem Haus auf. Eine akute Verschlechterung ihres Gesundheitszustandes, die zu einer Lähmung der Beine führte, beschränkte ab 1811 ihre Wirkungsmöglichkeiten auf den häuslichen, persönlichen Bereich.[71] Als sie 1832 starb, hinterließ Margaretha Jenisch „*ein bedeutsames Stück Jugendpflege von bleibendem, segensreichen Einfluß*“.[72]

Ihre Freischule wurde 1829 durch eine Stiftungsakte und letztlich durch das Testament des Hamburger Senators M. J. Jenisch 1857 abgesichert.[73] 1872 konnte ein größeres Gebäude für die Schule erworben werden. Dadurch war eine Erweiterung der Schülerinnenzahl auf 140 möglich.[74]

Das von Margareta Jenisch eröffnete Thema der schulischen Bildung für Mädchen der ärmeren Bevölkerung beschäftigte im 19. Jahrhundert zahlreiche Frauenvereine und führte u. a. in Frankfurt a. M., Bremen, Duisburg und Hagen zu Schulgründungen. In der Mitte des 19. Jahrhunderts hatte sich die Form der Armenschule so weit verbreitet, dass allein im Regierungsbezirk Arnsberg acht dieser Freischulen bestanden, die wenigstens zum Teil von Frauenvereinen getragen wurden. Das Schulgeld bildete für die Eltern der ärmeren Bevölkerung eine hohe Barriere, worunter insbesondere die schulische Bildung von Mädchen zu leiden hatte. Den kostenlosen „Freischulen“ kam noch viele Jahrzehnte lang für eine breitere Mädchenbildung entscheidende Bedeutung zu. Zwar wurde als Folge der 48er Revolution vorübergehend das Schulgeld für Elementarschulen in Preußen aufgehoben, im Zuge der Restauration wurde es jedoch im Dezember 1851 wieder eingeführt.[75] Nach unterschiedlichen Rege-

67 Ebd., S. 99.
68 Ebd., S. 99.
69 Ebd., S. 7.
70 Ebd., S. 7.
71 Ebd., S. 8.
72 Döring: Frauenbewegung, S. 7.
73 Ebd., S. 99.
74 Ebd., S. 100.
75 Rhein- und Ruhrzeitung, 6.1.1852, Digitalisat ULB Bonn u. Münster 2018.

lungen in einzelnen Teilstaaten und Städten entfiel das Schulgeld für die Volksschulen deutschlandweit erst 1919.[76]

Die Barmherzigen Schwestern in Münster (1808)

Ein erster Schritt für die Versorgung von mittellosen Kranken wurde im westfälischen Münster unternommen. 1808 begann dort zunächst in sehr bescheidenem Umfang die pflegerische Tätigkeit von „Barmherzigen Schwestern". Die als „Barmherzige Schwestern" bezeichneten geistlichen Genossenschaften waren in Frankreich entstanden. Der geistliche Aufbruch im französischen Katholizismus des 17. Jahrhunderts beinhaltete eine neue Aufmerksamkeit für die Ausübung der Caritas. Johanna Franziska Fremyot, Baronin von Chantal, gründete 1610 eine erste geistliche Genossenschaft, die Besuchsdienste bei Armen und Kranken ausführte. Nach dem geistlichen „Vater" und Förderer, Bischof Franz von Sales, wurden die Schwestern später auch als „Salesianerinnen" bezeichnet. Nachdem der Genossenschaft die Bindung an die Klausur auferlegt wurde, änderte sich ihr Aufgabenfeld. Gut zwanzig Jahre später gelang durch Louise de Marillac (1591–1660) ein neuer Versuch, auf genossenschaftlicher Basis Kranke und Arme in ihren Wohnungen zu besuchen und zu versorgen. Ab 1633 entstand die „Compagnie des Filles de la Charité", die im deutschen Sprachgebrauch als „Barmherzige Schwestern" bezeichnet wurden. Diese Bezeichnung entwickelte sich zu einem Sammelbegriff zahlreicher Genossenschaften, die sich der Krankenpflege sowie vielseitigen sozialen und pädagogischen Diensten widmeten. An dieser Gründung hatte Vinzenz von Paul als Seelsorger und Anreger von Louise de Marillac maßgeblichen Anteil.[77] Daher wurden die Schwestern auch als „Vinzentinerinnen" bezeichnet. Für Dienst und Leben der Schwestern entwarf Louise de Marillac verbindliche Regeln. Ihr Wohnhaus wurde zum Vorläufer der Häuser, die später als „Mutterhäuser" bezeichnet wurden. Ab 1640 begannen die Barmherzigen Schwestern mit der Übernahme der Pflege im städtischen Krankenhaus der westfranzösischen Stadt Angers. Für diese erste auswärtige Niederlassung wurde ein Vertrag für die Gestellung der Schwestern geschlossen. Der Vertrag regelte ihre Aufgaben, Rechte und ihre Versorgung. Die vertragliche Regelung für Angers wurde zum Vorbild von Verträgen, die in weiterentwickelter Form vom 19. Jahrhundert an bis in unsere Zeit die Gestellung von Schwestern unterschiedli-

---

76 Weimarer Reichsverfassung Art. 145.

77 Dazu zusammenfassend Weber-Reich in: Frauen gestalten Diakonie, Bd. 1, S. 364f. und Pierre Coste: Konferenzen des heiligen Vinzenz von Paul für die Barmherzigen Schwestern, Beruf und Berufstugenden, Bd. I/1, übers. aus dem Französischen und zusammengestellt von August Oligschläger, Köln 1966, S. 32, zitiert in: Weber-Reich: Louise von Marillac, S. 364.

cher Schwesternschaften in Krankenhäusern, Pflegeeinrichtungen und anderen Institutionen auch in Deutschland regeln.

Der gute Ruf der Barmherzigen Schwestern führte im französisch beherrschten Münster 1804/5 zu ersten Überlegungen für die Gründung einer Niederlassung.[78] Es kam jedoch nicht zu einer Entsendung französischer Schwestern. 1808 nutzte Clemens August von Droste-Vischering seine einflussreiche Position in der Leitung des Bistums Münster zu einem neuen Versuch, die Versorgung mitteloser Kranker zu verbessern. Er fand fünf junge Frauen, die über erste Erfahrung in der Pflege von Kranken verfügten.[79] Gemeinsam bildeten sie 1808 eine Genossenschaft für ambulante Krankenpflege. Ihre Unterkunft fanden sie zunächst in einem kleinen angemieteten Haus. Die Satzung, die Droste-Vischering der Genossenschaft gab, war so formuliert, dass die Genossenschaft auch während der Zeit der Aufhebung aller Orden im Bistum ihren Dienst fortsetzen konnte. Ihre Pflegetätigkeit, insbesondere während der Ruhr- und Typhusepidemie in den Jahren 1810/11, führte dazu, dass die Bevölkerung ihnen, ohne dass ein direkter Zusammenhang mit einem der so benannten französischen Ordensgemeinschaften bestand, den Namen „Barmherzige Schwestern“ gab.[80] Droste-Vischering hatte die geistliche Leitung der Schwesternschaft inne und verstärkte sein Engagement, nachdem er auf seine kirchliche Leitungstätigkeit verzichtet hatte.[81] Die Zahl der Schwestern blieb zunächst klein und sank zeitweise bis auf zwei ab. 1820 übernahmen die Schwestern der Gemeinschaft die Pflege am darniederliegenden Clemenshospital, das nach dem Papst Clemens I. benannt war. Dem Spital fehlte es zu diesem Zeitpunkt an Kranken, an einer pflegenden Ordensgemeinschaft, an Ausrüstung und einer verantwortlich gehandhabten Ökonomie.[82] Nach dem Krankenhaus erhielten die Schwestern die zusätzliche Bezeichnung „Klemensschwestern“. Bis 1825 stieg die Zahl der Schwestern auf zehn. In den nächsten Jahrzehnten setzte sich die Weiterentwicklung der Genossenschaft deutlich fort. Beim 50-jährigen Jubiläum 1858 gehörten 200 Schwestern in 43 Niederlassungen zur Genossenschaft.[83] Ab 1842 war eine Reihe von Niederlassungen außerhalb von Münster entstanden, die ersten 1842 in Arnsberg und Lembeck.[84] Die Hauptaufgabe der Klemensschwestern blieb die ambulante und stationäre

---

78 Hohn: Barmherzige Schwestern, S. 261f.

79 Hohn: Barmherzige Schwestern, S. 262; dazu Bernhard Wilking: Genossenschaft der Barmherzigen Schwestern von der allerseligsten Jungfrau und schmerzhaften Mutter Maria ‚Klemensschwestern‘, Münster 1927, S. 11; Ratzinger: Geschichte der kirchlichen Armenpflege, S. 510.

80 Hohn: Barmherzige Schwestern, S. 263.

81 Vgl. Carl Mirbt: Art. Droste-Vischering, in: RE, Bd. 5, 1898, S. 27.

82 Hohn: Barmherzige Schwestern, S. 263; Wilking: Genossenschaft der Barmherzigen Schwestern, S. 17f.

83 Wilking: Genossenschaft, S. 29.

84 Ebd., S. 23.

Krankenpflege vorwiegend im Bistum Münster. Hinzu kam der Dienst in Waisenhäusern, Kindergärten, Altenheimen und einigen Ausbildungseinrichtungen.[85] Bis zum Jahr 1908 schlossen sich 1377 Schwestern in 88 Niederlassungen der Genossenschaft an.[86] Bis 1926 steigerte sich die Anzahl der Klemensschwestern auf rund 2200 in 111 Niederlassungen.[87]

Im Verlauf des 19. Jahrhunderts entstanden zahlreiche Niederlassungen verschiedener Pflegegenossenschaften in Deutschland, die als Barmherzige Schwestern bezeichnet wurden. Allein die Vinzentinerinnen errichteten Mutterhäuser u. a. in München (1832), Fulda (1834)[88], Hildesheim (1837), Freiburg i. Brsg. (1847),[89] Köln-Nippes (1852 und Schwäbisch-Gmünd (1858, 1891 nach Untermarchtal verlegt, Bistum Rottenburg).[90] Von den Niederlassungen der Schwestern ging zumeist eine lange Wirksamkeit aus. Ihre Ausbreitung erfolgte weltweit mit den Schwerpunkten in Europa und den USA.[91] Gegen Ende des Jahrhunderts verfügte der Orden über rund 2400 Niederlassungen.[92] Bis 1920 stieg die Zahl der Niederlassungen in Deutschland auf etwa 1000 mit ca. 10 000 Schwestern.

Die Pflege durch Barmherzige Schwestern in den belgischen und französischen Lazaretten der Befreiungskriege hinterließ bei Betroffenen und Beobachtern einen starken Eindruck. Barmherzige Schwestern wurden zum Vorbild weit über die katholische Kirche hinaus. Ihr Dienst und ihre Organisationsform beeinflussten die Gründung der Kaiserswerther und der Neuendettelsauer Diakonissenanstalten.

---

85 Ebd., S. 71.

86 Ebd., S. 49.

87 Ebd., S. 71.

88 125 Jahre Fuldaer Vinzentinerinnen, 1834–1959, Fulda 1959.

89 125 Jahre Barmherzige Schwestern vom Heiligen Vinzenz v. Paul in Freiburg im Breisgau, Freiburg 1972.

90 Hermann Tüchle: Die barmherzigen Schwestern von Untermarchtal. Zur 125jährigen Tätigkeit der Vinzentinerinnen im Bistum Rottenburg-Stuttgart, Ostfildern 1983.

91 Dazu s. Liese: Geschichte der Caritas, Bd. 2, S. 56–59; Ratzinger: Geschichte der kirchlichen Armenpflege, S. 510.

92 Liese, ebd., S. 56.

Vereint gegen die Not

Erste wohltätige Frauenvereine

Das früheste Gründungsdatum eines Frauenvereins weist der jüdische „Frauenkrankenverein“ in Homburg vor der Höhe auf.[1] Er wurde nach Lina Morgensterns Angaben *„1787 von den Frauen Homburgs“* errichtet.[2] Der Verein diente dem *„Zweck: Frauen in Krankheitsfällen zu unterstützen“*. Hinzukam, wie in vielen jüdischen Frauenvereinen, das *„Erweisen der letzten Liebesdienste bei Sterbenden und Totenwache“*.[3] Zu einem ähnlich frühen Zeitpunkt entstand der Frauenverein im preußisch-polnischen Graetz (Grodzisko).[4] Seine Aufgabe fand er in der *„Krankenpflege und der Unterstützung von* Wöchnerinnen“.[5] Über die Tätigkeit des im Jahr 1800 von dem Rabbiner Oppenheim gegründeten Frauenvereins in Aurich ist Näheres nicht bekannt. Er bestand jedoch noch im Jahr 1892.[6] Auch noch für das 19. Jahrhundert stellt Jürgens fest: *„Die gesamte Quellenlage zu den jüdischen Frauenvereinen ist sehr dürftig.“*[7] Noch vor der Gründung von Vereinen dürfte in vielen jüdischen Gemeinden innerhalb des von Männern organisierten rechtlichen Rahmens die praktische Ausübung von Wohltätigkeit durch informell zusammengeschlossene Frauengemeinschaft stattgefunden haben. Über eine frühe, rechtlich noch nicht geordnete Vereinigung jüdischer Frauen

---

1 Am Ende des 19. Jahrhunderts veröffentlichte Lina Morgenstern die von ihr ermittelten Angaben über die „Israelitischen Frauenvereine zur Linderung der Not in Deutschland“ in ihrem Werk „Frauenarbeit in Deutschland“, Berlin 1893, II. Teil, Adressbuch und Statistik der Frauenvereine in Deutschland, Adressen der israelitischen Frauenvereine zur Linderung der Not in Deutschland, abgedruckt in: Jüdische und Wohltätigkeits- und Bildungsvereine, hg. v. Ulrich Stascheit u. Gerd Stecklina, Frankfurt a. M. 2013, S. 140–177 (Seitenzahl nach Morgenstern) / S. 305–343 (nach Stecklina). Sie berücksichtigte dabei die Vereine, die 1892 noch bestanden. Ihre Angaben hatten großenteils als Quelle das „Statistische Jahrbuch des Deutsch Israelitischen Gemeindebundes“ aus dem Jahr 1892, hinzukamen eigene Recherchen (ebd., S. 140 / S. 306).

2 Harald Lordick: Mildtätigkeit, Solidarität und Selbsthilfe – Jüdische und Wohltätigkeits- und Bildungsvereine im 19. Jahrhundert, in: Stascheit: Jüdische Wohltätigkeits- und Bildungsvereine, Frankfurt a. M. 2013, S. 12: Der Homburger Verein *„von 1787 scheint eine Ausnahme zu sein, gemeinsam mit dem Verein Graetz“*. Für den letzten gibt es jedoch kein genaues Gründungsdatum.

3 Ebd., S. 160f. / S. 326f.

4 Zu seinem Entstehen konnte Lina Morgenstern 1892 nur angeben: *„Gegr. vor mehr als 100 Jahren“*, ebd., S. 149 / S. 315.

5 Ebd.

6 Ebd., S. 155/S. 321.

7 Wilhelm Jürgens: Jüdische Vereine und Stiftungen im Wohltätigkeits- und Erziehungswesen in Hannover im 19. Jahrhundert, Hannover 1995, S. 56.

für die Wohltätigkeit wird in Basel aus dem Jahr 1805 berichtet.[8] Die Vereinigung machte es sich zur Aufgabe, die zahlreichen Flüchtlinge zu versorgen, die in den Kriegswirren nach Basel gekommen waren.

Die ersten Beispiele von karitativer Frauentätigkeit im christlichen Bereich sind schwer auszumachen, weil Männer auch dort den organisatorischen Rahmen setzten. In der Hungersnot des Jahres 1805 richtete die (männliche) „Erholungsgesellschaft" in Gera zwei „Kochanstalten" ein und stattete die Kochenden mit großzügig angekauften Ochsen und anderen Lebensmitteln aus.[9] Die Geraer „Kochanstalten" sind ein frühes Beispiel für ähnliche Einrichtungen wie „Suppenküchen", die während der Befreiungskriege und in weiteren Notzeiten entstanden. Sie waren ein Vorläufer der ab 1849 in den großen städtischen Zentren eingerichteten ständigen „Volksküchen".[10] Bei den Mitgliedern der Geraer „Kochanstalten" dürfte es sich – entsprechend den Berichten über spätere Beispiele u. a. in Berlin – um Frauen gehandelt haben. Eine analoge Aufgabenverteilung gab es in Gera 1815. Der männliche „patriotische Armenverein" stützte sich für die Ausführung seiner Hilfstätigkeit auf den im selben Jahr gegründeten Frauenverein.[11] 1855 kam es in Gera zu einem ähnlichen Zusammenspiel zwischen dem in diesem Jahr gegründeten „Verein für freiwillige Armenpflege" und dem „Frauenhilfsverein".[12]

Auch in Trier entstand schon früh eine Zusammenarbeit von Männern und Frauen in der Armenpflege. Nach der zwangsweisen Auflösung der Klöster wurden nach einem Dekret Napoleons die vorhandenen Einrichtungen in den „Vereinigten Hospitien" zusammengefasst.[13] Nach der Armenordnung der Stadt aus dem Jahr 1835 waren die Männer der „Haupt-Armen-Kommission" für die Leitung der Armenpflege zuständig und die Frauen der Frauenvereine für die unmittelbaren Hilfeleistungen.[14] Diese Aufteilung zwischen Leitung und ausführendem Betrieb wird wohl von Anfang an, also etwa ab 1810, gegolten haben. Es gibt indirekte Hinweise, dass auch an anderen Orten u. a. in Barmen bereits vor den Befreiungskriegen „*Frauenvereinigungen*" karitativ tätig waren.[15] Die fehlende Erwähnung der Frauen in Gera und Trier entsprach dem Brauch des nur „stillen Verdienstes", das Frauen zugebilligt wurde.

---

8 Gertrud Lendorff: Kleine Geschichte der Baslerin, Basel und Stuttgart 1966, S. 130.

9 Stadtarchiv Gera, Bibl.-Nr. 5615, Annalen der Stadt Gera von 1701 bis 1812, zusammengestellt von Robert Fürbringer, Gera 1838 u. Bibl.-Nr. 5620 Merkwürdigkeiten des 17. und 18. Jahrhunderts in der Stadt und Herrschaft Gera, aufgezeichnet von Carl Gottfried Felbrig.

10 Leipzig 1849, Dresden 1851, Berlin 1866.

11 Stadtarchiv Gera, Bibl.-Nr. 5616, Annalen der Stadt Gera von 1701 bis 1812, zusammengestellt von Robert Fürbringer, Gera 1838, 24.1.1815, S. 23avers.

12 Stadtarchiv Gera, Ernst Paul Kretschmer: Aus vergangenen Tagen der Stadt Gera und ihrer nächsten Umgebung, T. 2, S. 2, Bibli.-Nr. 4849.

13 Kall: Katholische Frauenbewegung, S. 25.

14 Ebd., S. 27.

15 Nau: Der Evangelische Frauenverein für Kleinkinder- und Nähschulen, S. 12f.

Ab 1810 entstanden für eine kurze Periode in den von Napoleon annektierten Teilen des Rheinlandes Vereine unter der Bezeichnung „Société de la Charité Maternelle".[16] Sie sind nachweisbar für Bonn (Société maternelle 1810), Aachen (1811–1814), Köln (1811–1813) und Koblenz (1811–1813).[17] Diese Gesellschaften im damals von Frankreich annektierten Teil Deutschlands gehörten mit den ersten jüdischen Frauenvereinen und dem Wiener Damenverein zu den frühesten wohltätigen Frauenorganisationen. Die Zielsetzung dieser Vereinigungen nach französischem Vorbild bestand in der Fürsorge für Mütter, die unter Armut litten, teilweise arbeiteten und ihre Kinder nicht betreuen konnten. 1784 hatte Anna-Francoise de Fougeret (1745–1818) in Paris die Société de la Charité Maternelle gegründet. Sie wollte den Müttern helfen und die hohe Säuglingssterblichkeit unter der armen Bevölkerung bekämpfen. Die Revolution unterbrach die Tätigkeit der Société. Ab 1801 konnte die Société de la Charité Maternelle ihre Tätigkeit ohne Beteiligung der Gründerin wieder aufnehmen. Die Société de la Charité Maternelle entwickelte sich beginnend in der napoleonischen Zeit zu einem weit über Paris hinausgreifenden Kinderhilfswerk.[18]

Der Wiener „Damenverein"

Der erste Frauenverein, zu dem umfangreichere Angaben vorliegen, konstituierte sich 1810 in Wien. Die ***„Gesellschaft adelicher Frauen zur Beförderung des Guten und Nützlichen"*** verdankte sich der Initiative der Fürstin Karoline von Lobkowitz-Raudnitz. Diese auch als „Damenverein"[19] bezeichnete Gesellschaft gehört zu den frühesten Vereinsbildungen für die Ausübung von Wohltätigkeit im deutschen Kulturraum.[20] Die Absicht, dem *„Guten und Nützlichen"* zu dienen, spricht für eine Motivation im Geiste des aufgeklärten Humanismus. Dazu passen auch die von den „Damen" anfangs ins Auge gefassten Zielsetzungen: Sie wollten zunächst Taubstumme und Blinde fördern und dachten gleichzeitig an die Gründung einer Schwimmschule und die Förderung der Bienenzucht.[21] Die Darstellung in „Oesterreich's Pantheon" betonte die Einzigartigkeit dieser

---

16 Reder: Frauenbewegung, S. 117f. u. 154f.

17 Reder: Frauenbewegung, S. 506.508f.

18 Bis zum Jahr 1900 entstanden 58 Hilfszentren (Protection Maternelle Infantile); die Aktivitäten wurden bis heute erheblich ausgeweitet, s. Homepage Charité Maternelle de Paris.

19 So die Bezeichnung in Oesterreich's Pantheon. Gallerie alles Guten und Nützlichen im Vaterlande, hg. v. einer Gesellschaft vaterländischer Schriftsteller, 1. Bd., Wien 1830, S. 7.

20 Damen Conversations Lexikon, hg. v. Carl Herloßson, Adorf, Bd. 4 1835, S. 246, in: Digitale Bibliothek, Sonderband, Legendäre Lexika, Berlin 2006; Pierers Universallexikon, 4. Aufl., Altenberg, Bd. 6, S. 662, in: Digitale Bibliothek, Sonderband, Legendäre Lexika, Berlin 2006.

21 Oesterreich's Pantheon, S. 11.

Wiener Gesellschaft: „*Die Humanität ist in derselben frey von jedem Zwange, die Verwendung und Controlle der Barschaft ist Attribut der Gesamtheit, und der Wirkungskreis so ausgebreitet, daß kein Gegenstand von Belang demselben benommen seyn kann.*" Der anonyme Autor des Beitrags im Pantheon sah darin den Unterschied zu „*ähnliche(n) Verbindungen*", wie sie „*in Frankreich, England, Holland und anderen Staaten*" vorhanden waren.[22]

An diesem „*Wohlthätigkeit beabsichtigenden Unternehmen*" beteiligten sich nicht allein adelige Frauen, auch wenn diese den inneren Kreis bildeten.[23] Der „Damenverein" hatte einen überkonfessionellen Ansatz. Mitglied war u. a. die jüdische Gesellschaftsdame Baronin Fanny von Arnstein geb. Vögele Itzig.[24] Sie war die Tochter des Berliner Hofbankiers Daniel Itzig und verheiratet mit dem Wiener Hofbankier Nathan Adam von Arnstein. Über Fanny von Arnstein entstand der Kontakt zu den Frauen der Wiener jüdischen Gemeinde, die die Arbeit der Gesellschaft tatkräftig unterstützten.[25] Die adeligen Damen gewannen auch Männer zur Förderung des Vorhabens, nicht zuletzt den Kaiser. Die Vorsteherin durfte sogar „*alljährlich unmittelbar zu Handen Seiner Majestät über den Stand der Gesellschaftsglieder und deren Activität Rechenschaft ablegen*".[26] Netzwerknutzung und Netzwerkbildung waren von Anfang an eines der entscheidenden Erfolgsgeheimnisse des „Damenvereins" wie auch zahlreicher weiterer Frauenvereine.

Die ersten weit ausholenden Überlegungen für die Umsetzung des Gesellschaftszieles stellten die Damen zurück, als sie auf die untragbaren Zuständen im Wiener „Findelhaus" aufmerksam gemacht wurden. Sie erfuhren, dass dort „*eine wahrhaft Schauder erregende Sterblichkeit grassire*".[27] Daraufhin besuchte eine Delegation das Haus und der Verein beschloss „*Leute aufzusuchen, welche die auswärtige Verpflegung der Findlinge übernähmen.*"[28] Durch den Verein wurden Ammen finanziert und Ärzte hinzugezogen sowie ein „*Ausschuß zur persönlichen Aufsicht erwählt*".[29] Der Verein förderte zudem den Konvent der Elisabethinerinnen und „*andere Wohlthätigkeitsanstalten*".[30] 1812 und 1813 half die Gesellschaft bei der Linderung des Elends, das seit den Schlachten bei Aspern und Wagram im Jahr 1809 dort immer noch herrschte.[31] Ähnlich wie die Frauenver-

22 Ebd., S. 13.
23 Ebd., S. 14.
24 Reder: Frauenbewegung, S. 359.
25 Ebd., S. 359.
26 Oesterreich's Pantheon, S. 13.
27 Oesterreich's Pantheon, S. 12.
28 Ebd.
29 Ebd.
30 Ebd.
31 Reder: Frauenbewegung, S. 359.

eine in Lübeck, Berlin, Bremen, Hamburg und Frankfurt beteiligte sich auch der Wiener „Damenverein“ 1813 an der Versorgung der Verwundeten. Er gründete und leitete zudem das Marienspital in Weikersdorf bei Baden.[32]

Zum Erfolg dieser Wiener Gesellschaft trug bei, dass eine Fürstin an der Spitze stand, ein Kaiser sie protegierte und in der jüdischen Gemeinde finanzkräftige Förderer auftraten. Entscheidend für die Ausweitung der Aktivität auf viele Personen und Niederlassungen war die konsequente Anwendung der vereinsrechtlichen Organisationsform. Der Verein bildete eine neue, erst in diesen Jahren entstehende Rechtskonstruktion.[33] Er wurde zu der bedeutendsten Organisationsform des 19. Jahrhunderts. Noch dominierte beim „Damenverein“ der Adel, aber der Verein als solcher kennt keine Standesunterschiede. Daher *„äußerte sich der lebhafteste Wetteifer unter den Frauen aller Stände“* für den „Damenverein“.[34] Ohne die Vereinsstruktur diese „Gesellschaft“, die dem Namen nach nur auf den Adel zielte, hätte der „Damenverein“ nicht seine weitreichende Wirkung entfalten können. Noch wurden Standesprivilegien auch im Verein respektiert und die obrigkeitliche Kontrolle wachte argwöhnisch über dieser Organisationsform. Doch die demokratische Grundstruktur des Vereins war auch durch die obrigkeitliche Genehmigung und Kontrolle von Satzungen nicht auszulöschen. Im Wiener „Damenverein“ war die Mitgliedschaft freiwillig, es gab Wahlen und einen Vorstand. Mit Karoline von Lobkowitz-Raudnitz als Vorsitzender gehörten zwölf „Damen“ dem „Ausschuss“ (Vorstand) an, der von allen Mitgliedern gewählt wurde.[35] Der Verein besaß eine von seinem *„permanenten Secretär“* verfasste Satzung (Statut), die vom Kaiser *„unter Bezeugung des besonderen Wohlgefallens huldvoll approbirt wurde“*.[36] Die „Damen“ des Vereins verpflichteten sich zu einem eigenen jährlichen Beitrag und sammelten in ihren Kreisen Spenden für die Vereinstätigkeit. Karoline von Lobkowitz nutzte ihr Wiener Gartengebäude und den Garten für die Arbeit des Vereins.[37] Die Geschäftsführung lag in den Händen des unentgeltlich tätigen ständigen Sekretärs, der von zwei bezahlten Mitarbeitenden unterstützt wurde. Diese

32 Ebd., S. 359; Heinrich Gräfe: Nachrichten von wohltätigen Frauenvereinen in Deutschland. Ein Beitrag zur Sittengeschichte des neunzehnten Jahrhunderts, Kassel 1844, S. 9f.; Caroline Pichler: Denkwürdigkeiten aus meinem Leben. Mit einer Einleitung und zahlreichen Anmerkungen nach dem Erstdruck und der Urschrift neu hg. v. Emil Karl Blümml, 2. Bd., München 1914, S. 125–127.482f.

33 Dazu Werner Conze: Der Verein als Lebensform des 19. Jahrhunderts, in: Die Innere Mission, 50. Jg., 1960, S. 228–234.

34 Oesterreich's Pantheon, S. 11.

35 Gesellschaft vaterländischer Schriftsteller (Hg.): Oesterreich's Pantheon. Gallerie alles Guten und Nützlichen im Vaterlande, 1. Bd., Wien 1830, S. 7f.

36 Oesterreich's Pantheon, S. 8.

37 Constantin von Wurzbach-Tannenberg: Art. Karolina Fürstin Lobkowitz, in: Biographisches Lexikon des Kaiserthums Oesterreich, Bd. 15, 1866, S. 325f., Digitalisat wikisource 2015.

Regelung war notwendig, da Frauen damals noch nicht über die volle Geschäftsfähigkeit verfügten. Um eine zu starke Abhängigkeit vom Sekretär zu verhindern, schränkten die Statuten seine Befugnisse ein. Der Sekretär konnte zwar Vorschläge für die Verwendung der Vereinsmittel machen, besaß jedoch kein Stimmrecht.[38] Bei der Auswahl der Förderziele legte der Verein auf Nachhaltigkeit wert, wie die Satzung festlegte: *„ein fortbestehender Zweck muß im Auge behalten werden, der sich in der Folge konsolidiren und Früchte tragen soll.“*[39]

Die Gesellschaft entfaltete eine langjährige Tätigkeit. Noch 50 Jahre nach ihrem Tod wurde Karoline von Lobkowitz im Jahr 1866 gewürdigt als *„Stifterin des noch heut blühenden „Damenvereins, einer humanistischen Gesellschaft, die in großartigem Maßstabe Wohlthätigkeit übt.“*[40] Die Gründung des Vereins zeigte Wirkung weit über Wien hinaus. Eine erste Tochtergesellschaft entstand in Klosterneuburg.[41] Schon für 1811 wurden 111 Tochtergesellschaften mit über 8000 Mitgliedern angegeben.[42] Diese umfangreiche Vereinsaktivität scheint über die österreichischen Grenzen hinaus Anregungen für weitere ähnlich strukturierte Gründungen bewirkt zu haben[43] und auch in Österreich erweiterte sich die Anzahl der Sektionen des Vereins.[44] Ungeachtet der offenkundigen Verdienste des „Damenvereins“ betonte die Darstellung in Oesterreich's Pantheon: *„Das echte Verdienst findet Lob in sich selbst. Man erwarte daher kein emphatisches Stoßen in die Ruhmposaune zu Ehren der Gründer und Mitglieder dieser ausgezeichneten Vereinigung.“*[45]

Frauenvereine in den Befreiungskriegen 1813–1815

Erste Berliner Frauenvereine

Die völlige Auflösung der Armee Napoleons beim Rückzug aus Russland hatte zur Folge, dass auch aus Teilen von Preußen die französischen Besatzungen abgezogen wurden. Unmittelbar nach dem Abzug der französischen Besatzung entstanden in Berlin Anfang März 1813 noch vor Beginn von Kampfhandlungen

---

38 Oesterreich's Pantheon, S. 9.

39 Ebd., S. 10.

40 Wurzbach: Art. Karolina Fürstin, in: BLKÖ, Bd. 15, 1866, S. 325.

41 Oesterreich's Pantheon, S. 11.

42 Gräfe: Nachrichten von wohlthätigen Frauenvereinen, S. 9f.; Reder: Frauenbewegung, S. 329.359.

43 Das Damen Conservations Lexikon hg. v. Carl Herloßson, Adorf, Bd. 4, 1835, S. 246 geht von einem Einfluss des Wiener Damenvereins auf Gründungen in ganz Deutschland aus: *„nach ihm bildeten sich in Sachsen, Baiern, Württemberg und im ganzen Deutschland Vereine“*.

44 So wurde im Dezember 1813 die Linzer Sektion gegründet (Reder: Frauenbewegung, S. 497).

45 Oesterreich's Pantheon, S. 13.

Aktivitäten zur Unterstützung der Freiwilligen und der Landwehr. Als erster Verein findet sich Anfang März der „Frauenverein für die Landwehr“ zusammen.[46] Er half bei der Ausstattung der Lazarette und unterstützte die Hinterbliebenen von Gefallenen.[47] .Am 28.3. bat eine „Gesellschaft von Frauen“ durch eine Bekanntmachung um Spenden.[48] Nach dem Beginn der Kampfhandlungen trafen zahlreiche Verletzte ein. Zu deren Versorgung und Pflege taten sich weitere Frauenvereine zusammen. Noch im März gründete sich der „Frauenverein für das Privat-Lazarett in der Friedrichstraße“.[49] Dieser Verein konnte am 13.4. in seinem selbst ausgerüsteten Lazarett die ersten Verwundeten aufnehmen. Aufgrund eines dringenden Rates des Berliner Arztes Dr. Johann Christian Reil übernahmen die Frauen die Aufsicht über die *„Ökonomie und Pflege*“, denn *„in keinem Lazarett der Welt bekämen die Kranken, was sie sollten.*“[50] Veruntreuung und Unterschlagung waren offenbar in den Lazaretten die Regel, wie auch aus Zeitungsberichten und einer Verordnung Friedrich Wilhelms III. gegen „Betrügereien“ hervorgeht.[51]

Zu den ersten Frauenvereinen in Berlin gehörte auch die „Gesellschaft von Frauen nach der Bekanntmachung vom 28. März“. Sie half bei der Ausrüstung des Militärs mit einer größeren Menge an Kleidungsstücken, die aus gespendeten Materialien hergestellt wurden.[52] Zu den erwähnten Vereinen kamen allein in Berlin fast zwanzig weitere Vereine und Initiativen hinzu. 14 von ihnen kümmerten sich vornehmlich um die Verwundeten. An drei der Vereine waren Männer beteiligt. Bei anderen Vereinen stand die Versorgung der Angehörigen von verwundeten oder gestorbenen Soldaten im Vordergrund.[53] In kürzester Zeit fanden sich jeweils größere Gruppen zusammen, die sich zum Teil erst nach vielen Monaten als Vereine konstituierten. Noch bevor die rechtliche Konstituierung abgeschlossen war, übernahmen Gruppen von Frauen die Herstellung von Verbandsmaterial, die Pflege von Verwundeten und Kranken und richteten sogar ein eigenes Lazarett ein. Sie begannen auch die Unterstützung

46 Reder: Frauenbewegung, S. 43; bei der Datierung in Baur: Geschichts- und Lebensbilder, 1. Bd., S. 127 auf den 7. Februar handelt es sich nach dem S. 126 geschilderten Ablauf der Ereignisse um einen Druckfehler. Missverständlich die Datierung bei Reder, auf die Tage nach dem 11.3., obwohl er als Beleg auf einen Tagebucheintrag von Prinzessin Marianne vom 9.3. verweist. Sein Hinweis auf Baur: Geschichts- und Lebensbilder, S. 141 müsste S. 127 lauten. Vermutlich ist der 7.3. das zutreffende Datum, was auch zu der Tagebucheintragung von Marianne passen würde.

47 Vgl. Baur: Geschichts- und Lebensbilder, Bd. 1, S. 127.

48 Reder: Frauenbewegung, S. 43f.

49 Klein: Die Befreiung, S. 247; Reder: ebd., S. 44f. u. 76.

50 Rahel Varnhagen. Briefe und Aufzeichnungen, Leipzig und Weimar 1985, S. 183; Brief an Varnhagen vom 20.4.1813, in: Rahel. Ein Buch des Andenkens, 2. Theil, S. 92.

51 Dazu Reder: Frauenbewegung, S. 376f.; Belege für Veruntreuung in den Lazaretten in Belgien lieferte 1815/16 Helmina von Chézy, vgl. Reder, S. 378f.

52 Reder: ebd., S. 43f.

53 Vgl. die Auflistung bei Reder: ebd., S. 490f. und S. 43f., 68–81.83–112.

von unversorgten Angehörigen und Hinterbliebenen sowie von Soldaten und Invaliden. Da im Kriegsverlauf zahlreiche Verwundete und Kranke sich in weit entfernten Lazaretten befanden, wurden auch für sie Hilfen organisiert.

Für den Erfolg der ersten Phase dieser Hilfeinitiativen war entscheidend, dass sich daran eine ganze Reihe von Damen der Berliner Gesellschaft beteiligte. In ihren literarisch-musischen Salons waren sich bis zur preußischen Niederlage und der französischen Besetzung Berlins die Spitzen von Regierung, Wissenschaft und Literatur begegnet. 1813 übernahmen Damen der Gesellschaft die für sie ungewöhnlichen Aufgaben des praktischen Handelns, des Beschaffens von Verbandsmaterial, Bettwäsche, Kleidung und das Sammeln von Spenden. In Berlin gehörten dazu Rahel Levin, Johanna Maria Fichte, Karoline von Humboldt, Amalie Beer und Henriette Herz.[54] Rahel Levin war von der Situation für die Verwundeten entsetzt: „*Unser großes Lazarett war in einem* ***schrecklichen*** *Zustand!! Wegen unordentlicher Einrichtung und Deprädation.*“[55] Diese Darstellung war offenbar nicht übertrieben. Auch die Gräfin Sophie von Schwerin kritisierte das staatliche Versagen: „*Durch eine nie zu erklärende Nachlässigkeit war nämlich von der Regierung nichts für diese Zwecke vorbereitet.*“[56] Dies ging so weit, dass nach der Schlacht von Großbeeren „*alle Besitzer von Pferden und Wagen*“ durch öffentliche Plakatierung verpflichtet wurden „*die Verwundeten von den Schlachtfeldern hereinzuholen*“.[57] Gemeinsam sorgten zahlreiche Frauen und Männer für den Transport der verletzten Preußen und Franzosen. Zu denen, die auf dem Schlachtfeld Verwundete versorgten, gehörte auch die junge Emilie Labry, die spätere Mutter Fontanes. Sie sprach, wie Fontane später berichtete, einen schwerstverletzten französischen Soldaten in seiner Muttersprache an, der „*sich, als er sich plötzlich in seiner Sprache angeredet hörte, wie verklärt aufgerichtet hatte. Dann mit der einen Hand den Becher Wein, mit der andern die Hand meiner Mutter haltend, war er, eh er trinken konnte, gestorben.*“[58] Viele Berlinerinnen nahmen auch Verwundete bei sich auf.[59] Johanna Maria Fichte beteiligte sich fünf Monate lang an der Pflege in einem Lazarett und an der Sammlung von Klei-

---

[54] Vgl. u. a. Rahel Varnhagen. Briefe und Aufzeichnungen, Leipzig und Weimar 1985, S. 176.182–184; Brief an Frau von Fouqué vom Februar 1813 u. Brief an Varnhagen vom 20.4.1813, in: Rahel. Ein Buch des Andenkens, 2. Theil, S. 90–93; Goltz: ebd., S. 146; Döring: ebd., S. 12; Baur: Geschichts- und Lebensbilder, 2. Bd., S. 450; Reder: Frauenbewegung, S. 16.45f.69f.81.

[55] Varnhagen: ebd., S. 182 (Brief an Varnhagen vom 20.4.1813), Deprädation=Veruntreuung, Unterschlagung.

[56] Klein: Befreiung, S. 247.

[57] Ebd.

[58] Theodor Fontane: Mein Erstling. Das Schlachtfeld von Gross-Beeren, in: Sämtliche Werke, Bd. 14, München 1961, S. 191.

[59] Klein: Befreiung, S. 248; vgl. auch Valentin Scherer: Preußen und seine Hauptstadt im Jahre 1813, Berlin o. J., S. 139–142 u. S. 158f. über die Versorgung der Verwundeten nach der Schlacht bei Dennewitz.

dung und Medikamenten für die Verwundeten. Sie beendete diese Tätigkeit erst, als sie selbst erkrankte.[60] Da es in den Lazaretten an der Essensversorgung fehlte, begannen 125 Frauen für die Verletzten zu kochen.[61] Die Salonnière Amalie Beer, Mutter des jungen Komponisten Giacomo Meyerbeer, der in eine Freiwilligeneinheit eingetreten war, wirkte an der Pflege von Verwundeten im Lazarett mit. Dort begegnete ihr Friedrich Wilhelm III. bei einem Besuch der Einrichtung. Seinen anerkennenden Worten bei diesem Anlass folgte später die Verleihung des Luisenordens an Amalie Beer.[62]

In vielen Städten ging wie in Berlin die Initiative zur Gründung von Frauenvereinen von Damen der bürgerlichen Gesellschaft aus. Es waren nicht, wie Wichern meinte, *„meist fürstliche Frauen, die sich in jenen Tagen zuerst an die Spitze stellten.“*[63] Ein ganz ungewöhnliches Engagement zeigte die französische Frau eines Berliner Bäckermeisters, Franziska Laurenz. Mit geradezu chirurgischer Fähigkeit versorgte sie erfolgreich Verletzte in den Lazaretten von Meißen und Halle.[64]

Der später immer wieder herausgestellte Aufruf der preußischen Prinzessinnen, die sorgsam betonte Rolle der Prinzessin Marianne und der Großherzogin Maria Pawlowna in Weimar verdecken das besondere Verdienst der bürgerlichen Frauen u. a. in Berlin, Lübeck und Frankfurt a. M.

Der Frauenverein zum Wohle des Vaterlandes

Nachdem sich die ersten Initiativen und Vereine von Frauen in Berlin gebildet hatten, wurde am 31.3.[65] und 1.4.1813.[66] ein von acht preußischen Prinzessinnen unterzeichneter Aufruf veröffentlicht.[67] Es ist nicht geklärt, auf wen der erste Impuls für diesen Aufruf zurückging. Eine besondere Rolle bei der Entste-

60 Arndt: Die Deutschen Frauen, S. 275f.

61 Ebd., S. 182f.

62 Dazu Egon Jacobsohn u. Leo Hirsch: Jüdische Mütter, Berlin 1936, S. 70.

63 Wichern: Die Innere Mission, Sämtliche Werke, Bd. I., hg. v. Peter Meinhold, Berlin u. Hamburg 1962, S. 270.

64 Arndt: Die Deutschen Frauen, S. 287f.

65 Berliner Intelligenzblatt, Nr. 77, 31.3.1813, Extrabeilage.

66 Hennig: Quellenbuch, S. 11, nach Königlich privilegierte Berlinische Zeitung von Staats- und gelehrten Sachen, 39. Stück, Donnerstag, den 1. April 1813. Der Lübecker Aufruf erfolgte etwa zeitgleich, auch wenn die Initiativen dort früher begannen.

67 Die Abfassung ist auf den 23. März datiert. Text u. a. in Hennig: Quellenbuch, S. 110f., u. Philippi: Die Vorstufen des modernen Diakonissenamtes, S. 48f., Nachwort des Hofmarschalls als Anmerkung; vgl. Wilhelm Baur: Prinzeß Wilhelm von Preußen, geborene Prinzeß Marianne von Hessen-Homburg. Ein Lebensbild aus den Tagebüchern und Briefen der Prinzeß, Hamburg 1886, S. 154f.; ders.: Geschichts- und Lebensbilder, 1. Bd., S. 127; Reder: Frauenbewegung, S. 54; Text in Goltz: Der Dienst der Frau, 2. Teil, 2. Aufl., Potsdam 1914, S. 120 (lückenhaft u. einige Änderungen im Wortlaut).

hung des Aufrufs für den „Frauenverein zum Wohle des Vaterlandes“ spielte als Anreger und finanzieller Unterstützer der Berliner Kaufmann Louis Eppenstein.[68] Nach Reder war er „*federführend bei der Organisation*“ des Vereins.[69] Er motivierte die zögernde Prinzessin Marianne, die Frau des Prinzen Wilhelm von Preußen,[70] die erste Dame im preußischen Staat. Prinzessin Marianne hatte zuvor schon die (repräsentative) Leitung des Frauenvereins für die Landwehr übernommen.[71] Der Aufruf der Prinzessinnen umfasste drei Teile: Im ersten, ganz patriotisch-politisch geprägten Abschnitt, werden „*die edelmütigen Frauen und Töchter jeden Standes*“ angesprochen. Sie sollen „*die Siege befördern helfen*“ und sich „*mit den Männern und Jünglingen einen zur Rettung des Vaterlandes. Darum gründe sich ein Verein, er erhalte den Namen: Der Frauenverein zum Wohle des Vaterlandes.*“[72] Im zweiten Teil geht es um die „*Gaben und Geschenke*“. Hier wird deutlich, dass es sich bei dem Aufruf um eine Spendenaufforderung handelt.[73] Als Spenden werden Geld, Schmuck, Materialien und verarbeitende Dienstleistungen beschrieben. Diesen Spenden sollen dazu dienen – so der dritte Abschnitt –, „*die Verteidiger, die es bedürfen, zu bewaffnen, zu bekleiden, auszurüsten*“.[74] Durch ihre Spenden oder die unentgeltliche Arbeitsleistung konnten Frauen das „*Recht*“ erhalten, „*sich Teilgenossin des Frauenvereins zum Wohle des Vaterlandes zu nennen*“.[75] Der Gedanke eines alle beteiligten Frauen umfassenden Vereins bleibt mit der eigenartigen Formulierung „*es gründe sich ein Verein*“ in der Schwebe. Auch später gibt es keine Mitgliederversammlung, keine Satzung, keine Wahlen des Vorstands durch die Mitglieder. An der geschäftsführenden Spitze stand eine „Direktion“, die aus dem Hofmarschall der Prinzessin, Graf von der Gröben, dem Kammerherrn Graf von Mahltzahn und Louis Eppenstein sich zusammensetzte. Im Fokus des Aufrufes steht nicht die humanitäre Intention, Verletzten und Kranken zu helfen, sondern die ökonomische Hilfe für die Ausrüstung der Freiwilligen. Zusätzlich – so in dem abschließenden Satz des Aufrufs – könnte es auch noch um die Pflege der zu erwartenden Verwundeten gehen.[76]

Die dafür gebildete Kommission nahm rund 90 000 Taler an Geld und Materialien ein. Davon wurden zwei Drittel für die Ausrüstung von Freiwilligen und

---

68 Nach Müsebeck (Freiwillige Gaben, S. 8) war der Aufruf der Plan von Eppenstein.

69 Reder: Frauenbewegung, S. 53.

70 Baur: Prinzeß Wilhelm, S. 153; ders.: Geschichts- und Lebensbilder, 1. Bd., S. 127; Reder: Frauenbewegung, S. 53f.

71 Wilhelm Baur: Geschichts- und Lebensbilder aus der Erneuerung des religiösen Lebens in den deutschen Befreiungskriegen, 1. Bd., 4. Aufl., Hamburg 1884, S. 127; Reder: Frauenbewegung, S. 52f.

72 Hennig: Quellenbuch, S. 110.

73 Ebd., S. 110f.

74 Ebd., S. 111.

75 Ebd., S. 110.

76 Ebd.

etwa 23 000 Taler für Einzelfallhilfen und Lazarette aufgewandt.[77] Wie sehr das Spendensammeln für die Regierung im Vordergrund stand, zeigte sich auch darin, dass in die „Darstellung der patriotischen Handlungen und Opfer der Preußischen Nation während der Kriegsjahre 1813, 1814 und 1815 zum Denkmal derselben“[78] nur die Anzahl der Vereine und ihre finanzielle Leistung einging.[79] Dass dieser Bericht bedeutende Lücken aufwies, merkte vorsichtig ein preußischer Beamter an, der die Eingabe an den König entwarf. Er hielt zur Rechtfertigung fest: *„Die Freudigkeit, ... womit Männer und Frauen der Ansteckungsgefahr in den Lazaretten nicht achteten, ist keiner Darstellung fähig“*.[80]

Der „Verein“, der keiner war, wurde im August 1814 nach dem Ende des ersten Befreiungskrieges von Marianne aufgelöst. Nach dem Beginn des zweiten Befreiungskrieges im März 1815 gingen wieder Spenden bis 1819 ein. Diese wurden zum größten Teil (9000 Taler) an den „Vaterländischen Verein zur Verpflegung der in den Jahren 1813, 1814 und 1815 verwundeten Berliner Krieger“ übertragen.[81] Dieser war im November 1814 gegründet worden. Auch hier trat Marianne an die repräsentative Spitze. In diesem Verein führten fünf Männer die Geschäfte. Die Mehrzahl der wenigen Mitglieder war weiblich. Er wurde daher auch als „Vaterländischer Frauenverein“ bezeichnet. Mitglieder waren u. a. die Bankiersfrauen Amalie Beer und Henriette Meyer sowie die Bankierswitwe Henriette Fetschow.[82] Die zeitweise aufwendige Unterstützungsarbeit des Vereins scheint nach dem Tod von Marianne ausgelaufen zu sein.[83]

Aufrufe in anderen deutschen Staaten, die z. T. auch von der jeweils ersten Dame im Staat ergingen, erfolgten später in Abhängigkeit von der politisch-militärischen Entwicklung. Dies gilt u. a. für das veröffentlichte „Handschreiben“ der Königin Caroline von Bayern und für zwei Aufrufe in Baden. In dem „Handschreiben“ vom 5.1.1814 übernahm die bayerische Königin die Schirmherrschaft des *„sich bildenden Vereines“*.[84] Auch in Bayern waren dem Schreiben der Königin örtliche Gründungen von Frauenvereinen vorausgegangen[85] und

---

77 Reder: Frauenbewegung, S. 57.

78 Einen Auszug konnte 1913 Ernst Müsebeck veröffentlichen: Freiwillige Gaben und Opfer des preußischen Volkes in den Jahren 1813–1815, Leipzig, S. 25–112, abgekürzt als „Nationaldenkmal“ bezeichnet; weitere Angaben über den Bericht des „Nationaldenkmals lieferte 1873 Gurlt über die Anzahl der Vereine und ihre Sammelergebnisse in: Ernst Gurlt: Die Geschichte der internationalen Krankenpflege im Kriege, Leipzig 1873, Reprint Vaduz 1972, S. 346.382–386, dazu Reder: Frauenbewegung, S. 504f.

79 Ebd., S. 504 nach Gurlt.

80 Müsebeck: Freiwillige Gaben, S. 20.

81 Zu diesem Verein Reder: Frauenbewegung, S. 57–68.

82 Ebd., S. 58f.

83 Ebd., S. 67.

84 Text in: Martha Schad: Bayerns Königinnen, 2008, S. 49.

85 Ebd.

wie in Preußen war der Gesamtverein kein Verein, sondern ein obrigkeitliches Konstrukt, in dem die Leiterin von der Königin ernannt wurde und kein Vorstand durch die Mitglieder gewählt wurde. Gleichfalls im Januar 1814 wurde für das Großherzogtum Baden durch den Reisemarschall Karl Gayling von Altheim im Namen der Großherzogin Stephanie ein „Aufruf zur Bildung eines Frauenvereins im Großherzogtum Baden“ veröffentlicht. Ihm ging voraus der Aufruf des Kreisdirektors Hinkeldy für Mannheim.[86] Der Aufruf der Großherzogin, einer Adoptivtochter und Bewunderin von Napoleon, erfolgte, um *„den Wünschen der edlen Frauen Badens zuvorzukommen“*. Er ist in einem anderen Ton abgefasst als der Aufruf der preußischen Prinzessinnen. Er betont die humanitäre und familiäre Dimension und verweist auf den *„bitteren Schmerz der Trennung“* zwischen den Familien und den Soldaten im Kampf. Ziel sollte es sein, *„dem Verwundeten oder Kranken Linderung seiner Leiden zu verschaffen“* und zu fördern, *„was dem Genesenden seine Gesundheit schneller wiedergibt“*.[87] Der Aufruf führte zur Gründung zahlreicher lokaler „Ausschüsse“, die sich z. T. wie in Freiburg als eigene Vereine konstituierten.[88]

Der „Weibliche Wohltätigkeitsverein“ in Berlin

Neben den Vereinen, die zunächst hauptsächlich Spenden für die Ausrüstung von Freiwilligen und Landwehrsoldaten sammelten, entstanden schon frühzeitig Frauenvereine, die ihr Augenmerk auf die Versorgung von Witwen und Waisen von Soldaten richteten sowie auf die unter Krieg und Krankheiten notleidende Bevölkerung. Dazu gehörten u. a. der Königsberger „Frauen-Verein zur Unterstützung bedürftiger Soldatenfrauen und der Witwen und Waisen der Gefallenen“ (Mai 1813–1815) und der Schweriner „Frauenverein zur Unterstützung mecklenburgischer Kriegerfamilien“ (1813–16). Für die Versorgung der Armen engagierte sich vorrangig der von Wilhelmine von Boguslawski am 13. Juli 1813 gegründete Berliner „Weiblichen Wohltätigkeitsverein“, dessen Vorlaufphase etwa einen Monat zuvor begonnen hatte. Unmittelbar nach der Vereinsgründung begann Wilhelmine von Boguslawski zusammen mit einer weiteren Frau Soldatenfamilien zu unterstützen, die durch den Tod der Männer in Armut geraten waren. Einen Monat später betreute der Verein *„24 Familien mit 70 Kindern“*[89] und die Zahl der Betreuten wuchs weiter. Zusätzlich zu den Soldatenfamilien erhielten bald auch andere verarmte Familien einen Beitrag zur

[86] Kurt Gihring: Ein neues Licht. Großherzogin Luise und das Rote Kreuz, Offenburg 1963, S. 53f.; Großherzoglich Badische Staats-Zeitung, Karlsruhe, Nr. 28, 28. Januar 1814, Digitalisat der Badischen Landesbibliothek Karlsruhe.

[87] Ebd.

[88] Gihring: Ein neues Licht, S. 54; Freiburger Wochenblatt mit großherzoglichem Privilegium, Nr. 11, 5.1.1815.

[89] Reder: Frauenbewegung, S. 91.

Lebensführung. Der Verein begnügte sich nicht mit finanziellen Leistungen für die Betroffenen. Er eröffnete 1815 eine Handarbeitsschule. Durch die Ausbildung in der Schule sollten die Schülerinnen befähigt werden, zum Verkauf bestimmte Handarbeiten zu erlernen.[90] Auch in der Krankenpflege war der Verein aktiv, geriet aber durch eine Choleraepidemie in eine besondere finanzielle Notsituation.

Finanziert wurde die Arbeit des Vereins aus Mitgliedsbeiträgen und Spenden. Zu denen, die regelmäßig einen Beitrag leistete, gehörte Prinzessin Marianne, die monatlich 20 Taler spendete.[91] Um vermehrt Spenden zu erhalten, veröffentlichte Wilhelmine von Boguslawski noch 1813 einen „Vorschlag zur Milderung des menschlichen Elends, vorzüglich in den niederen Klassen. Den edlen aus allen Ständen, so wie allen Behörden gewidmet, und zu warmer Beherzigung empfohlen."[92] Der „Vorschlag" erschien 1814 in zweiter, 1814 in dritter Auflage. Sie wandte sich auch an Prinzessin Marianne und an Friedrich Wilhelm III. mit der Bitte um Unterstützung. Der König ordnete daraufhin gegenüber dem Militärgouvernement die Zahlung eines Vorschusses an.[93] Als sie jedoch in einer weiteren Veröffentlichung die Notsituation der Armen darstellte und sie ein Verbot der Veröffentlichung durch den Polizeipräsidenten umging, wurde sie von Staatskanzler Hardenberg auf Veranlassung des Königs abgemahnt.[94] Wilhelmine von Boguslawski beabsichtigte, durch die schonungslose Darstellung des Elends weitere Mittel für die Versorgung von Armen zu erhalten.[95] Die finanziellen Mittel des Vereins konnten den schnell sich ausweitenden unterstützen Personenkreis oft nicht gerecht werden. Der Verein behalf sich, wie damals nicht unüblich, mit dem Erlös von Lotterien, Konzerten und dem Verkauf von Artikeln, welche Mitglieder oder befreundete Damen erstellt hatten.[96] Wilhelmine von Boguslawski brachte aber auch ihr gesamtes Vermögen – ihr Mann war 1819 verstorben – in den Verein ein. Trotz verschiedener Hilfen des Königs[97] drohte dem Verein immer wieder die Überschuldung. Dennoch hatte die Arbeit der Frauen des Vereins ungeahnten Erfolg. Bis zu etwa 1000 Menschen konnte er einen Lebensunterhalt ermöglichen.[98]

Keinen Erfolg hatten die Vorschläge Wilhelmine von Boguslawskis zur Behebung der Wohnungsnot der armen Bevölkerung. Ihre scharfe Kritik an der

90 Ebd., S. 98.
91 Ebd., S. 107.
92 Dazu Reder: ebd., S. 92f.
93 Ebd., S. 96.
94 Ebd., S. 97; Claudia von Gélieu: Arbeitshaus, Bettelvogt und Tretmühle, in: Ausgesteuert – ausgegrenzt ... angeblich asozial, hg. v. Anne Allex u. Dietrich Kalkan, Neu-Ulm 2009, S. 265.
95 Reder: Frauenbewegung, S. 97f.
96 Ebd., S. 98.
97 Ebd., S. 107.
98 Dazu: Gélieu: Arbeitshaus, S. 265.

ineffizienten Arbeit der für die Behebung der Armut zuständigen Gremien und Behörden, insbesondere der Berliner Armendirektion,[99] blieb nicht ohne für sie negative Folgen. Immer wieder wurden Wilhelmine von Boguslawski bürokratische Schwierigkeiten bereitet. Die behördlichen Eingriffe konnten jedoch die Arbeit des Vereins zu ihren Lebzeiten nicht zum Erliegen bringen. Zum Zeitpunkt ihres Todes im Jahr 1839 befand sich der Verein in einer finanziell äußerst kritischen Lage, die zusammen mit dem Fehlen der treibenden Persönlichkeit eine Ursache für nachlassende Tätigkeit gewesen sein mag. Zwischen 1844 und 1846 stellte der Verein seine Arbeit ein.[100]

Frauenvereine in Lübeck, Bremen und Frankfurt a. M.

Zu den frühesten Gründungen in Deutschland gehörte der Lübecker „Frauenverein von 1813“. An seiner Spitze, standen die Frau des Bürgermeisters, zwei Frauen von Konsuln, die Frau eines Arztes und die Frau eines Pastors.[101] Er leitete sein Gründungsdatum von der ersten Beendigung der französischen Herrschaft über Lübeck am 19. März 1813 ab.[102] Zunächst unorganisiert begann nach einem Aufruf Ende März eine vorwiegend weibliche Unterstützungsaktion für die sich bildende Hanseatische Legion, ein Freiwilligen-Korps. Frauen spendeten Geld und Kleidungsstücke.[103] Weit größeren Aufwand erforderte die Beköstigung und Unterbringung der aus Hamburg durch französische Truppen vertriebenen Bewohner. „*Tausende hatten Obdach und Eigentum verloren, als Davoust* (der französische Oberbefehlshaber) *die Vorstädte Hamburgs abbrennen ließ; an 26.000 Greise, Frauen, Kinder und hilflose Männer waren von ihm in harter Decemberkälte aus der Stadt getrieben.*“[104] Eine größere Zahl von ihnen fand in Lübeck Aufnahme. „300 870 Portionen Speise und 52 354 Brote, jedes zu 8 Pfd.“ sowie „*4300 Hemden, 2500 Paar Schuhe, 2500 Paar Strümpfe, 2500 Männer-, Frauen- und Kinderanzüge aller Art, 1100 Halstücher usw.*“ wurden den Vertriebenen zur Verfügung gestellt. Für die Kranken wurden insgesamt drei Krankenhäuser eingerichtet mit insgesamt 290 Betten.[105] Neben dieser weitgehend von Frauen getragenen Flüchtlingshilfe wurde die Unterstützung der Soldaten fortgesetzt. Diese wandelte sich aber schließlich vollständig in materielle und finanzielle Förderung der Pflege und Versorgung von Verwundeten in den auswärtigen Lazaretten. Insbesondere die zahlreichen Verwundeten in den belgischen Lazaretten nach den Schlachten in Flandern erhielten Geld- und Materialspenden,

99 Reder: Frauenbewegung, S. 103–107.
100 Ebd., S. 107f.
101 Eschenburg: Der Frauenverein von 1813, S. 66.
102 Die formelle Vereinsgründung erfolgte erst am 19. März 1814.
103 Eschenburg: Der Frauenverein von 1813, S. 8.
104 Perthes: Friedrich Perthes Leben, ebd., S. 38.
105 Eschenburg: Der Frauenverein von 1813, S. 9.

an denen zweimal auch der Lauenburger Frauenverein beteiligt war.[106] Für die Überbringung taten sich die Lübecker mit dem Bremer Frauenverein zusammen. Dieser war 1814 gegründet worden. Der Bremer Frauenverein übernahm 1814/15 bei der Hilfe für die Lazarette in Belgien eine zentrale Rolle. Neben dem Lübecker nutzten weitere Frauenvereine u. a. der Frankfurter Frauenverein von 1813 die Vermittlerrolle des Bremer Vereins bei der Versorgung von Verwundeten.[107] Obwohl z. B. der Frauenverein von Namur die Verwundeten im dortigen Lazarett besuchte und ihnen „*Caffe mit Weißbrod*" mitbrachte[108], waren nach den Berichten des Überbringers der Geld- und Sachspende „*der Mangel, die Noth und das Elend daselbst und in der Gegend unbeschreiblich groß.*"[109] Dr. Iken, der Bremer Abgesandte, bestätigte dem Lübecker Frauenverein am 20.9.1815, dass die zweite und dritte Geldübersendung des Lübecker Frauenvereins „*zum Besten deutscher Verwundeter richtig an dem Orte ihrer* Bestimmung *angelangt sind.*"[110] Er äußerte seine Überzeugung, „*daß Alles ... zweckmäßig angewandt worden, und heilsam gewirkt hat.*"[111] In der letzten Aufstellung über die abgesandten Güter vom 22.12.1815 tauchen auch „*wollene Jacken*" und „*wollene Socken*" für die Winterzeit auf, die zusammen mit 500 Gulden zu den belgischen Lazaretten verschickt wurden.[112]

In Frankfurt a. M. veröffentlichten Antonie Brentano, Sophie de Neufville und Rosette Städel Ende des Jahres 1813 den „Entwurf zu einem allgemeinen Frankfurter Frauenverein für wohltätige Zwecke".[113] Die drei Protagonistinnen, die ihren Namen zunächst nicht nannten, gehörten zu den führenden bürgerlichen Familien der Stadt.[114] Ergebnis des Aufrufs war die Bildung des „Frankfurter Frauenvereins von 1813". Er trat Anfang des Jahres 1814 erstmals an die Öffentlichkeit und begann seine Tätigkeit im Februar. Unter Leitung der drei Damen, die sich selbst als „Unternehmerinnen"[115] dieses wohltätigen Vorhabens bezeichneten, setzte der Verein die in der Satzung formulierten Ziele um. Neben

---

106 Ebd., S. 35.

107 Schmidt-Scharff: Geschichte, S. 26.

108 Eschenburg: Der Frauenverein von 1813, S. 24.

109 Ebd., S. 21.

110 Ebd., S. 34.

111 Ebd., S. 35.

112 Ebd., S. 36.

113 Schmidt-Scharff: Geschichte, S. 3–5.

114 Ebd., S. 3. Rosette Städel war Bankierstochter und ab 1819 mit der Rechtsanwalt, Senator und späteren mehrfachen Bürgermeister Johann Gerhard Christian Thomas verheiratet. Antonie Brentano, eine Halbschwester von Clemens von Brentano, war eine Tochter des reichen österreichischen Diplomaten und Kunstsammlers Melchior Edler von Birkenstock und möglicherweise die „unsterbliche Geliebte" von Beethoven. Sophie de Neufville gehörte der Frankfurter (hugenottischen) Bankiersfamilie de Neufville an.

115 Ebd., in der als Aufruf gedruckten Fassung des Satzungsentwurfes S. 3f.; in zusätzlichen Formulierungen der handschriftlichen Fassung S. 7 (zweimal).

der Unterstützung bei der Ausrüstung von Frankfurter Freiwilligen entwickelte er vielfältige Initiativen für die Versorgung von Verwundeten, von Angehörigen der Gefallenen und von Gefangenen. Der Verein unterstütze die Gründung eines Hospitals für die „*Frankfurter Freiwilligen*“[116] und übernahm zwei Drittel der Betriebskosten.[117] Ganz im Geist einer übernationalen Humanität wurden nach dem ersten Quartalsbericht 1814 „*ohne Unterschied nicht nur an die Frankfurter Freiwilligen und Landwehr, sondern auch an die österreichischen, russischen und preußischen Truppen, an Spanier, Engländer, Italiener, Schweizer, Holländer und selbst Franzosen Gaben verteilt ...*“.[118] Als die größte Not in Frankfurt nachließ, entschied sich der Verein, auswärtige Notleidende zu unterstützen. Insbesondere den aus Hamburg von den Franzosen Vertriebenen sowie Bedürftigen in der von der Völkerschlacht verheerten Region um Leipzig, in Buttlar und in Hanau kam diese Hilfe zu.[119]

Schon im Laufe des Jahres 1814 widmete sich der Verein nicht mehr allein der „*Linderung solcher Übel ..., welche in unmittelbarem Gefolge des Krieges*“ entstanden, wie es die Satzung vorsah.[120] Immer mehr geriet in den Fokus des Vereins die Situation der armen Bevölkerung in Frankfurt, Sachsenhausen und dem dazugehörigen Landgebiet. Zunächst galt die Unterstützung denen, die durch den Krieg und Einquartierungen in eine Notlage geraten waren.[121] Den vorläufigen Abschluss kriegsbedingter Ausgaben bildeten in der zweiten Jahreshälfte 1814 Zuwendungen „*an verschiedene Frankfurter Freiwillige zur Wiedereinrichtung für das bürgerliche Leben*“.[122] Neben den kriegsbedingten Hilfen begann der Verein noch im Februar, in der Pflege von Typhuskranken sich zu engagieren.[123] Die Schwerpunktverlagerung von der Unterstützung der Soldaten zur Versorgung von Armen und Kranken erfolgte in den folgenden Monaten.[124] 1815 kam es dann aufgrund des nach Napoleons Rückkehr neu ausgebrochenen Krieges zu weiteren Aufwendungen für Frankfurter Freiwillige und verwundete Soldaten des Frankfurter Linienbataillons.[125] Zudem wurde der Lazarettdienst der Frauenvereine in Köln, Aachen, Deutz und Düsseldorf sowie Ärzte in Bremen und Flandern unterstützt. Ganz im Geist der Vereinssatzung erhielten auch französische Kriegsgefangene Kleidungsstücke.[126]

---

116 Ebd., S. 12f.
117 Ebd., S. 17.
118 Ebd., S. 12.18.
119 Ebd., S. 15.17.
120 Ebd., S. 4.
121 Ebd., S. 18.
122 So der 3. Quartalsbericht aus dem Januar 1815 zitiert nach Schmidt-Scharff, ebd., S. 19.
123 Protokollnotiz vom 11.2., ebd., S. 18.
124 Protokoll vom 31.7.1814, ebd., S. 18.
125 Ebd., S. 25f.
126 Ebd., S. 26, bei dem namentlich nicht genannten Arzt „*in den Niederlanden*“ dürfte es sich um einen Arzt in Flandern handeln, der sich um Verletzte in einem der Lazarette in Flandern kümmerte.

Wertvolle Hilfe erhielt der „Frankfurter Frauenverein von 1813“ von dem „Frankfurter Frauen- und Töchterverein“[127] und dem „Verein für weibliche Arbeiten“, der auch als „Industrieverein“[128] bezeichnet wurde. Dieser im Herbst 1814 gegründete Verein ließ seine gesamten Einnahmen aus dem Verkauf von Handarbeiten dem Frauenverein zukommen.[129] Die Handarbeiten wurden von *„bedürftigen Personen“* angefertigt. Der Verkaufserlös sollte auch zu deren *„eigener Unterstützung“* dienen.[130] Als die „Frankfurter Musikalische Gesellschaft“ dem Frauenverein ihr gesamtes Vermögen von 2427,02 Gulden schenkte, bedeutete dies die sichere finanzielle Grundlage für die weitere Arbeit des Vereins.[131]

Die Bedeutung der Frauenvereine in den Befreiungskriegen

In Deutschland entstanden zwischen 1813 und 1815 rund 600 Frauenvereine, davon 414 in Preußen.[132] Es mindert die Bedeutung der Frauenvereine nicht, dass Männer sich an Frauenvereinen beteiligten und auch Männervereine entstanden.[133] In Berlin bestanden 1813/14 drei „Männer- und Frauenvereine“ für die Versorgung von Verwundeten.[134] Die Beteiligung von Männern erleich-

---

127 Ebd., S. 14f., der Verein bestand von 1814 bis 1822 und übernahm u. a. ein Drittel der Betriebskosten des Hospitals für die Frankfurter Freiwilligen.

128 Ebd., S. 13; Reder: Frauenbewegung, S. 494.

129 Ebd.

130 Ebd.

131 Ebd., S. 18f.

132 Dazu Reder: Frauenbewegung, S. 329–338 u. die namentliche Auflistung auf S. 489–503 u. 508–512; Zahlen nach Reder: Frauenbewegung, S. 504. Er gibt die Anzahl für Deutschland mit 573 an und nennt die Daten der einzelnen Vereine (S. 489–503.506–512). Hinzu kommen die bayrischen Frauenvereine. Zusätzlich enthält Günter von Rodens Geschichte der Stadt Duisburg, Bd. 1, Duisburg 1977, S. 231 einen Hinweis auf die dortigen *„Frauen- und Jungfrauenvereine ‚zur Milderung der Leiden derer, die im heiligen Kampf für das Vatterland verwundet, der Hilfe und Pflege bedürfen‘“*. Gihring erwähnt zusätzlich die Vereine in Mannheim und Freiburg für 1814 in: Ein neues Licht, S. 53f.; Morgenstern: Frauenarbeit in Deutschland, II. Teil, verweist auf den Jüdischen Frauenverein in Floss (Oberpfalz) 1814, S. 165 (Morgenstern) / S. 331 (Stascheit) ohne direkten Zusammenhang mit dem Kriegsgeschehen.

133 In Preußen beteiligten sich 49 Männervereine an der Spendensammlung nach dem Aufruf der Prinzessinnen – nach der Aufstellung von Gurlt: Zur Geschichte der internationalen und freiwilligen Krankenpflege, S. 382–386, aufgenommen von Reder: Frauenbewegung, S. 504.

134 Der „Männer- und Frauen-Verein zur Pflege der Kranken und Verwundeten am Halle’schen Thor“, der „Männer- und Frauen-Verein für das Lazarett in der dritten Artellerie-Caserne“ und der „Männer- und Frauen-Verein in der vormaligen v. Larisch’schen Caserne“, s. Reder: Frauenbewegung, S. 490.

terte die Geschäftsführung, da nur die Männer die volle Geschäftsfähigkeit besaßen.

Insbesondere bei den Frauenvereinen, die sich nach dem Aufruf der Prinzessinnen bildeten, standen zunächst das Sammeln von Geld und Wertgegenständen sowie die Herstellung von Kleidung und Verbandsstoff für die Ausrüstung der Freiwilligen und der Landwehr im Vordergrund.[135] Mit Beginn der Kämpfe traten die patriotisch-ökonomisch-militärische Zielsetzungen zurück. Für viele Frauen stand die Pflege von Verwundeten und Kranken nun im Vordergrund, wie auch die Namensgebung zahlreicher Vereine verrät. Beispiele dafür bieten die Breslauer Vereine „Frauen-Verein zur Verpflegung verwundeter und kranken Krieger im Lazareth zu St. Barbara“ und der „Frauenverein zur besseren Pflege der Kranken und Verwundeten“ sowie mehrere Berliner Vereine wie der „Frauen-Verein für das Lazarett am Schlesischen Tor“. Den Frauenvereinen gelang es, viele zehntausend Verwundete mit Lebensmitteln sowie Verbandsstoff zu versorgen. Durch die in der Pflege tätigen Frauen konnte die hohe Sterblichkeit in den Lazaretten gesenkt und Sterbende begleitet werden. Anerkennung fand die pflegerische Leistung der Frauenvereine u. a. durch Lazarettbesuche von Prinzessin Marianne.[136] Wie sehr die wirkungsvolle Arbeit der Frauenvereine geschätzt wurde, zeigt auch ein Aufruf des Königlichen Preußischen Militärgouvernements in Münster vom 31.3. 1815 nach dem Wiederbeginn der Kriegshandlungen.[137] Der Aufruf forderte eine Wiederbelebung der bestehenden Frauenvereine und die Gründung neuer Frauenvereine mit Unterstützung der städtischen Behörden.[138] Den Frauenvereinen, welche *„die Kranken durch milde Gaben und persönliche Pflege aufgerichtet haben“* sprachen die Unterzeichner rückblickend *„im Namen der durch sie Getrösteten und wieder Genesenen, und im Namen unsers Königs den gerührsten Dank“* aus.[139]

Die Tätigkeit der Frauenvereine hatte über ihrer Rolle während der Befreiungskriege hinaus eine weitreichende Bedeutung unabhängig von der nur befristeten Zeit, für die sie bestanden: *„Jedenfalls beginnt nun ein doppelt außergewöhnliches Tätigwerden von Frauen und Mädchen zu unmittelbarer Hilfeleistung. Außergewöhnlich sowohl im Blick auf die bisherige Stellung des weiblichen Geschlechts in der bürgerlichen Ordnung als auch hinsichtlich des Leistungsmaßes.“*[140] Ein Teil der Frauenvereine begann noch während der Befreiungskriege die Unterstützung

---

135 Vgl. Reder: Frauenbewegung, S. 369–371.

136 Baur: Prinzeß Wilhelm, S. 156f.; ders., Geschichts- und Lebensbilder, 1. Bd., S. 128.140.144; Fanny Arndt: Die Deutschen Frauen in den Befreiungskriegen, Halle 1867, S. 112.118.

137 Der von v. Heister und Vincke unterzeichnete Aufruf wurde u. a. veröffentlicht im Paderbornschen Intelligenzblatt, Nr. 14 vom 8. April 1815, S. 313/314, Digitalisat ULB Bonn u. ULB Münster 2018.

138 Ebd.

139 Ebd.

140 Philippi: Vorstufen, S. 53.

von Hinterbliebenen der Gefallenen und von Angehörigen der schwerverletzten Soldaten, die keine angemessene Sicherung ihres Lebensunterhalts durch staatliche Leistungen erhielten. Hinzu kamen Hilfen für Arme und mittellose Kranke. Während der Befreiungskriege engagierten sich zahlreiche Frauenvereine und einzelne Frauen in der Pflege von verwundeten und kranken Soldaten. Bis zu diesem Zeitpunkt war die Pflege von Männern nur im Ausnahmefall Frauensache. Die wenigen Frauenkrankenvereine pflegten Frauen. Der Fürsorge für Arme, bis dahin eine Aufgabe der städtischen Armenverwaltung, widmete sich besonders früh geschah der Berliner Wohltätigkeitsverein und der Lübecker Frauenverein, etwas später der Frankfurter und der Aachener Frauenverein. Die Zahl der Frauenvereine, die nach dem Ende der Kriege ihre Tätigkeit fortsetzten, scheint zumindest regional größer gewesen zu sein, als sich heute belegen lässt. Als Adalbert von der Recke 1819 zur Schaffung einer beschützenden Einrichtung für verlassene Kinder aufrief, sprach er besonders „*die verehrten* Frauenvereine“ an, „*zur Rettung der Mädchen ... das Ihre* beizutragen“.[141] Offenbar scheinen sie in seiner Region in nennenswertem Umfang als potentielle Unterstützerinnen vorhanden gewesen zu sein. Die Frauenvereine der Befreiungskriege dienten als Vorbild und regten spätere Gründungen an.[142] Friedrich Klönne[143], Adalbert von der Recke[144] und Theodor Fliedner[145] verwiesen bei ihren Überlegungen zur Gründung des Diakonissenwesens auf die Frauenvereine der Befreiungskriege. Ausdrücklich bezog sich auch Johann Hinrich Wichern 1848 bei der Gründung der Inneren Mission auf die Tätigkeit der Frauenvereine in den Befreiungskriegen.[146] Der Diakoniehistoriker Gerhard Uhlhorn sah in den Diensten der Frauenvereine „*die Wurzeln der weiblichen Liebesthätigkeit*“ in Deutschland.[147] Nach Uhlhorn „*arbeiteten*“ diese Frauenvereine „*so einer umfassenden Teilnahme des weiblichen Geschlechts an der Liebesthätigkeit vor.*“ Für ihn waren sie auch der „*Mutterboden*“ für die „*Schöpfungen Fliedners und Amalie*

---

141 Zitiert in Nau: Der Evangelische Frauenverein, S. 27.

142 Vgl. Müsebeck: Freiwillige Gaben, S. 8; Erich Beyreuther: Geschichte der Diakonie und Inneren Mission in der Neuzeit, 3. Aufl., Berlin 1983, S. 60.

143 Friedrich Klönne: Ueber das Wiederaufleben der Diakonissinnen der christlichen Kirche in unseren Frauenvereinen, aus den Jahrbüchern für Religions-, Kirchen- und Schulwesen, Leipzig 1820, Text in: Goltz: Der Dienst der Frau, T. 2, S. 166–174; dazu Philippi: Vorstufen, S. 130–142.

144 In: Die Diakonisse, oder: das Leben und Wirken der Dienerinnen der Kirche für Lehre, Erziehung und Krankenpflege. Zeitschrift in zwanglosen Heften, Düsselthal 1835, S. 3f., abgedruckt in: Hennig: Quellenbuch, S. 190.

145 Theodor Fliedner, u. a. in: Kollektenreise nach Holland und England, 1. Bd., Essen 1831, S. 150, in: Hennig: Quellenbuch, S. 164.

146 Johann Hinrich Wichern: Der Ruf zur Inneren Mission. Rede Wicherns am 22. September 1848, in: Sämtliche Werke, Bd. I., hg. v. Peter Meinhold, Berlin u. Hamburg 1962, S. 160; ders.: Die Innere Mission, Sämtliche Werke, Bd. I, S. 270f.; Gerhardt: Ein Jahrhundert Innere Mission, 1. T., S. 74.

147 Gerhard Uhlhorn: Die Christliche Liebesthätigkeit, 2. Aufl., Stuttgart 1895, S. 730.

Sievekings".[148] Einen noch weiteren Bogen spannte Eduard von der Goltz , der 1914 zu dem Ergebnis kam, „*daß alles, was sich im 19. Jahrhundert an weiblicher Liebestätigkeit auf humanitärem oder kirchlichem Gebiet entwickelt hat, in seinen Wurzeln auf jene Zeit zurückgeht, in der unter Aufhebung aller Kastenunterschiede deutsche Frauen und Jungfrauen gemeinsame Arbeit lernten.*"[149] Die Wirkung der Frauenvereine beschränkte sich nach Goltz nicht allein auf den Bereich der „Liebestätigkeit". Darüber hinaus hätten „*jene Frauenvereine alles gefördert, was seitdem zur sozialen Hebung und Förderung des weiblichen Geschlechts und zur Organisation weiblicher Tätigkeit geschehen ist.*"[150]

In der neueren Literatur kommt Alfred Kall 1983 im Zusammenhang seiner Darstellung der katholischen Frauenbewegung zu einem ähnlichen Befund: „*Religiös neutrale wie protestantische Frauenvereine können als Wegbereiter für weibliche Vereine angesehen werden.*"[151] Es bleibt bei dieser pauschalen Aussage jedoch unklar, welche Frauenvereine er meint. Eine ausführliche Darstellung erhielten die bis 1830 entstandenen „patriotischen" Frauenvereine erst 1998 in Dirk Alexander Reders sorgfältig recherchiertem Werk „Frauenbewegung und Nation. Patriotische Frauenvereine in Deutschland im frühen 19. Jahrhundert (1813–1830)". Seine detailreiche Abhandlung zielt, wie im Titel erkennbar, auf das Verhältnis von Frauenbewegung und Nation. Auf die humanitäre bzw. karitative Tätigkeit der Frauenvereine geht Reder nur begrenzt ein. Ähnlich wie von der Goltz unterstreicht auch Reder die Bedeutung der Frauenvereine der Befreiungskriege: „*Die Frauenbewegung ab 1848/49 wäre jedenfalls ohne das Vorbild und die Organisationserfahrung der Frauenvereine der Befreiungskriege und der auf diesen aufbauenden wohltätigen Frauenvereine des Vormärz so nicht denkbar gewesen.*"[152]

Wohltätige Frauenvereine 1815–1830

Nach 1815 beendete ein größerer Teil der Frauenvereine seine Tätigkeit.[153] Die Lazarette begannen sich auch in Belgien um den Jahreswechsel 1815/16 zu leeren. Die Hilfen für die letzten Lazarette und die rückkehrenden Invaliden setze sich noch bis in das Jahr 1816 fort.[154] Eine Reihe von Frauenvereinen, die

148 Ebd., S. 717.
149 Goltz: Der Dienst der Frau, 1. Teil, S. 146.
150 Ebd.
151 Kall: Katholische Frauenbewegung, S. 40.
152 Reder: Frauenbewegung, S. 28.
153 Sohr: Frauenarbeit, S. 6: s. u. a. Rheinische Blätter, Nr. 122, S. 499 das Beispiel aus Koblenz.
154 Der Lübecker Frauenverein stattete die Rückkehrer mit Winterkleidung aus. Der Erfurter „Weibliche Verein zur Unterstützung der im letzten Kriege erkrankten und verwundeten deutschen Krieger" bestand bis 1816 (Reder: Frauenbewegung, S. 494.365).

zunächst Freiwillige und Lazarette unterstützt hatten, widmete sich nun der Wohltätigkeit. Sie spielten eine herausragende Rolle bei den Hilfen für Arme, der Versorgung von Kranken und Schwangeren sowie der schulischen Bildung von Mädchen. Wenigstens 23 dieser wohltätigen Frauenvereine lassen sich noch jahrelang nachweisen.[155] Zumeist handelte es sich dabei um Vereine in den nord-, mittel- und westdeutschen Städten. Zu ihnen gehörten u. a. die 1814 gegründeten Frauenvereine von Gera und von Karlsruhe. Ziel des Geraer Frauenvereins war *„die Unterstützung und Aufhilfe einheimischer Armer“*.[156]

Neben den Vereinen, die nach dem Ende der Befreiungskriege ihre Tätigkeit in veränderter Form aufrechterhielten, stehen Vereine, die durch Neu- oder Anschlussgründungen sich konstituierten. Von 1815–1819 bildeten sich wenigstens 14 Frauenvereine, von 1820–1830 kamen wenigstens 54 weitere hinzu.[157] Vorrangig waren für diese Vereine die Linderung von Armut und die Unterstützung von mittelosen Kranken. Zum Teil knüpften die neuen Frauenvereine personell oder inhaltlich an die Arbeit der Vereine der Befreiungskriege an.

Besonders früh richtete sich der **Frankfurter Frauenverein** auf neue Ziele aus. Nach dem Ende des 1. Befreiungskrieges und dem Ablauf des Jahres, für den der Frauenverein zunächst gegründet worden war, veröffentlichte der Verein am 27.10.1814 einen neuen Aufruf. In diesem kündigte er die Fortsetzung seines Bestehens an. Er begründete dies damit, dass *„sich hier für Frauen durch thätigen Antheil an zweckmäßiger Versorgung hiesiger Armen ein von den hier bestehenden Anstalten verschiedener, heilbringender, noch nicht berücksichtigter Würkungskreis eröffne“*.[158] Die Frauen hatten die Versorgung von Kindern im Sinn, die durch die Typhusepidemie zu Waisen wurden und die Unterstützung der durch Ein-

---

155 Vgl. das Verzeichnis bei Reder: Frauenbewegung, S. 489–503.506–512.

156 Ernst Gurlt: Die Geschichte der internationalen Krankenpflege im Kriege, Leipzig 1873, Reprint Vaduz 1972, S. 525; Reder: Frauenbewegung, S. 20.494; ein Beleg dafür, dass dieser oder ein anderer Frauenverein vor 1814 gegründet wurde ist bisher nicht vorhanden.

157 Zusätzlich zu Reder: ein weiblicher „Unterstützungsverein“ 1819 in Koblenz (v. d. Heydt: Hundert Jahre, S. 7f.); Morgenstern: Frauenarbeit II. Teil, S. 157 / S. 323 der Jüdische Frauenverein in Kassel 1817; mit den Gründungsjahren 1820–1830 führt Morgenstern fünf Jüdische Frauenvereine auf; Ihring nennt die Frauenvereine in Heidelberg und Wertheim für 1824 (Ein neues Licht, S. 54). „Frauenverein zur Unterstützung Hausarmer“, Trier 1829 (Kall: Katholische Frauenbewegung, S. 28), 1826 entstand in Bonn ein Frauenverein (Bonner Wochenblatt, Nr. 34 vom 27.4.1826, Digitalisat ULB Bonn). In Köln wurden vier Vereine zwischen 1824 und 1829 (Reder: Frauenbewegung, S. 509) von unterschiedlichen Frauengruppen gegründet. 1827 oder später wurde in Breslau ein jüdischer Frauen-Verein gegründet (Roland B. Müller: Auf den Spuren der Breslauer Synagogengemeinde bis zur Shoah, Leipzig 2018, S. 84). 1829 entstand ein Frauenverein in Marienberg (Erzgebirge), ein jüdischer Frauenverein in Esens (Jürgens: Jüdische Vereine, S. 56), in Karlsruhe ein israelitischer Frauenverein sowie 1830 der „Frauen- und Jungfrauenverein zur Bekleidung Hilfsbedürftiger“ in Hagen.

158 Text in Schmidt-Scharff: Geschichte, S. 20.

quartierungen verarmten Bewohner. Zudem ging es um den Ersatz von Handwerkszeug mittelloser Handwerker, um unversorgte Kranke, arme Wöchnerinnen und die Beschulung von mittellosen Mädchen.[159] Der Verein achtete darauf, dass seine Arbeit sich nicht mit der der Armenkommission überschnitt, sondern diese nur ergänzte.[160] Der neukonstituierte Verein richtete sich auf eine dreijährige Arbeitsphase ein. Er wurde von sechs Vorsteherinnen geleitet. Jede zuständig für ein „Fach“: Arbeit für *„verschämte Arme“*, Schule, Wöchnerinnen, Kranke, *„Handwerkszeug, Hauszinszahlung, Auslösung von Pfändern“* und *„Dorfschaften“*. Für Sachsenhausen wurde zudem eine eigene Vorsteherin bestimmt.[161] In dieser später nur wenig ergänzten Struktur arbeitete der Verein die kommenden Jahre weiter, ohne dass nach drei Jahren eine neue zeitliche Grenze festgelegt wurde. Kurzzeitig holte das Kriegsgeschehen die Arbeit des Vereins im Jahr 1815 noch einmal ein. Der Verein unterstützte mithilfe des Bremer Frauenvereins als Übermittler die Lazarettversorgung in Flandern.[162] Im Hungerjahr 1817 unterstützte er Notleidende insbesondere in den Dörfern und Bewohner des von der Stadt neu geschaffenen „Versorgungshauses“.[163]

Unter den von dem Verein betriebenen Projekten ragt die Frauenvereinsschule heraus. Besonders verdient machte sich um die Schule Frau Städel als zuständige Vorsteherin und langjährige Leiterin. Schon im März 1815 erreichte sie die Zustimmung des Senats für die Errichtung der Schule, die kurz darauf ihren Betrieb aufnahm.[164] Unter Verwendung eines für diesen Zweck bestimmten Nachlasses und eines vom Senat 1817 geschenkten Bauplatzes konnte für die Schule 1817/18 ein eigenes Haus erbaut werden.[165] Ab 1832 wurde die pädagogische Arbeit für Kinder durch den „Verein für Kleinkinderschulen“ in Frankfurt a. M.“ ergänzt.[166]

Von 1831 bis 1875 betrieb der Verein eine „Suppenanstalt“, die zehntausende von Suppenportionen jährlich verteilte.[167] Wegen der angespannten Ernährungslage während des deutsch-französischen Krieges stieg 1870 die Anzahl der Portionen auf 54 000.[168] Der „Frankfurter Frauenverein von 1813“ feierte 1864 sein 50-jähriges und 1913 sein hundertjähriges Bestehen. Zu diesem Zeitpunkt erhielten 3284 Familien Unterstützung. Zu den vom Verein betriebenen Einrichtungen gehörten weiterhin die Schule und das „Arbeits-

159 Ebd., S. 21.
160 Ebd.
161 Ebd., S. 21–23.
162 Ebd., S. 25.
163 Ebd., S. 33f.
164 Ebd., S. 23f.
165 Ebd., S. 32f.
166 Nach der Statistik der Frauenorganisationen im Deutschen Reiche, 1. Sonderheft zum Reichsarbeitsblatte, bearb. im Kaiserlichen Statistischen Amte Abteilung für Arbeiterstatistik, Berlin 1909, S. 5 war es *„die wohl älteste derartige Organisation“*.
167 Schmidt-Scharff: Geschichte, S. 44
168 Ebd., S. 62.

fach", in dem Näherinnen Beschäftigung erhielten.[169] Der Frankfurter Frauenverein setzte seine Tätigkeit auch nach dem hundertjährigen Vereinsjubiläum fort. Er überstand die Inflation und die NS-Zeit. Erst 1977 beschlossen die sechs verbliebenen Vorstandmitglieder seine Auflösung und übertrugen das restliche Vermögen auf den Verein St. Markus-Krankenhaus, Verein für Krankenpflege und Diakonie in Frankfurt.[170]

Zu den Vereinen, die ihre Arbeit fortsetzten, gehörte auch der **Lübecker „Frauenverein** von 1813". Seine Fürsorge galt nach den Kriegen den „verschämten" Armen[171] unter den *„Frauen und Jungfrauen, die ihrer gesellschaftlichen Stellung nach füglich keine eigentliche Unterstützung ... / ... annehmen möchten"*,[172] um diese Stellung nicht zu verlieren. Ihnen wurde 1815 durch eine *„Industrie-Niederlage"* die *„Gelegenheit gegeben, die Arbeiten ihrer müssigen Stunden zu verwerthen."*[173] Der Verein schuf so eine Gelegenheit, die erstellten Handarbeiten der Betroffenen zu ihren Gunsten zu verkaufen. Insbesondere kam seine Unterstützung den bedürftigen *„schwer Kranken und den armen Wöchnerinnen"* zugute.[174] 1823 betrieb der Verein eine *„Speiseanstalt"* und ein *„Kleidermagazin"*.[175] Bis zum Jahr 1842 erweiterte sich das Aufgabenfeld des Vereins deutlich. Das von den Vereinsmitgliedern 1842 verfasste Statut listete als feste Aufgaben des Vereins auf: eine „Näh- und Strickanstalt", das „Kleidermagazin" und die „Krankenkasse" sowie *„die Verpflegung der kranken und schwächeren Personen durch zubereitete Speisen"*, *„die Vertheilung von Torf ... in den Wintermonaten"*, *„Unterstützung durch Lebensmittel"*, *„Vertheilung von ganzen und halben Roggenbroden an Bedürftige während der 4 Wintermonate"*, *„Pflege für an Krebsübel leidende Kranke"* und einen Beitrag für den *„Unterricht der Kinder"*.[176] Einige Zuwendungen wurden satzungsmäßig begrenzt: So sollte täglich nicht für mehr als 6 Kranke gekocht werden und in den Wintermonaten nicht mehr als 30 Brote wöchentlich verteilt werden. Für den Frauenverein einer Stadt mit damals rund 25 000 Einwohnern zeugt die Auflistung der Aktivitäten dennoch von einem umfangreichen sozialen Engagement. Finanziert wurden diese ehrenamtlichen Tätigkeiten durch Spenden, Vermächtnisse, Mitgliedsbeiträge und den Verkauf von Handarbeitsartikeln. In den folgenden Jahrzehnten weiteten sich die Arbeit des Vereins und die Zahl der Empfänger von Leistungen erheblich aus. Zum Zeitpunkt des 100. Vereinsjubiläums verfügte der Frauenverein für seine vielfältigen Förder-

169 Ebd., S. 132–134; Sohr: Frauenarbeit, S. 7 (Stand vor Veröffentlichung 1882).
170 Institut für Stadtgeschichte, Frankfurt a. M., Quelle: Stiftungsabteilung 671.
171 Eschenburg: Der Frauenverein von 1813, S. 37.
172 Alexander Michelsen: Die innere Mission in Lübeck, Hamburg 1880, S. 72/73.
173 Michelsen: Die innere Mission, S. 73.
174 Nach einem Schreiben der Vorsitzenden Hanne Gütschow, Eschenburg: Der Frauenverein von 1813, S. 37.
175 Ebd.
176 Ebd., S. 40f.

bereiche über 11 Kassen, drei Vermächtnisse und einige besondere Zuwendungen. In der Weimarer Republik nahm die Notwendigkeit der Arbeit des Vereins ab. Die im Aufbau befindliche Sozialgesetzgebung regelte die Sozialhilfe für den betroffenen Personenkreis, den der Verein bis dahin unterstützt hatte. Zudem vernichtete die Inflation den größten Teil des Geldvermögens.

Der bereits erwähnte **Bremer Frauenverein von 1814**, auch als der „Kleine Frauenverein" bezeichnet, widmete sich nach dem Ende der napoleonischen Kriege der Unterstützung von Bedürftigen. Er finanzierte die Anschaffung von Werkzeug, damit Handwerker, die dieses verloren hatten, mit neuem Werkzeug wieder ihren Lebensunterhalt sichern konnten. Er richtete eine Freischule für 30 Mädchen ein, an der zunächst ehrenamtliche Kräfte unterrichteten. Zudem erhielten mittellose Mädchen kostenlos Kleidung. Bei Einführung der allgemeinen Schulpflicht in Bremen erfolgte 1844 die Anerkennung der Schule durch den Senat. Ab 1854 wurde der um naturwissenschaftliche Fächer ergänzte Unterricht durch eine ausgebildete Lehrerin erteilt. Die Schule bestand bis 1909.[177] Inzwischen waren auch staatliche Freischulen eingerichtet worden. Der Verein beschränkte sich nun auf die Förderung der beruflichen Ausbildung von Mädchen. In den letzten Jahren durch das NS-Regime behindert, konnte er seine Unterstützungstätigkeit noch bis 1939 fortsetzen.

Der wahrscheinlich vor August 1814 gegründete **Frauenverein in Hagen** sandte1814 und 1815 mehrfach Geld, Kleidung und Verbandsmaterial in die auswärtigen Lazarette.[178] Dabei leitete er auch Sammlungen benachbarter Frauenvereine weiter. Genauere Nachrichten über die ab 1816 praktizierte Hilfstätigkeit für Arme und Kranke fehlen. 1829 sammelte er – jetzt als „Frauen- und Jungfrauenverein" benannt – eine hohe Geldsumme als Hilfe für die Opfer einer großen Überschwemmung im Unterlauf der Weichsel.[179] In dem Notjahr 1830 unterstützte er die Armen der Stadt und erhielt dafür eine schriftliche Danksagung des Bürgermeisters.[180] Der im selben Jahr gegründete „Frauen- und Jungfrauenverein zur Bekleidung Hilfsbedürftiger" ergänzte seine Hilfemaßnahmen.[181] 1844 übernahm der Verein die Trägerschaft für die 1838 von einer Frauengruppe für die ärmere Bevölkerung gegründete „Mädchen-Freischule", in der etwa 80 Mädchen zwischen dem 6. Lebensjahr und der Konfirmation im Nähen und Stricken unterrichtet wurden.[182] Nachdem erste kostenpflichtige

---

177 Dazu Elisabeth Meyer-Renschhausen: Weibliche Kultur und soziale Arbeit. Eine Geschichte der Frauenbewegung am Beispiel Bremens 1810–1927, S. 52; Schmidt-Scharff: Geschichte, S. 112.

178 Nau: Der Evangelische Frauenverein, S. 14–17.

179 Ebd., S. 27.

180 Ebd., S. 27f.

181 Ebd., S. 28.

182 Ebd., S. 30f. u. 38–40.

Kinderbewahreinrichtungen in den 40er und 50er Jahren entstanden waren, gelang es dem Frauenverein mit Hilfe eine größeren Spende seines Kassenwartes 1865 eine erste „Kleinkinderbewahrschule" zu eröffnen.[183] In den folgenden Jahrzehnten richtete der Verein drei weitere „Kleinkinderschulen" ein und nannte sich nun „Evangelischer Frauenverein für Kleinkinder- und Nähschulen". 1871 überließ er die Aufgaben der Armen- und Krankenpflege dem neu gegründeten „Kinder- und Krankenpflegeverein". Um die Kindergärten und die schulischen Einrichtungen vor der drohenden Übernahme durch das NS-Regime zu schützen, übertrug der Verein 1935 den Betrieb seiner Einrichtungen auf die Innere Mission.[184] 1936 wurden jedoch die christlichen Handarbeitsschulen verboten. 1941 übertrug der Frauenverein das Eigentum an den meisten seiner Häuser auf die lutherische Kirchengemeinde Hagen und erschwerte so den Zugriff des NS-Regimes auf die in den Kindergärten und Vereinshäusern geleistete Arbeit.[185] Nach den Zerstörungen des Krieges und dem Wiederaufbau fand nur die Kindergartenarbeit durch die Innere Mission eine Fortsetzung.[186]

Die erwähnten Frauenvereine stehen hier beispielhaft für eine ganze Reihe von Frauenvereinen, die nach ihrer Gründung in den Jahren 1813–15 in dem zweiten Jahrzehnt des 19. Jahrhunderts eine langanhaltende Tätigkeit entwickelten.[187] Zu diesen Vereinen gehörten u. a. auch der „Hamburger Frauenverein von 1813", der sich nach dem Kriegsende u. a. für die Linderung der Armut einsetzte und ab 1821 eine Mädchenschule betrieb, die noch 1873 bestand.[188] Einen fließenden Übergang von der Versorgung von Lazaretten zur Armenversorgung bestimmte die Arbeit des Aachener Frauenvereins im Jahr 1815. Während der Hungersnot übernahm er im Winter 1817/18 die Betreuung der von der städtischen Wohltätigkeitskommission eingerichteten Suppenanstalt.[189] Der 1815 erstmals erwähnte Altenaer Frauenverein setzte seine Tätigkeit jahrzehntelang fort und richtete 1843 gleich drei „Kleinkinderschulen" ein. Jeweils eine Kaiserswerther Schwester betreute diese für Kinder im Vorschulalter bestimmten Einrichtungen, die insgesamt etwa 170 Kinder aufnehmen konnten.[190]

---

183 Ebd., S. 64–66.

184 Ebd., S. 106f.

185 Ebd., S. 112.

186 Ebd., S. 117f.

187 Sohr: Frauenarbeit, S. 7.

188 Reder: Frauenbewegung, S. 495 u. Nau: Der Evangelische Frauenverein für Kleinkinder- und Nähschulen, S. 61.

189 Reder: Frauenbewegung, S. 235–237.

190 Nau: Der Evangelische Frauenverein für Kleinkinder- und Nähschulen, S. 61; Reder: Frauenbewegung, S. 489.

Zu den nach dem Ende der Befreiungskriege neu entstandenen Vereinen gehörte der **Jenaer „Hauptfrauenverein"**, der sich am 20.9. 1815 gründete. Er nahm unter der Vorsitzenden Friederike Griesbach personell den Faden des Frauenvereins von 1813 wieder auf.[191] Die Jenaer Frauen organisierten die Ausbildung von armen bzw. verarmten Mädchen. Die Zahlen für 1816 weisen 57 Mädchen auf, die in vier Klassen unterrichtet wurden. Inhalte der Ausbildung waren die häuslichen Arbeiten: Kochen, Handarbeiten und Waschen.[192] Ähnliche Vereine entstanden 1816 in Weimar und Eisenach.[193] Auch der **Bremer „Frauenverein für verschämte Arme"**, der sogenannte **„Große Frauenverein"**, begann seine Tätigkeit 1816 und entfaltete eine umfangreichere Unterstützungstätigkeit für Mädchen, Frauen, Kranke und Senioren. Er zählte bis zu 230 Mitglieder. Er richte eine „Strickschule" für 6 bis 13jährige Mädchen ein und eine „Nähschule" für die älteren Mädchen. Zusätzlich zu ehrenamtlichen Lehrkräften wurden zwei Lehrerinnen angestellt. Nach dem Ende der Ausbildung konnten die Mädchen als Hausangestellte oder Näherinnen Arbeit finden. Die hergestellten Kleidungsstücke wurden an Bedürftige verteilt, zum größeren Teil auch zur Deckung der Unkosten verkauft. Die vom Verein betreuten „verschämten Armen" erhielten zudem Lebensmittel. Der „Große Frauenverein" konnte seine Tätigkeit etwa hundert Jahre aufrechterhalten. Für die Zeit des Ersten Weltkrieges und die Notjahre der Inflation 1923/24 ist sein Vorhandensein nicht mehr nachweisbar.[194]

Das Entstehen des **Mainzer Frauenvereins** von 1820 bietet ein Beispiel für die Zurückhaltung städtischer Armenkommissionen, Frauen einen Wirkungsbereich im Armenwesen zu eröffnen. Freimütig berichtet Jakob Neus, Mitglied der „Central-Armen-Kommission" der Stadt, dass Mainzer Frauen mehrere Jahre lang „*laut und leise*" den „*Wunsch*" geäußert hatten, „*zum Gelingen des ... Armen-Instituts ... beitragen zu wollen*".[195] Erst mit jahrelanger Verzögerung entsprach die städtische Armenkommission diesem Ansinnen. Die Kommission tat dies nur deswegen, weil sonst „*einige Lükken in der sonst so weit gediehenen Armenversorgungsanstalt offen stehen bleiben würden*".[196] Die Satzung des Frauenvereins sah eine enge Kooperation zwischen städtischer Armenkommission und Frauenverein vor.[197] Die Armenkommission beteiligte sich an der Finanzierung der Arbeit des Vereins.[198] Nach Zuweisung durch die Kommission übernahm der Verein „*die Unterstützung und Verpflegung weiblicher Kranken, Wöchnerinnen und weiblicher Dürftigen; ferner Bekleidung und Erziehung armer Mädchen in und*

191 Theml: Die ersten Frauenvereine in Thüringen, S. 3.
192 Ebd., S. 5.
193 Ebd., S. 5.
194 Zum „Großen Frauenverein" Meyer-Renschhausen: Weibliche Kultur, S. 53f.
195 Neus: Die allgemeine Armenversorgungsanstalt, S. 92.
196 Ebd., S. 93.
197 Ebd., S. 95–99; Reis: Mainzer Silhonetten, S. 110–112.
198 Neus: Die allgemeine Armenversorgungsanstalt, S. 98; Reis: Mainzer Silhonetten, S. 112.

außer der öffentlichen Armenschule, dabei Sorge für das ehrliche Fortkommen der Herangewachsenen".[199] Der Frauenverein erarbeitete sich schnell die Anerkennung der Armenkommission[200] und der Bevölkerung.[201] Schon nach drei Jahren verfügte der Verein über 300 Mitglieder und unterstützte kranke Frauen und Wöchnerinnen in 50 Familien sowie 100 Kinder.[202] Noch 1841 würdigt Eduard Reis in seinem Panorama der Stadt ausdrücklich die Tätigkeit des Frauenvereins.[203] Ähnlich wie in Mainz bestand auch 1826 in Bonn „*seit langer Zeit ... bei vielen menschenfreundlichgesinnten Frauen ... der Wunsche*", einen Frauenverein zu gründen. Mit Rücksicht auf die städtische Behörde wurde dem Verein einschränkend vorgegeben, dass er „*durch geeignete Leistungen der Mildthätigkeit die allgemeine Armen-Verwaltung in ihrem Wirkungskreise unterstütze*". Die Aufgaben des Vereins, setzten sich zusammen aus der „*1. Verpflegung armer Kranker weiblichen Geschlechtes, 2. Aufsicht, Erziehung und Bildung armer Waisenkinder, 3. Bekleidung der Kinder der Freischule, 4. Versorgung der aus dieser Schule ausgetretenen Mädchen*".[204] Wie nötig, der ehrenamtliche Einsatz der Frauen war, räumte die Armenverwaltung ausdrücklich in ihrer Bekanntmachung ein indem sie festhielt: „*Es ist unverkennbar, daß in diesen Zweigen der Armenpflege der entschlossenste Wille der Männer das nicht zu leisten im Stande ist, was der Zartsinn der Frauen, und dessen umsichtiges, schonendes und liebevolles Wirken hier zu leisten vermag.*"[205]

Zu den zwischen 1815und 1830 gegründeten Frauenvereinen gehörten mehrere **jüdische Frauenvereine.** In Kassel schloss sich 1817 eine Gruppe von Frauen zu einem „Schwesternbund" zusammen mit der Zielsetzung „*Jungen*" und „*armen Mädchen Mittel zur Ausbildung für einen Beruf zu geben.*"[206] Finanziell und hinsichtlich der Mitgliederzahl besonders gut ausgestattet war der 1820 in München gegründete Frauenverein. Er zählte Ende des Jahrhunderts 720 Mitglieder und verfügte 1891 über Einnahmen von 13.871 Mark. Als Zweck des Vereins galt „*Unterstützung armer israelitischer Wöchnerinnen und Kranker und Spendung ärztlicher Hilfe*".[207] 1821 wurde der Jüdische Frauenverein in Frankfurt a. O. errichtet. Sein Ziel war es, Arme und Kranke zu unterstützen und insbesondere „*Witwen, Waisen und Sterbenden beizustehen*".[208] Der Breslauer Verein entstand, um verwaisten Mädchen Unterkunft und Betreuung bieten zu können. Für verwaiste

---

199 Reis: Mainzer Silhonetten, S. 110, so nach § II der Satzung von 1820, Neus: Die allgemeine Armenversorgungsanstalt, S. 96.
200 Ebd., S. 104.
201 Ebd., S. 106.
202 Ebd., S. 105.
203 Reis: Mainzer Silhonetten, S. 110–112.
204 Bonner Wochenblatt, Nr. 34 v. 27.4.1826, s. auch Nr. 63 vom 6.8. u. Nr. 104 vom 28.12.1826 u. Nr. 101 vom 16.12.1827, Nr. 98 v. 8.12.1831, Digitalisat ULB Bonn 2018.
205 Bonner Wochenblatt, Nr. 34 v. 27.4.1826, Digitalisat ULB Bonn 2018.
206 Morgenstern: Frauenarbeit II. Teil, S. 157 / S. 323.
207 Ebd., S. 164 / S. 330.
208 Ebd., S. 147 / S. 313.

Jungen begann sich ab 1812 eine Gruppe von Männern einzusetzen. 1827 erreichte sie die Aufnahme von 7 Jungen. Im Anschluss bildete sich der Frauenverein, der anfangs sechs Mädchen durch eine „Waisenmutter" versorgen und betreuen ließ. Der Frauenverein, dem bis zu 300 Mitglieder angehörten, konnte zusätzlich einen Lehrer für zwei Stunden Unterricht am Tag finanzieren.[209] Aus diesen männlichen und weiblichen Initiativen ging der „Verein zur Unterstützung des israelitischen Waisen-Instituts" hervor, der 1841 die „Israelitische Waisen-Verpflegungsanstalt" schuf.[210] Im württembergischen Buchau entstand 1821 ein Frauenverein für „Krankenpflege" und „Armenunterstützung"[211], 1822 im Großherzogtum Baden der „Brautverein" zur Unterstützung armer Bräute in Bruchsal.[212] Zu den frühen Gründungen jüdischer Frauenvereine gehörten auch der jüdische Frauenverein im ostfriesischen Esens[213] und der Karlsruher „israelische Frauenverein" aus dem gleichen Jahr. Seine Hilfstätigkeit galt Armen und Kranken.[214]

Eine Welle der Hilfsbereitschaft lösten die Folgen der Missernten in den Jahren 1816 und 1817 aus. Es gründete sich eine Reihe von **Hilfsvereine gegen die Hungersnot 1816/17.**

Die Folgen der napoleonischen Kriege waren noch nicht überwunden, als es in Europa in den Jahren 1816/17 zu einer Hungersnot kam. Besonders betroffen waren deutsche Länder, die Schweiz und einige Departements in Frankreich. Der Ausbruch des indonesischen Vulkans Tambora hatte gewaltige Aschewolken in die Atmosphäre geschleudert. Verstärkt wurden deren klimatische Folgen durch die Auswirkungen von Sonnenstürmen, welche die Strahlungswärme der Sonne absenkten. Große Teile der Ernte 1816 wurden vor der Reife durch Hagel zerstört oder durch frühen Schneefall vernichtet. Im späten Frühjahr des Jahres 1817 verschlimmerte sich die Lage noch durch eine gewaltige Überschwemmung, die besonders die Schweizer Seen, den Rhein und seine Nebenflüsse betraf.[215] Die daraus folgende Nahrungsmittelknappheit wurde noch durch Wucherer verschlimmert, die Getreide aufkauften.[216] Große Teile

---

209 Müller: Auf den Spuren, S. 84.

210 Ebd.

211 Morgenstern: Frauenarbeit II. Teil, S. 168f. / S. 334f.

212 Ebd., S. 326.

213 Jürgens: Jüdische Vereine, S. 56.

214 Sigrid Schambach: Eigenständigkeit und Abhängigkeit – Karlsruherinnen in einer Zeit des Übergangs (1806–1859) in Susanne Asche u. a.: Karlsruher Frauen 1715–1945. Eine Stadtgeschichte, Karlsruhe 1992, S. 152.

215 Vgl. Rheinische Blätter, u. a. Nr. 88 vom 3. Juni, S. 361f.

216 Die „Theurung" der landwirtschaftlichen Produkte erreichte im Jahr 1817 im Großherzogtum Baden eine so ungewöhnliche Höhe, dass sie sogar auf einer Medaille mit genauen Angaben noch im Jahr 1817 festgehalten wurde, in: Rosemarie Stratmann-Döhler: Stephanie Napoleon Großherzogin von Baden 1789–1860, Katalog des Badischen Landesmuseums Karlsruhe, Karlsruhe 1989, S. 105.

der Bevölkerung waren nicht mehr in der Lage, sich hinreichend zu ernähren. Zum Jahreswechsel 1816/17 beklagte die „Zürcherische Hülfsgesellschaft": „*Mangel und Armuth verbreiten sich allgemein*", eine Feststellung, die für weite Teile Mitteleuropas galt.[217] Ein Zeitgenosse beschrieb anschaulich die Hungersnot aufgrund der Missernte: „*Da saßen die Armen frierend, und haschten nach Kleye und Mehlstaub, um das elende leben von einem Tage zum andern hinüberzuschleppen. Da standen sie und kochten Wurzeln, Gras und Heu zu kraftlosen Suppen. Stroh und Sägespäne sah man mahlen ... Die halbe Bevölkerung schlich bettelnd umher, die hohläugige zerlumpte Armee des Hungers; die Kinder verließen die Eltern und schrieen nach Brod vor fremden Thüren, aus welchen sie der gleiche Jammer angrinste.*"[218]

Zu den notleidenden Regionen in Deutschland gehörten Bayern, Württemberg, Baden, Hessen und das Rheinland. Nach der auf dem Wiener Kongress ausgehandelten politischen Neuordnung waren 1815 am Mittel- und Niederrhein zwei neue preußische Provinzen entstanden: Jülich-Kleve-Berg mit Köln und das Großherzogtum Niederrhein mit Koblenz als Hauptstadt. Für beide stellten im Juni 1817 die „Rheinischen Blätter" fest: „*Die Noth in vielen Gegenden der Rheinprovinzen ist unbeschreiblich groß.*"[219] Aufgrund der Lage in der Grafschaft Mark wandte sich der Fabrikbesitzer und Kirchenälteste Peter Harkort an die Öffentlichkeit mit den Worten: „*Wir verarmen! Wir verhungern!*"[220]

Die Katastrophe löste eine Welle von Hilfsinitiativen und neuen Vereinsgründungen in den betroffenen deutschen Ländern aus.[221] In mehreren Städten versorgten „Suppen-Anstalten" die notleidende Bevölkerung.[222] Als Reaktion auf die Notsituation entstanden noch im Jahr 1816 für die preußische Provinz Jülich-Kleve-Berg ein „Central-Hülfs-Verein" und zahlreiche lokale Hilfsvereine, zu deren Mitgliedern auch Frauen gehörten. Mehr als 31 000 Personen konnten mit Hilfe der vom Central-Hülfs-Verein gesammelten Gelder „*ganz unterhalten*" oder „*unterstützt*" werden.[223] In Koblenz rief am 1.6.1817 der dort geborene, bekannte Schriftsteller Johann Joseph Görres gemeinsam mit dem Fabrikanten und Stadtrat Hermann Joseph Dietz, dem Dichter Clemens von Brentano und Vertretern der Behörden, der Kirche, des Militärs und der Wirtschaft den „Rheinischen Hülfsverein" ins Leben. Der Rheinische Hülfsverein

217 17. Neujahrsblatt der Zürcherischen Hülfsgesellschaft, Zürich 1817, S. 5; ähnlich u. a. Der Katholische Frauenverein St. Barbara in Coblenz, Entstehung, Geschichte und Wirken unter besonderer Berücksichtigung des St. Barbara-Waisenhauses zur Errichtung des neuen Waisenhauses mit Kapelle am 20. Oktober 1908, Coblenz, S. 5.

218 Zitiert in: Max Rehm: Königin Katharina von Württemberg. Ihr Leben und Wirken nach Selbstzeugnissen und im Spiegel der Zeitgenossen. 1788–1819, S. 24f.

219 Rheinische Blätter, 1817, Nr. 100 vom 24. Juni, S. 409.

220 Nau: Der Evangelische Frauenverein für Kleinkinder- und Nähschulen, S. 24.

221 Dazu Rheinische Blätter, 1817, Nr. 9, S. 35; Nr. 47, S. 187; Nr. 61, S. 244; Nr. 81, S. 333.

222 So u. a. in Bonn, s. Bonner Wochenblatt Nr. 262 u. 264 v. 12.1. u. 26.1.1817, Digitalisat ULB Bonn 2018.

223 Amts-Blatt der Königlichen Regierung zu Cleve v. 27.1.1821, digiPress BSB München 2021.

sollte die *„ganze Landschaft vom Hunger zu erretten"*.[224]

Auf örtlicher Ebene gründeten sich weitere Hilfsvereine. Johanna Dietz, die Ehefrau des Stadtrates, und Gertrudis Nell, die Tochter des Kammerpräsidenten, „stifteten" in Koblenz den „mildtätigen Frauenverein".[225] Er wurde auch als *„Jungfrauen-Verein ... zur Unterstützung der ärmeren Klasse"* bezeichnet.[226] Der Verein besaß einen interkonfessionellen Charakter,[227] wobei entsprechend der Zusammensetzung der Bevölkerung katholische Frauen die deutliche Mehrheit bildeten. Die Frauen *„vereinten sich damals zu gemeinsamer, eifriger Tätigkeit im Dienste der Charitas"*.[228] Im Vordergrund stand die Versorgung der mittellosen Bevölkerung mit dem zum Überleben Notwendigen: *„Des Vereins erste Aufgaben bestanden in Beschaffung von Speisen für Kranke und Unterstützung notleidender Familien durch Brot, Kleidungsstücke und Geld; auch suchte man den Arbeitslosen Arbeit zu verschaffen."*[229]Als erste Maßnahme erfolgte die Gründung einer „Suppenanstalt".[230] Der Verein finanzierte sich durch Geldspenden, den Erlös eines Konzertes und eine aufwendige Verlosungsaktion, die mehr als 1000 Gulden erbrachte.

Aus der spontanen Hilfsaktion dieses „mildtätigen Frauenvereins" entstand Ende des Jahres 1817 der „Katholische Frauenverein". Zur Vorsitzenden wurde Johanna Dietz gewählt.

Die 1826 erstellten „Statuten" erlangten im gleichen Jahr die behördliche Genehmigung. Der Verein sah seine Aufgabe *„..in Erziehung und Unterricht armer Kinder weiblichen Geschlechts"* sowie in der *„Mitobsorge und Mitaufsicht über die Erziehung aller verlassenen Kinder, welche auf Kosten des Armenfonds unterhalten werden"*.[231] Hinzukam als dritter Punkt *„sonstige Unterstützungen dürftiger Personen"*.[232]

Die Satzung spiegelte damit die in der Zwischenzeit veränderte Aufgabenstellung wider. Nach der Überwindung der unmittelbaren Not rückten die Erziehung von Mädchen und die Fürsorge von „verlassenen Kindern" in das Zentrum der Tätigkeiten des „Katholischen Frauenvereins". Der Verein gründete eine Schule für arme Mädchen. Dahinter stand auch hier der Gedanke,

---

224 Clemens von Brentano: Barmherzigen Schwestern, Anlage X, in: Bilder aus der Geschichte der katholischen Charitas, hg. v. Wilhelm Hohn, Trier 1900, S. 112; s. auch Rheinische Blätter, 1817, Nr. 100, S. 410 u. Nr. 102, S. 418.

225 Der Katholische Frauenverein St. Barbara, S. 6.

226 Rheinische Blätter 1817, Nr. 81 vom 22. Mai, S. 333.

227 Vgl. Fritz von der Heydt: Hundert Jahre Evangelischer Frauenverein Koblenz, Koblenz 1934, S. 5.

228 Der Katholische Frauenverein, S. 6.

229 Ebd.

230 Brentano: Barmherzige Schwestern, S. 135.

231 Art. 3,1 u. 2, in: Der Katholische Frauenverein St. Barbara, S. 8.

232 Art. 3,3, in: ebd., S. 8.

durch Bildung und Ausbildung einen Schutz gegen die Armut zu schaffen. Kostenlos wurden die Mädchen in Lesen, Schreiben und Rechnen unterrichtet. Zunächst wurde dieser Unterricht durch Mitglieder des Frauenvereins erteilt.[233] Bald erfolgte aber auch die Anstellung von Lehrerinnen.[234] Eine Ausbildung in Stricken, Nähen und hauswirtschaftlichen Tätigkeiten gehörte zum Unterricht, um die Mädchen für eine Anstellung als Dienstmädchen zu qualifizieren. Als Schule diente ein von der preußischen Regierung unentgeltlich zur Verfügung gestelltes Gebäude, das „Schöffenhäuschen". Durch kostenlose Vergabe von Kleidern und Schuhen versuchte der Katholische Frauenverein den Fleiß der Schülerinnen anzustacheln. Die Schule startete 1819 mit 30 Kindern[235]. Die Zahl der Kinder erhöhte sich im Laufe der Zeit auf 90.[236] Um auch verwaisten Mädchen eine Perspektive zu geben, nahm der Verein sie in die Schule auf und sorgte für ihre Unterbringung und Verpflegung.

Für die kontinuierliche Durchführung und Ausweitung der Aufgaben des Vereins bedurfte es einer hinreichenden finanziellen Basis. Zur Finanzierung dienten die Mitgliedsbeiträge des Vereins und Spenden der beteiligten Frauen bzw. ihrer Ehemänner. Eine regelmäßige Einnahmequelle bestand in dem Verkauf von Handarbeiten, die teils von den Mitgliedern des Vereins und teils von den Schülerinnen hergestellt wurden. Ergänzt wurden diese Einnahmen durch Sammlungen von Spenden, die der Verein durchführte. Die preußische Regierung bewilligte auf entsprechenden Antrag eine jährliche Geldzuwendung. Der Verein verstand es zudem, zahlreiche Förderer zu gewinnen. So erhielt er jährlich die erheblichen Einnahmen aus Veranstaltungen der „Coblenzer Casinogesellschaft" und eines Benefizkonzertes des „Musikinstituts". Auch flossen ihm ab 1822 mehrfach höhere Vermächtnisse zu.[237]

Die Räumlichkeiten im „Schöffenhäuschen" erwiesen sich als zu klein. Zu dieser Zeit stand das in der Säkularisation aufgelöste und anschließend durch Behörden genutzte St. Barbarakloster teilweise leer. Die preußische Regierung erklärte sich bereit, das Kloster dem Verein zu überlassen, wenn dieser ein anderes Gebäude als Ersatz ankaufen würde. Nach dem gelungenen Gebäudetausch verlegte der Verein 1833 die Schule in das St. Barbarakloster. Der Verein führte nun den Namen „Katholischer Frauenverein von St. Barbara". Mit der Namensgebung „Waisenhaus zur hl. Barbara" für die Schule zeigte der Verein zugleich eine weitere Akzentverschiebung seiner Tätigkeit an: Die Anzahl der aufzunehmenden Waisenkinder wurde zunächst auf 12 vermehrt und später

233 Ebd., S. 7.

234 Brentano: Barmherzige Schwestern, S. 121.

235 Ebd., S. 115.

236 Brentano gibt wohl etwas zu hoch gegriffen die Zahl der Schülerinnen für 1830 mit 180 an, ebd., S. 121 u. 129.

237 Dazu im Einzelnen s. Der Katholische Frauenverein St. Barbara, S. 7f. u. Brentano: Barmherzige Schwestern, S. 122f.

weiter erhöht. Mit der Gräfin Amalie von Merveldt erhielt das Haus eine „Oberin und Hausmutter“, welche die Einrichtung „*opferfreudig*“ förderte.[238] Zu den Erzieherinnen gehörten zeitweise Apolonia Diepenbrock, die zuvor im vom Hermann Joseph Dietz gegründeten Bürgerspital als Pflegerin gearbeitet hatte, und Karoline Settegast.

Im damaligen politisch-gesellschaftlichen Kontext bedeutete der Besuch des preußischen Kronprinzen Friedrich Wilhelm bereits im ersten Jahr des Bestehens 1833 eine herausgehobene Anerkennung für die Arbeit des „Katholischen Frauenvereins von St. Barbara“. Friedrich Wilhelm versäumte auch nicht, dem Waisenhaus zum Abschied ein „namhaftes Geschenk“ zu machen.[239]

Nach dem Ausscheiden von Amalie von Merveldt als ehrenamtliche Oberin suchte der Vorstand nach einem geeigneten weiblichen Orden als Träger der Arbeit. Mithilfe des Stadtrats Dietz und des Medizinalrates Settegast konnte der in Aachen entstandene Orden der „Schwestern vom armen Kind Jesu“ zur Übernahme der Arbeit bewegt werden. Mit dem Einzug von Schwestern des Ordens im Jahr 1852 wurde aus dem St. Barbarahaus wieder ein Kloster. Teilnehmerin an der Übergabefeier war die damalige preußische Prinzessin Augusta. Sie erklärte sich zur Schirmherrschaft für das Waisenhaus bereit. Da die Schwestern nicht nur die Betreuung der Waisenkinder übernahmen, sondern auch den Schulunterricht, erhielten die angestellten Lehrerinnen unter Leistung eines bescheidenen Pensionsgeldes ihren Abschied.

Um weitere Waisenkinder aufnehmen zu können, wurden die dafür geeigneten Räume mithilfe einer Spende hergerichtet. Noch 1852 konnte die Zahl der Waisenkinder damit auf 40 erhöht werden. Bis 1855 stieg ihre Anzahl infolge der Finanzierung durch weitere Zuwendungen auf 100 Kinder. Nun setzte auch eine regelmäßige anteilige Finanzierung der Arbeit durch die öffentliche Hand ein. Die städtische Armenverwaltung begann für die Kinder, deren Aufnahme sie veranlasste, ein Kostgeld zu zahlen. Infolge der Entlastung durch die Ordensschwestern widmete sich der Katholische Frauenverein St. Barbara nun wieder stärker der Armenfürsorge und übernahm 1854 von der Stadt die „Mädchen-Armenschule“.

Zusätzlich zu dem Katholischen Frauenverein war im Jahr 1819 ein konfessionsverbindender „Unterstützungsverein“ entstanden, dem „*evangelische und katholische Frauen und Jungfrauen angehörten*“.[240] Auslöser für das Entstehen des Vereins war die zu dieser Zeit besonders hohe Arbeitslosigkeit. Noch „*jahrelang*“ unterstützten katholische und evangelische Frauen gemeinsam Notleidende.[241]

---

238 Der Katholische Frauenverein St. Barbara, S. 10.
239 Ebd.
240 V. d. Heydt: Hundert Jahre, S. 7.
241 Ebd., S. 7f.

Ähnlich dem „Central-Hülfs-Verein" in Jülich-Kleve-Berg und dem „Rheinischen Hülfsverein" entstanden im Großherzogtum Baden und im Königreich Württemberg Zentralvereine, um in der Hungersnot besser helfen zu können. Zu den Gründerinnen der in dieser Situation entstehenden Hilfsvereine gehörte die Großherzogin Stephanie von Baden. Noch während die Hungersnot sich anbahnte, initiierte sie frühzeitig im Jahr 1816 den „Allgemeinen Wohltätigkeitsverein" in Karlsruhe. Er sollte dazu beitragen, Spenden zu sammeln für die Ernährung der Bedürftigen in dem bevorstehenden Winter. Zur Verbesserung der wirtschaftlichen Situation der Armen ließ der Verein noch 1818 Produkte verkaufen, die von diesen gefertigt worden waren.[242] Der von Großherzogin Stephanie gegründete Karlsruher Wohltätigkeitsverein bestand bis 1825.[243]

Eine besonders weitreichende und nachhaltige Vereinsgründung, an der Frauen leitend und ausführend beteiligt waren, geschah unter maßgeblicher Mitwirkung der württembergischen Königin Katharina. Als ihr Mann Wilhelm am 30.10.1816 die Nachfolge seines Vaters antrat, zeichnete sich die Notsituation großer Teile der Bevölkerung immer deutlicher ab. Die Maßnahmen der königlichen Regierung brachten nicht den notwendigen Erfolg. Die für die Armenversorgung zuständigen Kommunen blieben häufig untätig oder waren überfordert.[244] Kurze Zeit nach dem Regierungsantritt Wilhelms entstanden daher Pläne für eine Ausweitung der Hilfemaßnahmen, die in der Stadt Stuttgart mit staatlicher Unterstützung hauptsächlich in der Hand der „Privatgesellschaft freiwilliger Armenfreunde" lagen. In Abstimmung zwischen der Königin, der Privatgesellschaft und Beamten der königlichen Regierung entstand die Konzeption der „Zentralleitung des Wohltätigkeitsvereins in Württemberg". Zu den 17 Personen, die sich am 29.12.1816 zu einem ersten Treffen versammelten, gehörten sieben Frauen – eine Zusammensetzung, die für ein Leitungsgremium in damaliger Zeit sehr ungewöhnlich war. Die Zusammenkunft leitete Staatsrat August von Hartmann, der auch weiterhin den geschäftsführenden Vorsitz innehatte. Das gemeinsame Ziel war die umfassende Stimulation kirchlicher und privater Hilfe und eine Koordination der notwendigen Maßnahmenmit den öffentlichen Hilfeeinrichtungen.

Insbesondere die Frauen wollte die Königin als Mitwirkende bei dieser Aufgabe gewinnen, da es deren *„hoher Beruf im Leben ist, zu helfen"*.[245] Dabei kam

242 Schambach: Eigenständigkeit und Abhängigkeit, S. 150f.

243 Stratmann-Döhler: Katalog der Ausstellung Stephanie Napoleon, S. 106.

244 Daniel Römer: Die Ursprünge der Verflechtungen zwischen Pietismus und Staat auf dem Gebiet des Sozialen im Württemberg des 19. Jahrhunderts, Dissertation, Stuttgart 2012, S. 285f.

245 Rehm: Königin Katharina, S. 25; zunächst hatte Katharina sogar an einen reinen Frauenverein gedacht.

es Katharina nicht allein auf die Bewältigung der aktuellen Notlage an, sondern auch auf die Schaffung einer Institution, die langfristig eine umfassende Daseinsvorsorge für die ärmere Bevölkerung zur Aufgabe haben sollte. Der Zentralverein gliederte sich in zwölf „Bezirkswohltätigkeitsvereine“ und zahlreiche „Lokalwohltätigkeitsvereine“.

In der akuten Notsituation entstanden durch die Initiativen der Zentralleitung des Wohltätigkeitsvereins in kürzester Zeit Suppenküchen sowie eine Versorgung der ärmeren Bevölkerung mit Lebensmitteln, Kleidung und Holz zum Heizen.

Die in der Notsituation gefundene Konzeption der Zentralleitung des Wohltätigkeitsvereins bewährte sich auch nach dem frühzeitigen Tod der Königin in den folgenden Jahrzehnten. Die Arbeit der Zentralleitung erhielt durch die kriegsbedingte Hungersnot 1917/18 und der auf den Ersten Weltkrieg folgenden Mangeljahre eine besondere Bedeutung. Sie diente als zentrale Verwaltungs- und Koordinierungsinstitution für Organisationen, die sich u. a. für Kriegsinvaliden, Hinterbliebene, arbeitslose Frauen, Jugendfürsorge und Strafgefangene einsetzten. Zudem fing sie soziale Einrichtungen auf, die als Folge der Inflation zusammenbrachen, und übernahm deren Trägerschaft. Die Inflation bewirkte jedoch auch den Verlust eines großen Teils des Stiftungsvermögens. Mit dem Aufbau des Sozialstaates in der Weimarer Republik veränderte sich nach und nach der Aufgabenbereich der Zentralleitung. Angesichts des weiteren Ausbaus der Sozialarbeit der öffentlichen Hand in der Bundesrepublik konzentrierte sich das „Landeswohlfahrtswerk für Baden-Württemberg“ als Nachfolgeeinrichtung der Zentralleitung mehr und mehr auf die Altenarbeit.

Frauenvereine 1831–1850

Der Weibliche Verein für Krankenpflege (1832) – Amalie Sieveking (1794–1859)

Im ersten Drittel des 19. Jahrhunderts fehlte es deutschlandweit sowohl an einer ambulanten Pflege von mittellosen Kranken als auch an einer schulischen Bildung ärmerer Mädchen. Beiden Aufgaben stellte sich Amalie Sieveking. Sie wurde 1794 geboren und stammte aus einer wohlhabenden Hamburger Kaufmannsfamilie. Ihr Vater, Heinrich Christian Sieveking, beteiligte sich ab dem Jahr 1800 als Senator an der Regierung der „Freien und Hansestadt Hamburg“. In der Zeit der französischen Besatzung verlor er infolge der von Napoleon verhängten Kontinentalsperre den größten Teil seines Vermögens. Amalie erhielt dennoch eine sorgfältige Erziehung. Armut und fremdes Leid, die ihr in

Kinderbüchern begegneten, beeindruckten sie tief. Besonderes Interesse fand sie an *„Erzählungen, die von Erweisungen der Wohltätigkeit handelten"*.[246]

Weitreichende Folgen für den Lebensweg von Amalie Sieveking hatte der Tod ihres Vaters in ihrem 15. Lebensjahr. Ihre Mutter hatte sie schon im Alter von fünf Jahren verloren.
Der Tod ihres Vaters beendete das Leben in dem väterlichen Haus und das Zusammenleben mit ihren drei Brüdern. Amalie wurde für eine Zeitlang in einem Pensionat untergebracht und begann dort, die Nichten der Inhaberin zu unterrichten. Die Anfrage, im Haus der verwitweten Ilsabe Brunnemann, einer *„bemittelte(n) Cusine ihrer Mutter"*,[247] die Pflege des schwerstkranken Sohnes zu übernehmen, eröffnete ihr materielle Sicherung durch das Zusammenleben im Haus und eine ihr angemessene Aufgabe. Nach dem Tod des Sohnes, der bereits nach wenigen Monaten eintrat, konnte sie bei Ilsabe Brunnemann verbleiben.

Im Jahr 1813 schuf sie ihre erste eigene Einrichtung mit der Gründung einer kleinen Schule.[248] Den gesamten Unterricht erteilte sie selbst. Die Mädchen wurden im sechsten Lebensjahr aufgenommen, der Unterricht endete mit der Konfirmation. Als 1816 einige Damen des Hamburger Bürgertums eine kostenlose Schule für arme Mädchen initiierten, beteiligte Amalie Sieveking sich auch mit Unterricht an diesem Projekt. Die Finanzierung dieser „Freischule" mit bis zu 18 Schülerinnen erfolgte durch Zuwendungen aus der Hamburger Bürgerschaft.[249]

Der Tod ihres jüngeren Bruders Gustav löste bei Amalie Sieveking, wie sie selbst festhielt, *„einen mächtigen Anstoß"* aus.[250] Mehr und mehr beschäftigte sie sich von da an mit der Lektüre der Bibel und dem karitativ-missionarische Wirken des katholischen Priesters Vinzenz von Paul. 1823 begann Amalie Sieveking, sich intensiv für die Arbeit und das Zusammenleben der „Barmherzigen Schwestern" zu interessieren.[251] Von besonderer Bedeutung für sie war der Austausch mit Johannes Evangelista Goßner, der 1824 für einige Monate in Altona lebte.[252] Als ehemaliger katholischer Priester vermittelte er Amalie Sieveking Kenntnisse über das katholische Ordensleben und die Ordensregeln. Ihr Ziel wurde es, eine den Barmherzigen Schwestern ähnliche Schwesternschaft

---

246 Amalie Sieveking: Zehnter Bericht über die Leistungen des weiblichen Vereins für Armen- und Krankenpflege, Hamburg, 1842, in: Quellen zur Geschichte der Diakonie, Bd. 2, S. 159.

247 Denkwürdigkeiten aus dem Leben von Amalie Sieveking in deren Auftrag von einer Freundin derselben verfaßt, Hamburg 1860, S. 18.

248 Ebd., S. 26.

249 Ebd., S. 44f.

250 Zitiert in: Hilde Lorch: Amalie Sieveking, Stuttgart 1954, S. 9 u. Anne Heucke: Amalie Sieveking, in: Wer mir dienen will, 24 Lebensbilder von Männern und Frauen im Dienst der Liebe, hg. v. Gerhard Bosinski u. Paul Toaspern, Berlin, 1978, S. 177.

251 Denkwürdigkeiten, S. 153–161.

252 Vgl. Denkwürdigkeiten, S. 171–175.

zu gründen. 1824 erarbeitete sie einen „Entwurf einer Regel für eine barmherzige Schwesternschaft".[253] Dies geschah rund neun Jahre, bevor Goßner in Berlin seine Vereine für Krankenpflege und Krankenbesuche gründete und zwölf Jahre bevor Theodor Fliedner mit seiner gleichfalls u. a. von den Barmherzigen Schwestern inspirierten Diakonissenarbeit begann. Weitere Anregungen erhielt Amalie Sieveking durch den Hamburger Pastor Johann Wilhelm Rautenberg. Er gründete 1829 den „Männlichen Besuchsverein". Dieser Verein hatte zum Ziel, die zu besuchen, denen *„es an Brot und Kleid für die Seele, am Brot des Lebens und am Kleid der Gottseligkeit und Gerechtigkeit"* fehlte.[254]

Erst die schwere Choleraepidemie, die Hamburg im Herbst 1831 heimsuchte, bewirkte die entscheidende Weichenstellung in Amalie Sievekings Leben. Sie sah in der Epidemie für sich *„einen Wink meines Gottes"*[255] und meldete sich *„zum freiwilligen Hospitaldienst"*.[256] Über einen anonym gehaltenen *„Aufruf an christliche Seelen"* versuchte sie, weitere ehrenamtliche Pflegekräfte zu gewinnen.[257] Größten Wert legte sie in dem sehr ausführlichen Aufruf auf die christliche Motivation. Es ging ihr darum, *„in einer auf christlichem Grunde erbauten Liebe"* die Arbeit der zuständigen *„Anstalten"* zu unterstützen, damit diese so *„ihre rechte Wirksamkeit erhalten"* sollten.[258] Sie war der Überzeugung, dass die „rechte Wirksamkeit" der Krankenpflege mit den vorhandenen beruflichen Kräften nicht zu erreichen war. Obwohl der Aufruf in dem damals vielgelesenen „Bergedorfer Boten" erschien, zeigte er keinerlei Wirkung. Sie selbst unterbrach die Lehrtätigkeit in ihrer Schule – für zwei Wochentage hatte sie eine Vertretung gefunden – und begann, ab dem 13. Oktober 1831 für knapp zwei Monate im St. Ericus-Spital als freiwillige Pflegekraft Cholerakranken zu pflegen.[259] Angesichts ihrer Herkunft stand der leitende Arzt diesem Vorhaben zunächst skeptisch gegenüber. Sie bewährte sich in der Pflege jedoch in solchem Maß, dass sie die Leitung über das weibliche wie männliche Pflegepersonal erhielt. Bis zum Ende der Epidemie widmete sie sich der Pflege der Cholerakranken. Diese Tätigkeit trug Amalie Sieveking, wie von ihr erwartet, neben vereinzelter Anerkennung auch vielfache Kritik ein.[260] Diese richtete sich darauf, dass die Pfle-

---

[253] Dazu im Einzelnen Paul Philippi: Die Vorstufen des modernen Diakonissenamtes (1789–1848) als Element für dessen Verständnis und Kritik, Neukirchen 1966, S. 85–100; Denkwürdigkeiten, S. 184–189.

[254] Johann Wilhelm Rautenberg: 5. Bericht über die hamburgische Sonntagsschule vom Jahr 1829, Hamburg 1830, in: Quellen zur Geschichte der Diakonie, Bd. 2, S. 153.

[255] Sieveking: Zehnter Bericht, in: Quellen zur Geschichte der Diakonie, Bd. 2, S. 160; Denkwürdigkeiten, S. 233.

[256] (Amalie Sieveking anonym) Aufruf an christliche Seelen, Bergedorfer Bote, 10. September 1831, in: Quellen zur Geschichte der Diakonie, Bd. 2, S. 156.

[257] Ebd., S. 154–158.

[258] Ebd., S. 156.

[259] Denkwürdigkeiten, S. 234–265.

[260] Ebd., S. 232.264.

ge keine Aufgabe für eine Person ihres Standes sei und dass sie als unverheiratete Frau auch männliche Patienten pflegte.

Noch während ihrer Pflegetätigkeit verfasste sie einen Satzungsentwurf für den „Weiblichen Verein für Armen- und Krankenpflege“. Auch in diesen „Statuten“ orientierte sie sich noch am Leitbild der „Barmherzigen Schwestern“, um eine Genossenschaft evangelischer Pflegerinnen zu gründen. Nach der Beendigung ihrer Tätigkeit im Hospital nahm sie den Unterricht an ihrer Schule wieder auf. Gleichzeitig begann sie, junge, unverheiratete Frauen zu besuchen, die sie für den Verein gewinnen wollte. Ein großer Teil der Besuchten stand jedoch entgegen Amalie Sievekings Erwarten ihrem Vorhaben ablehnend oder Bedenken tragend gegenüber.[261] Amalie Sieveking war davon ausgegangen, dass viele von den unverheiratet bleibenden jungen Frauen des Bürgertums gerne eine Tätigkeit in der Pflege aufnehmen würden, die mit einem genossenschaftlichen Zusammenleben verbunden war. Ihre Standesgenossinnen schienen ihr in den Familien nicht ausgelastet und als älter werdende Jungfrauen in einer auf Dauer wenig befriedigenden Position. Doch auch sie selbst konnte sich zu einer beruflichen Pflegetätigkeit nicht entscheiden, da sie dann ihre Unterrichtstätigkeit hätte beenden müssen und ihr die Betreuung ihrer Pflegemutter nicht mehr möglich schien. Diese Umstände und das sie überraschende Ergebnis ihrer Besuche führten zu entscheidenden Veränderungen des Entwurfs der Statuten für den geplanten Verein.[262] Der Gedanke des gemeinsamen Lebens und der vollzeitigen Pflegetätigkeit wurde aufgegeben. Damit war der Verein auch für verheiratete Mitglieder offen. Von den zwölf ersten Mitgliedern waren sechs verheiratet. Größten Wert legte Amalie Sieveking jedoch weiterhin auf die christliche Motivation der Beteiligten, was in dem überwiegend „rationalistisch“ geprägten Bürgertum nicht überall auf Akzeptanz stieß. Am 23. Mai 1832 wurde der „Weibliche Verein für Armen- und Krankenpflege in Hamburg“ auf der Grundlage der angepassten Satzung gegründet.[263] Die Mitglieder begannen sofort mit ihrer Besuchstätigkeit bei Armen und Kranken. Die Besuchshäufigkeit richtete sich nach der Schwere der Krankheit. Es überwogen die wöchentlichen Besuche. Ziel der Besuche war es, *„den Leuten ... soviel wie möglich geistig und leiblich* aufzuhelfen“.[264] Neben einer die Seelsorge einbeziehenden Krankenpflege unterstützte der Verein die Besuchten mit Lebensmitteln und Heizmaterial sowie mit der Lieferung von Stoffen und Garn für die Anfertigung von Textilien. Die Satzung des Vereins distanzierte sich ausdrücklich von der überkommenen Almosenpraxis: *„Soweit es irgend ausführbar, geben wir unseren gesunden Armen nicht Almosen, sondern ver-*

---

[261] Denkwürdigkeiten, S. 271.

[262] Ebd., S. 163f.: Text in: Richard Remé: Amalie Sieveking. Eine Vorkämpferin der christlichen Frauenbewegung, Hamburg 1911, S. 93–96.

[263] Denkwürdigkeiten, S. 273.

[264] Instruktion für die Armenpflegerinnen, in Remé: Amalie Sieveking, S. 101.

schaffen ihnen das wohltuende Gefühl, durch Anwendung der eigenen Kraft in nützlichen Beschäftigungen sich selbst ihren notdürftigen Unterhalt zu erwerben ...".[265] Dabei entfalteten Amalie Sieveking und ihre Mitstreiterinnen große Kreativität, um insbesondere Frauen in ihrer Wohnung Arbeitsmöglichkeiten zu eröffnen. Der Verein übernahm auch den Verkauf der in Heimarbeit erstellten Waren. Regelmäßig veröffentlichte Amalie Sieveking Berichte über die Arbeit des Vereins. Er fand eine zunehmende Akzeptanz, ablesbar an den Eintritten neuer Mitglieder, den Zuwendungen, die er erhielt und an der Nachfrage der Betroffenen. Von anfänglich bis zu fünfzig Besuchen in der Woche stieg diese Zahl zu Lebzeiten von Amalie Sieveking auf rund 260 an.

Eine Schenkung von 10.300 Talern löste 1837 die Initiative für den Bau des Amalienstiftes aus.[266] In Hamburg bestand eine bedrückende Wohnungsnot der ärmeren Bevölkerung, die Amalie Sieveking bei ihren Krankenbesuchen kennengelernt hatte. Der geschenkte Betrag reichte jedoch nicht aus, um auch nur im kleinen Umfang der Wohnungsnot etwas entgegenzusetzen. Ihr gelang es jedoch, den Arzt Dr. Morath, der die Errichtung eines Kinder-Hospitals beabsichtigte, für die Beteiligung an dem Projekt zu gewinnen. Die von ihm eingebrachten 1500 Taler und verschiedene Spenden sicherten die Baukosten. Das 1839 begonnene und 1840 eingeweihte Amalienstift umfasste neun Wohnungen für Bedürftige und zwei Krankensäle für Kinder. Die neun Wohnungen konnten in dieser Zeit als vorbildlich gelten und wurden gegen eine niedrige Miete vergeben. Sie umfassten *„Diele, Stube und Kammer, nebst einigen gemeinschaftlichen Räumen".*[267] Die Wohnungen wurden an arme Familien vergeben. Zu dem heute noch bestehenden Amalienstift kamen 1842 zwei unmittelbar benachbarte Häuser hinzu; im Laufe der Jahre entstanden noch weitere Wohnstifte. Das in den Bau integrierte, ärztlich geleitete Kinder-Hospital nahm 1841 seine Arbeit auf. Eine von Johannes Goßner erbetene Krankenpflegerin übernahm gemeinsam mit einer weiteren Schwester die Pflege. Die Zusammenarbeit mit Dr. Morath war für Amalie Sieveking nicht dauerhaft aufrechtzuerhalten, da sie keine Übereinstimmung in der Frage einer bewusst christlichen Prägung des Kinderhospitals erreichten. An seine Stelle trat von 1843 bis 1847 ihr Neffe Dr. Eduard Sieveking. Er betreute nicht allein die vorhandene Einrichtung medizinisch, sondern engagierte sich auch für die Erweiterung des Kinderhospitals und beteiligte sich an der Mittelbeschaffung zu dessen Finanzierung. 1847 konnte das eigene Gebäude für das Kinderhospital eingeweiht werden.

Gleichzeitig zu dem Wohnungsprojekt war es Amalie Sieveking dank vielfältiger Unterstützung gelungen, 1838 ein Seminar für Erzieherinnen zu gründen.

---

265 Abschnitt 6 der Satzung in Remé: Amalie Sieveking, S. 94.

266 Denkwürdigkeiten, S. 336–338.

267 Ebd., S. 337

Dies wurde möglich, weil ihr keine Kosten für Personal und den Unterrichtsraum entstanden. Die *„Directorin“* arbeitete ebenso wie *„alle dabei angestellten Lehrer und Lehrerinnen ohne pecuniaire Entschädigung“*. Sie engagierten sich gemeinsam *„blos für die gute Sache“*.[268]

Die Ausbildung geschah kostenlos und war für Mädchen aus armen Familien gedacht. Auch sie selbst beteiligte sich am Unterricht u. a. im Fach *„Verstandesübungen“*.[269]

Amalie Sieveking war mit zahlreichen Persönlichkeiten, die sich an der Entwicklung der Diakonie beteiligten, durch persönlichen und brieflichen Kontakt verbunden. Dazu gehörte neben Rautenberg, Goßner und Wichern insbesondere Theodor Fliedner, der sie auch in Hamburg besuchte. Seine wiederholten, dringenden Bitten, ein Amt als Oberin von Diakonisseneinrichtungen zu übernehmen, schlug sie jedoch ab. Sie wollte ihre Hamburger Arbeit nicht aufgeben. Fliedners Bitte, die Leitung des neuen Diakonissenmutterhauses in Berlin zu übernehmen, beantwortete sie mit dem Vorschlag, ihre Freundin Caroline Bertheau, Fliedners spätere zweite Frau, mit dieser Aufgabe zu betrauen. Amalie Sievekings persönlicher Kontakt mit der Kronprinzessin und späteren Königin Karoline Amalie von Dänemark hatte das Entstehen einer Arbeit für Arme und Kranke in Kopenhagen zur Folge.

Zur Finanzierung ihrer Arbeit konnte Amalie Sieveking nur in ganz bescheidenem Maß auf eigene Mittel zurückgreifen. Sie verstand es jedoch, genügend Förderer für ihre Projekte zu gewinnen und fand es *„viel bequemer ... reiche Freunde zu haben, als selbst reich zu sein“*.[270] Sie setzte für die notwendige Mittelbeschaffung gern auf das Prinzip Hoffnung. Als beim Start der Krankenbesuche das nötige Geld fehlte, erklärte sie: *„um acht Tage hoffe ich, daß der Herr uns schon werde etwas beschert haben.“*[271] Bei ihrem Rückblick nach zehn Jahren konnte sie feststellen, dass diese Erwartung in Erfüllung gegangen war.

Mit den Bestimmungen für ihre Beisetzung setzte sie einen kritischen Akzent in der Frage des öffentlichen Umgangs mit Armen. Es war in Hamburg üblich, Arme in einem *„aus vier schwarzen Brettern bestehenden Sarg durch die beiden bestellten Armenträger auf der Armenbahre“* ohne weitere Begleitung durch die Stadt zur Beerdigung zu tragen.[272] Dieser Brauch, der die Armen noch nach dem Tode stigmatisierte und ihre Familien verletzen musste, wurde nach ihrer Vorgabe auch für sie, die bekannte und vielfach anerkannte Senatorentochter

268 Ebd., S. 325.

269 Ebd.

270 Brief an ihren Bruder wohl aus dem Jahr 1839, in Denkwürdigkeiten, S. 328.

271 Zehnter Bericht in: Quellen zur Geschichte der Diakonie, Bd. 2, S. 163.

272 Denkwürdigkeiten, S. 503.

angewandt. Erst auf dem Friedhof konnte dann der ihr vertraute Pastor Rautenberg sprechen und zahlreiche Hamburger von ihr Abschied nehmen.[273]

Die Arbeit des „Vereins für Armen- und Krankenpflege in Hamburg“, später als der „Weibliche Sieveking'sche Verein“ bezeichnet, wurde auch nach ihrem Tod im Jahr 1859 fortgesetzt. Der Verein hat zwei Weltkriege überstanden. Durch die Inflation nach dem Ersten Weltkrieg und die Währungsreform von 1948 verloren seine Kapitaleinlagen zweimal ihren Wert. Die Bombardierung von Hamburg, insbesondere die Aktion „Gomorrha“, führten zum Verlust eines großen Teils seiner Häuser.[274] Dennoch konnte er zwischen den Kriegen durch großzügige Spenden seine Angebote ausbauen und nach dem Zweiten Weltkrieg durch die Zusammenlegung und Zusammenarbeit mit anderen Stiftungen Verlorenes wieder aufbauen und Neues errichten. Die Ausrichtung seiner Arbeit hat sich im Laufe seines Bestehens verändert. 1922 endeten die Besuchstätigkeit und die Arbeitsvermittlung des Vereins. Verkaufsausstellungen zur Gewinnung von Einnahmen wurden nicht mehr veranstaltet.[275] Die Anzahl der aktiven Mitglieder – zeitweise waren es rund 80 Frauen – hatte einen so niedrigen Stand erreicht, dass eine regelmäßige Besuchstätigkeit nicht mehr durchführbar war. Der Verein konzentrierte sein Angebot von da an auf die Wohnstifte, um älteren Menschen einen bezahlbaren Wohnraum zu bieten. 1976 wurde der „Weibliche Sieveking'sche Verein“ in die Rechtsform einer Stiftung umgewandelt. Diese erhielt den Namen „Amalie Sieveking-Stiftung“. Die Stiftung verfügt heute über 147 Wohnungen für 160 Bewohnerinnen und eine Wohngemeinschaft für Demenzerkrankte.

Die Tätigkeit von Amalie Sieveking fand über Hamburg hinaus zahlreiche Unterstützung und über Deutschland hinaus vielfache Beachtung. Der Verein für „Armen- und Krankenpflege“ wurde zum Vorbild für Vereinsgründungen in mehreren deutschen und europäischen Städten. In Hannover entstand 1840 auf Initiative von Ida Arenhold der „Frauenverein für Armen- und Krankenpflege“. Dank einer Immobilienspende der Königs Ernst August I. erwuchs aus der Vereinstätigkeit das 1844 eingeweihte Krankenhaus Friederikenstift. In Bremen wurde 1841 der „Frauenkrankenverein“ gegründet, der seine Tätigkeit bis zur Inflation 1923/24 aufrechterhielt. Auch in Skandinavien, den Niederlanden, in Frankreich, der Schweiz und dem Baltikum kam es zu entsprechenden Vereinsgründungen nach dem Hamburger Vorbild.[276] 1842 bestanden bereits 14

273 Ebd.; Remé: Amalie Sieveking, S. 12.

274 Michael Joho (Hg.): Alt genug für neue Wege. 175 Jahre Amalie Sieveking-Stiftung, Hamburg 2007, S. 118–120.

275 Ebd., S. 103f.

276 Wichern: Die Innere Mission, Sämtliche Werke, Bd. I, S. 271.

deutsche und 7 ausländische Vereine, weitere kamen hinzu.[277] Ein Bericht über Amalie Sievekings Arbeit, der mit einem Vorwort von Wichern herausgegeben wurde, fand seine Verbreitung auch in englischer und französischer Übersetzung.

Weitere Frauenvereine zur Krankenpflege ohne unmittelbaren Zusammenhang mit dem von Amalie Sieveking gegründeten Verein entstanden u. a. in Berlin, Paderborn und Nürnberg. 1833 führten die Besuche Goßners bei einsamen Kranken, über deren Lage er Vertrauten berichtete, in Berlin zur Gründung des „Christlichen Männer-Krankenvereins". Sieben Männer des Vereins beteiligten sich an der Versorgung von mittellosen Kranken.[278] Daraufhin ergriffen eine Reihe von Frauen aus Goßners Bethlehemgemeinde die Initiative und schlossen sich zum „Frauen-Krankenverein" zusammen.[279] Dieser entwickelte sich zu einem großen Verein von mehreren hundert Mitgliedern. Er pflegte Kranke in verschiedenen Berliner Stadtteilen, versorgte sie mit Essen und unterstützte sie mit Betten und Bettwäsche.[280] Für das Protektorat über den Verein stellte sich Prinzessin Marianne zur Verfügung. Aus der ambulanten Krankenpflege erfolgten weitere Schritte zur stationären Krankenpflege. 1836 wurde zunächst in einer Wohnung ein kleines, 15 Betten umfassendes Kinderkrankenhaus eröffnet.1837 konnte dank zahlreicher Spenden ein eigenes Krankenhaus eingeweiht werden. Bei der Namenswahl „Elisabeth-Krankenhaus" dachte Goßner wohl sowohl an die preußische Kronprinzessin Elisabeth als auch an das vorbildliche Wirken Elisabeths von Thüringen, der er eine Biographie widmete.[281] Die Schirmherrschaft über den Frauen-Krankenpflegeverein und das Krankenhaus übernahm nach dem Tod von Prinzessin Marianne im Jahr 1846 Königin Elisabeth. Im Elisabeth-Krankenhaus erfolgte nun auch die Ausbildung eigener Krankenpflegerinnen.

1839 nahm in Paderborn der „Rheinisch-Westfälische Frauenverein zur Hilfe armer Kranker in den Häusern" seine Arbeit auf.[282] An seinem Entstehen war maßgeblich Pauline von Mallinckrodt beteiligt. Die Frauen des Vereins versorgten Kranke in der Stadt und im Umland. Die Frauen, insbesondere Pauline von Mallinckrodt, übernahmen dabei sogar Nachtwachen.[283]

---

277 Döring: Frauenbewegung, S. 48 u. z. T. ergänzend Sohr: Frauenarbeit, S. 18 nennt „Bremen, Lübeck, Königsberg, Magdeburg, Leipzig, Elberfeld, Breslau, Stettin Danzig"; Wichern: Die Innere Mission, S. 271

278 Hermann Dalton: Johannes Goßner. Ein Lebensbild aus der Kirche des neunzehnten Jahrhunderts, Berlin 1874, S. 359.

279 Dalton: Johannes Goßner, S. 360; Wichern: Die Innere Mission, S. 270.

280 Dalton: Johannes Goßner, S. 360.

281 Ebd., S. 362f.

282 Käthe Sander-Wietfeld: Pauline von Mallinckrodt. Ein Lebensbild nach ihren Briefen und Aufzeichnungen, Paderborn 1985, S. 22f.; Reder: Frauenbewegung, S. 406.500.

283 Sander-Wiefeld: Pauline von Mallinckrodt, S. 23.

Inwieweit diese nord-, west- und mitteldeutschen Gründungen Einfluss auf das Entstehen von süddeutschen Krankenpflegevereinen genommen haben, ist nicht bekannt. Auch dort fanden sich Frauen zur Gründung von Krankenpflegevereinen zusammen. In Nürnberg ging 1841 die Bildung eines Frauenvereins zur Krankenpflege auf die Initiative von „*christlichen Dienstmägden*" zurück.[284] In Karlsruhe entstand 1842 der „evangelische Kranken-Frauenverein", der kranken Frauen der evangelischen Bevölkerung half.[285] Der Verein bietet ein Beispiel dafür, wie aus einer bescheidenen Anfangsinitiative eine nachhaltige Arbeit für Kranke sich entwickelte. Einer Gruppe von fünf Frauen des Vereins reichte die ehrenamtliche Betreuung von Kranken nicht aus. Zusammen mit einigen Männern ergriffen sie die Initiative für eine Ausbildung von beruflich tätigen Krankenschwestern. Dies führte 1851 zur Gründung der evangelischen Diakonissenanstalt. Es entstand eine Ausbildungsstätte und ein Krankenhaus für zunächst 12 Patienten. Nach einer Standortveränderung und verschiedenen Erweiterungsbauten stieg bis zum Jahr 1999 die Zahl der Betten auf über 500. 2016 erfolgte die Fusion mit den katholischen St. Vincentius-Kliniken zu den „ViDia – christliche Kliniken".

Frauenvereine im Erzgebirge und Vogtland

Die karitative Tätigkeit von Frauenvereinen begann im Erzgebirge spätestens 1829 mit der Gründung des Frauenvereins Marienberg.[286] Seine Arbeit kann bis zum Jahr 1935 nachgewiesen werden.[287] Er betreute in den dreißiger Jahren des 20. Jahrhunderts noch rund 125 „Pfleglinge", darunter auch Personen, die unter Krankheit und „Gebrechlichkeit" litten.[288]

Zu diesem aus freiem Entschluss der Frauen entstandenen Verein kam ab 1836 eine Vielzahl neuer Vereine hinzu, die ihre Gründung einer obrigkeitlichen Initiative verdankten. In den 30er Jahren erwies sich die Eisenerzgewinnung und -verarbeitung im Erzgebirge als nicht mehr konkurrenzfähig. Die Schließung von Betrieben zur Verhüttung und Weiterverarbeitung des Eisens verursachte in großen Teilen des Erzgebirges eine Notlage. Diese wurde für die

---

284 Wichern: Die Innere Mission, S. 270.

285 Sigrid Schambach: Eigenständigkeit und Abhängigkeit – Karlsruherinnen in einer Zeit des Übergangs (1806–1859), in: Karlsruher Frauen 1715–1945. Eine Stadtgeschichte, hg. v. Susanne Asche u. a., Karlsruhe 1992, S. 153.

286 Artikel „Frauenverein Marienberg" in: Erzgebirgisches Nachrichten- und Anzeigeblatt Marienberg vom Sonntag, 23.12.1934, Kreisarchiv Annaberg, 08.07. ArbMusPo, Sign. 260/69.

287 Erzgebirgisches Nachrichten- und Anzeigeblatt Marienberg vom Freitag 1. Februar 1935, Kreisarchiv Annaberg 08. 07. ArbMusPo, Sign. 261/26.

288 Erzgebirgisches Nachrichten- und Anzeigeblatt Marienberg vom Sonntag, 23.12.1934, Kreisarchiv Annaberg, 08.07. ArbMusPo, Sign. 260/69.

ärmere Bevölkerung existenzbedrohend. Als Reaktion entstand auf Anregung der sächsische Königin Maria Anna eine Schrift mit dem Titel: „*Grundzüge eines Planes die Errichtung von Frauenvereinen zu Abhilfe der Mängel der öffentlichen Armenversorgung im oberen Erzgebirge betreffend.*“[289] Der Plan sah zunächst die Errichtung von drei regionalen Frauenvereinen in Schwarzenberg, Annaberg und Marienberg vor. Es ist nicht klar, ob die Dresdner Verfasser keine Kenntnis von dem schon bestehenden Marienberger Verein hatten oder ob sie den Marienberger Verein in ihr vorgegebenes und zentral kontrolliertes System einbeziehen wollten. Über das ursprüngliche Konzept hinaus wurden auch in weiteren Orten Frauenvereine gegründet. Die Statuten waren ihnen jeweils vorgegeben und die für die Gründungsformalitäten männlichen „Beistände“ obrigkeitlich ernannt.[290] Die Wahlen der Vorstände bedurften der Bestätigung durch die Königin.[291] Es handelte sich um eine nicht allein obrigkeitlich initiierte, sondern auch kontrollierte, teilweise finanzierte und beeinflusste Struktur, für die der nur halbwegs zutreffende Begriff „freie Wohltätigkeit“ gewählt wurde.

Alle Vereine waren Ortsvereine der „Gesamtanstalt der obererzgebirgischen und vogtländischen Frauenvereine“. Für dieses wurde 1859 ein „confirmiertes Gesamtstatut“ erlassen. In die Erarbeitung desselben waren die Ortsvereine einbezogen.[292] Die Vereine und ihre Vorstände setzten sich aus „unbescholtenen“ Frauen zusammen. Finanzverantwortung und Schriftführung lag jedoch zumeist in den Händen von Männern, die auch in den Vorständen Stimmrecht hatten. Dem „Zentralausschuß“ als das Leitungsorgan der Gesamtanstalt gehörten ausschließlich von der Obrigkeit ernannte Männer an. Die Frauenvereine wählten zwar ihre eigenen Vorstände, diese bedurften jedoch der Bestätigung durch die Obrigkeit. Angesichts dieser Machtverhältnisse relativiert sich die Aussage des Gesamtstatutes: „*die Frauenvereine sind eine völlig frei Wohltätigkeitsanstalt*“.[293]

Da nach dem Gesamtstatut die „*Mitglieder aus christlicher Liebe zusammengetreten*“ waren, versprach man sich durch den Einbezug der Pfarrer eine Unterstützung und sah vor, dass die Ämter der Rechnungs- und Schriftführung vorrangig von Pfarrern besetzt werden sollten.[294] Nur gelegentlich wurde auch eine Frau in das Amt der Rechnungsführerin gewählt.[295] Das Gesamtstatut ver-

---

289 Hermann Löscher: Festbericht über die Vereinsjahre 1836–1896 des Frauenvereins zu Zwönitz, Zwönitz 1896, S. 1, Kreisarchiv Annaberg, 03.14.1. St Zwö v45.

290 Ebd., S. 2.

291 Käthe Martin: Aus der Geschichte des Frauenvereins, Kreisarchiv Annaberg, Bestand 13.07.15. DS MEK, Sign. 749.

292 Ebd., S. 5 u. Döring: Frauenbewegung, S. 28 mit Zitat aus: Confirmiertes Gesamtstatut für die obererzgebirgischen und vogtländischen Frauenvereine, Dresden 1859.

293 Ebd.

294 Ebd.

295 Georg Gehler: Zur Gründung von Frauenvereinen im Erzgebirge, in: Erzgebirgische Heimatblätter, Marienberg, 2007/3, S. 21, Kreisarchiv Annaberg bestand 13.07.26. SaKart, Sign. 8.6.

suchte eine Verbindung herzustellen zwischen der früheren kirchlichen bzw. kirchengemeindlichen Armenpflege, der kommunalen Armenpflege und der wohltätigen Arbeit der Frauenvereine unter der Gesamtleitung der öffentlichen Hand. Diese Verknüpfung bewährte sich. Insbesondere gelang die Beteiligung der Kirchengemeinden. In Neustädtel entstand der Frauenverein mit 38 Mitgliedern aus dem „Frauenbibelverein".[296] In Zschopau agierte 1837 die Frau des Küsters als Initiatorin für die Gründung.[297] In Grünstädtel übernahm die Frau des Superintendenten nach obrigkeitlicher Aufforderung die Initiative zur Errichtung „eines Frauenvereins in Grünstädtel und Umgebung". Dies führte am 2.4. 1837 zur Gründungsversammlung des Frauenvereins Grünstädtel und im Mai zu einem Treffen mit Frauen aus der Umgebung, um weitere Vereine zu errichten.[298] Gelegentlich waren auch die Pfarrfrauen in den Vorständen vertreten[299] oder die Frauenvereine waren als „Frauendienst der Kirchengemeinde" in diese integriert.[300]

Die Vereine erhielten „*wegen Unzulänglichkeit der öffentlichen Armenpflege*" als Aufgabe, ergänzend Kranke, unversorgte Kinder und arbeitsunfähige Personen zu unterstützen, auch wenn auf diesem Wege es nicht möglich schien „*einer allgemeinen Landescalamität zu begegnen.*"[301] Wie unzulänglich die öffentliche Armenpflege selbst für Kinder war, verdeutlicht der Brief eines Schulrektors, der aus der Gründungsgeschichte des Scheibenberger Frauenvereins erhalten ist. In ihm bittet er den Frauenverein um Hilfe, da „*täglich etwa 50 Schulkinder ihre Lehrer um ein Stück Brot anflehten.*"[302]

Zu den frühesten Gründungen von erzgebirgischen Frauenvereinen gehörte die in Zschopau. Am 2. Februar 1837 trat die Gründungsversammlung zusammen. Der Verein erwies schnell als besonders handlungsstark. Als im April eine große Brandkatastrophe 150 Häuser in Annaberg vernichtete, führte er spontan eine umfangreiche Kleider-Spendenaktion für die notleidenden Annaberger Familien durch.[303] Im darauffolgenden Jahr verfügte der Zschopauer Verein

---

[296] In: Jubiläum des Frauenvereins zu Neustädtel, Kreisarchiv Annaberg, 13.07.26. SaKart (ASZ).

[297] Käthe Martin: Aus der Geschichte des Frauenvereins, Kreisarchiv Annaberg, Bestand 13.07.15. DS MEK, Sign. 749.

[298] Gehler: Zur Gründung von Frauenvereinen, S. 21.

[299] U. a. im Frauenverein Zwönitz ab 1878, Löscher: Festbericht, S. 6 u. Mitgliederverzeichnis aus dem Jahr 1933, Kreisarchiv Annaberg, Bestand 03.14.1. St Zwö v45, Sign. 1042; im Frauenverein Zschopau von 1894–1897, Martin: Aus der Geschichte des Frauenvereins.

[300] Erzgebirgisches Nachrichten- und Anzeigenblatt Marienberg, 1. 2. 1934, Kreisarchiv Annaberg, Bestand 08.07. ArbMusPo, Sign. 261/26.

[301] Leipziger Zeitung, Erste Beilage zu Nr. 101, 30. April 1959, Kreisarchiv Annaberg Bestand 03.14.1. St. Zwö v45, Sign. 1042.

[302] Denise Märkisch: Der Kampf der Frauen, in: Freie Presse 8.11.2017, Kreisarchiv Annaberg Bestand 13.07.26. SaKart – (ASZ).

[303] Martin: Aus der Geschichte des Frauenvereins.

schon über 50 Mitglieder.[304] Die Zahl stieg bis zum Ende des Jahrhunderts auf fast zweihundert.[305] Die Unterstützung von ortsansässigen Armen wurde in besonderen Notlagen wiederholt durch zusätzliche Aktionen ergänzt. Mehrmals im Monat spendete „*eine stattliche Zahl*“ von Mitgliedern Mittagessen. In den „Notstandsjahren“ 1846–47 richtete der Zschopauer Frauenverein eine „Kochanstalt“ ein, in der täglich 500 Essen gekocht und für den Preis von 5 Pf. abgegeben wurden. Das Prinzip dieser „Kochanstalt“ ähnelte dem, das wenige Jahre später von den „Volksküchen“ (Leipzig 1849, Dresden 1851, Berlin 1866) angewandt wurde: Das Essen wurde nicht umsonst abgegeben, sondern gegen ein geringes Entgelt von 5Pfennig. Zusätzlich zu der „Kochanstalt“ „ *bestand unter der Leitung des Frauenvereins eine Brotbäckerei, die umsonst oder für wenig Geld Brote verteilte.*“[306] Fester Bestandteil der Jahresaktivitäten war in diesem wie in den meisten Frauenvereinen eine umfängliche Weihnachtsbescherung. Diese kam in Zschopau in den ersten Jahrzehnten nur Kindern zugute, bis zu 227 nahmen an der Bescherung teil. Ab 1875 wurden auch „*arme und alte Leute mit Kleidungsstücken und Stollen bedacht.*“ Die Weihnachtsbescherungen wurden bis in die 30er Jahre fortgesetzt.[307] In der Inflation verlor der Verein sein Vermögen, konnte jedoch durch die Spendenbereitschaft seiner Mitglieder seine Hilfstätigkeit fortsetzen und war in der Lage, angesichts der Folgen der Wirtschaftskrise „*vom Oktober1931 bis Mai 1932 ... 20 Zentner Lebensmittel*“ zu verteilen, die ihm gespendet worden waren.[308]

Auch der Zwönitzer Frauenverein gehört zu den früh entstanden Vereinen.[309] Sein männlicher „Beistand“ wurde schon 1836 ernannt, die eigentliche Gründungsversammlung folgte im Frühjahr 1837. Die Anzahl der Mitglieder war anfangs schwankend und betrug zeitweise nicht einmal 20. Erst ab 1865/66 stieg diese Zahl deutlich und erreichte 1878 mit über 160 Frauen ihren Höchststand.[310] „*An Armen, Alten und Kranken zur Unterstützung fehlte es nicht*“[311], wie Pfarrer Hermann Löscher als „Kurator“ bei dem 60jährigen Jubiläum feststellte. Die erste Unterstützungsliste nennt jedoch nur neun Namen.[312] Die Unterstützung umfasste Geldbeträge und Naturalspenden.[313] Allein im Jahr 1841 wurden 900 Portionen „warme Kost“ verteilt.[314] Zusätzlich zu diesen direkten Unter-

304 Ebd.
305 Ebd.
306 Ebd.
307 Ebd.
308 Ebd.
309 Löscher: Festbericht, S. 2f.
310 Ebd., S. 5f.
311 Ebd., S. 3.
312 Ebd.
313 Ebd.
314 Ebd., S. 4.

stützungsleistungen wurde in den vierziger Jahren, finanziert durch einen Beitrag der Königin, eine *„Näh- und Strick-Anstalt“* gegründet, die zahlreiche Mädchen besuchten.[315] Eine besondere Herausforderung bedeuteten die *„schlimmen) Zeiten“* des Jahres 1867/68, die nur mit auswärtiger Unterstützung u. a. durch die Kronprinzessin Carola bewältigt werden konnte.[316] Noch nach 60 Jahren verfügte der Verein über 136 Mitglieder und verteilte *„Essen (Fleisch und Gemüse), Brot, Kohlen, Kleidungsstücke“* an Bedürftige.[317]

Die Frauenvereine finanzierten ihre Tätigkeit durch Mitgliedsbeiträge, Spenden, Lotterien und verschiedene Zuwendungen der öffentlichen Hand. Regelmäßig förderte auch Königin Maria die Arbeit der Frauenvereine aus ihrer „Privatschatulle“. Um höhere Spenden zu erlangen, wurden Frauen von vermögenden Personen in die Vorstände gewählt.[318] In Großpöhlau stellte 1837 ein Vermögender 40 Zentner Kartoffeln unentgeltlich zur Verfügung.[319] Mehrfach waren die verfügbaren Mittel der Frauenvereine den Herausforderungen der Not jedoch nicht gewachsen. Als dieser Fall in Zschopau 1855 eintraf, wurden von der Königlichen Kreisdirektion *„dem Frauenverein 11 Zentner Gemüse zu billigem Preise überlassen.“*[320] Schon 1840 stellte eine skeptische Stimme fest: *„Wollen wir uns auf in das weite Feld der allgemeinen Armuth wagen, so begegnen uns zahllose zu gleichen Ansprüchen Berechtigte“*.[321] In der Tat war durch eine die Tätigkeit der Armenverwaltung ergänzende Unterstützungsarbeit der Frauenvereine die „allgemeine Landescalamität“ nicht zu lösen. Dazu bedurfte es der bismarckschen Sozialgesetzgebung und der Sozialpolitik der Weimarer Republik.

Dennoch zeigen die erhaltenen Dokumente wie Unterstützungslisten und Nachrichten über die Aktivitäten der Frauenvereine, dass ihre Leistung nicht unterschätzt werden dürfen. Beeindruckend ist auch die hohe Zahl der Vereine, ihr Zahl der Mitglieder und der lange Bestand der Vereine. Bis zum Jahr 1859 entstanden in 5 Bezirken 89 Ortsvereine,[322] bis 1900 steigerten sich diese Zahlen auf 10 Bezirke und 199 Vereine.[323] Viele dieser Vereine bestanden jahr-

---

315 Ebd.

316 Ebd., S. 6.

317 Ebd., S. 7.

318 Dazu u. a. Martin: Aus der Geschichte des Frauenvereins u. Gehler: Zur Gründung von Frauenvereinen, S. 21.

319 Ebd.

320 Martin: Aus der Geschichte des Frauenvereins.

321 Gehler: Zur Gründung von Frauenvereinen, S. 22.

322 Angabe nach Leipziger Zeitung, Erste Beilage zu Nr. 101, 30. April 1959, Kreisarchiv Annaberg Bestand 03.14.1. St. Zwö v45, Sign. 1042; Döring: Frauenbewegung, S. 28 nennt 79; Löscher: Festbericht, S. 5 nur 66 Zweigvereine.

323 Döring: Frauenbewegung, S. 29.

zehntelang, manche konnten ihr 60-jähriges oder 100-jähriges[324] Jubiläum feiern. Der Scheibenberger Frauenverein besteht als „Frauendienst" noch heute.[325] Die Mitgliederzahlen waren oft hoch. In Zschopau wurden für das Jahr 1848 136 Mitglieder gezählt und für das Jahr 1887, dem Jahr des 50jährigen Bestehens, 194.[326] Noch 1933 verfügte der Zwönitzer Frauenverein über 260 Frauen sowie den Pfarrer und den Schullehrer als Mitglieder.[327]

Frauenvereine im Rheinland

Mehrere evangelische Frauenvereine entstanden im Rheinland, wie der Duisburger (1832), der Mettmanner (1845) und der Aachener (1850) sowie in Städten am Rhein u. a. in Koblenz (1834), Karlsruhe (1842) und Straßburg (1836). Sie widmeten sich insbesondere der Bekämpfung der Armut, der Versorgung von Kranken, der Fürsorge für bedürftige Mädchen und Frauen sowie der Erziehung von Kindern.

Der **Duisburger Evangelische Frauenverein** war 1832 auf Veranlassung des Pfarrers Johann Peter Lange gegründet worden.[328] Der Frauenverein errichtete 1833 eine „Mädchenschule". Die Mädchen der ärmeren Bevölkerung bekamen dort *„unentgeltlich Unterricht im Stricken und Nähen"*.[329] Verein unterstützte langjährig bedürftige Mädchen, Kranke und Wöchnerinnen.[330] Seine „Armenschule", die von zwei angestellten Lehrerinnen geleitet wurde, besuchten etwa 120 Mädchen.[331] Die gesamte Arbeit des Vereins wurde *„ aus freiwilligen Beiträgen bestritten"*. Dem Verein wurde durch die Rhein- und Ruhrzeitung eine erfolgreiche Tätigkeit bescheinigt, indem sie feststellte: *„Wenn hier im Orte der Bettler und Zerlumpten weniger angetroffen werden, als in anderen Orten des Regierungsbezirkes, so ist dies größtentheils der segensreichen Einwirkung des gedachten Vereins und seiner Schule zu danken."*[332] Das weibliche diakonische Engagement in Duisburg reichte noch weiter: Mit einem „Pfennigs-Verein" half eine Gruppe von „Jung-

---

324 Bericht über das 105-jährige Bestehen des Marienberger Frauenvereins in Erzgebirgisches Nachrichten- und Anzeigenblatt Marienberg vom 23.12.1934 u. 1.2.1935, Kreisarchiv Annaberg, Sign. 260/69 u. 260/09.

325 Märkisch: Der Kampf der Frauen, Kreisarchiv Annaberg Bestand 13.07.26 SaKart – (ASZ).

326 Martin: Aus der Geschichte des Frauenvereins.

327 Frauenverein Zwönitz, Mitgliederverzeichnis.

328 Rhein- und Ruhrzeitung, Nr. 307, 30.12.1858; Ludger Heid u. a.: Kleine Geschichte der Stadt Duisburg, Duisburg 1983, S. 233. Entgegen dieser Datierung geht Roden: Geschichte der Stadt Duisburg, Bd. 1, S. 232.356 von dem Jahr 1833 aus; Reder: Frauenbewegung, S. 507 datiert 1832/33.

329 Rhein- und Ruhrzeitung, Nr. 2, 2.1.1852.

330 Rhein- und Ruhrzeitung, Nr. 307, 30.12.1858 u. Nr. 18, 22.1.1858; Heid: Kleine Geschichte der Stadt Duisburg, S. 233; Roden: Geschichte der Stadt Duisburg, Bd. 1, S. 232.

331 Rhein- und Ruhrzeitung, Nr. 307, 30.12.1858 u. Nr. 18, 22.1.

332 Rhein- und Ruhrzeitung, Nr. 307, 30.12.1858.

frauen" ähnlich wie in Breslau oder München ärmeren Bewohnern der Stadt. Zur Finanzierung ihrer Arbeit spendete jedes Mitglied „*wöchentlich einen Pfennig*". Ziel der Arbeit war es, „*arme Familien aufzusuchen und Nothleidende zu unterstützen*". Zudem unterhielten die Mitglieder des Vereins eine „Sonntagsschule", an der jeweils zwei von ihnen unterrichteten.[333] Im evangelischen „Erziehungshaus" wurden „*verlassene Kinder unter Leitung einiger Diakonissen*" gepflegt und erzogen. Auch für die „Kleinkinderschule", die 1838 entstand, waren Mädchen und Frauen tätig.[334] Die Schule wurde von einer Lehrerin und einer „Gehilfin" geleitet. Sie betreuten etwa 150 Kinder zumeist unter 5 Jahren.[335] Berücksichtigt man, dass Duisburg in der Mitte des Jahrhunderts erst 18 000 Einwohner zählte, erreichte die ehrenamtliche karitative Tätigkeit ein hohes Niveau.

Der **Koblenzer Evangelische Frauenverein** hatte einen Vorlauf in der Mitwirkung evangelischer Frauen im 1817 gegründeten „Mildtätigen Frauenverein" und dem 1819 errichteten „Unterstützungsverein".[336] Das Vorhaben, einen evangelischen Frauenverein zu gründen, konnte erst umgesetzt werden, als 1834 mit Charlotte von Bodelschwingh eine in karitativer Tätigkeit bereits erfahrene Persönlichkeit sich für die Leitung zur Verfügung stellte.[337] Ihr Mann war in diesem Jahr als Oberpräsident der Rheinprovinz nach Koblenz versetzt worden. Die auf der ersten Jahresversammlung 1835 beschlossenen Statuten sahen als Hauptaufgabe vor, „*für Unterricht und Kleidung evangelischer Schulkinder zu sorgen*".[338] Zudem wurde an die „*Unterstützung für kranke Kinder*" gedacht sowie an Hilfen für „*arme Kindbetterinnen zur Pflege der Neugeborenen*" und daran, „*nach erfolgter Konfirmation den Kindern zu einem Unterkommen behilflich zu sein*".[339] Die Verfolgung dieser Ziele gelang offenbar nicht vollständig, da die Vereinstätigkeit deutlich nachließ.[340] Zu einer erneuten Belebung der Vereinstätigkeit kam es ab 1850 nach dem Eintreffen von Prinzessin Augusta von Preußen in Koblenz. Sie war ihrem Mann, Prinz Wilhelm, an seinen neuen Dienstort gefolgt und wurde sogleich „Protektorin" des Vereins. Diese Position füllte sie mit wiederholten Unterstützungsleistungen bis zu ihrem Tod im Jahr 1890 aus. Nach einem „*schriftlichen Vorschlag*" der neuen Schirmherrin widmete sich der Evangelische Frauenverein ab 1850 auch der „*Pflege armer Familien*".[341] Er weite-

333 Rhein- und Ruhrzeitung, Nr. 307, 30.12.1858.

334 Rhein- und Ruhrzeitung, Nr. 233, 3.10.1858, eine Angabe über die Vereinsmitglieder fehlt im 20. Jahresbericht, unter den zahlreich dort aufgeführten Spenderinnen befanden sich nur vier Männer. Wie vielfach üblich nahm die Aufgabe des „Rendanten" ein Mann wahr.

335 Ebd.

336 V. d. Heydt: Hundert Jahre, S. 5.7–9.

337 Ebd., S. 9.

338 Ebd., S. 11; § 1 der Statuten; Jahres-Bericht des Evangel. Frauenvereins zu Coblenz pro 1899, S. 1, Digitalisat des Landesbibliothekszentrums Rheinland-Pfalz 2012.

339 V. d. Heydt: Hundert Jahre, S. 12, § 1b–d.

340 Jahres-Bericht des Evangel. Frauenvereins zu Coblenz pro 1899, S. 1.

341 Ebd., S. 1f.

te bis zum Jahrhundertende seine Tätigkeit weiter aus und übernahm u. a. die Kosten für *„die Unterbringung von Mädchen in Mägdebildungsanstalten"* und Kochkurse für Mädchen.[342] Der Verein konnte, angeregt tätig, 1934 sein 100jähriges Jubiläum feiern. Er betreute in den ersten 1930er Jahren *„etwa 70-80 Pfleglinge, alte alleinstehende Frauen und Witwen."* Ihnen war jeweils ein Mitglied des Vereins als Betreuerin zugeordnet. Für die Intensität des Vereinslebens spricht auch, dass an den Versammlungen *„etwa 80 Mitglieder"* sich beteiligten.[343]

Der Betreuung von armen und kranken Frauen widmete sich der „Armendienerinnen-Verein" in **Straßburg**. Sein Entstehen 1836 ging auf Franz-Heinrich Härter, Pfarrer an der „Neuen Kirche" zurück. Er konnte für diesen Verein von ihm konfirmierte „Jungfrauen" gewinnen.[344] Nach der von ihm verfassten „Instruktion" war jede *„Dienerin"* für drei Arme zuständig, *„deren geistige und leibliche Pflege ihr anvertraut"* wurde.[345] Im Dezember1839 weihte Härter zehn der Dienerinnen zu Diakonissen.[346] Einige von ihnen äußerten 1840 die Absicht, nicht nur sonntags, sondern auch werktags Besuche zu machen.[347] Als es 1842 zur Errichtung der Diakonissenanstalt kam, wurden drei dieser ehrenamtlichen Diakonissen zusammen mit drei weiteren Frauen von Härter als beruflich tätige Diakonissen eingesegnet.[348] Leitung und Organisation der Anstalt lag ausschließlich in den Händen von Frauen. Anders als bei dem Kaiserswerther Modell, das Härter bei einem Besuch 1839 kennengelernt hatte, beschränkte sich in Straßburg die Aufgabe des Pfarrers allein auf die Seelsorge und den Religionsunterricht .[349] Für die Leitung der Diakonissenanstalt war neben der Oberin ein „Verwaltungs-Comité" zuständig. Es bestand aus drei Damen, die nicht zu den Diakonissen gehörten.[350]

---

342 V. d. Heydt: Hundert Jahre, S. 2.

343 Ebd., S. 49.

344 Dazu Arnd Götzelmann: Die Speyerer Diakonissenanstalt. Ihre Entstehungsgeschichte im Zusammenhang mit Kaiserswerth und Straßburg, Diakoniewissenschaftliche Studien Bd. 2, Heidelberg 1994, S. 116–120; Gustav Adolf Benrath: Die Anfangsjahre des Diakonissenkrankenhauses in Karlsruhe (1851–1857), in: Mission und Diakonie, Kultur und Politik Vereinswesen und Gemeinschaften in den evangelischen Kirchen in Baden im 19. Jahrhundert, hg. v. Udo Wennemuth, Karlsruhe 2004, S. 77; Hennig: Quellenbuch, S. 203; Goltz: Der Dienst der Frau, S. 194.

345 Hennig: Quellenbuch, S. 205; Goltz: Der Dienst der Frau, S. 195; vgl. Götzelmann: Die Speyerer Diakonissenanstalt, S. 118–120.

346 Ebd., S. 120.

347 Ebd.

348 Ebd., S. 122.127; Benrath: Die Anfangsjahre, S. 77.

349 Götzelmann: Die Speyerer Diakonissenanstalt, S. 129f.; Uhlhorn: Die christliche Liebesthätigkeit, S. 735f.

350 Götzelmann: Die Speyerer Diakonissenanstalt, S. 122f.128–130.

Frauenvereine und Fraueninitiativen in Karlsruhe

Eine intensive Frauenvereinstätigkeit ist ab dem dritten Jahrzehnt in Karlsruhe festzustellen. Den Karlsruher Frauenverein initiierte 1831 die Großherzogin Sophie. Aufgabe des Vereins sollte die Verbesserung der Lage der armen Bevölkerung angesichts der Choleraepidemie und die Armenpflege sein. In ihrem Gründungsaufruf verwies die Großherzogin auf den bevorstehenden Winter und auf das „*Vorschreiten einer bedrohenden Krankheit*".[351] Da die Cholera Karlsruhe nicht erreichte, konnte sich der Frauenverein auf die Spende und Beschaffung warmer Kleidung und die Linderung des Nahrungsmangels der ärmeren Bewohner von Karlsruhe konzentrieren. Für den letzteren Zweck wurde 1832 die 1804 gegründete Suppenanstalt übernommen. Zudem setzte sich der Verein das Ziel, „*durch Beisteuer von Geld, Rohstoffen und Frauenarbeiten arme, kranke und sonst arbeitsunfähige Individuen zu unterstützen*".[352] Auch sorgte er für Ausbildungs- und Arbeitsmöglichkeiten, um Waisen und Arbeitslosen dadurch einen Lebensunterhalt zu schaffen. Der Verein unterhielt ab 1835 einen eigenen Laden, in dem die von den Unterstützten hergestellten Waren verkauft wurden. Bis zu etwa 150 Arme stellten die Handarbeiten her.[353] Ab 1839 wurden Mädchen nach ihrer Schulzeit zwei Jahre in Hand- und Hausarbeiten unterrichtet. Diese Ausbildung erhielt den Namen „Sophienschule".[354] An dem Karlsruher Frauenverein, der auch als „Sophienverein" bezeichnet wurde, waren auch Männer beteiligt. Im Jahr 1835 betrug die Zahl der Mitglieder 121. Der Sophienverein setzte seine Tätigkeit auch nach dem Tod der Großherzogin fort.

Die engagierte Katholikin Josephine Scheffel begnügte sich nicht mit ihrer Mitgliedschaft im Karlsruher „Sophienverein". Sie gründete 1848 in Karlsruhe den überkonfessionellen „Jungfrauenverein zur Unterstützung bedrängter Arbeiterfamilien". Der Verein hatte Arbeiterfamilien im Blick, die durch „*Erkrankung, Gebrechlichkeit oder Verunglückung außer Stand sind, ihre nöthigsten Lebens-Bedürfnisse sich zu erwerben*". Sie sollten materiell und seelisch gestärkt werden „*für ihren Lebens-Beruf*".[355] Dieser Verein wurde auch in Anlehnung an das karitative Wirken Elisabeths von Thüringen als „Elisabethenverein" bezeichnet. Bis zu ihrem Tod im Jahr 1865 stand Josephine Scheffel an der Spitze des Vereins. Dieser setzte, unterstützt von der Großherzogin Luise, auch nach 1865 seine Arbeit fort.

Als Initiatorin diakonischer Projekte in Karlsruhe ragt Henriette Frommel heraus. Zusammen mit ihrem Mann bewirkte sie die Gründung des „Vereins

351 Schambach: Eigenständigkeit, in: Asche: Karlsruher Frauen, S. 151.
352 Ebd.
353 Ebd.
354 Ebd., S. 152.
355 Schambach: Eigenständigkeit und Abhängigkeit in Asche: Karlsruher Frauen, S. 152.

für die Kinderschule", der 1837 einen ersten Kindergarten eröffnete.[356] Diese evangelisch-katholische Einrichtung mit der Bezeichnung „Kinderschule" sollte berufstätige Mütter unterstützen, deren Kinder tagsüber sich selbst überlassen waren. Die Kosten wurden allein aus Spenden aufgebracht. Die Kinderschule entwickelte sich schnell zu einer großen Einrichtung, die 1841 bereits 90 Kinder betreute.[357] Führend beteiligte sich Henriette Frommel auch an der Initiative für ein evangelisches Krankenhaus. Sie gründete 1849 mit vier weiteren Frauen das „Komitee für das evangelische Diakonissenhaus in Karlsruhe".[358] Das Komitee sammelte Spenden für den Kauf eines Hauses und erreichte, unterstützt durch fünf Männer die schwierige ministerielle Genehmigung für den Betrieb eines evangelischen Krankenhauses, das zusätzlich zu dem bestehenden kommunalen Krankenhaus entstehen sollte. Die Diakonissenanstalt wurde am 1. Advent 1851 eingeweiht.[359] Fünf Diakonissen der Straßburger Diakonissenanstalt übernahmen die Krankenpflege. Diese erfolgte großenteils ambulant, da im Diakonissenhaus nur wenige Kranke aufgenommen werden konnten. Die Leitung des Hauses lag in den Händen der Frauen des vorbereitenden Komitees, die von einem männlich besetzten Beirat unterstützt wurden.[360]

Das Beispiel Karlsruhe zeigt, wie differenziert und vielfältig die Arbeit von Frauenvereinen und Fraueninitiativen selbst in einer nur mittelgroßen Stadt in der Mitte des Jahrhunderts war. Die Bevölkerungszahl stieg zwischen 1830 und 1858 von 19.734 auf 25.762. Zeitlich überschneidend waren dort tätig der israelische Frauenverein von 1829, der „Sophienverein" von 1831, der „Verein für die Kinderschule" von 1837, der evangelische „Kranken-Frauenverein" von 1842, der „Elisabethverein" von 1848, das „Komitee für das evangelische Diakonissenhaus" von 1849, der katholische „Vincentiusverein" von 1851, der Kranke pflegte und ein von Damen der Gesellschaft 1856 gegründeter „Beschäftigungsverein".[361]

---

356 Gustav Adolf Benrath: Die Verbreitung und Entfaltung der Erweckungsbewegung in Baden 1840–1860, in: Mission und Diakonie, Kultur und Politik Vereinswesen und Gemeinschaften in der evangelischen Kirchen in Baden im 19. Jahrhundert, hg. v. Udo Wennemuth, Karlsruhe 2004, S. 25.

357 Ebd.

358 Gustav Adolf Benrath: Anfangsjahre des Diakonissenkrankenhauses in Karlsruhe (1851–1857), in: Mission und Diakonie, Kultur und Politik, S. 82f.

359 Ebd., S. 84f.; Bericht in der Karlsruher Zeitung Nr. 288 vom 6.12.1851, digitale Sammlung der Badischen Landesbibliothek Karlsruhe.

360 Ebd.

361 Schambach: Eigenständigkeit, in: Asche: Karlsruher Frauen, S. 151–153.

Der evangelische Frauenverein Göttingen

Das Beispiel eines besonders nachhaltig wirkenden Vereins bietet der evangelische Frauenverein zu Göttingen. 1840 trafen sich 28 Frauen, ein Pfarrer und ein Senator zur Gründung dieses Vereins *„um der immer zunehmenden Noth und Verwilderung unserer Armen entgegen zu arbeiten“*.[362] Die von Senator Dr. Heintze verfasste erste Satzung orientierte sich an der Konzeption von Amalie Sieveking. An erster Stelle der Aufgaben wird daher auch *„die Versorgung Kranker und Schwacher mit warmer Speise“* genannt. Als weitere Ziele führt die Satzung auf: durch Handarbeiten armen Frauen Beschäftigung zu ermöglichen, Handwerkern und Tagelöhnern Arbeit zu vermitteln, arme Mädchen als Hausangestellte auszubilden, eine *„Verwahrschule für kleine Kinder armer Eltern“* einzurichten und Arme mit Kleidung zu versorgen.[363] Sorgfältig wurde einerseits auf die Selbstständigkeit der Arbeit des Frauenvereins und anderseits auf die Abstimmung mit der städtischen „Armendeputation“ geachtet. Für wie bedeutsam die Armendeputation die Tätigkeit der Frauen hielt, wird daraus ersichtlich, dass die Frauen sogar Einblick in die Armenakten erhielten.[364] Der Verein erlebte eine vielfältige finanzielle[365] und ideelle Unterstützung.[366] 1840 zählte der Verein 242 Mitglieder. Mit einer leichten Zunahme hielt sich die Zahl der Mitglieder im 19. Jahrhundert auf diesem Niveau. Zu den Mitgliedern gehörten zeitweise einzelne Männer.[367] Nach längerer Auseinandersetzung erhielt der Frauenverein im Jahr 1850 die volle rechtliche Selbstständigkeit.[368] Der Verein entfaltete ab 1840 eine umfangreiche Tätigkeit. Die Frauen übernahmen von der Armendeputation die wöchentliche ambulante Versorgung von Armen mit Speise. Zusätzlich entstand eine „Armenspeisungsanstalt“ im Vereinshaus.[369] Diese stellte in der Hungersnot 1846/47 rund 400 Mahlzeiten her.[370] Sie existierte in kleinerer Form noch bei der Auflösung des Vereins im Jahr 1956 und wurde dem Deutschen Evangelischen Frauenbund übertragen.[371] Weitere Arbeitsschwerpunkte bildeten die Familienpflege und Familienfürsorge, die Kindergartenarbeit und die Ausbildung und Beschäftigung von Mädchen. 1842 richtete der Verein eine „Dienstbotenschule“ ein. Ein Drittel der Schulkosten wurde durch die nicht entlohne Arbeit der Mädchen in privaten Haushalten und im

362 Weber-Reich: „Um die Lage ...“, S. 18f.
363 Ebd., S. 20.
364 Ebd., S. 20.
365 Ebd., S. 31–34
366 Ebd., S. 34–36.
367 Ebd., S. 22f.
368 Ebd., S. 47–49.
369 Ebd., S. 51–58.
370 Ebd., S. 59.
371 Ebd., S. 58.

Verein erwirtschaftet. Die übrigen Kosten trug die Vereinskasse.[372] Im letzten Jahrzehnt des Jahrhunderts entwickelte sich infolge des Interessengegensatzes zwischen den Auszubildenden und den Frauen des Frauenvereins eine schwierige Situation für die Dienstbotenschule. Während die Frauen des Vereins für ihre Haushaltsführung kostengünstige Dienstboten in abhängiger Stellung beschäftigen wollten, strebten die Auszubildenden eine rechtlich und finanziell verbesserte Position an: Ihre *„rechtlich und sozial diskriminierende Stellung ließ sich nicht länger verschleiern.“*[373] Aufgrund der Aufhebung des „Gesinderechts“ 1918 – Dienstboten wurden zu freien Angestellten – und der nur geringen Nachfrage für die Ausbildung wandelte der Verein die Ausbildung von „Dienstboten“ in Kurse für Hausangestellte um. Diese Kurse wurden erst nach dem Zweiten Weltkrieg beendet.[374] Die 1843 eröffnete „Kleinkinder-Bewahranstalt“ des Frauenvereins war in Göttingen die erste Einrichtung dieser Art für ärmere Kinder im Alter zwischen zwei und drei Jahren.[375] Konnten zunächst 25 Kinder betreut werden, waren es am Ende des Jahrhunderts bis zu 120 Kinder Aufnahme finden.[376] Das Entstehen neuer Kindergärten anderer Träger führte zu einer deutlichen Verringerung der Kindergartenplätze des Vereins. Die schwierigen Verhältnisse in den zwanziger Jahren des 20. Jahrhunderts führten zu einer vorübergehenden Schließung der Einrichtung. 1926 wurde die Kindergartenarbeit wieder aufgenommen und konnte auch in der NS-Zeit vom Frauenverein weiter betrieben werden. Der Kindergarten bestand bis 1956 und wurde nach Auflösung des Frauenvereins im Jahr 1956 vom Deutschen Evangelischen Frauenbund übernommen.[377]

Elisabeth- und Vinzenzvereine

Der Karlsruher „Elisabethenverein“ gehörte zu einer Gruppe von „Elisabethvereinen“.[378] Sie waren in der Regel katholisch geprägte, freie Vereine und leiteten sich namentlich von der Hl. Elisabeth her. Den ersten Elisabethverein gründete 1840 in Trier Anna Maria Weißebach (1811–1841) zusammen mit einer Gruppe von 13 Frauen.[379] Die Mitglieder dieses Vereins sahen sich durch

---

372 Ebd., S. 129.
373 Ebd., S. 137.
374 Ebd., S. 136f.
375 Ebd., S. 139f.
376 Ebd., S. 145.
377 Ebd., S. 146–148.
378 Ratzinger: Geschichte der kirchlichen Armenpflege, S. 530f.; Reder: Frauenbewegung, S. 407.
379 Kall: Katholische Frauenbewegung, S. 26; Magdalena Lüttgen: Die Elisabethvereine: Frauen im Dienst am Nächsten seit dem Jahr 1840, insbesondere in Rheinland und Westfalen, Siegburg 2003.

Vinzenz von Paul und durch Elisabeth von Thüringen inspiriert. Sie bildeten eine religiös-karitativ ausgerichtete Schwesternschaft im Rahmen des Vereinsrechtes. Zu den religiösen Pflichten jeder Frau gehörte es, jedes Jahr eine Messe für die Verstorbenen des Vereins und für die Kranken zu spenden. Die Mitglieder übernahmen als karitative Verpflichtung, zu zweit mittellose Kranke unabhängig von ihrem Geschlecht zu besuchen und zu versorgen. Für die Lebensmittelversorgung wurde die „Elisabethküche" eingerichtet.[380] Von Ende Oktober 1840 bis Dezember 1841 wurden dort für 215 Kranke 7515 Portionen Essen hergestellt.[381] In besonderen Notzeiten, wie während der Choleraepidemie 1849 und der Hungersnot 1852, soll sich diese Zahl auf über 20 000 gesteigert haben.[382] Die Kranken wurden auch mit Bettwäsche und Kleidung versorgt.[383] Eine besondere Anerkennung bedeutete 1853 die Übernahme des Protektorats durch die Kronprinzessin Augusta.[384]

Zwischen 1840 und 1849 bildeten sich wenigstens 11 solcher Zusammenschlüssen in west- und süddeutschen Städten.[385] Weitere Elisabethvereine entstanden, wahrscheinlich ohne Einfluss des Trierer Vereins 1841 in Augsburg[386] und 1842 in München.

Die Gründung des Elisabethvereins in München im Jahr 1842 hatte eine besonders weitreichende Wirkung. Der von adligen Damen unter Beratung von zwei Klerikern errichtete Verein setzte sich die Unterstützung von armen Kindern und Kranken zum Ziel.[387] An seiner Spitze stand zunächst die vermögende und einflussreiche Fürstin Leopoldine zu Löwenstein. Durch Mitgliedsbeiträge und Spenden finanziell gut ausgestattet, leistete der Münchner Elisabethverein schon bald eine umfangreiche Unterstützungsarbeit. Ab der Mitte des Jahrhunderts konnten mehrere hundert Betroffene Hilfen erhalten, im Jahr 1910 sogar 4000 Personen.[388] Der von einer Präsidentin geleitete Verein umfasste

---

380 Kall: Katholische Frauenbewegung, S. 27f.

381 Kall: Katholische Frauenbewegung, S. 28.

382 Kall: Katholische Frauenbewegung, S. 28 unter Verweis auf E. Mayer-Montfort: Aus der Geschichte der deutschen Elisabethvereine, in: M. Otto: Elisabethgeist und Elisabetharbeit. Zum VII. Centenarium den deutschen Elisabeth- und Frauen-Vinzenzvereinen, Freiburg/Bgr. 1931, S. 17.

383 Kall: Katholische Frauenbewegung, S. 28.

384 Ebd., S. 32.

385 Dazu Reder: Frauenbewegung, S. 407 nennt sechs Vereine, zusätzlich führt Ihring: Ein neues Licht, S. 54 fünf weitere auf.

386 So Handbüchlein für die Elisabetharbeit, hg. v. Generalsekretariat der Elisabethvereine, Freiburg 1949, S. 29; das Entstehungsjahr 1841 scheint jedoch nicht gesichert, vgl. Kall: Katholische Frauenbewegung, S. 32.

387 Kall: Katholische Frauenbewegung, S. 33 unter Verweis auf: Hundertjahrfeier des Elisabeth-Vereins München, 1942, Manuskript, Haus des Elisabethvereins München, o. S.

388 Kall: Katholische Frauenbewegung, S. 34 mit Verweis auf Hundertjahrfeier des Elisabeth-Vereins, o. S.

aktive und fördernde Mitglieder. Nach und nach entstand eine Reihe von Zweigvereinen in München. Die Unterstützung der Hilfebedürftigen erfolgte mithilfe der Verteilung von Lebensmitteln, Kleidung und Geld. Der Verein errichtete zudem eine Krankenschwesternstation und ein Altersheim.[389] In der zweiten Hälfte des Jahrhunderts erhielt der Verein zunehmend eine religiöse Prägung: „*Die Selbstheiligung wurde ... zu einem besonderen Anliegen des Vereins.*“[390]

Elisabeth von Thüringen wurde gleichfalls zur Namenspatronin des in Neiße gegründeten „St. Elisabeth-Vereins“. Er verdankte sein Entstehen den Schwestern Maria und Mathilde Merkert, Clara Wolff sowie weiteren katholischen „Jungfrauen“.[391] Er widmete sich der ambulanten und stationären Krankenpflege. Seine Mitglieder pflegten in den Kriegen 1864, 1866 und 1870/71 in Lazaretten und unterhielten Einrichtungen wie u. a. „Kinderbewahranstalten“.[392] Im letzten Jahrzehnt des 19. Jahrhunderts leisteten mehr als 800 Frauen ihren Dienst in 140 Häusern der Gemeinschaft.[393]

Eine ungewöhnliche Entstehungsgeschichte verbindet sich mit dem katholischen Frauenverein in Olpe, der sich erst im 20. Jahrhundert den Elisabethvereinen anschloss. Es war die städtische Armenkommission, die 1845 Gründung eines Frauenvereins veranlasste. Seine Satzung erhielt die Bezeichnung „*Statuten für den Frauen- und Jungfrauen-Verein in Olpe zur Unterstützung armer hülfloser* Kranker“.[394] Die Männer der Armenkommission benötigten offenbar den Frauenverein für die praktische Umsetzung ihrer Vorhaben. Die Statuten des Vereins gingen von einem Zusammenwirken mit der Armenkommission aus.[395] Ungeachtet dessen lag die Leitung des Vereins vollständig in der Hand der Frauen mit einer Präsidentin an der Spitze.[396] Die Frauen übernahmen die Austeilung von Lebensmitteln und zubereiteten Speisen. Später erweiterten sie ihren ehrenamtlichen Dienst auf die Krankenpflege und den Handarbeitsunterricht. Wie in vielen Frauenvereinen wurden Weihnachten arme Kinder beschenkt.[397] Für die Mitglieder bestanden – wohl eine Folge der besonderen Entstehungsgeschichte – keine religiösen Pflichten, wie sie für katholische Frauenvereine üblich waren.[398]

---

389 Kall: Katholische Frauenbewegung, S. 34.
390 Ebd.
391 RE S. 314; LThK^3, Bd. 3, Sp. 604.
392 Ebd.
393 Ebd.
394 Kall: Katholische Frauenbewegung, S. 36.
395 Ebd.
396 Ebd., S. 37.
397 Ebd.
398 Ebd., S. 37f.

Im Jahr 1848 veranlasste der erste Katholikentag in Mainz das Entstehen der „Elisabeth-Konferenzen“[399], die sich teilweise auch als Frauenvereine organisierten. Sie sahen ihr Vorbild in den von Vinzenz von Paul geschaffenen, karitativ tätigen „confréries de la charité“. Diesem Ursprung entsprechend traten diese Zusammenschlüsse auch als Vinzenz-Konferenzen oder Vinzenzvereine – insbesondere in Schlesien – in Erscheinung. Frauen trafen sich in dieser Organisationsform regelmäßig zu „Konferenzen“, in denen sie sich über ihre Erfahrungen bei den Besuchen von Armen und Kranken austauschten und die nächsten Arbeitsschritte planten. Die Ausbreitung der Elisabethvereine und Elisabethkonferenzen führte nach dem Ersten Weltkrieg zur Einrichtung von Diözesanverbänden und 1919 zur Einrichtung eines Generalsekretariats. Die Zusammenschlüsse von ehrenamtlich in den Pfarrgemeinden tätigen Frauen tragen heute den Namen „Caritas-Konferenzen“.

Jüdische Frauenvereine

Von 1831 bis 1848 konstituierten sich wenigstens 24 jüdische Frauenvereine.[400] Sie verteilten sich über ganz Deutschland und waren in kleineren Orten wie Weener, Solingen, Gießen und größeren Städten wie Königsberg, Berlin, Hamburg, Düsseldorf zu finden.

Der 1843 von zwei Frauen gegründete Königsberger Frauenverein diente der „*Unterstützung von Witwen und Waisen*“. 1891 besaß er 300 Mitglieder und konnte jährlich 6000 Mark für diesen Zweck aufwenden.[401] Der „Frauenverein in der israelitischen Gemeinde zu Hannover“ aus dem Jahr 1845 fungierte als „*Ergänzung zum*[männlichen] *Wohltätigkeitsverein*“.[402] Neben den traditionellen Aufgaben der Pflege kranker Frauen und der rituellen Bestattung von Frauen beteiligte er sich an der Unterstützung von Armen insbesondere in der Umgebung von Hannover.[403] Eine ähnliche Zielsetzung verfolgte der 1846 gegründete Düsseldorfer Frauenverein. Er widmete sich der „*Unterstützung armer Wöchnerinnen und sonstiger Kranker, sowie armer Familien*“ der jüdischen Gemeinde.[404] Im Jahr 1891 betrug die Zahl seiner Mitglieder 168.[405] Zu den bedeutendsten zählte

---

399 Handbüchlein für die Elisabetharbeit, hg. v. Generalsekretariat der Elisabethvereine, Freiburg 1949, S. 29f.; Kall: Katholische Frauenbewegung, S. 46.

400 Morgenstern: Frauenarbeit II. T., S. 140–177 / S. 306–343, zu den dort verzeichneten 22 Vereinen kommt der Frauenverein in Hannover von 1845 hinzu und der Tilsiter Frauenverein von 1837 (Lordick: Mildtätigkeit, S. 12).

401 Morgenstern: Frauenarbeit II. T. S. 140 / S. 306.

402 Jürgens: Jüdische Vereine, S. 57.

403 Ebd.

404 Ebd., S. 162 / S. 328.

405 Ebd.

der Frauenverein in Frankfurt a. M von 1847.[406] Ende des Jahrhunderts zählte er 738 Mitglieder. Er umfasste zusätzlich zu der eigenen Vereinsarbeit sieben Nebenstiftungen und konnte über ein hohes Budget verfügen. Geleitet wurde er von einem Vorstand von 16 „Damen" und drei „Herren". Zielsetzung seiner Arbeit war „*israelitische Ganz- und Halbwaisenmädchen zur Erwerbsfähigkeit zu erziehen*".[407] Wie bei einem Teil der christlichen Frauenvereine – u. a. dem Göttinger Frauenverein – diente diese Ausbildung dem doppelten Zweck, Mädchen eine Erwerbstätigkeit zu verschaffen und Dienstboten für die eigenen Haushalte zu gewinnen. Insgesamt leisteten die jüdischen Frauenvereine in dieser Phase einen vielfältigen Beitrag „*zur Linderung der Not in Deutschland*".[408]

Von 1831–1850 entstanden etwa 170 neue Frauenvereine.[409] Auch für diese Zeit ist anzunehmen, dass die tatsächlichen Zahlen höher lagen. Wichern nennt in seiner 1849 veröffentlichten Denkschrift „Die Innere Mission der deutschen evangelischen Kirche" unter den „*schon bestehenden Vereine*(n)" jeweils die Frauenvereine an erster Stelle und geht immer wieder auf ihre Tätigkeit ein.[410] Die Frauenvereine scheinen um die Mitte des Jahrhunderts im Bereich der evangelischen Wohltätigkeit die führende Rolle gespielt zu haben. Dies galt insbesondere für die Krankenpflege, in der lediglich drei männliche Vereine aktiv waren.[411] Der Aufgabe der Krankenpflege stellten sich in der ersten Hälfte des Jahrhunderts fast ausschließlich Frauenvereine sowie katholische und evangelische Schwesternschaften. Auch wenn die Zahlen der Frauenvereine nicht denen der Jahre 1813 bis 1815 entsprachen, hatten die evangelischen, katholischen, jüdischen und konfessionsübergreifenden Frauenvereine offenbar für die ehrenamtliche Armenpflege und insbesondere für die Krankenpflege eine hohe Bedeutung erlangt.

---

406 Dazu Morgenstern: Frauenarbeit II. T., S. 159 / S. 325.

407 Ebd.

408 Ebd., S. 140 / S. 306.

409 43 nach der Erfassung von Reder: Frauenbewegung, S. 489–503 und 506–512, zusätzlich: etwa 70 Frauenvereine im Erzgebirge und Vogtland (Döring: Frauenbewegung, S. 28 nennt für die Zeit von 1837–1859 die Zahl 79); 14 bis 1842 gegründete Frauenvereine nach dem Vorbild des „Sievekingschen" Frauenvereins (Döhring: Frauenbewegung, S. 48), 11 Elisabethvereine (Reder: Frauenbewegung, S. 407 plus Gihring: Ein neues Licht, S. 54), der Karlsruher „Kranken-Frauenverein" von 1842 (Schambach: Eigenständigkeit, S. 153) sowie acht weitere Frauenvereine in Baden, die Gihring einzeln aufzählt (Ein neues Licht, S. 54); Frauenverein Kirchheim unter Teck o. J. u. Frauenverein zur Unterstützung verschämter Armen in Berlin, o. J. – vor 1849 (Wichern: Die Innere Mission, Sämtliche Werke, Bd. I, S. 265 [mit Angabe zur Leitung] u. S. 366 [mit Angaben zum Vorstand]); „Frauenverein für die Armenschulen" in Trier vor 1840 (Kall: katholische Frauenbewegung, S. 28).

410 Wichern: Die Innere Mission, Sämtliche Werke, Bd. I, S. 238f., 265.269–272.

411 Ebd., S. 270.

Frauenvereine von 1850–1900

Evangelische Elisabethvereine

Auch auf evangelischer Seite diente Elisabeth von Thüringen als Vorbild für das karitative Handeln von Frauen. Die nach 1848 in Preußen entstehenden „Frauen- und Jungfrauen-Vereine" wurden gleichfalls als „Elisabeth-Vereine" bezeichnet. Sie standen unter der Schirmherrschaft der Königin Elisabeth, die sich für die Förderung der Wohltätigkeit einsetzte. Die Gründung in der für die Hohenzollern-Monarchie kritischen Situation nach der 48er Revolution und die Position der Schirmherrin lassen darauf schließen, dass die Gründung nicht von politischer Intention frei war.

Eine langanhaltende Wirkung erzielte die Gründung des „St. Elisabeth-Vereins" in Marburg. Der Verein knüpfte an die Tätigkeit der Heiligen Elisabeth von „Hessen und Thüringen" an, die in Marburg in ihrer letzten Lebensphase ein Krankenhaus gegründet hatte, in dem sie selbst als Pflegerin Dienst tat. 1879 fand sich dort eine Gruppe von Frauen um Julie Spannagel zusammen, um einen diakonisch tätigen Verein ins Leben zu rufen. Ähnlich wie Elisabeth in Eisenach hatte die vermögende zweite Tochter eines Fabrikbesitzers, Julie Spannagel, zunächst in den Berliner Armenvierteln Besuche gemacht und Hilfe geleistet. Nach ihrem Umzug setzte sie in Marburg diese Tätigkeit fort.[412] Mit drei weiteren Damen der bürgerlichen Gesellschaft, die sich in ähnlicher Weise engagierten, initiierte Juli Spannagel die Gründung eines „St. Elisabethvereins".[413] Mit dem von den Damen gesammelten Geld gelang es, eine Diakonisse als professionelle Kraft für die Besuche und pflegerische Dienste anzustellen.[414] Zu den vier Frauen kamen noch im selben Jahr weitere hinzu. Zudem erhielten sie die Unterstützung mehrerer Männer, welche die Konzeption und Organisation des Vereins mit prägten.[415] Satzungsgemäßer Zweck des Vereins war es, *„arme, leiblich oder geistig verkommene Kinder jeder Confession in geeignete Pflege zu nehmen und den Armen der Stadt in ihrem Hauswesen, sowie insonderheit in Krankheitsfällen mit Hülfe und Rath an die Hand zu gehen"*.[416] Als dritte Aufgabe kam die Betreuung von jungen Mädchen, insbesondere „Dienstboten" hinzu. 1879 wurden die ersten Kinder in einer dem Verein geschenkten Immobilie in Pflege genommen.[417] In diesem ersten „Elisabethhaus" wurden zudem eine Gemeindepflegestation, Unterkünfte für wohnungslose junge Frauen und Unterrichts-

---

[412] Reinhard Appel u. Friedrich Dickmann: Hundert Jahre St. Elisabethverein 1879–1979, Marburg 1980, S. 6.

[413] Ebd., S. 9.

[414] Ebd.

[415] Appel/Dickmann: Hundert Jahre, S. 9f.

[416] St. Elisabeth-Verein e. V. Marburg. Homepage. Chronik – 140 Jahre – St. Elisabeth-Verein, 2019, 11/2020.

[417] Appel/Dickmann: Hundert Jahre, S. 15.

räume für Nähkurse untergebracht. Mithilfe von Spenden Julie Spannagels und weiterer Vereinsmitglieder wurde es 1883 möglich, die Kinderbetreuung im neu geschaffenen Elisabethhaus fortzusetzen. Zehn Jahre später konnte in der Nordstadt infolge einer erneuten Spende von Julien Spannagel das Diakonissenhaus „Julienstift" mit einer „Kleinkinderschule" eröffnet werden.[418] Um die Arbeit des Vereins auf eine rechtlich und wirtschaftlich sichere Basis zu stellen, wurde 1897 die „Elisabethstiftung" errichtet. Möglich war dies dank einer erneuten großen Spende von Julie Spannagel. Der hinsichtlich der Betreuten konfessionsoffene St. Elisabeth-Verein verstand sich als Teil der „Inneren Mission".[419] Er konnte 2019, dem Diakonischen Werk zugehörig, sein 140-jähriges Bestehen feiern.

Weitere Beispiele für die Gründung evangelischer Frauenvereine finden sich auch in anderen Teilen Deutschlands. Allein im Großherzogtum Baden entstanden von 1851 bis 1856 sieben Frauenvereine.[420] Im Erzgebirge vermehrte sich die Anzahl der Frauenvereine deutlich. Für Westfalen ist als evangelischer Frauenverein wenigstens der 1858 in Olpe errichtete nachweisbar.[421] In Flensburg entstand 1867 der „Frauenverein für Armen- und Krankenpflege" auf Anregung von Johannes Hesekiel, des Reisepredigers des Centralausschusses für die Innere Mission.[422] Einige Frauenvereine entstanden als Ergänzung zu Männervereinen. So erhielt der 1855 in Gera von Männern gegründete „Verein für freiwillige Armenpflege" im selben Jahr ein Pendant durch den „Frauenhilfsverein".[423]

Katholische Frauenvereine

In der zweiten Hälfte des Jahrhunderts setzte sich die Errichtung von katholischen Elisabethvereinen fort. Dazu gehörten die Vereine in Wadern (1853) und Bad Kreuznach (1854). Im Erzbistum München entstanden bis 1904 fünf Vereine.[424] Die bereits gegründeten Vereine wurden zudem durch Zweigvereine ergänzt. In der Stadt München verfügte der Elisabethverein in den 80er Jahren über 8 Niederlassungen. Deren Zahl stieg bis 1931 auf 28.[425] Auch die Einrich-

---

418 Ebd., S. 22f.

419 Ebd., S. 16f. u. Homepage St. Elisabethverein.

420 Auflistung in Gihring: Ein neues Licht, S. 54.

421 Kall: Katholische Frauenbewegung, S. 37.

422 Martin Gerhardt: Ein Jahrhundert Innere Mission, 1. T., Gütersloh 1948, S. 231.

423 Kretschmer: Chronik „Aus vergangenen Tagen", T. 2, S. 2, Archiv der Stadt Gera, Bibl.-Nr. 4849.

424 Kall: Katholische Frauenbewegung, S. 39 unter Hinweis auf Gasteiger: Der Elisabethverein in München. Eine Jubiläumsgabe zum 100jährigen Bestehen, 1942, S. 61–67

425 Kall: Katholische Frauenbewegung, S. 36.

tung von Elisabeth-Konferenzen setzte sich fort. Bis 1907 bildeten sich allein im Bistum Trier 18 Elisabeth-Konferenzen.[426]

Neben den Elisabeth-Vereinen, die in dem gesamten Gebiet einer Stadt tätig waren, entstanden eine größere Zahl von Frauenvereinen, die in einer einzelnen Pfarrgemeinde ihren Dienst ausübten und sich um mittellose Kranke und Arme kümmerten. In Städten mit mehreren Pfarrgemeinden bildeten sich in dieser Zeit verschiedene, unterschiedlich benannte Frauenvereine. Ein Beispiel dafür bietet Augsburg, wo für das Jahr 1862 fünf Vereine aufgeführt wurden. Zusätzlich gab es dort den übergemeindlichen „Vincentius-Verein", mit dem die parochialen Vereine auf bischöflichen Wunsch ab 1860 zusammenarbeiteten.[427]

Frauenvereine des Gustav-Adolf-Vereins

Konfessionelle und diakonische Ziele verbanden die ab 1852 gegründeten Frauenvereine des evangelischen Gustav-Adolf-Vereins. Schon in den folgenden 10 Jahren entstanden 112 Frauenvereine. Während die männlichen Vereine, deren älteste 1832 und 1841 errichtet wurden, sich vorwiegend auf den Bau von kirchlichen Gebäuden konzentrierten, förderten die Frauenvereine die Ausschmückung der Kirchen und unterstützten Konfirmanden sowie Witwen und Waisen von Pfarrern und Lehrern in der Diaspora. So beteiligte sich der Duisburger Verein an der *„Erziehung einer böhmischen Prediger-Waise"*.[428] Die Zahl der Frauenvereine des Gustav-Adolf-Vereins stieg in Deutschland und dem Ausland bis 1899 auf 563[429] und bis1920 auf 656 an.[430]

Die Evangelische Frauenhilfe

Auch gegen Ende des 19. Jahrhunderts konnte weder in der Krankenpflege noch auf anderen Hilfefeldern eine hinreichende Versorgung der Bevölkerung gewährleistet werden. Durch die Arbeit der schon länger bestehenden und der neugegründeten Hilfeorganisationen konnte weder personell noch finanziell diese Aufgabe bewältigt werden. Besonders sichtbar wurde dies in den städtischen Massenquartieren in Berlin und Hamburg. Teilweise stand für eine Einwohnerzahl von 50 000 Personen nur eine Diakonisse als Gemeindeschwester

---

426 Kall: Katholische Frauenbewegung, S. 39 unter Hinweis auf Wilhelm Liese: Die Elisabethvereine, in: Soziale Kultur, Jg. 27, 1907, S. 427.

427 Kall: Katholische Frauenbewegung, S. 32f.

428 Rhein- und Ruhrzeitung vom 21.1.1863.

429 Karl Zimmermann: Art. Gustav-Adolf-Stiftung, in: RE^3, Bd. 7, Leipzig 1899, S. 255.

430 Handbuch für das Kirchliche Amt hg. v. Martin Schian, Leipzig 1928, S. 235.

zur Verfügung. Selbst die Schwer- und Langzeitkranken konnten unter diesen Verhältnissen nicht alle besucht und angemessen gepflegt werden. Unter den politischen Voraussetzungen der Zeit erschien eine Abhilfe allein auf professioneller Basis nicht finanzierbar. Im Jahr 1888 war unter Mitwirkung der damaligen Kronprinzessin Auguste Viktoria daher zur Förderung kirchlicher und sozialer Arbeit – insbesondere der Diakonissen – der „Evangelisch Kirchliche Hilfsverein“ gegründet worden. Auch er allein konnte jedoch durch seine finanzielle Unterstützung das Problem der pflegerischen und sozialen Unterversorgung nicht lösen. Daher veranlasste Kaiserin Auguste Viktoria 1899 die Konstituierung der „Evangelischen Frauenhülfe“ als Ausgründung des „Evangelisch-Kirchlichen Hülfsvereins“.[431] Sie wandte sich an *„die evangelischen Frauen und Jungfrauen“*, die *„praktische Liebestätigkeit“* als *„ein weites und schönes Arbeitsfeld“* für sich zu entdecken.[432] Der Verein benötigte eigene Mittel, auch wenn die angestrebte Versorgung von Armen und Kranken ganz überwiegend ehrenamtlich geschehen sollte. Für die notwendige Finanzierung ließ Auguste Viktoria den „Kaiserinfonds“ einrichten. Regelmäßig rüstete sie diesen Fonds mit erheblichen Mitteln aus. Zudem gingen in ihn auch alle gesammelten Spenden ein. Der Aufbau der Frauenhilfe vollzog sich schnell. Bereits ein gutes Jahr nach der Gründung 1899 bestanden schon 12 Zweigvereine. Den Überbau bildeten Provinzialvereine für alle preußischen Provinzen.[433]

Die Vereine der Frauenhilfe beteiligten sich ehrenamtlich an Krankenbesuchen und der Krankenpflege.[434] Für die Versorgung der ländlichen Bevölkerung wurden eigene Pflegekräfte ausgebildet. Neben den krankenpflegerisch unzureichend versorgten Großstadtquartieren hatte sich durch die Abwanderung der jüngeren Bevölkerung in die Großstädte eine immer schwierigere Lage von Kranken in den Landgemeinden entwickelt. Die Frauenhilfe unterstütze Arme durch Sachleistungen wie Lebensmittel und Mahlzeiten von Suppenküchen. Sie leistete finanzielle Unterstützung. Sie organisierten Ausbildungsangebote und vermittelte Arbeitsplätze. Sie engagierte sich für die Betreuung von Kleinkindern, Kindern, Jugendlichen und insbesondere von jungen Frauen und entlassenen weiblichen Strafgefangenen.

Es blieb auch nicht bei der ehrenamtlichen Tätigkeit allein. Bald entstanden erste Einrichtungen in der Trägerschaft der Frauenhilfe. In der schlesischen Kleinstadt Gottesberg wurde ein Kinderheim mit 96 Plätzen für kranke Kinder geschaffen. In Spandau unterstützte der Kaiser den Bau des „Sonnenho-

---

431 Schreiben vom 1.1.1899 in: Fritz Mybes: Geschichte der Evangelischen Frauenhilfe in Quellen, Gladbeck 1975, S. 22.

432 Text ihres ersten Schreibens in der Sache vom 4.5.1897 in: Fritz Mybes: Geschichte der Evangelischen Frauenhilfe in Quellen, Gladbeck 1975, S. 21f.; Ernst Evers: Auguste Victoria – Das Lebensbild der deutschen Kaiserin, 4. Aufl., Potsdam 1908, S. 182f.

433 Evers: Auguste Victoria, S. 198.

434 Einen Überblick über den Umfang der Arbeit der Frauenhilfe bietet die Statistik der Frauenorganisationen im Deutschen Reiche, S. 13f.

fes". Der Sonnenhof bot *„Raum für 250 hülfsbedürftige Kinder im Alter von 14 Tagen bis zu 14 Jahren"*.[435] Er vereinte verschiedene Angebote vom Säuglingsheim bis zu einer Einrichtung für verwaiste Jungen. Hinzu kam eine „Koch- und Haushaltungsschule" für Mädchen, die zuhause wohnten. Weitere Einrichtungen mit unterschiedlichen Hilfsangeboten entstanden in ganz Preußen. Einige von ihnen wurden nach Auguste Viktoria benannt wie das „Auguste-Viktoria-Heim" in Wuppertal-Barmen als Zentrum der Frauenhilfe im Rheinland. Das „Auguste-Viktoria-Heim" im ostpreußischen Neukuhren diente als eine Erholungseinrichtung für Frauen und Kinder und wurde damit eine der Vorläufereinrichtungen des späteren Müttergenesungswerkes. Bis zum Anfang des 20. Jahrhunderts stieg die Zahl der von der Frauenhilfe angestellten Gemeindeschwestern auf 617.[436] Zu diesem Zeitpunkt organisierte sich die Frauenhilfe in 11 Landesverbänden, 1407 Ortsvereinen und besaß 128 325 Mitglieder.[437]

Jüdische Frauenvereine

In der zweiten Hälfte des 19. Jahrhunderts entwickelte sich ein vielfältiges, von Frauen getragenes Vereinsleben in den jüdischen Gemeinden. Die oft nur als „Chewra", hebräisch für „Frauenverein", bezeichneten Vereine konzentrierten sich vornehmlich auf die Wohltätigkeit.[438]

Breslau hatte eine herausgehobene Bedeutung bei der Gründung und Aktivität von jüdischen Wohltätigkeitsvereinen und von Stiftungen, an denen auch Frauen ihren Anteil hatten, auch wenn Männer als Gründer oder Vorsitzende auftraten. 1843 entstand der „Israelitische Jungfrauenverein", der 1892 von Lina Morgenstern unter den Breslauer Vereinen aufgeführt wurde.[439] 1848 errichtete eine Gruppe junger Frauen um Lina (geb. 25.11.1830), Cäcilie, Anna und Jenny Bauer (geb. 18.7.1832) den „Pfennigverein zur Bekleidung armer Schulkinder", in dem Jenny und Anna Bauer im Vorstand Beisitzerinnen wurden.[440] Jenny, inzwischen mit Sigismund Asch verheiratet, gründete 1861 mit weiteren Frauen einen Kindergarten. Für die Ausbildung von Kindergärtnerinnen schuf sie den „Breslauer Kindergarten-Verein".[441] Zudem war sie 1866 am

435 Evers: Auguste Victoria, S. 188.

436 Statistik der Frauenorganisationen im Deutschen Reiche, S. 13.

437 Ebd., S. 14.

438 Zu den Namen und zur Verbreitung Lordick: Mildtätigkeit, S. 11f. u. Morgenstern: Frauenarbeit II. Teil, S. 140–177 / S. 306–343.

439 Ebd., S. 151/317.

440 Zu Lina s. Foertsch: Nächstenliebe, S. 12; zu Jenny s. Irmgard Maya Fassmann: Jüdinnen in der deutschen Frauenbewegung 1865–1919, Hildesheim/Zürich/New York 1996, S. 182f.

441 Nick: Jüdisches Wirken, S. 44.

Entstehen der Breslauer Volksküchen beteiligt.[442] Anna, verheiratete Honigmann, übernahm später das Amt der Vorsteherin der von ihrem Mann David Honigmann 1889 in Breslau gegründeten „Industrieschule für israelitische Mädchen".[443] Ferner bestand ein „Frauenverein zur Unterstützung für arme israelitische Wöchnerinnen"[444] sowie drei von Männern errichtete Stiftungen zur „Brautausstattung", in denen Frauen aktiv waren.[445] Eine besonders umfangreiche Stiftungstätigkeit ging in Breslau von Anna und Julius Schottländer aus.[446] Ihrer Stiftung von 1896 verdankte sich die Gründung der „Israelitischen Altersversorgungsanstalt – Jüdisches Betreuungshaus für alte Leute und langwierig Kranke".[447] Durch zusätzliche Legate waren eine Reihe von weiteren jüdischen Gemeindemitgliedern – unter ihnen fünf Frauen – an der Finanzierung der Einrichtung beteiligt.[448] In ihr konnten 70 bis 80 Senioren und Kranke betreut wurden.[449] Durch die Stiftung wurde zudem 1899 ein erheblicher Beitrag zur Finanzierung des „Jüdischen Schwesternhauses" geleistet.[450] Dort konnten 12 Schwestern und 12 Lehrschwestern untergebracht werden.[451]

An jüdischen bzw. israelitischen Frauenvereinen besonders reich war Berlin. Der älteste, am Ende des Jahrhunderts noch bestehende Verein, war der „Frauenverein von 1833 zum Besten israelitischer Waisenmädchen".[452] Bis zum Anfang des 20. Jahrhunderts entstanden in Berlin wenigstens 11 jüdische Frauenvereine mit einer karitativen Zielsetzung.[453] Dazu gehörten u. a. die Wohltätigkeits-Vereinigung jüdischer Frauen und Mädchen „Judas Töchter" für die „Unterstützung bedürftiger jüdischer Kranker"[454], die „Frauen-Vereinigung Ahavas Scholaum" für die „Unterstützung jüdischer Armer"[455], der „Frauenverein Hanna" für „unverschuldet in Not geratene jüdische Familien, Witwen

442 Ebd., S. 53.

443 Dazu Morgenstern: Frauenarbeit II. Teil, S. 151 / S. 317; Wikipedia Art. Industrieschule für israelitische Mädchen, zuletzt bearbeitet 7.2.2021

444 Morgenstern: Frauenarbeit II. Teil, S. 151 / S. 317, keine Angabe über das Gründungsjahr.

445 Ebd.

446 Dazu Miroslawa Lenarcik: For the Well-being of the Family and the Community, in: Ludwig/Schilde: Jüdische Wohlfahrtsstiftungen, S. 65–67; Müller: Auf den Spuren, S. 75; zur weiteren Geschichte der Einrichtung und ihrer Bewohner, S. 75–78.

447 Lenarcik: For the Well-being, S. 66.

448 Ebd., S. 66 Anm. 43.

449 Vgl. die Angaben von Lenarcik, S. 66 Anm. 43 u. Müller: Auf den Spuren, S. 75.

450 Lenarcik: For the Well-being, S. 66.

451 Müller: Auf den Spuren, S. 80f.

452 Morgenstern: Frauenarbeit II. Teil, S. 142 / S. 308.

453 So die Summe der in verschiedenen Rubriken aufgelisteten Vereine in „Die Wohlfahrtseinrichtungen von Groß-Berlin" aus dem Jahr 1910; Lina Morgenstern führt für die Stadt Berlin in den damaligen Grenzen acht jüdische wohltätige Frauenvereine auf, in „Frauenarbeit in Deutschland II. Teil, 1893, S. 142–147 / S. 308–313.

454 Die Wohlfahrtseinrichtungen von Groß-Berlin, S. 177.

455 Ebd., S. 43.

und Waisen“[456], der „Israelitische Frauen-Unterstützungsverein“, der jüdischen Wöchnerinnen und weiblichen Kranken half[457], und der „Wohltätigkeitsverein für Frauen hiesiger jüd. Gemeinde (Chebrath Naschim)“ für die „Unterstützung unverheirateter, hilfsbedürftiger weiblicher Personen der hiesigen jüd. Gemeinde durch laufende Geldbeihilfen“.[458]

Ein Teil der Vereine förderten auch einzelne der zahlreichen jüdischen karitativen Einrichtungen wie Kindergärten, Mädchenheime, Altenheime, ambulanter und stationärer Krankenpflege. Ein Teil dieser Einrichtungen war auch von jüdischen Frauen gestiftet worden. Lina Morgenstern führt 18 Stiftungen auf, die von Frauen alleine oder gemeinsam mit ihren Ehemännern errichtet wurden.[459] In der Krankenpflege tätige jüdische Krankenschwestern hatten sich in dem „Verein für jüdische Krankenpflegerinnen zu Berlin“ zusammengeschlossen.[460] Der Verein betrieb eine dreisemestrige Ausbildung. 1909 gehörten 69 Schwestern und zehn Schülerinnen dem Verein an.[461]

Ähnlich groß war auch die Anzahl der jüdischen Frauenvereine in Hamburg. Ende des 19. Jahrhunderts verfügte Hamburg über neun Frauenvereine. Sie sorgten für die Bekleidung von Mädchen und „armen Knaben“. Sie unterstützten „arme Wöchnerinnen“, „arme israelitische Witwen“ und die Krankenpflege. Sie verteilten Lebensmittel und bildeten eine „Beerdigungsgesellschaft israelitischer Frauen“. Hinzukamen vier von Frauen errichtete bzw. initiierte soziale Stiftungen[462] und fünf gemeinsame Stiftungen von Ehepaaren.[463]

Die Zunahme der jüdischen, wohltätigen Frauenvereine blieb in der zweiten Hälfte des 19. Jahrhunderts nicht auf die großen städtischen Zentren beschränkt. In der Provinz Hannover entstanden bis zum Anfang des 20. Jahrhunderts 33 jüdische Frauenvereine. Ihre Zahl übertraf damit die teilweise früher gegründeten männlichen Wohltätigkeitsvereine.[464] Für das Gebiet des Deutschen Kaiserreiches listete Lina Morgenstern fußend auf den Angaben des

456 Ebd.

457 Ebd., S. 180.

458 Ebd., S. 279.

459 Morgenstern: Frauenarbeit II. Teil, S. 142–147 / S. 308–313.

460 Die Wohlfahrtseinrichtungen von Groß-Berlin, S. 141

461 Ebd.

462 Morgenstern: Frauenarbeit II. Teil, S. 176/342 u. zusätzlich das Nanny Jonas-Stift (1902) s. Schupetta: Rosine Frank, S. 118.

463 Vgl. dazu Angela Schwarz: Jüdische Protagonisten im wohltätigen Wohnungswesen in Hamburg. Stiftungen gegen Wohnungsnot und Wuchermieten, in: Jüdische Wohlfahrtsstiftungen. Initiativen jüdischer Stifterinnen und Stifter zwischen Wohltätigkeit und sozialer Reform, hg. v. Andreas Ludwig und Kurt Schilde, Frankfurt a. M. 2010, S. 117–119.

464 Für letztere gab das „Handbuch der jüdischen Gemeinde-Verwaltung“ 1913 die Anzahl von 29 an, S. 665–676; Jürgens: Jüdische Vereine, S. 41 bzw. 56.

„Statistischen Jahrbuches des Deutschen Israelitischen Gemeindebundes“ von 1892 und eigenen Recherchen 520 wohltätige jüdische Frauenvereine auf.[465]

Frauenvereine und das Rote Kreuz

Die Kriegsgefahr des Jahres 1859 löste eine neue Entwicklung aus: Noch vor dem Beginn von Kriegshandlungen in Deutschland wollten Frauen sich auf mögliche Hilfstätigkeiten für die Kriegsopfer vorbereiten. Veranlassend war der Beginn der Kampfhandlungen zwischen dem mit Frankreich verbündeten Sardinien und Österreich – Mitglied des Deutschen Bundes – Anfang Mai 1859. Das Großherzogtum Baden fürchtete als Mitglied des Deutschen Bundes in den Krieg mithineingezogen zu werden. Diese Befürchtung teilten auch Frauen verschiedener Frauenvereine im Land. Unmittelbar nach Kriegsbeginn richtete das Präsidium des 1814 gegründeten Freiburger Frauenvereins einen Aufruf an die *„edlen Frauen und* Jungfrauen *... mit werktätiger Liebe das Verhängnis ... nach Kräften zu lindern“*.[466] Ende Mai riefen 14 Karlsruher Frauen zu Spenden auf, um in der im Falle der immer bedrohlicheren Kriegsgefahr Betroffenen helfen zu können.[467] In dieser Situation ergriff die Regierung im Zusammenwirken mit der Großherzogin Luise die Initiative. Am 4. Juni 1859 überreichte sie dem Präsidenten des Innenministeriums eine zuvor von Ministerialrat Dietz erarbeitete Denkschrift.[468] Die Intention der Denkschrift war es, zur Bildung von Frauenvereinen aufzurufen, um die Familien zu unterstützen, deren Ernährer zur Armee eingezogen würden und um Vorbereitungen für die Pflege von Verletzten und Kranken zu treffen. Die Frauenvereine sollten sowohl in der damals bedrohlichen Situation als auch in zukünftigen Notsituationen Hilfe anbieten.[469] Noch am selben Tag veröffentliche der Präsident des Innenministeriums einen Erlass, die Gründung von Frauenvereinen und ihre Tätigkeit durch die Ämter zu fördern. Zwei Tage später traf sich die Großherzogin mit den 14 Karlsruher Frauen und vier weiteren. Die Statuten für einen zusammenfassenden Gesamtverein wurden ihnen vorgestellt und angenommen.[470] Kurze Zeit später erfolgte die Gründung von 37 Ortsvereinen, deren Zahl bis zum Jahresende auf 95 stieg.[471] Die Gründung des Badischen Frauenvereins geschah damit noch vor der Schlacht von Solferino (24.6. 1859), deren schreckliche Folgen

465 Morgenstern: Frauenarbeit II. Teil, S. 140–177 / S. 306–343.
466 Engelbert Krebs: Geschichte des Freiburger Frauenvereins 1815–1915, Freiburg 1915, zitiert in Gihring: Ein neues Licht, S. 61.
467 Gihring: Ein neues Licht, S. 61.
468 Dazu Friedrich Hindenlang: Großherzogin Luise von Baden. Der Lebenstag einer fürstlichen Menschenfreundin, Karlsruhe, 1925, S. 32.
469 Dazu Gihring: Ein neues Licht, S. 61f.
470 Ebd., S. 62.
471 Ebd.

Henri Dunant zur Gründung des Roten Kreuzes veranlassten. Die Vorgehensweise erinnert an den Aufruf der preußischen Prinzessinnen, nur dass in Baden ein rechtlich gestalteter Verein mit Zweigvereinen entstand. Auch ging es nicht wie 1813 zunächst um das Spendensammeln für die Ausrüstung von Freiwilligen. Zudem wurde eine enge Verbindung mit Regierung und Ämtern des Großherzogtums hergestellt. Der Schwung einer beginnenden Bürgerinnenbewegung wurde für den Aufbau einer vom Staat geförderten und seinen Interessen dienenden Organisation genutzt. Anregend gewirkt hat wohl auch das „Patriotische Institut der Frauenvereine zu Weimar der Großherzogin Maria Pawlowna in Weimar, der Großmutter von Luise, aus dem Jahr 1817[472] und die Konstruktion der benachbarten „Zentralleitung des Wohltätigkeitsvereins" in Württemberg aus dem Jahr 1816/17.

Ebenso wie Baden befand sich auch Bayern in einer bedrohten Lage. Am 6. Juni 1859 veröffentlichte in München eine Palastdame der Königin Marie einen Aufruf zur Bildung eines Gesamtvereins bayrischer Frauenvereine, für den die Königin das Protektorat zugesagt hatte. Infolge des Kriegsendes wurde am 22.7. obrigkeitlich die Tätigkeit des Vereins als beendet erklärt.[473]

Nach dem unerwartet schnellen Friedensschluss zwischen Frankreich/Italien und Österreich entfiel auch für Baden die drohende Verwicklung in den Krieg. Ende Juli erfolgte daher eine Satzungsänderung des Badischen Frauenvereins, dessen Zielsetzung zunächst kriegsnahe Hilfstätigkeit gewesen war. Der Verein wurde nun auf allgemeine Wohltätigkeit und insbesondere Krankenpflege ausgerichtet. Ein weiteres Ziel war, Mädchen in Handarbeiten auszubilden, um ihnen bessere Berufschancen zu eröffnen. Zu diesem Zweck wurde 1862 eine Ausbildung von Handarbeitslehrerinnen begonnen.[474] Einen Schwerpunkt der Vereinstätigkeit wurde die Ausbildung von Krankenpflegerinnen. Zwar waren zu diesem Zeitpunkt in Karlsruhe bereits die Barmherzigen Schwestern und die Diakonissen tätig. Deren als vorbildlich angesehene Krankenpflege reichte weder für Karlsruhe noch für die weiteren Städte und das gesamte Land aus. Es entstand eine eigene Krankenpflegeausbildung und eine eigene Schwesternschaft. Der Verein finanzierte 1860 die Ausbildung von elf Frauen, die im Vinzentiushaus der Barmherzigen Schwestern und in der Karlsruher Diakonissenanstalt die Krankenpflege erlernten.[475] Aus diesen Anfängen entstand der Badische Frauenverein, der zur badischen Organisation des Roten Kreuzes wurde. Die Schwesternschaft des Vereins wurde zur ersten Rot-Kreuz-Schwesternschaft. Großherzogin Luise nahm früh die Gedanken von Dunant auf und hatte brieflich und persönlich Kontakt mit ihm. Das Großherzogtum Baden unterzeichnete als erster deutscher Staat die Genfer Konvention von

---

472 Vgl. Hindenlang: Großherzogin Luise, S. 31f.
473 Dazu Schad: Bayerns Königinnen, S. 273.
474 Ebd., S. 41.
475 Ebd., S. 77.

1864. Bereits im deutschen Krieg 1866 gehörten badische Rot-Kreuzschwestern zum badischen Kontingent.[476]

Die wiederholte Kriegsgefahr und die Kriege 1864 und 1866 führten in weiteren deutschen Staaten zu Gründungen von Vorläuferorganisationen des Deutschen Roten Kreuzes. 1863 wurde der Württembergische Sanitätsverein errichtet, 1864 der Verein zur Pflege verwundeter Krieger im Großherzogtum Oldenburg. Die praktische Pflegearbeit jedoch sollte auch in diesen Vereinen durch Frauen ausgeführt werden. Ganz Frauensache war der 1867 von der späteren Großherzogin Alice initiierte „Alice-Frauenverein, der Hessische Landesfrauenverein vom Roten Kreuz.[477] Der Alice-Verein“ widmete sich einer professionellen Pflegeausbildung, der Trägerschaft von Krankenhäusern und der Förderung von Bildungsangeboten für Frauen. 1869 verfügte der Verein über 33 Ortsvereine mit 2500 Mitgliedern.[478] Die Intention bei der Gründung des Vereins zielte auch in diesem Fall auf die Verbesserung der Pflege von Verletzten im Krieg. Dabei wollte Alice keineswegs die Führung eines Krieges erleichtern. Als 1867 die Gefahr eines Krieges zwischen dem Deutschen Bund und Frankreich bestand, sprach sie sich klar gegen eine kriegerische Lösung aus, denn ein Krieg werde *„Zwietracht und Hass ohne Ende zwischen den zwei Nachbarstaaten säen, welche zu ihrem eigenen und der Menschheit Besten in Friede und Eintracht mit einander leben sollten.“*[479] Dennoch erlebte der Verein seinen ersten großen Pflegeeinsatz im deutsch-französischen Krieg 1870/71.

Die Gründung des sächsischen „Albert-Vereins“ betrieben zusammen Marie Simon und als Schirmherrin die damalige Kronprinzessin und spätere Königin, Prinzessin Carola. Diese Initiative wurde ausgelöst durch die unzureichende Versorgung von Verletzten aus dem deutschen Krieg 1866, an dem auch das Königreich Sachsen beteiligt war. Der Verein wurde nach dem Kronprinzen Albert benannt. Der Verein wollte Frauen auf die Pflege von im Krieg Verwundeten besser vorbereiten und war Vorläufer des sächsischen Roten Kreuzes. 1869 begann der Albertverein unter der Schirmherrschaft von Carola mit einer Krankenpflegeausbildung.

Die preußische Königin Augusta, die den Kriegen1864 und1866 ablehnend gegenüberstand, ließ im November 1866 einen Aufruf zur Gründung des „Vaterländischen Frauenvereins“ veröffentlichen. Der Verein sollte dazu dienen *„jene weiblichen Kräfte, die während des Krieges ohne Unterschied der konfessionellen und*

[476] Hindenlang: Großherzogin Luise, S. 44.

[477] Dazu Alice Grossherzogin von Hessen und bei Rhein, Mittheilungen aus ihrem Leben und aus ihren Briefen, 2. Aufl., Darmstadt 1883, S. 174–176.187.207.

[478] Ebd., S. 174f.

[479] Brief an ihre Mutter Queen Victoria vom 21.4.1867 in: Alice, S. 182.

Standesverhältnisse so wahrhaft aufopfernd und großartig gewirkt haben, auch im Frieden gemeinsam in erfolgreicher Tätigkeit zu erhalten.“[480] Augustas Intentionen richteten sich auf die Förderung der Krankenpflege in Friedenszeiten, auf die Krankenpflegeausbildung und auf den Bau von Krankenhäusern sowie die Hilfe in Notsituationen. Die Bezeichnung „Vaterländischer Frauenverein“ ähnelte der, die ihre Mutter in der Zeit der Befreiungskriege für den Frauenverein in Sachsen-Weimar-Eisenach verwandt hatte. Der „Vaterländische Frauenverein“ fungierte als Gesamtverein schon bestehender Frauenvereine und regte zu Gründungen von neuen Ortsvereinen an. Er entfalte eine umfassende Tätigkeit in zahlreichen Hilfefeldern wie der Unterstützung der Krankenpflege und Armenversorgung, der Förderung von Waisenhäusern, pädagogischen Einrichtungen, Krankenhäusern, Herbergen für Handwerker und weibliche Hausangestellte sowie von Einrichtungen für Menschen mit Behinderung. Er unterhielt auch eigene Einrichtungen wie das „Augusta-Hospitals“ in Breslau. Ebenso wie die Vereine der anderen deutschen Staaten war er überkonfessionell ausgerichtet. Der „Vaterländische Frauenverein“ wurde auch in sechs weiteren Staaten des Deutschen Reiches und später in Elsaß-Lothringen aktiv.[481] Bis 1907 wurden aus den 44 Vereinen im Gründungsjahr 1380 Vereine mit 395 054 Mitgliedern.[482] Im deutsch-französischen Krieg kam es erstmals zu einem Einsatz für Verwundete. Der „Vaterländische Frauenverein“ förderte in der Friedenszeit direkt oder durch seine Ortsvereine Dienste und Einrichtungen für Kinder, Jugendliche, Waisen, Kranke und pflegebedürftige Senioren. Anfang des 20. Jahrhunderts waren 2059 Krankenschwestern und 282 Kindergärtnerinnen und Pflegekräfte für den Verein tätig.[483]

Auch in Bayern wurden die Frauenvereine 1866 wieder belebt zur Pflege der bayrischen Verwundeten. Angesichts der Opfer des Krieges von 1866 kam es am 19. Dezember 1869 zu einem Aufruf der Königin Marie zur Bildung eines „Bayrischen Frauenvereins“ der die Aufgabe übernehmen sollte *„des Krieges schwere Leiden zu lindern*“.[484] Damit entstand in Bayern der „Frauenverein vom Roten Kreuz“.

Der Weg zu einem Zusammenschluss der einzelstaatlichen Frauenverbände, die ganz oder teilweise auf eine Versorgung von Kriegsverletzten ausgerichtet waren, begann im Jahr 1869. Zwölf Landesverbände gründeten das „Centralkomité der deutschen Vereine zur Pflege verwundeter und erkrankter Krieger“. 1871 schlossen sich acht Frauenverbände der deutschen Staaten zum

480 Statistik der Frauenorganisationen im Deutschen Reiche, S. 12.
481 Statistik der Frauenorganisationen im Deutschen Reiche, S. 13.
482 Ebd.
483 Ebd.
484 Dazu u. Text in Schad: Bayerns Königinnen, S. 277.

„Verband der deutschen Frauen-, Hilfs- und Pflegevereine vom Roten Kreuz" zusammen.[485] 1879 richteten sie das „Zentralkomitee der deutschen Vereine vom Roten Kreuz" ein.1893 erfolgte der Zusammenschluss des „Verbandes Deutscher Krankenpflegeanstalten vom Roten Kreuz" mit den dazugehörenden Schwesternschaften. Insbesondere die professionelle Tätigkeit und die Trägerschaft von Einrichtungen gingen allmählich auf das Deutsche Rote Kreuz über. 1921 wurden unter der Bezeichnung „Deutsches Rotes Kreuz" alle Rot-Kreuz-Organisationen im Deutschen Reich zusammengefasst. Der preußische „Vaterländische Frauenverein" bestand bis 1937. Durch das DRK-Gesetz vollzog das NS-Regime die volle Gleichschaltung des Roten Kreuzes und beendete die Tätigkeit des „Vaterländischen Frauenvereins". Nach dem Zweiten Weltkrieg erfolgte 1950 die Neugründung des Deutschen Roten Kreuzes.

Die starke Zunahme der Frauenvereine und ihrer Tätigkeit in der zweiten Hälfte des 19. Jahrhunderts beschränkte sich nicht auf die Gründung von Ortsvereinen der Evangelischen Frauenhilfe oder der mit dem Roten Kreuz verbundenen Vereine. Es entstanden zahlreiche Frauenvereine, deren karitative Tätigkeit sich auf einen Ort, ein Stadtviertel oder eine Kirchengemeinde richtete. So lassen sich für den Anfang des 20. Jahrhunderts allein für Berlin 101 Frauenvereine in evangelischen Kirchengemeinden nachweisen. Nur zwei gehörten der Frauenhilfe an. Zudem bestanden zwei übergemeindliche Frauenvereine.[486] 52 Frauenvereine engagierten sich in verschiedenen Bereichen der Unterstützung von Armen und der Krankenpflege.[487] Hinzukamen 12 Frauenkonferenzen des katholischen St. Vinzenzvereins[488], der „Verein zur Verpflegung und Unterstützung armer Wöchnerinnen" mit 63 Bezirksvereinen[489], der „Berliner Verein für häusliche Gesundheitspflege" mit sieben „Frauengruppen" in neun Bezirken[490], der „Verein für Krankenküchen" mit 7 Dependancen[491] sowie 8 jüdische Frauenvereine zur Unterstützung von Armen, Kranken und Wöchnerinnen.[492] Insgesamt engagierten sich nachweislich 253 Frauenvereinigungen in der Unterstützung von Armen und Kranken.[493] Getragen wurde diese Tätigkeit von einer breiten bürgerlichen Mittelschicht der Berliner Bevölkerung. Zudem entstanden erste Organisationen von Frauen des „vierten Standes", zu denen

485 Döring: Frauenbewegung, S. 29.
486 Ebd., S. 38–40.
487 Die Wohlfahrtseinrichtungen von Groß-Berlin, S. 5–27.
488 Ebd., S. 38.
489 Ebd., S. 178f.
490 Ebd., S. 170–172.
491 Ebd., S. 173f.
492 Ebd., S. 177.180f.
493 Zusätzlich zu den bereits aufgeführten der „Frauen-Verein Westen" mit dem „Zweck: Unterstützung Kranker und bedürftiger im Westen" (Die Wohlfahrtseinrichtungen von Groß-Berlin, S. 278, Nr. 1048).

die „Vereinigung von Arbeiterfrauen und -witwen“[494] gehörte sowie die ersten sozialdemokratischen Frauenvereinen, die Basis der 1919 gegründeten Arbeiterwohlfahrt. Die große Zahl der in der zweiten Hälfte des 19. Jahrhunderts entstandenen einzelnen Frauenvereine relativiert auch die noch bis in die zwanziger Jahre des 20. Jahrhunderts betonte Bedeutung von der Fürstinnen in dieser Entwicklung. Sie konnten den Prozess der Vereinsbildung anstoßen und fördern, vielfach jedoch begann er schon vor ihrem Agieren oder vollzog sich unabhängig von ihnen.

Die Schwesternschaften

Die Kaiserswerther Diakonissen (1836) – Friederike, Theodor und Caroline Fliedner

Zur gleichen Zeit wie Amalie Sieveking in Hamburg dachten im niederrheinischen Kaiserswerth Friederike und Theodor Fliedner über die Notwendigkeit nach, eine Krankenpflege für die evangelische Bevölkerung zu schaffen. Seit 1822 arbeitete Theodor Fliedner als Pfarrer in der kleinen evangelischen Gemeinde Kaiserswerth. Friederike Münster und Theodor Fliedner begegneten sich in der „Rettungsanstalt“ Düsselthal, wo Friederike seit 1826 verwahrloste Mädchen ehrenamtlich betreute. Schon als Dreizehnjährige sammelte sie erste Erfahrung in der Pflege Schwerstkranker. Während der Befreiungskriege beteiligte sie sich 1813 an der Pflege von Typhuskranken in Braunfels.[495] Drei Jahre später pflegte sie ihren Bruder und ihre Mutter, die kurz nacheinander 1816 starben. Nach dem Tod ihrer Mutter musste sie als die älteste von sieben Geschwistern für fast zwei Jahre bis zur Neuverheiratung ihres Vaters die Führung des Haushalts übernehmen. Die Absicht, ihr Leben in den christlich motivierten Dienst für andere zu stellen, führte sie in das Düsselthaler Rettungshaus. In seinem Brautwerbebrief an „Demoiselle Münster“ scheute Fliedner sich nicht, in aller Deutlichkeit zu beschreiben, was er von ihr erwartete: Sie solle „*mehr für andere als für sich leben und sorgen und außer der Erfüllung ihrer hausmütterlichen Pflichten in gewisser Hinsicht Gemeindemutter sein, Arme und Kranke mit Liebe pflegen helfen*“.[496] Mit ihrer Heirat begann eine Zeit gemeinsamer Arbeit, aus der die verschiedenen Einrichtungen der Kaiserswerther Diakonie hervorgingen.

---

494 Die Vereinigung war in der Gethsemanegemeinde angesiedelt und diente der „Erbauung und gegenseitigen Unterstützung in Not“ (ebd., S. 11).

495 Lebensbericht des Vaters, in Sticker: Friederike Fliedner und die Anfänge der Frauendiakonie. Ein Quellenbuch, 2. Aufl., Neukirchen-Vluyn 1963, S. 20f.

496 Brief von Theodor Fliedner an Friederike Münster vom 14.1.1828 in Sticker: epd., S. 14.

Die Vorüberlegungen für die Gründung eines Vereins zur Ausbildung von evangelischen Krankenpflegerinnen hat das Ehepaar Fliedner längere Zeit beschäftigt. Als der Plan 1836 zur Ausführung kam, sprach Friederike Fliedner in einem Brief an eine Freundin von einem *„**alten**, dir wohlbekannten Plan“*.[497] Auch ihr Mann stellte rückblickend fest: *„Die armen Kranken lagen uns längst auf dem Herzen.“*[498] Verursachend für das Vorhaben, Krankenpflegerinnen auszubilden, waren das Fehlen von Krankenhäusern selbst in manchen größeren Städten und die unhaltbaren Zustände in der Krankenpflege, die Theodor Fliedner in Deutschland, Holland, Belgien, England und Schottland vorgefunden hatte: *„Wie oft hatte ich sie verlassen gesehen, leiblich schlecht versorgt, geistlich ganz vergessen, in ihren oft ungesunden Kammern dahin welkend wie die Blätter des Herbstes!“*[499] Anregung für die Lösung der Krankenpflegefrage boten die Ordensgemeinschaften der Barmherzigen Schwestern, die von Frankreich kommend, auch in Deutschland begonnen hatten Krankenpflege zu leisten. Zielsetzung war es, *„Diakonissen zu bilden, die dasselbe leisteten wie die römischen barmherzigen Schwestern“*.[500] Die Erfahrung mit dem Lazarettdienst der Frauenvereine in den Befreiungskriegen bestärkte Fliedner in der Annahme, dass die Einrichtung eines evangelischen Krankenpflegedienstes möglich sein müsste.[501] Über die Einrichtung eines solchen Dienstes war in verschiedenen Veröffentlichungen nachgedacht worden u. a. von dem am Niederrhein tätigen Kollegen Friedrich Klönne, mit dem Fliedner ab 1827 befreundet war.[502] Klönne verwandte für das von ihm vorgeschlagene Amt den neutestamentlichen Begriff „Diakonisse“.[503] Auch gab es in Holland, das Fliedner wiederholt besuchte, ehrenamtlich tätige Diakonissen in den mennonitischen Gemeinden.[504] Sein ideales Vorbild fand er in den urchristlichen Diakonissen, deren Dienst er wiederbeleben wollte in der

---

[497] Brief Friederike Fliedners an Frau Focke vom 19.8.1836, in: Sticker: Friederike Fliedner, S. 91 (Hervorhebung im abgedruckten Text).

[498] Theodor Fliedner: Kurze Geschichte der Entstehung der ersten evangelischen Liebesanstalten zu Kaiserswerth (des Asyls, des Diakonissen-Mutterhauses und des Hospitals), 1856, in: Kaiserswerther Verband deutscher Diakonissen-Mutterhäuser (Hg.): Diakonissen-Lesebuch, 3. Aufl. 1932, S. 37; Herbert Krimm (Hg.): Quellen zur Geschichte der Diakonie, Bd. 2, Stuttgart 1963, S. 211.

[499] Ebd., S. 211; Diakonissen-Lesebuch, S. 37.

[500] Ebd., S. 42; Quellen zur Geschichte der Diakonie, Bd. 2, S. 216.

[501] *„Hatten doch in den Freiheitskriegen 1813/15 so manche dieser Christinnen in den Militärlazaretten ihrer Städte Wunder von Liebe und Aufopferung in der Krankenpflege bewiesen? Ja, einzelne waren selbst in die Lazarette ferner Städtegereist und hatten da geholfen!“* Theodor Fliedner: Kurze Geschichte, in: Diakonissen-Lesebuch, S. 38; Quellen zur Geschichte der Diakonie, Bd. 2, S. 211.

[502] Zur Verbindung mit Klönne s. Gerhardt: Theodor Fliedner, 2. Bd., S. 16–19.

[503] Friedrich Klönne: Ueber das Wiederaufleben der Diakonissinnen der christlichen Kirche in unseren Frauenvereinen (Aus den Jahrbüchern für Religions-, Kirchen- und Schulwesen, Leipzig 1820), in: Goltz: Der Dienst der Frau, T. 2, S. 166–174; ausführlich dazu Martin Gerhardt: Theodor Fliedner. Ein Lebensbild, 2. Bd., Düsseldorf 1937, S. 9–15.

[504] Gerhardt: Theodor Fliedner, Bd. 2, S. 15–17.

Verbindung von Krankenpflege und seelischer Stärkung.[505] Die Verzögerung bei der Umsetzung von Theodor und Friederike Fliedners Plan rührte nicht zuletzt daher, dass Kaiserswerth mit seiner sehr kleinen evangelischen Gemeinde als Standort für eine solche Einrichtung nicht geeignet erschien. Da jedoch alle Versuche, Ansprechpartner für eine Ansiedlung in großen mehrheitlich evangelischen Städten wie Düsseldorf, Duisburg oder Elberfeld zu finden, fehlschlugen, musste der Versuch einer Gründung in Kaiserswerth gemacht werden. Unter dramatischen Umständen gelang Theodor Fliedner der günstige Kauf eines großen Hauses. Obwohl seine Frau erst drei Tage zuvor von einem toten Kind entbunden worden war und im Wochenbett lag, hatte sie ihn nachdrücklich zu diesem Schritt ermutigt. Dabei war nicht einmal das notwendige Geld vorhanden. Noch zwei Jahre später betrugen die Schulden 700 Taler, wie Friederike Fliedner mit einer Mischung aus realistischem Blick auf die Finanzen und vollem Gottvertrauen feststellte.[506] Das Haus war groß genug, um Raum für eine kleine Krankenabteilung sowie für die Ausbildung und Beherbergung der Pflegerinnen zu bieten. Mit unerwarteter Hilfe kam die Finanzierung dann zustande. Noch schwieriger gestaltete sich die Anwerbung von künftigen Krankenpflegerinnen. Erst einige Tage nach der Eröffnung des Hauses traf als erste Auszubildende Gertrud Reichardt ein. Sie brachte die Erfahrung als Praxishilfe mit und wurde zu einer der prägenden Gestalten der sich nun allmählich bildenden Schwesternschaft. Da der Versuch, Amalie Sieveking für die Leitung der Schwesternschaft zu gewinnen, scheiterte und andere Lösungen sich nicht als realistisch erwiesen, stellte sich Friederike Fliedner dieser Aufgabe, obwohl sie „*stets große Furcht vor allem Anstaltswesen*“ hatte.[507] Während ihr Mann Verhandlungen führte, organisierte Friederike Fliedner die zunächst noch sehr schlichte Ausstattung des Hauses, kümmerte sich um Betten und Matratzen, um Wäsche und um alles, was zum Betrieb notwendig war, und leitete das Personal an. Friederike und Theodor Fliedner haben in dem spannungsreichen Verhältnis von Vorsteher, Inspektor und Ehemann auf der einen Seite und Vorsteherin und Ehefrau auf der anderen Seite einen offenkundig sehr gelungenen Weg gefunden in dem Sinne, den Friederike Fliedner so formulierte: „*Denn er kann nicht ohne sie und sie kann ohne ihn nicht gesegnet wirken.*“[508] Die Zahl der Auszubildenden stieg schnell an. Auf Aus- und Fortbildung wurde ebenso großer Wert gelegt wie auf die geistige Ausrichtung und eine ausdrückliche Patientenorientierung. In der ambulanten Pflege erhielten mittellose Kranke einen klaren Vorrang. Die Einzelheiten regelte ab 1839 eine

505 Diakonissen-Lesebuch, S. 38; Quellen zur Geschichte der Diakonie, Bd. 2, S. 212; Gerhardt: Theodor Fliedner, Bd. 2, S. 15–19.

506 Brief an Amalie Focke, in Sticker: Friederike Fliedner, S. 134f.

507 Brief an Amalie Focke vom 8. 6. 1838, in: Sticker: Friederike Fliedner, S. 135.

508 Friederike Fliedner in ihren schriftlichen Aufzeichnungen zur Aufgabe der Vorsteherin, in Sticker: Friederike Fliedner, S. 141.

„Haus-Ordnung und Dienstanweisung".[509] Auf sie wurden die Diakonissen bei ihrer Einsegnung verpflichtet. Es entstand ein qualifizierter Pflegeberuf, der eine neue Phase in der stationären und ambulanten Krankenpflege einleitete.

Eine zunehmende Anzahl von Anfragen betraf die Übernahme der stationären Pflege in auswärtigen Krankenhäusern. Das „Bürgerkrankenhaus" in Elberfeld war das erste Haus, in dem Kaiserswerther Diakonissen die Pflege übernahmen. Gemeinsam mit ihrem Mann begleitete 1839 Friederike Fliedner zwei von ihr ausgewählte Schwestern nach Elberfeld.[510] Ihr Mann verhandelte die Übernahme mit den kommunalen Trägern. Die entscheidenden Konditionen schlug Friederike ihrem Mann brieflich für seine Verhandlung in Elberfeld vor.[511] Später reiste Friederike Fliedner allein mit den für den Einsatz vorgesehenen ausgebildeten Diakonissen in die entsprechenden Städte und führte auch vor Ort die Gespräche, um den Diakonissen die Aufnahme ihrer Tätigkeit möglich zu machen. Die Diakonissen übernahmen die fachliche Pflegetätigkeit und die Leitung der Krankenpflegeeinrichtungen. Die Zustände in den vorfindlichen Einrichtungen waren oft unerträglich, wie aus den Briefen Friederikes an ihren Mann hervorgeht. Aus Kreuznach berichtete sie 1840: *„In manchen Zimmer ist es ziemlich. Sonst ist Schmutz an allen Orten, wo dann die alten Frauen handhoch Sand streuen."*[512] Noch schlimmer scheinen die Verhältnisse im Saarbrücker Spital gewesen zu sein, das sie 1841 aufsuchte: *„Der Ekel bemächtigte sich meiner oft, daß ich nach dem Fenster laufen mußte. Eine Beschreibung dieses Schmutzes und Schmiers und der Läuse will ich nicht geben ... Das meiste Bettzeug muß mit Gabeln und Zangen nach einem Stall geschleppt werden ..."*[513] Entsprechend sah die Pflege aus: *„Seit 1838 ist eine Frau hier,"* schreibt Friederike 1841 an ihren Mann aus Saarbrücken, *„die noch nicht von den Läusen gereinigt ist."*[514] Entschieden lehnte sie den Vorschlag der verwaltenden Kommission ab, einen Alkoholiker, der einen Selbstmordversuch begangen hatte, als Krankenwärter einzustellen.[515] Ihr häufig durch Reisen abwesenden Mann übernahm das Verhandeln und die Lösungssuche in den zugespitzten Situationen, in denen sich die Trägervertreter gegenüber Friederikes Argumenten unzugänglich zeigten.[516] Zu den Aufgaben von Friederike gehörte es, mit den entsandten Diakonissen im Briefkontakt zu bleiben. Neben der stationären weitete sich die ambulante

509 In Quellen zur Geschichte der Diakonie, Bd. 2, S. 221–224.

510 Dazu Anna Sticker: ... und doch möchte ich nur meinem Sinn folgen ... Friederike Fliedner Stifterin der Kaiserswerther Diakonissenanstalt, Offenbach a. M. 1986, S. 91f.

511 Ebd., S. 92.

512 Friederike Fliedner an ihren Mann am 27.10.1840, in: Anna Sticker: „... und doch möchte ich nur meinem Sinn folgen ..." Friederike Fliedner, Stifterin der Kaiserswerther Diakonissenanstalt, Sonderdruck des fehlenden Manuskriptteiles, 1987, Offenbach/M. 1987, S. 4

513 Brief vom 30.10.1841 an ihren Mann, in: ebd., S. 7.

514 Ebd.

515 Ebd.

516 Ebd., S. 9–11.

Krankenpflege durch die Kaiserswerther Schwestern ständig aus. Bereits der „Erste Jahresbericht über die Diakonissen-Anstalt zu Kaiserswerth am Rhein" für das Jahr 1836/37 führte 28 Kranke auf, die *„außerhalb der Anstalt in ihren Wohnungen in der Stadt und deren Umgebung bis eine Stunde weit"* versorgt wurden.[517] Die Pflege armer und schwerstkranker Patienten stand sowohl in der ambulanten als auch in der stationären Betreuung im Mittelpunkt.[518]

In Kaiserswerth verband Friederike Fliedner ihre Arbeit als Mutter einer größer werdenden Familie und Pfarrfrau mit der ständig wachsenden Aufgabe als praktische Organisatorin und fürsorgliche und strenge Mutter des Diakonissenhauses. Ihr vorzeitiger Tod 1842 riss sie aus einer Fülle von Aufgaben. Im Kaiserswerther Diakonissen-Krankenhaus waren bis zu diesem Zeitpunkt mehr als 500 Patienten gepflegt und versorgt worden. 50 Frauen hatten die Pflegeausbildung aufgenommen und bis 1842 waren 30 geblieben. Zu der Aufgabe des Aufbaus der Diakonissenschwesternschaft, der Leitung des Diakonissenmutterhauses und der Begleitung der entsandten Schwestern kam die Mitwirkung an den weiteren diakonischen Projekten hinzu, die das Ehepaar Fliedner übernommen hatte. Besonders engagierte Friederike Fliedner sich für das Asyl, in dem bis zu ihrem Tod 77 Mädchen und Frauen Aufnahme fanden. Ein weiterer größerer Bereich bildete das Seminar für die Ausbildung von Kinderpflegerinnen, in dem 91 junge Frauen bis 1842 eine Ausbildung erhielten.[519] In den längeren Abwesenheiten ihres Mannes lag die Leitung aller Kaiserswerther Arbeitsbereiche allein auf ihren Schultern. An Planung und Ausführung der Vorhaben war sie intensiv beteiligt. Ihre Biographin Anna Sticker stellte bei Friederike Fliedner *„eine gleichwertige schöpferische Leistung einer Frau"* fest *„und zugleich das vorbildliche partnerschaftliche Wirken von Mann und Frau"*.[520]

Ein gutes Jahr nach dem Tod von Friederike heiratete Theodor Fliedner Caroline Bertheau. Sie hatte in Hamburg Amalie Sievekings Mädchenschule besucht und als Erzieherin in einer holsteinischen Familie gearbeitet. Durch die Vermittlung von Amalie Sieveking hatte sie 1840 in Hamburg eine Anstellung als Oberaufseherin für die weibliche chirurgische Abteilung des Krankenhauses St. Georg erhalten.[521] Ihre Aufgabe in dieser Position war nicht allein die Aufsicht

517 In: Quellen zur Geschichte der Diakonie, Bd. 2, S. 218.

518 Ebd., S. 218f. u. § 39 der „Haus-Ordnung und Dienst-Anweisung für die Diakonissen", in: Quellen zur Geschichte der Diakonie, Bd. 2, S. 224.

519 Zu den Zahlen Sticker: Friederike Fliedner, S. 385.

520 Anna Sticker: Friederike Fliedner und die Anfänge der Frauendiakonie, 2. Aufl., Neukirchen 1963, S. 318.

521 Hinsichtlich der Größe der Abteilung und des fachlichen Zuschnitts besteht keine letzte Klarheit. Nach Katrin Irle (Leben und Werk Caroline Fliedners geb. Bertheau, der zweiten Vorsteherin der Diakonissen-Anstalt Kaiserswerth, Siegen Diss. 2002, Internetfassung,

und Anleitung der Pflegekräfte, sondern auch das Management und die Verwaltung der Abteilung bis hin zur Materialbeschaffung und der Abfassung von Berichten. 1843 kam Theodor Fliedner nach Hamburg, um Amalie Sieveking als Vorsteherin für die in Berlin vom preußischen König gewünschte Diakonissenschwesternschaft an der Charité zu gewinnen. Amalie Sieveking willigte jedoch nicht ein und machte ihn auf Caroline Bertheau aufmerksam. Er besuchte daraufhin das Krankenhaus St. Georg und ließ sich von Caroline durch ihre Abteilung führen. Die Übereinstimmung der Lebenseinstellung, die ihre geistige Grundlage in der christlichen Erweckungsfrömmigkeit hatte, und die kompetente Ausübung ihres Dienstes veranlassten Theodor Fliedner – von emotionalen Gründen abgesehen – schon am nächsten Tag zu dem Alternativantrag, entweder die Vorsteherin der geplanten Diakonissenschwesternschaft in Berlin oder seine Frau zu werden. Nach kurzer Bedenkzeit entschied sie sich für das Letztere. Zwei Tage nach der Hochzeit begann eine ausführliche Arbeitsreise mit Aufenthalten in Lübeck, Hamburg, Berlin, Leipzig, Dresden, Frankfurt, Worms, Kreuznach und Saarbrücken. Während des Aufenthaltes in Berlin übernahm Caroline erstmals die Anleitung einer fünfköpfigen Gruppe von Diakonissen, die in der Charité ihre Arbeit begannen.[522] Unter der Mitwirkung von Caroline als Vorsteherin weitete sich die Kaiserswerther Arbeit stetig aus.[523] Weitere Krankenhäuser oder Krankenhausabteilungen wurden übernommen und zahlreiche Diakonissenhäuser in Deutschland und im Ausland gegründet. Diakonissen wurden u. a. tätig in der neuen und der alten Charité in Berlin, in Krankenhäusern in Frankfurt a. M., Düsseldorf, Konstantinopel, Bonn, Essen, Duisburg, Erfurt, Münster und Bremen.[524] 1844 erfolgte die erste Entsendung einer Diakonisse in eine Gemeindepflegestation in Jöllenbeck bei Bielefeld. Damit begann ein Arbeitszweig, der mehr als ein jahrhundertlang die ambulante Pflege in Deutschland und das Bild der Diakonisse prägen sollte.

Die Zahl der Diakonissen stieg von 1843 bis 1883 von 47 auf 638 an.[525] Zu der wachsenden Zahl von Lernschwestern gehörte 1850 für zwei Wochen und 1851 für ein Vierteljahr Florence Nightingale. In deutschen Städten und im Ausland – u. a. in Kopenhagen, Stockholm, Jerusalem und Pittsburgh/USA – wurden Diakonissenanstalten gegründet. In Kaiserswerth entstand 1852 eine „Heil-

S. 105) ist von „durchschnittlich 400 Patienten“ und „25 Krankenwärterinnen“ auszugehen. Hinzu kam weiteres Hilfspersonal.

522 So der Brief Theodor Fliedners an seine Mutter vom 29.5.1843 in: Quellenhefte zum Frauenleben in der Geschichte, hg. v. Emmy Beckmann u. Irma Stoß, H. 10, Evangelische Frauen in bahnbrechender Liebestätigkeit im 19. Jahrhundert, ausgewählt v. Hanna Beckmann, Berlin 1927, S. 52.

523 Dazu die detaillierte Aufstellung in Irle: Leben und Werk, S. 203–206. Die Auflistung ist jedoch nicht ganz vollständig (s.u.).

524 Sowohl das Diakonissenhaus Bremen als auch das dazugehörige Krankenhaus fehlten in der Auflistung von Irle.

525 Irle: Leben und Werk, S. 203–206.

anstalt für evangelische Weibliche Gemüts- und Nervenkranke". Fast 40 Einrichtungen für Kinder und Mädchen nahmen bis 1883 in verschiedenen Städten ihre Arbeit auf. Durch die Kaiserswerther Generalkonferenzen, die ab 1861 alle drei Jahre stattfanden, entstand eine Austausch- und Informationsplattform, die über den Tod von Theodor und Caroline Fliedner hinaus ihre Bedeutung behielt. An der ersten Generalkonferenz beteiligten sich 13 Diakonissenmutterhäuser. Am Ende des Jahrhunderts betrug die Zahl der mit Kaiserswerth verbundenen Diakonissenmutterhäuser im In- und Ausland 75. 1901 arbeiteten für die in der Generalkonferenz zusammengeschlossenen deutschen Diakonissenmutterhäuser 11 584 Diakonissen.[526] Aus der Generalkonferenz entstand 1916 der „Kaiserswerther Verband deutscher Diakonissenhäuser". Die 1925 veröffentlichte, detaillierte Statistik der Inneren Mission weist für den Kaiserswerther Verband 23 792 Schwestern aus und für die sonstigen Mutterhäuser 5.338 Schwestern.[527] Bis 1938 stieg die Anzahl der dem Kaiserswerther Verband angehörenden Diakonissen auf 30 369. Hinzukamen die etwa 8000 Schwestern der im Ausland gelegenen Mutterhäuser. Zudem führt die Innere Mission für 1938 16 500 Schwestern weiterer Mutterhäuser und Schwesternschaften in Deutschland auf.[528] Noch Mitte der 50er Jahre betrug die Zahl der Schwestern des Kaiserswerther Verbandes etwa 28 000, bevor sie in den Folgejahren immer deutlicher zurückging.[529]

Ebenso wie Friederike vertrat Caroline ihren Mann in der Gesamtleitung bei seinen z. T. monatelangen Abwesenheiten. Er war sich bewusst, welche Belastung seine Abwesenheit für sie bedeutete. So stellte er nach seiner Jerusalemreise 1851 fest: *„Sie hatte vierthalb Monate die Last unserer Anstalten als Vorsteherin ganz alleine getragen, und es war ihr fast zu viel geworden bei all ihrer Treue und seltenen Arbeitskraft."*[530] Zu ihren Aufgaben gehörte auch die mit der wiederholten Bautätigkeit verbundene Regelung finanzieller Fragen, die sie zu ihrer eigenen Überraschung bewältigte.[531] Diese Tätigkeiten nahmen jedoch an Umfang und Differenziertheit in einem Maße zu, dass es kaum nachvollziehbar ist, wie sie diese zusammen mit ihrer Rolle als Ehefrau und Mutter bewältigen konnte.

---

526 Die Angabe 14 584 in Hammer: Geschichte der Diakonie, S. 148 beruht auf einem Druckfehler.

527 Handbuch der Inneren Mission hg. v. Central-Ausschuß für die die Innere Mission der deutschen evangelischen Kirche, 2. Bd., Statistik der evangelischen Liebestätigkeit Anstaltsarbeit, bearbeitet von der Abteilung Wohlfahrtspflege im Central-Ausschuß für Innere Mission, Berlin-Dahlem 1925, S. 2–77. Die Zahl schließt die Lehr- und Hilfsschwestern ein.

528 Unser Werk. Ein ABC der Inneren Mission, für den Central-Ausschuß der Inneren Mission hg. v. Wilhelm Engelmann, Berlin-Steglitz 1939, S. 163.

529 Vgl. Heinrich Leich: Art. Kaiserswerther Generalkonferenz, Kaiserswerther Verband, EKL Bd. 2, Sp. 506.

530 Quellenhefte, H. 10, S. 52.

531 Quellenhefte, H. 10, S. 53.

Drei Kindern aus erster Ehe ihres Mannes musste sie die Mutter ersetzen. Acht Kinder brachte sie zur Welt. Nach dem Tod ihres Mannes im Jahr 1864 übernahm ihr Schwiegersohn Julius Disselhoff den männlichen Part in der Leitung. Caroline Fliedner blieb bis 1883 Vorsteherin. Ihre Nachfolge trat ihre Stieftochter Mina (Wilhelmine) an, der sie beratend bis zur ihrem Tod 1892 zur Seite stand.

Caroline Fliedners langjährige und umfassende Tätigkeit als Diakonissen-Vorsteherin war entscheidend für die nachhaltige Entwicklung des Diakonissenwesens. Nicht ohne anfängliche Fragen und Zweifel hatte sie sich im ständigen Austausch mit ihrem Mann auf diese Aufgabe fokussiert. Auch nach dem Tod ihres Mannes im Jahr 1864 vermittelte sie der Diakonissenschwesternschaft für mehr als zwei Jahrzehnte die Kontinuität in der christlichen Begründung, der professionellen Ausübung und der Ordnung des Dienstes.

Die Schwesternschaft von Nonnenweier (1844) – Regine Julie Jolberg

Das 19. Jahrhundert war zwar die Zeit der Industrialisierung und des unkontrollierten Anwachsens prekärer Wohnverhältnisse in den Städten. Doch die große Mehrheit der Bevölkerung lebte noch auf dem Land. Ähnlich wie in den Arbeitervierteln waren auch hier – vornehmlich in den Regionen mit kleineren Bauernhöfen – beide Eltern von Frühjahr bis Herbst außerhalb des Hauses beschäftigt. Ein großer Teil der Kinder blieb ohne Betreuung. Der Lösung dieser Aufgabe widmete sich die von Regine Jolberg gegründete Schwesternschaft der „Kinderpflegerinnen".

Regine Jolbergs Vater, David Zimmern, hatte in Heidelberg neben seinem Beruf als Bankier und Tuchhändler das Amt des Vorstehers der jüdischen Gemeinde inne. Zum Selbstverständnis der Eltern gehörte es auch, ein offenes Haus für Vertreter der verschiedenen geistigen Zeitströmungen zu führen. Die Gäste kamen sowohl aus dem emanzipierten Judentum als auch aus der christlich geprägten Romantik. Schon früh scheint Regine in Fragen der Religion, wie auch in anderen Lebensreichen, ihren eigenen Weg gesucht zu haben.[532] Dennoch heiratete sie auf Wunsch des Vaters 1821 den Anwalt Joseph Leopold Neustetel. Zwei Töchter gingen aus dieser Ehe hervor, die 1825 mit dem Tod von Neustetel endete. Nach ihrer Rückkehr ins Elternhaus setzte eine Phase der intensiven Beschäftigung mit dem Christentum ein. 1826 ließ sie sich zusammen mit ihren Töchtern taufen. Gleichzeitig erfolgte auch die Taufe von Salomon Jolberg, dem Erzieher der jüngeren Geschwister von Regine. Zwei Monate später heirateten Regine und Salomon Jolberg, der nach der Taufe die Vornamen Gottfried Theodor führte, während Regine von ihrem Taufnamen Juliana

[532] Dazu Adelheid M. von Hauff: Regine Jolberg (1800–1870), in: Adelheid M. von Hauff (Hg.): Frauen gestalten Diakonie, Bd. 2: Vom 18. bis zum 20. Jahrhundert, Stuttgart 2006, S. 149.

keinen Gebrauch machte. Beide Töchter, die sie in dieser Verbindung zur Welt brachte, starben früh. 1829 starb auch ihr Mann.

Regine Jolberg setze sich für die Erziehung ihrer Töchter aus erster Ehe und einer Pflegetochter, die sie aufgenommen hatte, mit den Schriften von Johann Heinrich Pestalozzi, Jean Paul und Jean Jaques Rousseau auseinander.[533] In ihren pädagogischen Überlegungen und den Grundsätzen ihrer erzieherischen Praxis lässt sich eine Nähe zu den Auffassungen von Friedrich Fröbel und Friedrich Schleiermacher feststellen.[534] Aus den Ausführungen dieser Autoren wollte sie jedoch keine festen Erziehungsregeln ableiten. Sie folgte vielmehr ihrer eigenen „Reginischen Methode“[535] und verband ihre Vorstellungen mit denen verschiedener Pädagogen. Ihre Kinder unterrichtete sie weitgehend selbst in „*Deutsch, Geschichte, Geographie und Französisch*“ und legte einen besonderen Akzent auf den Religionsunterricht mit der „*Darstellung biblischer Geschichten*“.[536]

Die Absicht einer über die Erziehung der eigenen Kinder hinausgehenden Tätigkeit für fremde Kinder zeigte sich in der Zeit ihrer zweiten Ehe. Sie wurde Mitglied in dem Heidelberger „Armen- und Frauenverein“, der Kleidung für arme Kinder nähte und eine Betreuung von Kindern begann.[537] Gemeinsam wollte sie mit ihrem Mann eine Schule für die ärmeren Kinder errichten, was ihnen jedoch aufgrund mangelnder gesellschaftlicher Unterstützung nicht gelang. Gleichzeitig versuchte Regine Jolberg in diesem Lebensabschnitt noch entschiedener, ihren christlichen Glauben zu praktizieren, und kam dabei in Kontakt mit dem süddeutschen Pietismus, der Frömmigkeit und den Impuls zu diakonischem Handeln miteinander verband. Diese Begegnung prägte sie nachdrücklich.[538]

Entscheidend für ihren weiteren Lebensweg wurde die Begegnung mit Friederike Fink, der Frau eines Pfarrers im badischen Leutesheim. Sie erlebte, wie Friederike Fink durch die Einrichtung einer „Strickschule“ tagsüber nicht betreute Kinder sammelte und in praktischen Fertigkeiten ausbildete. Diese

---

533 Dazu ausführlich Adelheid M. von Hauff: Regine Jolberg (1800–1870). Leben, Werk und Pädagogik, Veröffentlichungen des Diakoniewissenschaftlichen Instituts, Bd. 13, Heidelberg 2002, S. 208–265.

534 Dazu Hauff: Regine Jolberg, S. 150f.

535 Helmut Bornhak unter Aufnahme eines Zitats von Jolberg in: Regine Jolberg. Die Gründerin und Vorsteherin des Mutterhauses Nonnenweier. Ein Abenteuer der Liebe, Stuttgart-Sillenbuch o. J. [1964] S. 9.

536 Wilhelm Ziegler: Mutter Jolberg und die Väter des Nonnenweierer Werkes, Karlsruhe 1925, S. 41.

537 Ebd., S. 42.

538 Dazu Bornhak: Jolberg, S. 23; Hauff: Regine Jolberg. Leben, Werk, Pädagogik, S. 157–159.

Strickschulen waren im bäuerlichen Steintal des Elsass entstanden. Der dort tätige Pfarrer Johann Friedrich Oberlin richtete angeregt durch Sara Banzet ab 1770 mehrere „poeles à tricoter“ ein, die von Sara Banzet, später von Louise Scheppler geleitet wurden. Kinder verschiedenen Alters versammelten sich in Zimmern mit Öfen. Die kleineren spielten, die älteren lernten Stricken. Damit war auch eine Art Hort geschaffen für die Kinder, die infolge der bäuerlichen Arbeit beider Eltern keine Betreuung erhalten konnten.

Als Friederike Fink wegen einer Schwangerschaft ihre Tätigkeit unterbrach, führte Regine Jolberg die Arbeit in ihrer ganz eigenen Weise fort. Aus der Strickschule wurde eine „Kleinkinderbewahranstalt“ für die während des Tages nicht beaufsichtigten Mädchen und Jungen. Durch Förderer unterstützt, gelang es Regine Jolberg, das Haus, in dem sie anfangs zur Miete wohnte, zu kaufen und für die Arbeit einzurichten. 1843 wurde diese Einrichtung nachträglich behördlich genehmigt. Sie wurde zum Modell für zahlreiche weitere Einrichtungen. Schnell entstanden Nachfragen nach dieser Form der Kinderbetreuung in der näheren und weiteren Umgebung. Der Kreis der Interessenten, oft handelte es sich um Dorfbürgermeister, weitete sich ungeahnt aus. Regine Jolberg hatte mit dem von ihr entwickelten helfenden Dienst einen Nerv der Zeit getroffen.

Mit der Ausweitung der Kinderbetreuung stellte sich die Frage nach dem dafür geeigneten Personal. Regine Jolberg schuf für ihre Einrichtungen die Ausbildung und den Beruf der „Kleinkinderpflegerin“. Ihre Ausbildungsstätte wurde 1844 in Leutesheim eröffnet. Es war dies der zweite Ansatz für eine berufliche Ausbildung von Erzieherinnen für Kinder. Erst wenig zuvor, im Jahr 1836, hatte Theodor Fliedner in Kaiserswerth seine „Kleinkinderschule“ und sein „Kleinkinderseminar“ eröffnet. 1837 konnte mit der ersten in Kaiserswerth ausgebildeten „Kleinkinderseminaristin“ als „Kleinkinderlehrerin“ die „Kleinkinderschule“ in Bonn starten. Die unterschiedlichen Begriffe zur Bezeichnung der Einrichtungen kennzeichnen die unterschiedliche erzieherische Programmatik. Die Betonung lag bei Fliedner auf dem schulischen Element, eine Ausrichtung, die Regine Jolberg offenbar bewusst nicht intendierte. Erst 1851 lernte Jolberg bei einem Besuch in Kaiserswerth die Arbeit Fliedners näher kennen.[539] Doch änderte dieser Besuch nichts an ihrem eigenständigen Weg. Sie legte im Unterschied zu Fliedner den Akzent auf die „Kinderpflege“, eine Bezeichnung, die sie zunächst für die von ihr in Baden geschaffenen Einrichtungen verwandte. Diese Akzentsetzung war nicht ganz freiwillig. Die Gesetzgebung in Baden erlaubte anders als die in Preußen keine private Vorschuleinrichtung.

539 Dazu Martin Gerhardt: Theodor Fliedner. Ein Lebensbild, 2. Bd., Düsseldorf-Kaiserswerth 1937, S. 343.

Sie achtete bei der Errichtung der „Kinderpflegen“ nicht allein auf die Ausbildung und Auswahl des Personals, sondern auch auf die Räumlichkeiten und die Ausrüstung. Zu ihren „Kinderpflegen“ gehörten ein großer heller Raum, eine ausgedehnte Spielfläche im Freien und Spielzeug. Die Zahl der zu betreuenden Kinder begrenzte sie auf 60. Erst bei über 50 Kindern bestand sie auf einer zusätzlichen Hilfskraft.

In Ergänzung der Betreuung der Kinder während der Woche und zur religiösen Vertiefung führte sie 1848 das „Kinderkirchlein“, einen Kindergottesdienst ein, den es in Baden zu dieser Zeit noch nicht gab.[540]

Die Ausbildung und Anstellung von Personal, die Beschaffung und Vorhaltung geeigneter Räumlichkeiten und die Betreuung der Kinder verursachten umfangreiche Kosten, auch wenn in allen Punkten auf größte Sparsamkeit geachtet wurde. Während Regine Jolberg in Leutesheim die erste Kinderpflege noch unentgeltlich betrieb, mussten später die Kommunen, die eine solche Einrichtung wünschten, diese auch finanzieren. Die Beteiligung der Eltern an den Kosten war gering, teilweise wurde auf sie auch verzichtet. Die Ausbildung wurde durch Spenden gedeckt. Gelegentlich musste Regine Jolberg feststellen, *„daß die gewöhnlichen Quellen spärlich fließen.“*[541] Dafür trafen auch in kritischen Situationen immer wieder Zuwendungen aus ungewöhnlichen Quellen ein.

Ihre Ausbildungsarbeit blieb nicht unbestritten. Theologen, die ihre pietistische Orientierung kritisierten, erstatteten gegen die Ausbildungsstätte Anzeige.[542] In der Tat hatte Regine Jolberg – anders als für die Einrichtung der „Kinderpflegen“ – für die Ausbildung keine behördliche Genehmigung beantragt und erhalten. Die Anzeige gegen die Ausbildungsstätte schien zunächst Erfolg zu haben. Regine Jolberg gab jedoch auch nach einer ersten, negativen Entscheidung der Behörde nicht auf. Aufgrund ihrer erwidernden Eingaben erfolgte eine nun positive Entscheidung der Behörde: Da die zur Ausbildung aufgenommenen jungen unverheirateten Frauen bereits ihrer Schulpflicht nachgekommen wären, befand die Behörde, dass eine Genehmigung für den Betrieb dieser Schule für Kleinkinderpflegerinnen nicht notwendig sei.

Vor neue Schwierigkeiten sah sich Jolberg durch die Revolution in Baden gestellt. Örtliche wie überregionale Wortführer der Revolution verbanden ihre republikanischen Zielsetzungen mit antireligiösen bzw. antikirchlichen Tendenzen. Diese richteten sich nicht allein auf führende kirchliche Vertreter der Einheit von Thron und Altar, sondern auch gegen den Leutesheimer Dorfpfarrer und den Schullehrer. Sie betraf auch Regine Jolberg persönlich sowie ihre „Kinderpflege“ und ihre von den badischen großherzoglichen Behörden nur

540 Dazu Hauff: Regine Jolberg. Leben, Werk, Pädagogik, S. 187–192.
541 Zitiert in Ziegler: Mutter Jolberg, S. 170.
542 Bornhak: Jolberg, S. 29.

mit Mühe geduldete Ausbildungsarbeit. Pfarrer, Schullehrer und auch Regine Jolberg wurden massiv bedroht,[543] sie konnten sich jedoch rechtzeitig in Sicherheit bringen. Regine Jolberg war gezwungen, Leutesheim zu verlassen. Sie verlegte ihre Arbeit 1849 zunächst nach Langenwinkel und 1851 in ein schlossartiges Gebäude nach Nonnenweier bei Lahr. Von dort aus vollzog sich nun die eindrucksvolle weitere Entfaltung der Kinderpflegearbeit.

Für die ein- bis zweijährige Ausbildung schuf Regine Jolberg eine Ausbildungsstätte, deren Leitung als Vorsteherin sie innehatte. Sie wollte jedoch damit kein Mutterhaus schaffen, wie Friederike und Theodor Fliedner für ihre Diakonissen, auch wenn die „Kinderpflegerinnen" ebenso wie die Diakonissen als „Schwestern" bezeichnet wurden. Es handelte sich für die „Kinderpflegerinnen" dennoch um einen geregelten Dienst von unverheirateten Frauen. Großen Wert legte Regine Jolberg auf Inspektionsbesuche ihrer „Kinderpflegen", den mündlichen Erfahrungsaustausch untereinander und regionale Konferenzen der Kinderpflegerinnen.[544] In Kaiserswerth dominierte dagegen die zentrale Fortbildung und berufsorientierte gedruckte Information des Mutterhauses.

Trotz der kriegerischen Auseinandersetzungen während der Revolution in Baden in den Jahren 1848/49 nahm in schon dieser Zeit eine steigende Anzahl von jungen Frauen die Ausbildung zur Kinderpflegerin auf.[545] Beim Jahresfest im August 1849 betrug die Zahl der „Kinderpflegen" bereits 37, in denen 39 „Lehrerinnen" Dienst taten.[546] Für diese Phase ihrer Arbeit konnte Regine Jolberg in einem Bericht feststellen: *„so viele* (Schwestern) *wir auch aussendeten, reichte es doch nie"*.[547]

Einrichtungen der Kinderpflege wurden mit dem ausgebildeten Personal ihrer Nonnenweier Schwesternschaft in zahlreichen deutschen Ländern gegründet. Neben Baden bildete Württemberg dabei einen Schwerpunkt. Dort entstand zudem 1856 in Großheppach durch Wilhelmine Canz, eine Schülerin von Jolberg, eine eigene Ausbildungsstätte nach dem Vorbild von Nonnenweier. Auch in der Schweiz wurde eine größere Zahl von Kinderpflegen eingerichtet. In Jolbergs Todesjahr 1870 betrug die Anzahl ihrer Einrichtungen 256 mit 282 ausgebildeten Kinderpflegerinnen. Hinzukamen einzelne weitere Arbeitsgebiete und Einsatzorte der Schwestern, so in Neapel und im texanischen Galvestone.

543 Ziegler: Mutter Jolberg, S. 97f.101; Bornhak: Jolberg, S. 33; Hauff: Jolberg. Leben. Werk, Pädagogik, S. 94

544 Vgl. Abs. 15 der Statuten des Mutterhauses in Nonnenweier für die Kinderpflegerinnen und ihre Vorstände; Ziegler: Mutter Jolberg, S. 163–166.

545 Ziegler: Mutter Jolberg, S. 107.

546 Ebd., S. 109.

547 Ebd., S. 110.

Die Entwicklung des Mutterhauses und der Kinderpflegeeinrichtungen setzte sich in den Jahrzehnten nach dem Tod von Regine Jolberg weiter fort und führte auch zur Aufnahme weiterer Arbeitsgebiete wie der Gemeindepflege und der Krankenpflege. 1917 erfolgte überwiegend aus wirtschaftlichen Gründen im Widerspruch zu den von Jolberg aufgestellten Organisations- und Leitungsprinzipien der Beitritt zum Kaiserswerther Verband. Entscheidend war offenbar die Frage der Altersversorgung der Kinderpflegerinnen. Zwei Jahre später übernahm die Einrichtung auch die im Kaiserswerther Verband übliche Selbstbezeichnung und trat von da an als „Diakonissenmutterhaus Nonnenweier" auf.

Mitte der zwanziger Jahre des 20. Jahrhunderts standen auf dem Höhepunkt der Entwicklung des Mutterhauses 768 Schwestern im Dienst von Nonnenweier an 359 Orten in 518 Arbeitsfeldern.[548] Dazu gehörten auch 60 Einrichtungen in der Schweiz. Diese Zahlen veränderten sich in den dreißiger Jahren nur geringfügig.[549] Der Umbruch im Diakonissenwesen in den sechziger und siebziger Jahren des vorigen Jahrhunderts hat zu einer völligen Veränderung der Schwesternschaft geführt. Die letzte beruflich aktive Diakonisse schied 2012 aus. Das gemeinnützige Unternehmen Diakonissenmutterhaus Nonnenweier beschäftigt heute etwas über 100 Mitarbeitende vorwiegend in der Altenpflege und Kindererziehung.

Die Friedenshort-Schwesternschaft (1890/92) – Eva von Tiele-Winckler

Die bedrückende Lage der in Armut lebenden Bevölkerung Oberschlesiens, der unversorgten Kranken und der nicht betreuten Kinder waren der soziale Ausgangspunkt für die Gründung der Friedenshort-Schwesternschaft durch Eva von Tiele-Winckler. Sie wurde am 31. Oktober 1866 als zweitjüngstes von neun Kindern des Unternehmer-Ehepaares Hubert von Tiele und Valeska von Winckler geboren. Eva von Tiele-Wincklers Lebensweg nahm jedoch einen ganz anderen Verlauf als in ihrer Gesellschaftsschicht üblich. Ihre Biographie bietet das Bild des wechselvollen Lebens einer kontrastreichen Persönlichkeit. Sie wuchs auf als Tochter reicher Eltern im Schloss Miechowitz und lebte als Erwachsene in selbst gewählter Armut. Sie erfuhr die Wärme ihrer Mutter und die Strenge ihres Vaters. Sie wurde katholisch getauft, von ihrer frommen Mutter katholisch erzogen. Ihre Mutter verstarb, als Eva 13 Jahre alt war. Ihr verdankte Eva, wie sie später festhielt, „*die ersten Anregungen zum Wohltun*" und

[548] Handbuch der Inneren Mission hg. v. Central-Ausschuß für die Innere Mission der deutschen evangelischen Kirche, Bd. 2, Statistik der Evangelischen Liebestätigkeit, Anstaltsarbeit, bearbeitet von der Abteilung Wohlfahrtspflege im Central-Ausschuß für Innere Mission, Berlin-Dahlem, S. 42.

[549] Vgl. u. a. die Jahresberichte 1936/37 u. 1938/39, Archiv des DW der EKD, Sign. M I a 651.

eine bleibende Hochschätzung der Schriften mittelalterlicher Mystiker.[550] Als die zweite, evangelische Frau ihres evangelischen Vaters, Gräfin Rosa von der Schulenburg, Evas Konfirmation wünschte[551], setzte sie dem zunächst deutlichen Widerstand entgegen.[552] Sie blieb eine Grenzgängerin zwischen evangelischem und katholischem Christentum, zwischen biblischer Orientierung und mystischen Ansätzen. Sie lernte sie ein kinderreiches Familienleben kennen, widmete sich der Not zahlreicher Kinder und schloss doch die Gründung einer eigenen Familie und die Erziehung eigener Kinder aus. Sie zeigte in ihren Lebensentscheidungen stärkste Willenskraft und bescheidenes Zurücktreten. Sie lehnte klare Herrschaftsstrukturen in der von ihr gegründeten Dienstgemeinschaft ab und war doch die unbestrittene erste Dienerin.[553] Einerseits verstand sie sich als demütige Beterin, die nach Gottes Willen fragte und seine Entscheidungen über ihr Leben erbat, auf der anderen Seite lässt sich der Eindruck nicht verwischen, dass die Ergebnisse ihres Betens und der erhaltenen göttlichen Entscheidungen weitestgehend mit ihren eigenen langfristig bestehenden Intentionen übereinstimmten. Sie verband *„Selbstbestimmung und Glaubenszuversicht“*, wie Adelheid von Hauff feststellte.[554]

Schon früh zeigte sich ihr Wunsch, anderen Menschen Hilfe zu leisten. In der Zeit, als die Entscheidung für die Konfirmation bei ihr reifte, versorgte sie regelmäßig die Wunde eines armen Mädchens.[555] Während des Konfirmandenunterrichts erlebte sie durch das Lesen des Neuen Testaments, das bis dahin in ihrer Erziehung keine Rolle gespielt hatte, einen geistigen Aufbruch. Zum einen sah sie sich persönlich angesprochen durch Worte Jesu über seine enge Verbundenheit mit seinen Jüngern und der Zusage des ewigen Lebens.[556] Dieses Bewusstsein der Zugehörigkeit zu Jesus wurde durch das Lesen der Schriften der Mystiker noch verstärkt. Zum anderen wurde sie von dem Auftrag Jesu erfasst, Hilfsbedürftigen liebevoll beizustehen. Als Siebzehnjährige beteiligte sie sich in der Küche des Schlosses an dem Austeilen von Suppe für die ärmsten Bewohner von Miechowitz. Sie versuchte sich dabei besonders für ein unter-

---

550 Eva von Tiele-Winckler: Zum Segen berufen. Entstehen und Wirken des Friedenshortes, 6. Aufl., Lahr-Dinglingen 1990, S. 13; Eva von Tiele-Winckler: Nichts unmöglich! Erinnerungen und Erfahrungen, 5. Aufl., Dresden 1929, S. 10. Dazu Karl Kupisch: Ancilla Domini, in: Kirche in der Zeit. Evangelische Kirchenzeitung, 21. Jg., 1966, H. 10, S. 464f.

551 Kupisch: Ancilla Domini, S. 465.

552 Tiele-Winckler: Nichts ist unmöglich, S. 7.

553 Dazu Adelheid M. von Hauff: Eva von Tiele-Winckler (1866–1930), in: Frauen gestalten Diakonie, Bd. 2, Stuttgart 2006: Eva von Tiele-Winkler, S. 465.

554 Ebd., S. 461.

555 Eva von Tiele-Winckler: Wie der Friedenshort entstand, 5. Aufl., Lahr-Dinglingen 1949, S. 10; von Hauff: Eva von Tiele-Winckler, S. 455.

556 Insbesondere im Evangelium des Johannes 10,27f., s. Tiele-Winckler: Nichts unmöglich, S. 8.

ernährtes Kind zu engagieren. Als ihr Vater von diesen Tätigkeiten erfuhr, verbot er ihr den Aufenthalt in der Küche.[557]

Ihr Vater fand sich erst nach und nach damit ab, Eva den Weg einer helfenden Tätigkeit einschlagen zu sehen. Er gestattete ihr, dass sie 1885 die Anstalten in Düsselthal bei Düsseldorf und Bethel bei Bielefeld besuchte. Die Konfrontation mit der Praxis bewirkte bei Eva von Tiele-Winckler keinen Schock, sondern wirkte als Ansporn, nach einer notwendigen Ausbildung selber tätig zu werden. Zudem lernte sie in Bethel Friedrich von Bodelschwingh kennen, der für sie Vorbild, Anreger und väterlicher Ratgeber wurde. Auf Verlangen ihres Vaters legte sie ihm schriftlich dar, welche Ziele sie für ihren weiteren Lebensweg verfolgen wollt: Sie beabsichtigte, eine Ausbildung in der Kranken- und Gemeindepflege zu erhalten und anschließend in Miechowitz diese auszuüben. Auch den Gedanken an die Gründung einer Einrichtung und die Gewinnung von Mitarbeiterinnen für die Arbeit mit unversorgten Kindern im Vorschulalter formulierte sie. Sie erreichte die Zustimmung ihres Vaters für eine Krankenpflegeausbildung. Eine solche Ausbildung in Bethel war weder für ihren Vater noch für die normalen Abläufe in Bethel eine Selbstverständlichkeit: Die Pflege Kranker galt ihrem Vater nicht als die Tätigkeit, die er für eine seiner Töchter wünschte und für standesgemäß erachtete, und in Bethel war die Krankenpflegeausbildung in den Ausbildungsweg der Diakonisse integriert. Doch Diakonisse in einem Mutterhaus wie Sarepta wollte Eva von Tiele-Winckler nicht werden. Ihre Absicht war, der heimischen Bevölkerung in Oberschlesien zu helfen. Ein Brief ihrer Stiefmutter an Friedrich von Bodelschwingh führte zu dessen Einverständnis mit einer Ausbildung in Bethel nach den Vorstellungen von Eva von Tiele-Winckler.[558] 1887/88 verbrachte sie einige Monate dort.[559] Nach ihrer Rückkehr begann sie ihre Tätigkeit in Miechowitz. Sie besuchte die Kranken im Dorf, verband Wunden, verteilte Medikamente und Lebensmittel. Im Schloss wurden ihr zwei Zimmer eingeräumt. Das eine Zimmer diente der pflegerischen Versorgung von Verletzten und Erkrankten, die zu ihr kamen. In dem anderen versammelte sie Mädchen der Umgebung zum Nähen.[560] Der Vater gab diesen Räumen den Namen „Eva-Heim".[561]Als sie zusätzlich arme Kinder am frühen Morgen mit einer Suppe und Brot versorgen wollte, durfte sie dies zunächst nur im Gesindehaus, einer Art Baracke neben dem Schloss. Später konnte sie das Frühstück in den Küchenflur des Schlosses

---

[557] Ebd., S. 9.

[558] In Walter Thieme: Mutter Eva, 3. Aufl., Lahr-Dinglingen o. J., S. 48–52.

[559] Nach Tiele-Winckler: Zum Segen berufen, S. 30 waren es acht Monate, nach Tiele-Winckler: Nichts ist unmöglich, S. 10 waren es fünf.

[560] Tiele-Winckler: Zum Segen berufen, S. 33; Tiele-Winckler: Nichts ist unmöglich, S. 11; Thieme: Mutter Eva, S. 59.

[561] Tiele-Winckler: Zum Segen berufen, S. 33.

verlegen.[562] Im Anschluss an das Frühstück wanderte sie in die umliegenden Dörfer, um auch dort Brot und Suppe zu verteilen. Diese Tätigkeit machte sie glücklich, wie sie rückblickend feststellte: *„Mit niemand hätte sie tauschen mögen, wenn sie, den Korb am Arm, den Suppentopf in der anderen Hand, durchs Dorf ging, um überall einzukehren, wo man ihrer bedurfte.“*[563] Noch waren ihrem karitativen Handeln enge finanzielle Grenzen gesetzt. Die Lebensmittel für die Suppen, die sie für das Frühstück und zum Verteilen im Dorf kochte, mussten von den 20 Mark ihres Taschengeldes bezahlt werden.[564] Über mehr verfügte sie auch als 22jährige nicht.

Der nächste Schritt ihres Vaters war für sie eine große Überraschung. Noch im selben Jahr 1888 erhielt sie als Weihnachtsgeschenk von ihrem Vater den Bauplan für ein Haus, in dem sie ganz nach ihren eigenen Vorstellungen diakonisch tätig werden sollte. Sorgfältig bereitet sie sich auf die Leitung dieses Hauses durch einen weiteren mehrmonatigen Aufenthalt in Bethel vor. Noch bevor der Bau des Hauses beginnen konnte, kam es in Miechowitz und Umgebung zu einer Scharlach- und Diphterieepidemie. Da der zuständige Arzt aus Angst vor Ansteckung Miechowitz verließ, widmete sich Eva von Tiele-Winckler der Pflege der Erkrankten. Lediglich *„ein älteres Grubenmädchen“* stand ihr dabei helfend zur Seite.[565] Nach Eva von Tiele-Wincklers Tagebucheintrag versorgten sie während der Epidemie *„über 230“* kranke Kinder. 72 von ihnen begleiten sie in ihrer Sterbephase.[566] Die Überforderung durch die Pflegetätigkeit und durch das Mitleiden beim Sterben der Kinder führte zum Zusammenbruch. Sie benötigte eine längere Zeit der Genesung und Erholung. Währenddessen entstand das ihr vom Vater geschenkte Haus. Seine Einweihung erfolgte am 29. September 1890. Ein großer Teil der Festgäste setzte sich aus den Bewohnern des Dorfes Miechowitz zusammen, unter ihnen über 90 *„der Ärmsten“*, die an dem Festmahl teilnahmen.[567] In der zum Haus gehörenden Kapelle wurde Eva von Tiele-Winckler während des Einweihungsgottesdienstes als „Hausmutter“ eingesegnet. Sie gab dem Haus den Namen „Friedenshort“. Dem Vater rang sie die Zustimmung ab, das Schloss verlassen und in das neue Haus ziehen zu dürfen. In der Zwischenzeit hatte sie in Martha Magnus eine erste Mitschwester für die bevorstehende Arbeit gefunden. Im Haus standen zunächst vier Betten für Kranke zur Verfügung. Innerhalb kürzester Zeit fanden sich jedoch rund vierzig Pflegebedürftige ein. Als weiteren Arbeitsbereich richtete Eva von Tiele-Winckler eine Haushaltungsschule ein. Für die Finanzierung der gesamten Arbeit hatte ihr Vater 3000 Mark bewilligt. Angesichts der unerwar-

---

562 Tiele-Winckler: Zum Segen berufen, S. 33f.

563 Eva von Tiele Winckler: Denksteine des lebendigen Gottes. Aufzeichnungen selbsterlebter Führungen und Begebenheiten, Dresden o. J., S. 20.

564 Tiele-Winckler: Zum Segen berufen, S. 33.

565 Tiele-Winckler: Zum Segen berufen, S. 39.

566 Ebd., S. 39f.

567 Ebd., S. 48; Nichts unmöglich, S. 12.

teten Ausweitung der Krankenpflege zwang dies zu großer Sparsamkeit. Mit dem Erreichen ihres 25. Geburtstages im Jahr 1891 erhielt Eva von Tiele-Winckler dann aus dem mütterlichen Erbe jährlich 12 000 Mark. Ihr Vater verband dies jedoch mit der Auflage für Eva, jährlich 2000 Mark für Erholungsreisen auszugeben. Dem kam sie nach, finanzierte davon allerdings auch die Reisekosten von Personen, die sie als Begleitung mitnahm, da sie deren Erholung für sinnvoll hielt. Die zusätzlichen Mittel nutze sie sofort für eine Ausweitung ihrer Arbeit: 1892 wurden sowohl das Kinderkrankenhaus „Sonnenland" als auch das „Evangelische Waisenhaus" gegründet.

Die Weiterentwicklung von Friedenshort erhielt durch den Besuch Bodelschwinghs einen entscheidenden Anstoß. Er erkannte, dass für die längerfristige Fortführung der Arbeit und ihre weitere Ausgestaltung eine ausgebildete Gemeinschaft von Mitarbeitenden notwendig war und schlug die Gründung einer Schwesternschaft in Miechowitz vor.[568] Als Eva von Tiele-Winckler über die Umsetzung dieses Vorschlags mit ihrem Vater sprach, kam es zu einer abschließenden Klärung seines Verhältnisses zu ihr. Er akzeptierte nun den von ihr eingeschlagenen Weg. Noch im September kam es im Friedenshort zur Aufnahme der ersten drei Probeschwestern. Ebenso wie Eva von Tiele-Winckler trugen sie Diakonissentracht. Aus der Hausmutter wurde nun „Mutter Eva". Den Titel einer Oberin wollte sie nicht führen. Die Einsegnung als Diakonisse erfolgte Ostern 1893 in Bethel. Normalerweise ging dem eine dreijährige Dienstzeit in den Betheler Einrichtungen voraus. Friedrich von Bodelschwingh gebrauchte bei der Einsegnung eine ganz besondere Wortwahl. Er segnete sie *„zum Dienst in der Gemeinde Jesu"* ein.[569] Diese Formulierung gab ihr die Freiheit über Dienstort und Organisation selbst zu bestimmen und band sie nicht an eine bestimmte Schwesternschaft. Die Regeln für die nun in Miechowitz entstehende eigene „Gemeinschaft der Friedenshortschwestern" war keine Kopie der Betheler oder der Kaiserwerther Ordnungen. Sie zeichnet sich durch kurze und klare Bestimmungen aus, die nicht mehr als acht Regeln umfassten. Eva von Tiele-Winckler widmete die beiden ersten Regeln den in katholischen Orden grundlegenden Bestimmungen von Keuschheit, Armut und Gehorsam. Die Schwestern hatten nach den Friedenshorter Regeln *„ein Leben der Arbeit, der Armut und des Gehorsams zu erwarten"*.[570]Aufgenommen wurden *„können nur Jungfrauen ..., die sich mit Leib und Seele gänzlich dem Dienst ihres Herrn und Heilands hingeben wollen."*[571] Am liebsten hätte sie aus den Schwestern *„halb*

[568] Dazu von Hauff: Eva von Tiele-Winkler, S. 463.

[569] Tiele-Winckler: Zum Segen berufen, S. 82.

[570] Regel 2, Toaspern: Eva von Tiele-Winckler, S. 380.

[571] Regel 1, ebd.; vgl. dazu auch Hermann Schauer: Frauen entdecken ihren Auftrag. Weibliche Diakonie im Wandel eines Jahrhunderts, 2. Aufl., Stuttgart 1962, S. 119.

Diakonissen und halb Nonnen gemacht"[572]. In der ersten Zeit wuchs die Schwesternschaft nur langsam.

Das Jahr 1893 leitete durch den Tod ihres Vaters und den Anfall ihres Erbteils eine neue Phase für das Wirken von Eva Tiele-Winckler ein. Neben den Erträgen aus dem mütterlichen Erbe, die dem Friedenshort zugutekamen, standen ihr nun erhebliche, zusätzliche Mittel zur Verfügung. Mit dem anfallenden Vermögen errichtete sie eine Stiftung. Die Zinsen aus dem Stiftungskapital sollten der nachhaltigen Finanzierung und Weiterentwicklung ihres Werkes dienen. Für die Stiftung richtete sie ein Kuratorium ein, das über die Verwendung der Zinserträge bestimmen sollte. Die deutliche Verbesserung der finanziellen Basis erlaubte es ihr, einen hauptberuflichen Pfarrer anzustellen. Der erste Amtsinhaber wurde Pastor Ebeling, der ihr nun manche Aufgaben abnehmen und sie bei längerer Abwesenheit in vieler Hinsicht vertreten konnte. Zu solchen monatelangen Abwesenheiten kam es immer wieder. Sie waren teils bedingt durch Reisen und teils durch Erholungsurlaub nach ihren häufigeren Krankheits- oder Erschöpfungsphasen.

Aufgrund einer nachdrücklichen Bitte der Diakonissen des Mutterhauses Sarepta in Bethel unterbrach Mutter Eva ihre Tätigkeit in Miechowitz für sechs Jahre und übernahm das Amt der Oberin von Sarepta. Die engagierte Ausübung dieses Amtes – Sarepta diente zu diesem Zeitpunkt schon fast 900 Diakonissen als Mutterhaus[573] – erschöpfte ihre Kräfte in wenigen Jahren.1901 legt sie dieses Amt nieder und kehrte nach Miechowitz in ihren Friedenshort zurück, eine Betheler Diakonisse hatte sie dort vertreten. Die Zahl der Schwestern war hier inzwischen auf 24 angestiegen. Mutter Eva lebte und arbeitete nun, nur von zahlreichen Reisen unterbrochen, im Friedenshort. Wohnhaus war für sie ein kleines Holzhaus, in dessen Obergeschoß sich auch ihr Büro für die zentrale Leitung befand.

Einen neuen Impuls für ihren Glauben und ihre Arbeit bewirkte das Erleben der walisischen Erweckungsbewegung bei einer Reise im Jahr 1905. Eva von Tiele-Winckler verstand ihr Leben danach geradezu als geistliche Auferstehung und ihr früheres Leben kam ihr tot vor.[574] Nach Friedenshort zurückgekehrt, konfrontierte sie die zunächst überraschten Schwestern mit ihrer neu gewonnenen Glaubenszuversicht und dem kritischen Blick auf das von ihr selbst Unterlassene oder fehlerhaft Unternommene. Auch unter den Schwestern vollzog

---

572 Brief Eva von Tiele-Wincklers an die Schwestern in Thieme: Mutter Eva, S. 84.

573 Die Zahlen für 1906: 980 Schwestern auf 326 Einsatzstellen (Meyers Großes Konversations-Lexikon, 3. Bd., 6. Aufl., Leipzig u. Wien 1907, S. 117.

574 Vgl. dazu: Eva von Tiele-Winckler: Vom wahren Sinn des Lebens, Lahr-Dillingen 1977, S. 100–108.

sich nun eine Erweckung. Für sie entwarf Mutter Eva eine „Dienstordnung des Auferstandenen“. Danach „*wandelt der Auferstandene auf Erden und lebt schon im Himmel. Er tut die niedrigsten Dienste und nimmt teil am Chor der Engel.*“[575] Sie verstand nicht allein sich selbst, sondern auch die Schwestern als „Auferstandene“. Nach dieser religiösen Neuorientierung war eine deutlich steigende Zahl von Eintritten in die Schwesternschaft zu verzeichnen. Sie erweiterte sich bis zum Tod von „Mutter Eva“ auf über 700 Mitglieder. Die größere Zahl der Schwestern ermöglichte eine deutliche Ausweitung der Arbeit. Insgesamt entstanden auf dem Gelände des Friedensortes in Miechowitz zusätzlich zum Mutterhaus 27 Häuser. Zu den Kranken, den unversorgten Kindern und Senioren kamen u. a. Menschen mit Behinderung, Obdachlose und Strafentlassene hinzu.

Eine Ausweitung der Dienste bedeutete jedoch auch vermehrte finanzielle Leistungen. Die Entscheidung für den Erwerb des ihr angebotenen „Altdorfer Waisenhauses“ hatte eine ökonomische Weichenstellung zur Folge. Der bisherige Vorstand der Stiftung trat aufgrund seiner abweichenden Vorstellungen für die Finanzierung der Arbeit zurück. Mutter Eva berief einen neuen Vorstand und gestaltete ihre Arbeit auch ökonomisch als „Glaubenswerk“: Sie verzichtete auf Spendenaufrufe und unternahm keine Kollektenreisen.[576] Sie setzte allerdings nicht allein auf die Wirkung des Gebetes für die Beschaffung der notwendigen Gelder. Ihr schriftstellerisches Wirken diente der Unterstützung ihrer diakonischen Unternehmungen. Immerhin bildeten die von Hypotheken nicht belasteten Immobilien mit den verbliebenen Teilen der ererbten Vermögen eine finanzielle Sicherheit. Dennoch muss man den in ihrem Glauben begründeten Mut Mutter Evas Respekt zollen. Das bei nüchterner Betrachtung Unwahrscheinliche führte zum Erfolg: Allein 34 Häuser wurden ihr geschenkt.[577] Immer wieder gingen kleinere und größere Gaben ein, welche die Arbeit trugen und neue diakonische Unternehmungen finanzierten. Sie selbst verzichtete auf fast alles bis auf z. T. mehrmonatige Urlaubs- und Erholungsreisen und mutete auch ihren Schwestern nicht nur Armut, sondern auch die Ungewissheit der materiellen Lebensabsicherung zu. Nach dem Ersten Weltkrieg, insbesondere durch die Inflation im Jahr 1923 ging die Bedeutung der Spenden für die Finanzierung stark zurück. Zudem verloren die verbliebenen, angelegten Kapitalien ihren Wert. Einen Ausgleich schuf in dieser zugespitzten Lage die mit dem Aufbau des Sozialstaates in der Weimarer Republik verbundene öffentliche Finanzierung sozialer Dienstleistungen.

---

575 Ebd., S. 107f.

576 Darin unterschied sie sich nicht allein von Bodelschwingh (dazu von Hauff: Eva von Tiele-Winkler, S. 461), sondern u. a. auch von Fliedner.

577 Thieme: Mutter Eva, S. 203.

Zu den neuen Initiativen, die Mutter Eva ergriff, gehörte im Jahr 1907 die Arbeit in Gefängnissen.[578] Durch die Besuche in den Gefängnissen, an denen sie sich auch persönlich beteiligte, leisteten die Schwestern des Friedenshortes seelsorgerliche und soziale Hilfe, die nach der Haftentlassung fortgesetzt werden konnte.

Nach wie vor beschäftigte Mutter Eva die oft notvolle Situation hilfloser Kinder. Ein erstes großes Haus wurde ihr geschenkt. Bis zum Lebensende von „Mutter Eva" entstanden an 40 Orten in Deutschland ihre Kindereinrichtungen unter der programmatischen Überschrift „Heimat für Heimatlose".[579] Neben verwahrlosten und unversorgten Kindern wurden auch Kinder mit verschiedenen Behinderungen aufgenommen. Die Kinder wurden in „Familien" aufgegliedert. Sie bildeten mit ihren Betreuerinnen eine „Lebensgemeinschaft" auf Zeit.[580] Allerdings fehlte in dieser das väterliche Element.

Der Erste Weltkrieg stellte die gesamte von Eva von Tiele-Winckler initiierte Hilfstätigkeit vor besondere Herausforderungen. Zum einen musste die Anzahl der Häuser der „Heimat für Heimatlose" während des Krieges verdoppelt werden. Durch den Tod der Väter waren die Mütter gezwungen zu arbeiten oder konnten ihre Familie nicht mehr hinreichend versorgen. Auch die Pflege von Verletzten in Lazaretten und die Versorgung von Menschen in dem vom Krieg gezeichneten Polen eröffneten neue Einsatzgebiete. Die Versorgungslage erreichte in dem Hungerwinter 1916/17 ihren Tiefpunkt.

Trotz der Einschränkung einiger Dienste arbeiteten in den 20er Jahren 538 Schwestern, und 22 Hilfsschwestern in 104 Außenstationen und 133 Arbeitsfeldern.[581] Insgesamt verfügte dieser Verbund diakonischer Einrichtungen über 1340 Plätze. Zudem waren Friedenshorter Schwestern in der offenen Jugendfürsorge tätig. Eva von Tiele-Winckler konnte ihre Tätigkeit als „Mutter" des Friedenshortes noch bis zu ihrem Tod im Jahr 1930 fortsetzen.

Nach dem Zweiten Weltkrieg wurden auch die Diakonissenschwesternschaft und die weiteren Mitarbeitenden des Friedenshortes aus Miechowitz vertrieben. Ein Teil der Schwesternschaft konnte 1946 in dem ehemaligen Kloster Heiligengrabe auf dem Gebiet der damaligen Sowjetischen Besatzungszone eine neue Arbeit beginnen. Ein anderer Teil fand für ihren Dienst in den westlichen Besatzungszonen zunächst ein Zentrum im Schloss Berleburg (Sauerland), bevor 1956 die in Freudenberg (Siegerland) neu gebauten Einrichtungen bezogen werden konnten. Die Wiedervereinigung Deutschlands führte auch die beiden getrennt organisierten Teile der Schwesternschaft wieder zusammen.

---

578 Dazu im Einzelnen Tiele-Winckler: Nichts unmöglich, S. 327–339.

579 Tiele-Winckler: Nichts unmöglich. S. 100–312.

580 Ebd., S. 40.

581 Handbuch der Inneren Mission, II. Bd., Statistik der Evangelischen Liebestätigkeit. Anstaltsarbeit, Berlin-Dahlem 1925, S. 32f.384.402.408.416.

Zur „Stiftung Diakonissenhaus Friedenshort" gehören die Tochtergesellschaften „Evangelische Jugendhilfe Friedenshort GmbH – Heimat für Heimatlose" und die „Tiele-Winckler-Haus GmbH". Sie sind mit rund 1200 Mitarbeitenden und 85 Schwestern bundesweit tätig in der Jugend-, Behinderten- und Altenarbeit.

Der Aachener Caritaskreis

In Aachen blühte in der ersten Hälfte des 19. Jahrhunderts die Textil- und Nadelindustrie.[582] Eine kleine bürgerliche Oberschicht profitierte davon, während die Arbeiterinnen und Arbeiter unter den frühindustriellen Bedingungen zu leiden hatten. Ihr Lohn reichte kaum für den Lebensunterhalt. In Zeiten der Verknappung und Verteuerung der Lebensmittel bedeutete dies Hunger für die betroffenen Familien. Bei Erkrankungen – mehrfach suchten Cholera und Pockenepidemien Aachen heim – stand kein Geld für Pflege und ärztliche Behandlung zur Verfügung. Kinderarbeit blieb noch bis weit über die Mitte des Jahrhunderts verbreitet. Trotz der allgemeinen Schulpflicht war es den Kindern der ärmsten Bevölkerung oft nicht möglich, die Schule zu besuchen. 1830 kam es in Aachen aufgrund dieser Verhältnisse zu einem bald niedergeschlagenen Arbeiteraufstand.

In den kirchlichen Verhältnissen zeigte sich eine deutliche Kluft zwischen den vielfach religiös entwurzelten Familien der Arbeiter und Arbeitslosen und einer Reihe von frommen reichen Familien. Gerade die wohlhabenderen Familien legten großen Wert auf eine religiöse Erziehung. 1827 wurde die private katholische „Weibliche Erziehungsanstalt St. Leonhard" eröffnet. Sie erhielt ihren Namen von dem in der Säkularisation aufgelösten Kloster St. Leonhard. Diese Schule schien zunächst ein Ausdruck für die gesellschaftliche Spaltung der Stadt zu sein. Nur die wohlhabenden Familien konnten es sich leisten, ihre Töchter auf dieses „Eliteinstitut" zu schicken. So fanden sich dort Töchter von Fabrikanten, Kaufleuten und den höchsten Regierungsbeamten wie dem Regierungsvizepräsidenten Detmar von Mallinckrodt. Die Schule erhielt ihre pädagogische Leitung in Luise Hensel. Sie verband erzieherische Fähigkeiten, tiefe Frömmigkeit, ein waches soziales Bewusstsein mit der Bereitschaft zu karitativem Handeln. In der Schule verstand es Luise Hensel, ihre Schülerinnen auf die bedrückende Lage eines großen Teils der Aachener Bevölkerung aufmerksam zu machen und zu karitativem Handeln anzuregen. Beim Ausbruch der Cholera-Epidemie in Aachen ging sie mit gutem Beispiel voran und besuchte zahlrei-

582 Zu den gesellschaftlichen und kirchlichen Verhältnissen in Aachen vgl. Erich Kock: Franziska Schervier. Zeugin einer dienenden Kirche, Mainz 1976, S. 91–94.126f.; Agnes Schmittdiel: Pauline von Mallinckrodt, Paderborn 1949, S. 57–60.

che Erkrankte. Sie bewegte zudem eine ganze Reihe von älteren Schülerinnen, unterstützende Besuche bei Armen und Kranken zu machen. Die Unterrichtstätigkeit von Luise Hensel fand nach fünf Jahren ein Ende. Sie wurde unter einem Vorwand entlassen. Vermutlich ging ihre nicht nur karitativ, sondern vor allem mystisch geprägte Frömmigkeit, die sie den Schülerinnen vermittelte, einflussreichen Kreisen zu weit. 19 ihrer Schülerinnen entschieden sich, in einen Orden einzutreten. Dies fand nicht in allen Familien – der gelebten Frömmigkeit zum Trotz – Zustimmung.

Mitglieder bürgerlicher Familien und mehrere Priester suchten in einer Abendgesellschaft, die sich unter Anleitung des Pfarrers Nellesen im Hause Fey sonntags versammelte, nach Antworten auf die sozialen und religiösen Verwerfungen.[583] Mehrere Mitglieder des Aachener Klerus, wie u. a. die Kapläne Joseph Istas und Andreas Fey sowie der Pfarrer Wilhelm Sartorius, die diesen Familien verwandt waren oder zu ihnen im näheren Kontakt standen, zeichneten sich durch ihre soziale Gesinnung aus. Sie förderten oder initiierten karitative Aktionen. In diesem Kreis wurden auch Ansätze für konkrete Verbesserungen besprochen. 1837 entstand dort der Plan für die Gründung einer Armenschule. Andreas Fey hatte in der Abendgesellschaft die hoffnungslose Lage der ungebildeten Kinder angesprochen. Spontan ergriffen einige junge weibliche Mitglieder der Abendgesellschaft unter Leitung von Klara Fey die Initiative. Umgehend wurde zunächst ein Zimmer angemietet und die notwendige Ausstattung für einen Unterrichtsraum zusammengetragen. Die Geschwister Klara und Nette Fey beteiligten sich als junge – und wie damals üblich nicht ausgebildete – Lehrerinnen mit zahlreichen weiteren jungen, unverheirateten Frauen am Unterricht der Schule. Der Schulbesuch war kostenlos, die Lehrerinnen arbeiteten ehrenamtlich. Spenden finanzierten die Verpflegung der Kinder und die Miete. In der Schule ging es nicht allein um die Vermittlung von Lernstoff, sondern auch um die notwendige Unterstützung bei der Bekleidung und Verpflegung der oft unversorgten Kinder. Manche mussten sogar gewaschen werden. Hinzukamen Besuche bei den Eltern der Kinder, um Problemfälle zu klären oder besondere Hilfen zu ermöglichen. Die Schule bewährte sich so sehr, dass ihr 1840 auch die kurz zuvor von der städtischen Bezirksarmenkommission gegründete Armenschule übertragen wurde. Als die Zahl der Kinder immer mehr anschwoll, konnte im ehemaligen Dominikanerkloster eine neue Unterkunft gefunden werden. Mehr als 250 Kinder waren schließlich zu unterrichten.[584] Angesichts der Größe der Schule und der Probleme der Kinder war ein dauerhafter Unterricht durch freiwillige, fachlich nicht vorgebildete junge Frauen nicht zu leisten. Die Schule fand daher nach sechs Jahren ein Ende.

583 Watterott: Mutter Klara Fey, S. 15f.; Schmittdiel: Pauline von Mallinckrodt, S. 58f.70.

584 Watterott: Mutter Klara Fey, S. 49.

Die Frömmigkeit Aachener Familien, karitativ eingestellte Priester und der Unterricht von Luise Hensel machten Aachen zu einer Caritas-Keimzelle im 19. Jahrhundert. Gleich drei ihrer Schülerinnen, Klara Fey (*1815), Pauline von Mallinckrodt (*1817) und Franziska Schervier (*1819), gründeten karitativ tätige Ordensgemeinschaften.

Die „Schwestern vom armen Kind Jesu“ (1844/1848) – Klara Fey

Klara Fey (*1815) wuchs als viertes der fünf Kinder von Katharina und Louis Fey in Aachen auf. Mit fünf Jahren verlor sie ihren Vater, einen wohlhabenden Tuchfabrikanten. Für ihren Lebenslauf bestimmend wurden ihre familiäre Situation und ihr schulischer Bildungsweg. Neben der frommen Mutter Katharina Fey hatten Klaras Brüder Josef und Andreas darauf maßgeblichen Einfluss. Josef trat in den Redemptoristenorden ein und Andreas wählte den Weg des „Weltgeistlichen“. Ab 1830 war er als Kaplan in Aachen tätig. Klara besuchte zunächst eine von Nonnen geleitete Mädchenschule. 1827 wurden sie und ihre Schwester Nette in die „Weibliche Erziehungsanstalt St. Leonhard“ aufgenommen. Luise Hensel vermittelte Klara die entscheidende Motivation für ihre karitative Wirksamkeit. Bei den von Luise Hensel initiierten Krankenbesuchen zeichnete sich Klara nach einem Augenzeugenbericht besonders durch ihre Zugewandtheit und Freundlichkeit aus.[585] An der Errichtung der Armenschule und dem ehrenamtlichen Unterricht war Klara Fey führend beteiligt. Aus dem Kreis der Unterrichtenden erwuchs nach und nach eine engere Gemeinschaft mit dem Ziel, eine religiöse Genossenschaft zu gründen. Klara Fey und drei weitere junge, unverheiratete Frauen schlossen sich 1844 zusammen und bezogen ein Haus in der Aachener Königstraße. Sie bildeten die Keimzelle des Ordens der „Schwestern vom armen Kinde Jesu“. Da die Zahl der Schwestern wuchs, erfolgte 1848 ein Umzug in größere Gebäude. Die Gemeinschaft finanzierte ihr Leben und die Aufwendungen für ihre karitative Tätigkeit durch Spenden und durch den Verkauf von Handarbeiten. 1848 erhielt die Gemeinschaft durch den Kölner Erzbischof Kardinal von Geissel die kirchliche Anerkennung als Genossenschaft der „Barmherzige Schwestern von der Regel des hl. Augustinus. Als Ziel der Schwesternschaft wurde in den Statuten das Streben *„nach der vollkommenen Nachfolge Christi“* festgelegt und als ihre Aufgabe *„Erziehung und Unterweisung armer, verlassener Kinder weiblichen Geschlechts.“*[586]Ab 1852 konnte die Genossenschaft unter dem Namen „Schwestern vom armen Kinde Jesu“ ihren Dienst verrichten. Klara Fey, die von Anfang an die leitende

---

[585] Watterott: Mutter Klara Fey, S. 17; Otto Pfülf: M. Clara Fey, Freiburg 1907, S. 19 u. Liese: Geschichte der Caritas, Bd. 1, S. 341.

[586] Ebd., S. 44.

Rolle innehatte, erhielt das Amt der Oberin der Genossenschaft, später der Generaloberin des Ordens.

Es erfolgte eine schnelle Ausbreitung des Ordens und seiner Arbeit. 1872 unterrichte die Schwesternschaft 12 000 Kinder und betreute rund 2000 Mädchen in Internaten und Waisenheimen. Im Kulturkampf erfolgte 1872 das Verbot der unterrichtlichen Tätigkeit von Orden und 1875 die Ausweisung aller Kongregationen aus Preußen. 1876 waren daher die 200 Schwestern des Ordens gezwungen, Preußen zu verlassen. Das Aachener Mutterhaus musste aufgegeben werden. Klara Fey fand nicht weit von Aachen im niederländischen Simpelveld/Provinz Limburg einen geeigneten Ort für die Neuansiedlung des Mutterhauses. Das dort neu erbaute Kloster wurde zur Zentrale der sich in vielen Ländern ausbreitenden Schwesternschaft. Die Schwestern der Kongregation wurden zusätzlich in Belgien, Luxemburg, Frankreich, England und Österreich tätig. In Preußen konnte nur ein Haus für die Pflege von erkrankten Ordensschwestern weiter betrieben werden. Klara Fey erlebte noch das Ende des Kulturkampfes und die Wiederaufnahme der Arbeit im Erzbistum Köln. Der Orden fand schnell wieder ein großes Tätigkeitsfeld im Erzbistum Köln, auch wenn die Volksschulen dem Orden verschlossen blieben. Die Schwesternschaft konzentrierte sich daher auf die Betreuung von Mädchen in Heimen und auf die höhere Schulbildung. Das Kloster Simpelveld blieb für mehr als ein Jahrhundert Mutterhaus der Kongregation. Dort verstarb Klara Fey im Jahr 1894. Zum Zeitpunkt des Todes der Gründerin gehörten dem Orden 1160 Schwestern an. Ihre Seligsprechung erfolgte 1967. Mehrere Schulen tragen inzwischen ihren Namen.

2012 gaben die „Schwestern vom armen Kinde Jesu" das Kloster in Simpelveld wegen Nachwuchsmangels auf und kehrten nach Aachen zurück. Aachen wurde wieder Sitz des Mutterhauses. Dort fanden auch die sterblichen Überreste von Klara Fey ihre letzte Ruhestätte. Schwestern aus 17 Nationen beteiligten sich an den Feierlichkeiten zur Umbettung. Infolge der wirtschaftlich bedrängten Situation des Ordens blieb dem Kloster Simpelveld der Konkurs nicht erspart.

Die „Schwestern der christlichen Liebe" (1849) – Pauline von Mallinckrodt

Pauline von Mallinckrodt, im westfälischen Minden 1817 geboren, erlebte ab 1824 die sie prägende Zeit in Aachen. Ihr Vater, Detmar von Mallinckrodt, hatte dort das Amt des Regierungspräsidenten übernommen. Die Erziehung der vier Kinder – Pauline war das älteste – lag ganz in den Händen der von katholischer Frömmigkeit geprägten Mutter Bernhardine, geb. von Hartmann. Detmar von Mallinckrodt akzeptierte entgegen den beamtenrechtlichen Regelungen in Preußen die katholische Erziehung der Kinder.

1827 gehörte Pauline zu den ersten Schülerinnen, die in die „Weibliche Erziehungsanstalt St. Leonhard" aufgenommen und von Luise Hensel unterrichtet wurden. Zwischen Pauline und ihrer Lehrerin entwickelte sich ein enges Verhältnis, das lebenslang bestehen blieb und zu häufigem brieflichen Austausch der Gedanken führte.[587] Gemeinsam mit anderen Schülerinnen beteiligt sich Pauline an den Besuchen von Bedürftigen und Kranken, die ihre Lehrerin unternahm oder anregte. Kleinere Beträge zur Unterstützung finanziert sie aus dem eigenen Taschengeld.[588] Sie kam in Kontakt mit dem Kreis der Familie Fey, der sie nachhaltig beeinflusste.[589] Ihr karitatives Arbeitsfeld wurde mehr und mehr die Krankenpflege, die sie sogar im „Männerhospital" und in dem für mittellose Seniorinnen bestimmten „Spital St. Stephan" ausübte. Im selben Jahr, in dem Luise Hensel ihre Unterrichtstätigkeit beenden musste, verließ auch Pauline die Schule St. Leonhard. Als Fünfzehnjährige bezog sie für ein halbes Jahr ein Pensionat in Lüttich, um die Kenntnis der französischen Sprache und Kultur zu vertiefen. In Belgien und Frankreich beeindruckte sie der Dienst der Schwestern in Hospitälern, die sie besuchte. Diese Eindrücke führten bei ihr zu dem Vorhaben, „*Gott in seinen Armen und Kranken zu dienen*".[590]

Im Jahr 1833 kehrte sie nach Aachen zurück. Im darauf folgenden Jahr verstarb ihre Mutter während eines Kuraufenthaltes, bei dem Pauline sie begleitete. Als älteste Tochter kam ihr nun die Aufgabe zu, den Haushalt zu führen und ihren Vater bei den zahlreichen gesellschaftlichen Verpflichtungen zu begleiten. 1839 ließ sich der Vater pensionieren und zog mit der Familie nach Paderborn. Hier verband Pauline von Mallinckrodt die Führung des Haushalts mit karitativen Aufgaben. Sie entdeckte auch in Paderborn wie zuvor in Aachen die unversorgten mittellosen Kranken. Mithilfe ihrer Initiative entstand der „Rheinisch-Westfälische Frauenverein zur Pflege der armen Kranken in ihren Häusern".[591] Diesem Verein von zunächst 24 Frauen gehörte sie bis 1847 an. Sie selbst bezeichnete den Verein mit seiner Aufgabenstellung als „*Wasser auf meine Mühlen*".[592] Mit diplomatischem Geschick und Kenntnis der bürokratischen Zusammenhänge gelang es ihr, den Präsidenten der Armenkommission für das Protektorat über den Frauenverein zu gewinnen, obwohl die Armenkommission dem Verein zunächst eher ablehnend gegenüber stand. Sowohl in Paderborn

---

587 Vgl. u. a. Schmittdiel: Pauline von Mallinckrodt, S. 85.

588 Käthe Sander-Wietfeld: Pauline von Mallinckrodt. Ein Lebensbild nach ihren Briefen und Aufzeichnungen, Paderborn 1985, S. 22.

589 Sie selbst nennt die Wohnung Fey in den Aufzeichnungen ihrer Exerzitien 1846 „*das heilige Haus*" (Schmittdiel: Pauline von Mallinckrodt), S. 124.

590 Pauline von Mallinckrodt: Gesammelte Schriften, Bd. 21, 29.7.1836, zitiert in Sander-Wietfeld: Pauline von Mallinckrodt, S. 21.

591 Schmittdiel: Pauline von Mallinckrodt, S. 77.

592 Gesammelte Schriften, Bd. 1, S. 65, 19.12.1839, zitiert in Sander-Wietfeld: Pauline von Mallinckrodt, S. 23.

als auch in der Nachbarschaft des Gutes Böddeken, dem Sommersitz der Familie, engagierte sie sich in der Krankenpflege und schreckte auch vor Nachtwachen nicht zurück. In Paderborn fiel ihr bei diesen Besuchen die Situation der Kinder kranker Mütter auf. Vielfach blieben sie ohne Betreuung ebenso wie die Kinder der außerhalb des Hauses arbeitenden Mütter. Um vernachlässigten Kindern während des Tages eine beschützende Alternative anzubieten, in der sie auch regelmäßig ernährt und in einfacher Form unterrichtet werden konnten, gründete Pauline von Mallinckrodt 1840 eine „Armenkinderbewahranstalt“. Im Laufe eines Jahres stieg die Zahl der aufgenommenen Kinder auf 80 an.[593] Als ihr 1841 vom Paderborner Bischof Räume in dem aufgelösten Kapuzinerkloster zur Nutzung überlassen wurden, konnte sie bis zu 120 Kinder betreuen.[594] Zusätzlich zu den ehrenamtlichen Kräften, die sich an der Betreuung der Kinder beteiligen, wurde es notwendig, bezahltes Personal einzustellen. Pauline von Mallinckrodt finanzierte die Armenkinderbewahranstalt aus eigenen Mitteln und mithilfe von Spenden. Bekleidungsstücke wie Strümpfe und Kleider wurden in Eigenarbeit gestrickt. Erst 1841 entschloss sie sich zu einem Antrag an den zuständigen Landrat mit der Bitte, die Einrichtung jährlich zu unterstützen. Durch die Mittel der öffentlichen Hand konnte die Einrichtung auf eine gesicherte Basis gestellt werden.

Als der Kreisarzt Dr. Hermann Joseph Schmidt sie 1842 um die Aufnahme zweier blinder Kinder bat, nahm Pauline von Mallinckrodt sich ihrer mit besonderer Aufmerksamkeit an. In der Begegnung mit Schmidt wird der rote Aachener Faden in ihrem Lebenslauf sichtbar: Seine Frau war eine Mitschülerin aus der Schule St. Leonhard. Er unterstützte die Versorgung der Kinder mit Lebensmittelspenden und mit Betten als Leihgabe des Landeskrankenhauses. Um blinde Kinder zu unterrichten, waren besondere Kenntnisse notwendig, die Pauline von Mallinckrodt sich mit ihren Gefährtinnen nach und nach erarbeitete. Schmidt und Professor Heinrich Wilhelm Ludolph Lachmann, der Gründer des Braunschweiger Blindeninstituts, berieten sie dabei. Die tastbaren Buchstaben für eine Lesetafel goss Pauline von Mallinckrodt selbst. Ein erster Erfolg stellte sich ein, als es mit Hilfe dieser Buchstaben gelang, den Kindern die Anfänge des Lesens zu vermitteln. Das im Entstehen begriffene private Bildungsinstitut für blinde Kinder leitete sie gemeinsam mit Schmidt. Noch im Laufe des Jahres 1842 stieg die Zahl der blinden Kinder auf fünf. Auch für diese Einrichtung konnten die Räume des Kapuzinerklosters genutzt werden. 1844 erlangte die Anstalt die staatliche Anerkennung. Eine längere Unterbrechung erfuhr ihre Tätigkeit für die Armenbewahranstalt und die Blindenanstalt durch eine Reise, die sie mit ihren Geschwistern Bertha und Hermann 1843 unternahm. Ihre Rundreise führte sie durch Deutschland, Österreich und Oberitalien. Pauline

593 Ebd., S. 24.
594 Schmittdiel: Pauline von Mallinckrodt, S. 107f.

von Mallinckrodt nutzte während dieser Reise ihre Zeit hauptsächlich für den Besuch zahlreicher karitativer Einrichtungen. Dazu gehörten Krankenhäuser wie das Diakonissenkrankenhaus und die Charité in Berlin, Waisenhäuser, Taubstummenanstalten, Arbeitshäuser, Altenheime, Armenkinderbewahranstalten, das Kloster der Barmherzigen Schwestern in München und alle erreichbaren Blindeninstitute. Sorgfältig informierte sie sich über Details der Lehrmethoden, die institutionellen Angebote und viele Einzelheiten der Ausstattung der Blindeneinrichtungen. Nachhaltig beeindruckten sie das von Lachmann 1829 gegründete und geleitete Blindeninstitute in Braunschweig und die von Johann Wilhelm Klein geführte Einrichtung in Wien. Klein hatte 1804 mit dem Unterricht eines Blinden begonnen und eine eigene „Stachelschrift" für Blinde entwickelt. 1826 schuf er die „Versorgungs- und Beschäftigungsanstalt für erwachsene Blinde". Durch den Besuch dieser Einrichtung gewann Pauline von Mallinckrodt die Überzeugung, *„daß viele Blinde sich von Sehenden unterstützt, einen bedeutenden Teil ihres Lebensunterhalts herbeischaffen"* könnten.[595] Mit mehreren Leitern von Blindeneinrichtungen blieb sie in der Folgezeit in brieflichem Kontakt.

Nach ihrer Reise stellte sie 1843 aufgrund einer Anregung von Dr. Schmidt dem Oberpräsidenten von Westfalen, Ludwig von Vincke, einen Antrag zur Errichtung einer Blindenanstalt in Trägerschaft der Provinz Westfalen. Diese sollte das von ihr begonnene private Institut übernehmen. Der für die Bewilligung der notwendigen umfangreichen Mittel – es ging um 50 000 Taler – zuständige Landtag stand dem Anliegen aufgeschlossen gegenüber. Pauline von Mallinckrodt scheute *„keine Reise und Mühe"*[596], um mündlich und schriftlich für die Errichtung der Blindenanstalt einzutreten. Die Umsetzung des Vorhabens verzögerte sich jedoch infolge der kontroversen konfessionellen Situation in Westfalen und durch den Tod des Oberpräsidenten. Da eine gemeinsame Einrichtung für evangelische und katholische Kinder nicht möglich erschien, beschlossen die Landstände mit großer Mehrheit 1845, die Einrichtung in zwei Abteilungen zu errichten, eine in Paderborn (katholisch) und eine in Soest (evangelisch). Die Leitungen beider Abteilungen gaben sich jedoch *„gegenseitig die aufrichtigsten Versicherungen des gemeinschaftlichen Zusammenwirkens"*.[597] Das Blindeninstitut erhielt zu Ehren des verstorbenen Oberpräsidenten die Bezeichnung „Vincke'sche Provinzial-Blindenanstalt". In der Soester Abteilung konnten im März 1847 die ersten Kinder aufgenommen werden. Die Schwierigkeiten bei der Beschaffung einer geeigneten Immobilie verzögerten die Errich-

---

595 Zitiert in Sander-Wietfeld: Pauline von Mallinckrodt, S. 31.

596 Friedrich Wilhelm Woker (Hg.): Die Vincke'sche Provinz-Blindenanstalt für Westfalen zu Paderborn und Soest, Münster 1897, Digitalisat der Universitäts- und Landesbibliothek Münster 2012, S. 84.

597 Mallinckrodt: Gesammelte Schriften, Bd. 1, S. 176, Brief an Lachmann vom 18.4.1845, zitiert in Sander-Wietfeld: Pauline von Mallinckrodt, S. 37.

tung der Abteilung in Paderborn. Der von ihr beabsichtigte Kauf des Grundstücks für die Blindenanstalt wurde vom Regierungsvizepräsidenten Carl von Bodelschwingh zunächst abgelehnt. Dennoch erwarb sie im Februar 1847 das Objekt. Die Finanzierung gelang mithilfe eines Nachlasses. Daraufhin stimmte der Präsident der Errichtung der Anstalt zu. Mit der Übertragung der Privat-Blindenanstalt in den Besitz der Provinz erhielt diese zugleich auch das Vermögen der Anstalt, das zum großen Teil von Pauline von Mallinckrodt eingebracht worden waren.[598] Im Dezember 1847 wurde unter großer Beteiligung die Eröffnung der Paderborner Abteilung begangen. Als vorläufige Unterkunft für sechs Kinder und sie selbst diente das Gartenhaus des Grundstücks.

Mit der Eröffnung stellte sich unaufschiebbar die Frage nach dem Personal für Unterricht und Betreuung der Kinder. Die Suche nach einer Ordensgemeinschaft zur Gestellung von Schwestern für die Blindenanstalt hatte zu keinem Erfolg geführt. Bei einem Besuch in Aachen im Jahr 1846 lehnte auch ihre Schulfreundin Klara Fey die Betreuung der Anstalt durch Schwestern ihrer Kongregation und die Aufnahme von Pauline von Mallinckrodt in diese Schwesternschaft ab. Offenbar hielt es Klara nicht für möglich, die gestalterische Kraft der Persönlichkeit von Pauline in die bestehende Genossenschaft zu integrieren.[599] Der Aachener Pfarrer Sartorius gab Pauline von Mallinckrodt den Rat, eine eigene Genossenschaft zu gründen. Entsprechend lautete auch die Empfehlung des Kölner Weihbischofs Anton Gottfried Claessen. Daraufhin entschloss sie sich zur Gründung einer eigenen Kongregation und brachte aus ihrem Besitz ein Grundstück mit Gartenhaus ein. Die Kongregation erhielt nach dem Vorschlag des Paderborner Bischofs Johann Franz Drepper den Namen „Schwestern der Christlichen Liebe“. Nach Erteilung der staatlichen und kirchlichen Genehmigungen leitete der Bischof im Jahr 1849 die Einkleidung der ersten vier Schwestern und ernannte Pauline von Mallinckrodt zur Oberin. Die Genossenschaft wuchs in der Folge schnell. Das Gartenhaus wurde zum ersten Mutterhaus, nachdem die Armenkinderbewahranstalt in das von der Stadt angemietete nahegelegene Torhaus verlegt wurde. 1856 gehörten der Kongregation 38 Schwestern und 10 Postulantinnen an.[600] 1859 waren es 68 Schwestern, die in zehn Einrichtungen tätig waren und 1440 Kinder unterrichteten oder betreuten.[601]

Pauline von Mallinckrodts Hauptaufgabe blieb zunächst, für die Genehmigung und Finanzierung eines angemessenen Neubaus der Blindenanstalt zu sorgen. Die Zeit dafür drängte, da die Zahl aufgenommenen blinden Kinder inzwischen

598 Schmittdiel: Pauline von Mallinckrodt, S. 108.
599 Ebd., S. 121.
600 Sander-Wietfeld: Pauline von Mallinckrodt, S. 77f.
601 Ebd., S. 85f.

auf zwanzig angestiegen war. 1850 begann die Ausführung der Baumaßnahmen. Im September 1851 konnte das neue Gebäude bezogen werden. Da Pauline von Mallinckrodt sich großzügig an den Baukosten beteiligt hatte, fiel es dem Landtag leichter, einen Nachtrag wegen Kostenüberschreitung von 4000 Talern zu beschließen.[602] In die Gestaltung des Baues flossen die Erkenntnisse ein, die sie bei ihren Besuchen zahlreicher Anstalten sowie durch die Gespräche und die Korrespondenz mit Anstaltsleitern gewonnen hatte. Die zuständige Kommission des Landtags kam bei ihrer „Revision" zu dem Ergebnis, daß *„die Zweig-Anstalt in Paderborn sich zu all ihren Zwecken der schönsten Räume erfreut"*.[603] Die zunehmende Zahl der Schwestern und Postulantinnen machte jedoch den Bau eines eigenen, größeren Mutterhauses notwendig. Die Finanzierung gelang unter Einsatz von Pauline von Mallinckrodts Vermögen und mithilfe von Spenden sowie der Aufnahme von Darlehen. 1855 wurde das Mutterhaus mit seiner Kirche geweiht.

Die erste Anfrage auf Gestellung einer Schulschwester erreichte Pauline von Mallinckrodt im Sommer 1849 – noch vor der Gründung der Genossenschaft. 1851 wurden die ersten beiden Schwestern nach Dortmund in die katholische Mädchenschule entsandt, die mit ihrer Hilfe ihren Unterricht aufnehmen konnte. Es folgte die Übernahme einer ganzen Reihe von Unterrichtstätigkeiten in zahlreichen Städten. Der Unterricht wurde das Hauptbetätigungsfeld der Genossenschaft. Pauline von Mallinckrodt legte großen Wert auf eine sorgfältige fachliche Ausbildung. 1854 verfügte die Genossenschaft bereits über 12 geprüfte Lehrerinnen.[604] Nicht weniger Nachdruck legte sie auf eine liebevolle Haltung den Kindern gegenüber. Einer Schwester schrieb sie: *„Die Liebe zu den Kindern ist die beste Lehrmeisterin der Erziehung. Nur jemandem, der die Kinder liebt, darf man sie anvertrauen. Liebe im Herzen, Liebe im Ton, Liebe im Betragen gegen die Kinder"*.[605] Immer wieder empfiehlt sie ihren Schwestern ein liebenswürdiges Auftreten gegenüber jedermann. Es bleibt offen, wie diese Liebenswürdigkeit in Klassen mit bis zu 100, ja 140 Kindern durchzuhalten war.[606]

Die Genossenschaft der „Schwestern der Christlichen Liebe" wuchs in den 50er und 60er Jahren deutlich und konnte ständig neue Arbeitsfelder übernehmen. 1859 hatte die preußische Regierung der Kongregation auch den Unterricht an öffentlichen Schulen erlaubt. In einem Bericht zum Jahreswechsel 1870/71

---

602 Woker: Die Vincke'sche Provinzial-Blindenanstalt, S. 106.

603 Ebd., S. 112.

604 Sander-Wietfeld: Pauline von Mallinckrodt, S. 71.

605 Mallinckrodt: Gesammelte Schriften, Bd. 2, S. 288, zitiert in Sander-Wietfeld: Pauline von Mallinckrodt, S. 58.

606 Sander-Wietfeld: Pauline von Mallinckrodt, S. 79.

bezifferte Pauline von Mallinckrodt – inzwischen Generaloberin – die Zahl der Schwestern auf 244 in 19 Niederlassungen mit 5525 betreuten Kindern.[607]

Diese Entwicklung erforderte erhebliche organisatorische Aufwendungen, eine anhaltende Auseinandersetzung mit den Schulbehörden, Bürgermeistern und ehrenamtlichen Schulvorständen. Dabei ging es nicht allein um die notwendigen Genehmigungen, sondern auch immer wieder um die Finanzierung. In umfangreicher Weise hatte Pauline von Mallinckrodt ihr Vermögen für das Entstehen der ersten Einrichtungen und der Genossenschaft eingesetzt. Für die weitere Entwicklung waren jedoch ausreichende Kostenerstattungen für die erbrachten Dienstleistungen notwendig. Trotz größter Bescheidenheit der Schwestern, die kein eigenes Gehalt bezogen, war nicht immer ausreichend für ihren Lebensunterhalt, für ihre Unterbringung und Ernährung sowie angemessene Unterrichtsräume gesorgt. Zu den steten Unterstützern ihrer Arbeit gehörten Pauline von Mallinckrodts Brüder, ihr Schwager und Bischof Konrad Martin, der ab 1856 die Diözese Paderborn leitete. Immer wieder sorgte der Bischof auch für die Vermittlung größerer Spenden an die Schwesternschaft. Mehrfach wurden zur Finanzierung von Baumaßnahmen Darlehen aufgenommen, z. T. über einen Vetter, der als Bankier tätig war. Als die Schuldenlast für die Niederlassung in Höxter zu schwer wurde, ließ Pauline von Mallinckrodt in Frankreich Spenden sammeln. Dies brachte jedoch nicht das erwünschte Ergebnis. Erfolgreicher verlief die Durchführung einer „Pfennigkollekte" in Höxter. Selbst vor Bittbriefen an europäische Königshäuser schreckte Pauline von Mallinckrodt nicht zurück.

Der Kulturkampf unterbrach die weitere Entwicklung in Deutschland. Mit einem Erlass des Kultusministeriums vom 15.6. 1872 wurde den Orden Unterrichtstätigkeit untersagt. Pauline von Mallinckrodt führte einen zähen Kampf um ihre Einrichtungen, von ihrem Bruder Hermann als Reichstagsabgeordneten politisch unterstützt. Selbst die Fürsprache der Kaiserin Augusta und ihrer Tochter Luise, Großherzogin von Baden, konnte die Auswirkungen des von Bismarck geleiteten und von seinem Kultusminister Adalbert Falk betriebenen Kulturkampfes auf die Schwesternschaft nicht verhindern. Die Eingaben der Generaloberin erreichten nur, dass zunächst noch bis 1878 der Unterricht in der Blindenanstalt erteilt werden konnte und das Waisenhaus in Höxter weiter von den Schwestern betreut wurde. In Oschersleben, Höxter und Sigmaringen gelang es, Erziehung von Kleinkindern und unauffällige Sozialarbeit in den katholischen Gemeinden fortzusetzen. Auch die Krankenhausarbeit in Anrath hatte Bestand. Die Schwesternschaft wich nach Belgien, Böhmen, Liechtenstein, Nord- und Südamerika aus. Insbesondere in den USA, wohin die ersten acht Schwestern 1873 auswanderten, ergab sich für die Unterrichtstätigkeit ein

607 Ebd., S. 103–107.

weites Arbeitsfeld. Selbst das Paderborner Mutterhaus, zu dieser Zeit Rückzugsort der Schwestern aus den aufgelösten Niederlassungen, wurde zwangsweise aufgelöst. 1876 erwarb Pauline von Mallinckrodt ein Anwesen im belgischen Mont St. Guibert als neue Zentrale. Weitere Provinzial-Mutterhäuser wurden in Wilkes-Barre (USA), Ancud (Chile) und Mühlhausen (Böhmen) gegründet. 1879/80 unternahm sie eine ausführliche Visitationsreise zu den Niederlassungen in Amerika sowie in mehreren europäischen Ländern. Das Ende des Kulturkampfes erlebte Pauline von Mallinckrodt nicht mehr. Nach der Rückkehr von ihren Reisen wurde ihr lediglich gestattet, wieder in Paderborn zu wohnen, wo sie 1881 verstarb. Am Ende ihres Lebens gehörten zu ihrem Orden mehr Schwestern und Niederlassungen als vor der Vertreibung aus dem Deutschen Reich.[608] Erst nach einem mehr als 60 Jahre dauernden Prozess erfolgte durch Papst Johannes Paul II.1985 ihre Seligsprechung.

1887 durften die Schwestern nach Deutschland zurückkehren und Paderborn wurde wieder Sitz des Mutterhauses. Der Unterricht an öffentlichen Schulen blieb den Schwestern weiterhin verwehrt. Immerhin konnten sie ihre Lehrtätigkeit an der 1892 neueröffneten privaten Mädchenschule in Dortmund wieder aufnehmen. Die Schwestern widmeten sich zudem mit verschiedenen Projekten der Betreuung von Blinden und von mehrfachbehinderten Kindern. Nach dem Ersten Weltkrieg kam auch die Betreuung von Kriegsblinden hinzu. Gegenwärtig gehören weltweit 481 Schwestern und 8 Novizinnen zum Orden, davon 147 in Deutschland.[609] Hinzukommt eine Anzahl von Laien, die teils mit teils ohne Versprechen mit dem Orden verbunden sind. Die Kongregation übt ihren Dienst weiterhin in Nord- und Südamerika aus sowie auf den Philippinen und in Rom. Das Mutterhaus befindet sich nach wie vor in Paderborn, die Generaloberin hat ihren Sitz in Rom. Der Schwerpunkt ihrer Tätigkeit – altersbedingt ist nur noch etwa die Hälfte der Schwestern aktiv tätig – liegt in Deutschland auf der Seelsorge und der Betreuung des Exercitienhauses „Maria Immaculata“. Schulen und Heime des Ordens sind inzwischen anderen katholischen Trägern überantwortet worden. Die Tradition der Blindenarbeit wird durch die Mitarbeit einer Schwester in der Paderborner Blindenschriftdruckerei und durch Schwestern aufrechterhalten, die auf den Philippinen Blinde betreuen.

Die „Armen Schwestern vom hl. Franziskus“ – Franziska Schervier

Franziska Schervier (*1819) stammte wie Pauline von Mallinckrodt und Klara Fey aus wohlhabenden Verhältnissen. Franziskas Vater nahm als Nadelfabrikant und beigeordneter Bürgermeister in Aachen eine angesehene Stellung ein.

608 Sander-Wietfeld: Pauline von Mallinckrodt, S. 143f.
609 Stand 1.1.2015.

Er zeichnete sich zudem dadurch aus, dass er aufgrund der Defizite des öffentlichen Schulwesens eine eigene Schule für die Kinder seiner Arbeiter finanzierte.[610] Die Frömmigkeit ihrer Mutter mag für die frühe religiöse Entwicklung von Franziska die Grundlage gebildet haben. Bereits in ihrer Kindheit äußerte sie den Wunsch, in ein Trappistenkloster einzutreten. Ein Seelsorger riet ihr jedoch nachdrücklich, diesen Gedanken aufzugeben und sich stattdessen der Nächstenliebe zu widmen. Nach dem frühen Tod ihrer Mutter und ihrer beiden älteren Schwestern musste Franziska mit 14 Jahren die Führung des Haushaltes übernehmen. Zu den Aufgaben der Haushaltsführung gehörte es, Almosen für Arme zu geben. Sie begann, alle Vorräte, Kleidung und Bettwäsche für die Armen aus dem Hause zu schaffen, die sie als entbehrlich ansah. Wenn ihr Vater auf Reisen abwesend war, besuchte sie Kranke, insbesondere im Krankenhaus. Die Oberin des Krankenhauses gab ihr eine Einführung in den Umgang mit Kranken und ihre Pflege.

1840 wurde auch in Aachen ein Frauenverein gegründet. Zielsetzung war der Besuch von Armen und ihre Unterstützung, die Pflege von mittellosen Kranken und Unterrichtung von *„armen, verlassenen Kindern“*.[611] Schnell entstand bei Franziska der Wunsch, sich diesem Verein sich anzuschließen. Zwei für den Verein werbenden Damen gelang es, überraschenderweise die Zustimmung des Vaters zu erreichen, der jedoch nicht mit einer aktiven Teilnahme seiner Tochter an Pflegehandlungen gerechnet hatte. Franziska wurde die Pflege der Kranken in der St. Paul-Pfarrei übertragen. Die Unzufriedenheit des Vaters mit dieser Tätigkeit konnte Franziska überwinden, so dass er schließlich akzeptierend feststellte, *„seine Tochter habe sich zu emancipiren gewußt.“*[612] Da inzwischen ihre jüngere Schwester Franziska bei der Haushaltsführung entlasten konnte, war es dieser möglich, sich mehrere Jahre intensiv der Krankenpflege zu widmen. Für eine bessere Essensversorgung der Kranken sprach sie erfolgreich wohlhabende Familien an, welche die regelmäßige Zubereitung und Zustellung bestimmter Mahlzeiten übernahmen. Führend beteiligte sich Franziska an der „Speiseanstalt“, die der Kaplan Joseph Istas im ehemaligen Dominikanerkloster im Winter 1841 für die *„braven Familien der Pfarre, die den unteren Klassen angehörten“*, einrichtete.[613] Franziska leitete sowohl die Sammlungen der freiwilligen Gaben als auch die *„Bereitung und Austheilung der Speisen“*.[614] Für die kostenlose Beschaffung der Zutaten wandte Franziska eine ähnliche Methode an, wie sie heute bei den „Tafeln“ üblich ist: *„Beim Schlusse des Marktes machte sie die Runde*

610 Ignatius Jeiler: Die gottselige Mutter Franziska Schervier, 4. Aufl., Freiburg i. Brsg. 1927, S. 3.
611 Ebd., S. 49.
612 Ebd., S. 51.
613 Ebd., S. 61.
614 Ebd., S. 62.

auf dem Platze, um die Reste der Gemüse und anderer Eßwaren für ihre Küche zu erbetteln."[615]

Im Juni 1844 bekam die Gestaltung ihres Lebenslaufes eine immer festere Form. Sie trat nach einer Predigt des den Orden in Aachen leitenden Paters in den „Dritten Orden" des hl. Franziskus ein. Damit verbanden sich zwar verpflichtende Gebets- und Fastenzeiten, jedoch nicht das Tragen eines Ordenskleides und das Leben in einer klösterlichen Gemeinschaft. Daher konnte Franziska ihren Eintritt unabhängig von dem Votum ihres Vaters vornehmen, dessen Widerspruch sie befürchtete. Ihrem Beispiel folgten innerhalb kurzer Zeit drei ihrer Freundinnen. Wenige Monate später verstarb ihr Vater im Februar 1845. Damit war sie nun, mit 26 Jahren, frei hinsichtlich ihrer weiteren Lebensgestaltung. Den entscheidenden Impuls, eine klösterliche Gemeinschaft zu gründen, löste eine Freundin aus.[616] Eine wohlhabende Aachnerin übernahm für die Zeit von drei Jahren die Mietkosten eines Hauses für das gemeinsame Wohnen der Genossenschaft.

Anfang Oktober 1845 zog sie mit vier Freundinnen zusammen in das Haus „vor dem Jakobstor". Diese Fünf verpflichteten sich, die drei „*evangelischen Räthe* (Armut, Keuschheit, Gehorsam) *zu befolgen, die Pflege für Kranke und Arme sowie die Leitung gefallener Mädchen zu besorgen*".[617] Franziska wählten sie zur Oberin. Sie versorgten die mittellosen Kranken in den Pfarreien St. Paul und St. Jakob. Bereits im November 1845 kam als zusätzlicher Arbeitsbereich die Haushaltung für das Maria-Spital hinzu. Mit diesem Monat beginnend wurden die ersten „Büßerinnen" aufgenommen, deren Zahl auf bis zu 30 stieg.[618] Als „Büßerinnen", „Gefallene" oder „Verschriene" wurden junge Frauen bezeichnet, deren Lebenswandel oder Schicksal nicht mit den Maßstäben der bürgerlich-kirchlichen Sexualmoral übereinstimmten. In den Räumen des Hauses muss eine unvorstellbare Armut geherrscht haben. Diese war auch dadurch bedingt, dass nicht wenige der bisher bereitwilligen Spender nun wegblieben. Sie verurteilten die Arbeit für diese jungen Frauen. Da die Schwestern alles, was sie besaßen für die Aufgenommenen zur Verfügung stellten, waren selbst Bettgestelle und Strohsäcke für die Schwestern nicht immer vorhanden. Versuche, verstärkt Spenden zu sammeln, scheiterten oft unter Beschimpfungen durch die Angesprochenen. Dabei gehörten gerade auch fromme Personen zu den Gegnern der Arbeit für die jungen Frauen. „Mutter Franziska", wie sie nun genannt wurde, gelang es jedoch, die vermögende Dame der Aachener Gesellschaft, die ihre Miete finanzierte, zur Übernahme des Kollektierens zu bewegen. Das Ergebnis war ein deutlicher Erfolg. Auch der Pfarrer der Pfarre St.

615 Ebd.
616 Ebd., S. 89f.; Kock: Franziska Schervier, S. 54–57.
617 Jeiler: Die gottselige Mutter, S. 116.
618 Ebd., S. 119.

Jakob war bereit, die Schwestern beim Einsammeln vom Lebensmitteln durch gelegentliche Begleitung zu unterstützen. Einen Tiefpunkt der Versorgungslage für die Bevölkerung und auch die Schwesterngemeinschaft brachten die katastrophale Missernte 1846/47 und der damit verbundene Anstieg der Lebensmittelpreise. Diese führten auch in Aachen zu einer Hungersnot. Um deren Auswirkung abzuschwächen weitete die Stadt das Angebot von Armenküchen aus. Einen Teil dieser Arbeit übernahmen wiederum die Schwestern der kleinen Gemeinschaft aus dem Haus vor dem Jakobstor. Die Zahl der Schwestern stieg im Jahr 1847 auf 14, zu denen allein im Jahr 1849 neun weitere hinzukamen. Dadurch wurde es möglich, weitere Arbeitsgebiete wie die Versorgung von Armen und Kranken in anderen Pfarreien und die von der Stadt übertragene Betreuung der an Syphilis erkrankte Frauen zu übernehmen.[619] Die finanzielle Lage der Schwesternschaft blieb jedoch trotz einiger Unterstützung desperat, zumal sie nach Ablauf der drei Jahre nun selbst für die Miete aufkommen mussten. Um sich aus der ständigen finanziellen Enge zu befreien, entschied sich Franziska Schervier zu einem Hilfsmittel, das rund 25 Jahre zuvor bei der Gründung der Diakonissenarbeit geholfen hatte: Franziska Schervier trat 1848 eine Kollektenreise nach Holland an. Auch wenn sie dabei erhebliche Schwierigkeiten zu überwinden hatte, brachte diese Kollektenreise in dem wohlhabenderen Land den gewünschten Erfolg. Die Suche nach einer neuen, größeren und für die Arbeit geeigneteren Unterkunft führte zu einem unerwartet günstigen Ergebnis: Da die Choleraepidemie des Jahres 1848 auch Aachen heimzusuchen drohte, erklärten sich die Schwestern bereit, die Pflege der Cholerakranken zu übernehmen, sofern sie als Gegenleistung kostenlose Wohnung im ehemaligen Dominikanerkloster erhielten. Im Zuge einer vorausschauenden Gesundheitsvorsorge erklärte sich die Stadt dazu bereit. Nachdem die Choleraepidemie weitgehend an Aachen vorbeigegangen war, suchte 1850 eine Pockenepidemie Aachen heim. Diese hochansteckenden Kranken wurden nun in das Dominikanerkloster eingewiesen. Auch in benachbarten Gemeinden sorgten die Schwestern für die Pflege von Pockenkranken, an deren Pflege sich Franziska auch selbst beteiligte. In den Jahren ab 1850 wurden die Schwestern in weiteren Aachener Pfarreien mit der Pflege der Kranken und der Versorgung der Armen betraut. Dies hing auch damit zusammen, dass der Aachener Frauenverein aufgrund des Rückgangs seiner aktiven Mitglieder an dieser Aufgabe nicht mehr mitwirken konnte. Nach Abflauen der Pockenepidemie schufen die Schwestern im Dominikanerkloster eine Abteilung für unheilbar Kranke, die in den übrigen Krankeneinrichtungen Aachens keine Aufnahme fanden. Zudem nahmen sie die Arbeit für die „Büßerinnen“, die sie zeitweise einem anderen Träger vollständig hatten überlassen müssen, wieder auf.

[619] Ebd., S. 129.

Die Ausweitung der Tätigkeit ging einher mit einer entscheidenden organisatorischen Weiterentwicklung der Genossenschaft. Die im Jahr 1850 erarbeiteten „Constitutionen" wurden dem erzbischöflichen Generalvikariat in Köln zur Genehmigung eingereicht. Es folgte ein längerer Prozess, in dem *„arge Kämpfe zu bestehen waren"*, wie Mutter Franziska berichtete.[620] Um die Zustimmung des erzbischöflichen Stuhls endlich zu erreichen, war die Nutzung wichtiger Fäden ihres Beziehungsnetzwerkes erforderlich. Zum einem kontaktierte Karl von Boeselager, der seit einiger Zeit bemüht war, eine Niederlassung der Schwestern in Bonn zu erreichen, den Erzbischof in der Angelegenheit persönlich. Zum anderen setzte sich ihr früherer Pfarrer, der damalige Stiftskanonikus Dr. Kloth, geschickt für sie ein. Er brachte den Bischof von Roermond mit ins Spiel. Dieser erklärte sich gerne bereit, die Schwesternschaft bei sich aufzunehmen und ihre Statuten zu genehmigen. Daraufhin teilte Dr. Kloth dem Kölner Erzbischof Kardinal Geissel in einem Brief die „drohende" Verlegung des Sitzes der Schwesternschaft nach Roermond mit, falls die Kölner Genehmigung nicht endlich erfolgen sollte. Dies alles scheint die Zustimmung des erzbischöflichen Ordinariats deutlich befördert zu haben. So konnten die meisten der von Franziska Schervier gewünschten Bedingungen in den Constitutionen durchgesetzt werden. Einen entscheidenden Punkt bildete für Franziska Schervier dabei, dass sowohl die Schwestern als auch die Genossenschaft zur Armut verpflichtet wurden. Dem trugen die genehmigten Constitutionen soweit Rechnung, als sie den Verzicht auf Eigentum der Schwestern beinhalteten und festlegten, dass die Genossenschaft kein verzinsliches Kapital ansammeln und nur die für die Schwestern notwendigen Gebäude (Mutterhaus, Novizinnenhaus, Provinzhäuser) besitzen durfte sowie die für die Durchführung ihrer Tätigkeit notwendigen Mittel. Schließlich wurde mit dem Bescheid vom 2.7.1851 die schwesterliche Gemeinschaft als Genossenschaft der „Armen Schwestern vom hl. Franziskus" zu einer genehmigten klösterlichen Genossenschaft erhoben. Die Constitutionen schrieben als Aufgaben der Genossenschaft fest: die Pflege armer Kranker, die Armenpflege, die Arbeit für „verwahrloste", arme Mädchen und für „Büßerinnen" sowie für weibliche Straffällige.

Inzwischen hatte der Prozess einer umfangreichen Ausweitung der Arbeit begonnen. 1850 übernahmen die Schwestern die Krankenpflege im Jülicher Heilig-Geist-Spital und die ambulante Krankenpflege in der Stadt. Nach Abschluss des kirchlichen Genehmigungsverfahrens konnte 1851 die Bonner Niederlassung, die durch Karl von Boeselager maßgeblich finanziell unterstützt wurde, eröffnet werden. Noch im gleichen Jahr stellte sich die Schwesternschaft der Aufgabe, den Dienst an den weiblichen Gefangenen im Aachener „Arresthaus" zu übernehmen. Sie begleiteten die Straffälligen auch nach ihrer Entlassung, um ihnen Unterkunft und Anstellung zu verschaffen. Die Vergrö-

620 Ebd., S. 176; vgl. Kock: Franziska Schervier, S. 70–74.

ßerung der Schwesternschaft und die mangelnde Eignung ihrer bisherigen Unterkunft im früheren Dominikanerkloster, das überwiegend für die Krankenpflege genutzt wurde, führten zur Suche nach einer für das Mutterhaus geeigneten Immobilie. Im Jahr 1852 wurde mithilfe von Mitteln, die Karl von Boeselager sowie weitere Förderer und die Familie Schervier zur Verfügung stellten, das ehemalige Clarissenkloster erworben. Nach Renovierungs- und Umbauarbeiten wurde das neue Mutterhaus im darauffolgenden Jahr eingeweiht. Es wurde zur Zentrale für eine sich immer weiter ausbreitende Tätigkeit der Genossenschaft. Den Mittelpunkt der Arbeit des Ordens bildete das Rheinland mit jeweils mehreren Einrichtungen in Aachen, Köln, Bonn, Düsseldorf und Essen. Hinzukamen bis zum Tod von Franziska Schervier Niederlassungen in acht weiteren rheinischen Orten, in sechs Städten außerhalb der preußischen Rheinprovinz und elf Pflegeeinrichtungen in den USA.[621] Insgesamt 815 Schwestern hat Franziska Schervier in die Genossenschaft aufgenommen.[622]

Franziska Schervier verband tiefe Frömmigkeit mit wirtschaftlichem und organisatorischem Sachverstand. So war sie bei der Ausweitung der Niederlassungen nicht bereit, Kompromisse einzugehen, die eine erfolgreiche Tätigkeit ihrer Schwestern beeinträchtigt hätten. Mehrfach lehnte sie daher Übernahmen ab oder gab Niederlassungen wieder auf, deren äußere Bedingungen für die Arbeit nicht angemessen waren. Bei der Ansiedlung von neuen Niederlassungen machte sie zur Vorbedingung, dass die Ortspfarrer mit der Sammeltätigkeit der Schwestern einverstanden waren. Sie vermied so wenigstens für den Anfang das Entstehen eines Konkurrenzverhältnisses zwischen karitativen Sammlungen ihrer Schwestern und denen der Pfarreien. Die Übernahme staatlicher Einrichtungen oder das Arbeiten in ihnen lehnte sie mit Ausnahme der Tätigkeit in den Gefängnissen ab. Allerdings beteiligten sich ihre Schwestern umfangreich am Pflegedienst in den Lazaretten des deutsch-dänischen Krieges von 1864 und des deutsch-französischen Krieges von 1870/71. In den öffentlichen Krankenhäusern fürchtete sie den *„Despotismus der Bureaukratie“* und *„die ganze Arroganz der Medicin“*.[623] Sie versuchte jede Abhängigkeit von staatlichen Stellen zu vermeiden und jeden öffentlichen Einfluss auf ihre Tätigkeit und die Verwendung der gesammelten Gelder auszuschließen, um sie ausnahmslos für die in den Constitutionen festgelegten Zwecke zu verwenden. In der Zeit des Kulturkampfes besaß sie in der Kaiserin Augusta, die zweimal das Mutterhaus in Aachen besuchte, eine Fürsprecherin. Augusta setzte sich erfolgreich gegen behördliche Maßnahmen ein, die auf eine Kontrolle der Schwesternschaft gerichtet waren. Trotz großen Respekts gegenüber der kirchlichen Hierarchie verfolgte Franziska von Schervier auch dieser gegenüber die Durchsetzung

621 Zahlen nach Jeiler: Die gottselige Mutter Franziska Schervier, S. 571–577.
622 Zahl nach Kock: Franziska Schervier, S. 133.
623 Jeiler: Die gottselige Mutter Franziska Schervier, S. 218.

ihrer Vorstellungen mit kirchenpolitischem Geschick und großer Beharrlichkeit. Ihre Option für die Armut und die Armen war entschieden und unumkehrbar. Damit verlangte sie ihren Schwestern große Opfer ab, was jedoch das Wachsen der Genossenschaft nicht hinderte. Die Ausrichtung der Tätigkeit auf die in dieser Zeit in Deutschland weit verbreitete Armut traf einen bloß liegenden Nerv der Gesellschaft. Die Aktivität der Schwestern bedeute eine effektive Linderung des Leidens der Betroffenen und führte zu einer großen Akzeptanz in der ärmeren Bevölkerung. Zugleich trug es ihr sowie ihrer Genossenschaft auch die zunehmende Akzeptanz und Förderung durch das Bürgertum und durch Vertreter des Adels ein.

Franziska Schervier verstarb am 14. Dezember 1876 im Mutterhaus. Die Trauerfeier erfolgte unter großer Beteiligung der Bevölkerung, deren hohe Achtung sie sich mühevoll hatte erarbeiten müssen. Ihre Seligsprechung erfolgte 1974. Nach ihrem Tod setzte sich die Ausweitung der Tätigkeit der Genossenschaft eindrucksvoll fort. 1893 entstand in Aachen das neue Mutterhaus, verbunden mit mehreren Einrichtungen in seinem Komplex. Bis 1940 steigerte sich die Zahl der Schwestern auf 1989 in Deutschland und 632 in den USA. 1959 konstituierte sich der amerikanische Zweig als eigenständige Genossenschaft unter der Bezeichnung „Franciscan Sisters of the Poor". Er ist in den USA, in Brasilien, auf den Philippinen, im Senegal und in Italien tätig. Die Armenschwestern vom hl. Franziskus verfügen heute über 25 Konvente in Deutschland, Belgien und Dänemark mit über 200 Schwestern und einigen Frauen, die an der „Weggemeinschaft" teilnehmen, ohne im Vollsinn zum Orden zu gehören. Da die Schwestern in Deutschland über ein Durchschnittsalter von 76 Jahren verfügen, beschränkt sich ihre Tätigkeit auf die Pflege seelischer Wunden, die soziale Betreuung und die Pflege der religiösen Ausrichtung der Altenpflegeeinrichtungen. Die Schwesternschaft ist alleiniger Gesellschafter der „Franziska-Schervier Altenhilfe gGmbH", die in fünf westdeutschen Städten Einrichtungen der Altenpflege und des Betreuten Wohnens betreibt.[624]

Die „Armen Dienstmägde Jesu Christi" (1851) – Katharina Kasper

Nicht allein das Elend des städtischen Proletariats, sondern auch die Notstände der ländlichen Bevölkerung führten in der Mitte des 19. Jahrhunderts in der katholischen Kirche zur Gründung von Einrichtungen, die Abhilfe schaffen sollten. Zwei Stifterinnen bedeutender Kongregationen, Katharina Kasper und Rosa Flesch, entstammten der ländlichen Bevölkerung des Westerwaldes. Insbesondere der nassauische Teil des Westerwaldes litt unter der fehlenden Entwicklung von Gewerbe und Industrie und war fast durchgehend bäuerlich

[624] Homepage der gGmbH.

geprägt. Auch in dem Gebiet, das 1815 zu Preußen kam, waren die wirtschaftlichen Verhältnisse für einen großen Teil der Bevölkerung bedrückend. Die Höfe waren klein, der Boden karg, die Witterung ungünstig und der Landbesitz oft in zahlreichen Parzellen verstreut. Für viele Bewohner bedeutete dies ein Leben in Armut, sogar das Betteln galt als normale Berufstätigkeit. Kranken, Alten und Waisenkindern in den Dörfern fehlte es an Betreuung und Pflege. Ärzte waren in den wenigen Städten niedergelassen und fanden den Weg in die Dörfer nur selten und behandelten Patienten nur gegen Bezahlung. Katharina Kasper und Rosa Flesch hatten in ihren Familien und im eigenen Lebenslauf die notvolle Situation der Bevölkerung des Westerwaldes erfahren.[625]

Katharina Kasper wurde 1820 als drittes von vier Kindern des Ehepaares Heinrich und Catharina Casper in dem Dorf Dernbach geboren. Aus der ersten Ehe des Vaters gehörten vier Töchter zur Familie. Sie wuchs in den einfachen Verhältnissen einer Westerwälder Kleinbauernfamilie auf. Katharina Kasper erhielt nur eine geringe schulische Bildung. Während ihrer achtjährigen Schulzeit nahm sie wegen der Mitarbeit in der Landwirtschaft und verschiedenen Erkrankungen großenteils nicht am Unterricht teil. Nach dem Tod ihres Vaters im Jahr 1842 war sie gezwungen, als Tagelöhnerin durch verschiedene Tätigkeiten in Dernbach, Wirges und Montabaur für den eigenen Lebensunterhalt und den ihrer Mutter, mit der sie weiter zusammenlebte, zu sorgen, da keines der Kinder den Hof übernehmen konnte. Zusätzlich begann sie in den wenigen freien Stunden, insbesondere am Sonntag, Kranke ihres Dorfes zu besuchen und ihnen Haushalts- und Pflegehilfe zu leisten.

Mit 25 Jahren gründete Katharina Kasper zusammen mit vier Frauen einen religiös inspirierten Verein. Die entscheidende und sie dann lebenslang tragende Motivation fand sie in dem Buch der „Nachfolge Christi" des Thomas von Kempen. Sie lebte ganz nach seinen Vorstellungen und erzog später auch ihre Novizinnen in seinem Geist.[626] Die Mitglieder des Vereins trafen sich sonntags und besuchten Kranke. Eine ambulante Versorgung von Kranken und pflegebedürftigen Senioren fehlte in ihrer Region vollständig. Alle Vereinsmitglieder waren hinsichtlich der Pflegetätigkeit fachlich auf sich gestellt. Auch um die Betreuung von Kindern, die in der ländlichen Bevölkerung oft sich selbst überlassen waren, bemühte sich die Gemeinschaft.

---

625 Dazu Hans-Joachim Kracht: Leidenschaft für die Menschen. Margaretha Rosa Flesch – Leben und Wirken, Trier 2005, S. 44–47; Leidenschaft für die Menschen, Bd. 2, Dokumente, Trier 2006, S. 168; Konrad Fuchs: Katharina Kasper – ihr sozialpolitisches Wollen und Wirken, in: Maria Katharina Kasper. Ihre Zeit und ihr Werk, S. 51–54; Wilhelm Heinrich Riehl: Land und Leute, Stuttgart 1860, 10. Aufl. 1899, S. 251.254–276.

626 Dazu u. a. Robert Quardt: Millionärin ohne Hab und Gut. Aus dem Leben der Ordensstifterin Maria Kasper, 2. Aufl., München 1967, S. 24–28.

Katharina Kaspers Ziel war es, ein Haus zu bauen, um ein Kloster zu gründen. Aus dem Verein sollte ein Orden werden. 1846 wanderte sie daher nach Limburg, um Bischof Peter Josef Blum für die Begleitung und Förderung ihres Vorhabens zu gewinnen. Dieser ermutigte sie zwar, gab ihr jedoch keinerlei Zusage und empfing sie bei mehreren weiteren Kontaktversuchen nicht.1847 begann Katharina Kasper mit einem Startkapital von 7,40 Mark[627] den Bau eines kleinen Hauses, das zunächst ihr als Wohnung und den Vereinsmitgliedern am Sonntag zur Besprechung und Auswertung der Krankenbesuche dienen sollte. Beim Bau des Hauses, das längere Zeit hoch verschuldet blieb, legten sie selbst, die Vereinsmitglieder und die Nachbarn mit Hand an. Katharina Kasper konnte nach 16 Monaten das Haus beziehen. Sie lebte dort zunächst allein, ernährte sich durch die Anfertigung von Handarbeiten und pflegte Kranke in den umliegenden Dörfern.[628]

Die Entwicklung des Vereins zum Orden vollzog sich über zwei Zwischenschritte. Anfang 1850 genehmigte Bischof Blum die von seinem Sekretär nach den Vorstellungen von Katharina Kasper formulierten Regeln für die Vereinsmitglieder.[629] Diese Statuten bestimmten die religiöse Grundausrichtung der Gemeinschaft und enthielten eine Beschreibung der „*Pflichten gegen den Nächsten*“. An erster Stelle ging es danach um die „*Pflege der Kranken*“ und ihre „*geistlichen und leiblichen Bedürfnisse.*“[630] Mit einem Anbau an ihr Haus schuf Katharina Kasper in den Jahren 1850/51 die Voraussetzung für die Bildung einer Wohngemeinschaft mit ihren Gefährtinnen. Nun zogen vier ihrer Vereinsmitglieder in das Haus. Doch noch war die Gemeinschaft kein Orden und das Haus kein Kloster. Bei seinem Besuch des Hauses nahm Bischof Blum zu diesem Anliegen von Katharina Kasper Stellung und erklärte öffentlich, dass aus diesem Haus ein Kloster werden könnte.

1851 wandelte sich der Verein in eine Kongregation um. Katharina Kasper und fünf Mitschwestern legten vor Bischof Blum ihr Gelübde ab und arbeiteten nun unter der Bezeichnung „Arme Dienstmägde Jesu Christi“. Nach ihrem Entstehungsort, an dem sich auch heute noch das Generalmutterhaus befindet, werden sie zumeist als „Dernbacher Schwestern“ bezeichnet. Katharina Kasper nahm „Maria“ als ihren Ordensnamen an und wurde zur Oberin gewählt. In Anlehnung an die Regel der Genossenschaft der Barmherzigen Schwestern des Vinzenz von Paul erließ Bischof Blum 1852 ein erstes Ordensstatut, dem 1856 ein weiteres folgte. Innerhalb von fünf Jahren stieg die Zahl der Schwestern auf

627 Ebd., S. 41.

628 Dazu Gottfriedis Amend: Mutter Maria Katharinas Antwort auf die Bedürfnisse ihrer Zeit, in: Maria Katharina Kasper. Ihre Zeit und ihr Werk, hg. v. Gottfriedis Amend, Dernbach 1978, S. 39.

629 In: Katharina Kasper: Schriften, Bd. 1, Erste Regeln und eigenhändige Briefe, hg. v. Gottfriedis Amend, Kevelaer 2001, S. 45–47.

630 Ebd., S. 47.

42.[631]Aus dem ersten kleinen Haus wurde ein größerer Gebäudekomplex, in dem schon früh auch Waisenkinder Aufnahme fanden. Eine erste Niederlassung wurde 1854 in Camberg eingerichtet. 1856 folgten Niederlassungen in Montabaur, Rüdesheim, Hadamar und Wiesbaden. Bis 1859 entstanden 36 Niederlassungen. Zahlreiche Gründungen verdankten sich der Initiative von Pfarrangehörigen, Pfarrern, Stadträten und Adligen, die sich finanziell engagierten.[632] Ab 1859 waren die Dernbacher Schwestern in den Niederlanden tätig und ab 1868 in den USA, später auch in England, Belgien, Luxemburg und Böhmen. Die Einschränkung der Tätigkeit von katholischen Ordensgemeinschaften während des Kulturkampfes führte zu einem Ausweichen auf die holländischen Niederlassungen. Den geistigen und organisatorischen Zusammenhalt der weitverzweigten Genossenschaft sicherte Mutter Maria als Generaloberin durch unermüdliche Visitationsreisen, die sie auch in die ausländischen Niederlassungen – mit Ausnahme der USA – führten.

Als Maria Katharina Kasper 1898 starb, gehörten 1725 Schwestern der Genossenschaft an.[633] Sie leisteten ihre Dienste in 193 Niederlassungen in Deutschland, den Niederlanden, den USA, England, Belgien, Luxemburg und Böhmen. Sie pflegten Kranke, unterrichteten in Schulen, betreuten Senioren, Waisenkinder, Geistigbehinderte und Epileptiker.

Bis 1933 stieg die Zahl der Schwestern auf 4346 an. Von da ab führten politische Beeinträchtigungen durch das NS-Regime und die gesellschaftliche Entwicklung nach dem Zweiten Weltkrieg zu einer immer deutlicheren Abnahme. Gegenwärtig gehören noch etwa 600 Schwestern der Kongregation an, die ihren Dienst inzwischen auch in Indien, Brasilien, Mexiko, Kenia und Nigeria ausübt und weltweit in Notstandsgebieten Akuthilfe leistet.

Die „Waldbreitbacher Franziskanerinnen von der allerseligsten Jungfrau Maria von den Engeln" (1863) – Margaretha Rosa Flesch

Margaretha Rosa Flesch lernte wie Katharina Kasper bedrückende Lebensverhältnisse früh kennen. Sie wurde 1826 als älteste von drei Töchtern des Ölmüllers Johann Georg Flesch und seiner Ehefrau Agnes in Schönstatt geboren.[634] Die Familie ernährte sich durch den Betrieb von gepachteten Mühlen. Hinzu

---

631 Amend: Mutter Katharinas Antwort, S. 43.

632 Tabelle der Gründungen bis 1859 in Fuchs: Katharina Kasper, S. 60–62.

633 Zur statistischen Entwicklung der Genossenschaft s. Amend: Mutter Katharinas Antwort, S. 47f.

634 Zum Folgenden s. die Beschreibung ihrer frühen Lebensjahre, die Margaretha als Mutter Rosa Schwester Marzella Schumann diktierte, in: Leidenschaft für die Menschen – Bd. 2, Dokumente, hg. v. Hans-Joachim Kracht, Trier 2006, S. 259.

kam die Arbeit in der Landwirtschaft. Mehrfach musste die Familie umziehen. Es war selbstverständlich, dass die Kinder, sobald sie dazu in der Lage waren, in der Landwirtschaft mithalfen. Der Schulbesuch, an dem sich Rosa gerne beteiligte, erfolgte nur in dem Maß, wie es der Arbeitsanfall in der Landwirtschaft zuließ. Die Sicherung des Lebensunterhaltes war immer wieder gefährdet. Einschnitte im Familienleben erfolgten durch den Tod der Mutter 1832, die zweite Heirat des Vaters und seinen Tod 1842. 1841 erkrankte die gesamte Familie zunächst außer Rosa an Typhus. Da jede andere Hilfe fehlte, übernahm sie wochenlang die Pflege einschließlich der Beschaffung und Zubereitung des Essens. Erst als es den anderen Familiengliedern wieder besser ging, brach sie zusammen und erkrankte nun selbst.[635] Nach dem Tod des Vaters im Jahr 1842 musste sie als ältestes Kind zum Unterhalt der Familie maßgeblich beitragen. Sie tat dies durch den Verkauf der von ihr gesammelten Heilkräuter.

Neun Jahre nach dem Tod ihres Vaters bezog sie gemeinsam mit ihrer erkrankten Schwester Maria Anna die leerstehende Vikarswohnung der Kreuzkapelle an der Wied in der Nähe von Waldbreitbach. Schon als Kind hatte Rosa Flesch eine besondere religiöse Sensibilität entwickelt. Heiligenbilder, wie das des heiligen Franziskus,[636] Heiligenlegenden[637] und die Teilnahme an der Heilig-Rock-Wallfahrt nach Trier im Jahr 1844 beeindruckten sie stark.[638] Einzelne Frauen schlossen sich den Geschwistern in lockerer Form an. Gemeinsam beteten sie, pflegten Kranke, kümmerten sich um Waisenkinder und versuchten durch Näharbeiten etwas Geld zu verdienen. Von 1854 bis 1864 verfügte Rosa Flesch über regelmäßige Einnahmen aus der Erteilung von Handarbeitsunterricht in sieben Dörfern.[639]

Ihr Plan, eine franziskanische Kongregation zu gründen und ein Haus für Kranke und Waisenkinder zu errichten, fand zunächst keine Unterstützung von Pfarrer Jakob Gomm, ihrem zuständigen Seelsorger. Dabei spielte offenbar auch die mangelnde finanzielle Basis eine Rolle. Die kleine Gemeinschaft wurde sogar von ihm gedrängt, die Wohnung an der Kreuzkapelle einer sich bildenden franziskanischen Brüderschaft zu überlassen. Der Widerstand des Pfarrers bestärkte Rosa Flesch nur in ihrem Vorhaben. In den Jahren 1861/62 gelang es der Gemeinschaft, ein Haus auf einem 1857 von Rosa Flesch erworbenen Grundstück zu bauen. Das Gelände war wegen seines felsigen Bodens gegen einen geringen Betrag verkauft worden. Der Bau des Hauses wurde durch die

635 Hans-Joachim Kracht: Leidenschaft für die Menschen, Margaretha Rosa Flesch. Leben und Wirken, Trier 2005, S. 55f.; Bd. 2, S. 90.

636 Kracht: Bd. 1, S. 31f.

637 Ebd., S. 56; Bd. 2, S. 99f.

638 Kracht: Bd. 1, S. 62–64; Bd. 2, S. 99f.; Böckeler: Die Macht der Ohnmacht, S. 45f.

639 Dazu Kracht: Bd. 1, S. 91f.; Bd. 2, S. 97; Lotte Schiffler: Die Antwort der Frau in der sich ändernden Welt, Münster 1969, S. 43.

Unterstützung eines Halbbruders und mehrere Darlehen möglich, war jedoch finanziell immer wieder gefährdet. Als während der Bauarbeiten das Geld ausging, wandte sich Rosa Flesch mit der Bitte um Unterstützung an Pfarrer Gomm. Er vermittelte das für die Vollendung des Baues notwendige Darlehen und förderte das Vorhaben von da an.[640] Das Gebäude wurde als Wohnhaus der Gemeinschaft mit einigen Plätzen für die Pflege von Kranken eingerichtet.

Im Januar 1863 erfolgte die bischöfliche Genehmigung für die Errichtung einer Ordensgemeinschaft durch den Trierer Bischof Wilhelm Arnoldi. Margaretha und ihre Gefährtinnen entschieden sich für die klösterliche Form einer Genossenschaft der Franziskanerinnen. Rosa Flesch nahm als Klosternamen „Maria Rosa vom hl. Josef“ an. Die Hauptaufgabe der Schwestern blieben die ambulante und zunehmend auch die stationäre Krankenpflege und die Betreuung von Waisenkindern. 1863 entstand ein erstes kleines Krankenhaus mit zwei Vertragsärzten. Damit einher gingen eine umfangreiche bauliche Erweiterung des „Marienhauses“, der Waldbreitbacher Zentrale, der Erwerb zahlreicher Grundstücke und die Gründung von Filialen.

Die erste Filiale wurde 1863 in Adenau errichtet. Bis 1870 kamen 16 weitere in den preußischen Provinzen Rheinland und Westfahlen hinzu.[641] Schwerpunkt des Dienstes der Schwestern in den Filialen war die ambulante Krankenpflege. Zusätzlich entstanden erste Einsätze in Krankenhäusern wie im Völklinger Knappschaftslazarett. Während des deutsch-französischen Krieges 1870/71 leistete Mutter Rosa mit 50 Schwestern aus der Zentrale und den Filialen Pflegedienst in den Lazaretten. Sie wurde dafür durch die Kaiserin Augusta mit dem Eisernen Kreuz ausgezeichnet.[642]

Die Finanzierung der Vorhaben gelang ohne größere Verschuldung. Dabei erfolgte die Krankenpflege, mit Ausnahme der Pflege in wohlhabenden Familien, unentgeltlich, für einen Teil der Waisenkinder gab es einen die Kosten nicht deckenden Zuschuss der zuständigen Kommunen. Die Haupteinnahme bildeten Spenden.[643] Die Mitgift von eintretenden Kandidatinnen – in Einzelfällen mehrere hundert Taler – vermehrte das Vermögen der zur persönlichen Armut verpflichteten Schwesternschaft.[644] Zusätzliche Einnahmen erwirtschafteten die Schwestern durch den Verkauf von Handarbeiten und durch Arbeiten gegen Tageslohn.[645] Mutter Maria Rosa leitete die Kongregation bis 1869 als Oberin. Sie wurde auf dem ersten Generalkapitel fast einstimmig zur Generaloberin gewählt. Mit viel Geschick gelang es ihr, die Auswirkungen des Kultur-

640 Kracht: Bd. 1, S. 92f.; Bd. 2, S. 152f.
641 Ebd., S. 253.
642 Ebd., S. 238–243.
643 Ebd., s. u. a. S. 176f.
644 Ebd., S. 174–176.
645 Ebd., S. 167.

kampfes auf den Orden abzumildern, jedoch konnte sie das Ende der Betreuung der Waisenkinder und der im Marienhaus eingerichtete Nähschule für Mädchen nur bis 1876 hinauszögern.[646] 1878 schied sie nach zweimaliger Wiederwahl aus dem Amt. Es war ihr und ihren Mitschwestern gelungen, das Mutterhaus erheblich auszubauen und 22 Niederlassungen des Ordens einzurichten, zu dem inzwischen 107 Schwestern gehörten.[647] Damit war die Grundlage für das spätere dynamische Wachstum des Ordens gelegt.

Mit dem Generalkapitel 1878 begann eine kritische Phase für den Orden. 1870 hatte die bischöfliche Behörde den 26jährigen Priester Konrad Probst dem Orden als geistlichen Rektor zugeteilt. Erst neuere Forschungen ergaben, dass die sichere Wiederwahl Mutter Maria Rosas durch Konrad Probst verhindert wurde.[648] Unter seinem massiven Druck wählten die Schwestern Agatha Simons, die bisherige Stellvertreterin, zur Generaloberin. Der Rektor hatte den Eindruck erweckt, er könne bei abweichenden Wahlverhalten die betreffenden Schwestern aus dem Orden entfernen lassen. Ursache war, dass zum einen zwischen dem Rektor und Mutter Maria Rosa nicht immer Übereinstimmung bestand und sich der Rektor wiederholt in die Ordensleitung widerrechtlich einmischte. Zum anderen hatte sich in Zeit der Abwesenheit von Mutter Maria Rosa während des deutsch-französischen Krieges zwischen dem in dieser Zeit ernannten Rektor und Schwester Agatha Simons ein wachsendes Einvernehmen entwickelt.[649] Nach der Wahl trat der größte Teil der Schwestern, die den Orden aufgebaut hatten, aus diesem aus. Maria Rosa unterließ jedoch jede Form von Opposition, um einen offenen Streit und ein Auseinanderfallen der Schwesternschaft zu verhindern. Dies hätte zur Aufhebung des Ordens führen können. Mit dem Ausscheiden von Maria Rosa aus der Leitung des Ordens setzte eine konsequente „damnatio memoriae“ ein. Schwester Maria Rosa wurde von ihrer Nachfolgerin in entfernte Niederlassungen verbannt. Von 1878 bis zu ihrem Tod lebte Schwester Rosa als einfache Schwester im Orden. In dem von ihr gegründeten Orden wurde von ihr nicht mehr gesprochen. Erst die letzten Jahre bis zu ihrem Tod 1906 verbrachte sie wieder im Mutterhaus. Ihre Aufzeichnungen und solche, die sie und die Gründung des Ordens betrafen, wur-

---

[646] Ebd., S. 256–283.

[647] Statistische Entwicklung der Schwesternschaft in Kracht: Bd. 1, S. 103.

[648] Zu diesem Vorgang und seiner Vorgeschichte und seinen Auswirkungen Kracht: Bd. 1, S. 131–139.

[649] Kracht: Bd. 1, S. 137f.; Bd. 2, S. 253f.; Maura Böckler hatte in ihrer 1962 in erster Auflage erschienen Biographie über Rosa Flesch (Die Macht der Ohnmacht, S. 214–217) noch versucht Verständnis für das Vorgehen des Rektors zu zeigen. Nach ihrer Version wollte er durch die Lenkung der Wahl eine in der Schwesternschaft entstandene Unruhe bekämpfen. Die von Kracht abgedruckten Dokumente und die Vorgehensweise des Rektors sprechen jedoch eher dafür, dass die Unruhe durch das offenbar abgestimmte Vorgehen der Neugewählten und des Rektors verursacht wurden.

den auf Veranlassung des Rektors vernichtet. Andere Akten wurden sogar gefälscht.[650] Während ihrer letzten Phase im Mutterhaus beschränkte Rektor Probst entgegen ihrem jahrelangen Brauch die Austeilung des Sakraments auf die Sonn- und Feiertage, selbst in der Sterbephase war er nicht zu einer zeitnahen Austeilung bereit. Beigesetzt wurde sie in einem nicht besonders kenntlich gemachten einfachen Schwesterngrab. Im Jahr 1918 scheiterte der Versuch der Schwester Marzella Schumann[651], den zuständigen Bischof für die Veranlassung einer sachlich angemessenen Lebensbeschreibung von Rosa Flesch zu sorgen, am Widerstand der Ordensleitung. Marzella Schumann wurde als „anormal" eingestuft und verbracht einige Monate in der Nervenklinik des Mutterhauses.[652] Erst mit den späteren Nachfolgern im Rektorat und den Nachfolgerinnen im Amt der Generaloberin setzte eine Rückerinnerung ein, die auch zu einer Umbettung in ein Grab in der Mutterhauskirche führte. 1957 reichte der damalige Rektor Jakob Backes die notwendigen Unterlagen für ein Seligsprechungsverfahren beim Vatikan ein. Die Seligsprechung erfolgte im Jahr 2008.

Unter den Nachfolgerinnen im Amt der Generaloberin setzte sich das Wachstum des Ordens fort. Zusätzlich zu den bisher ausgeübten Tätigkeiten nahm die Ordensgemeinschaft ab 1891 die Pflege von Geisteskranken auf, für die mit dem Antoniushaus eine eigene Einrichtung im Mutterhausgelände geschaffen wurde. Zum Zeitpunkt des Todes von Schwester Maria Rosa gehörten 900 Schwestern in 72 Niederlassungen zum Orden. Nach dem Ersten Weltkrieg wurden Filialen in den USA (ab 1923), den Niederlanden (ab 1931) und Brasilien (ab 1958) errichtet. Heute gehören zu den Konventen des Ordens etwa 600 Schwestern. Besondere Bedeutung hat die vom Orden gegründete „Marienhaus GmbH Waldbreitbach", in die der Orden die bis dahin selbst betriebenen Einrichtungen überführte. Diese Gesellschaft ist Träger von 20 Krankenhäusern, 9 Hospizen, 29 Alten- und Altenpflegeheimen, 5 Kinder- und Jugendeinrichtungen, 10 Bildungseinrichtungen und weiteren stationären und ambulanten Angeboten. Fast 14 000 Mitarbeitende stehen im Dienst der Marienhaus GmbH.

---

650 Kracht: Bd. 1, S. 132.137.

651 Zu Marzella Schumann ausführlich Kracht: Bd. 2, S. 18–43.

652 Kracht: Bd. 1, S. 145; Bd. 2, S. 27f.

Das persönliche Engagement

Die persönlichen Initiativen der Bürgerinnen

Die Grenzen zwischen den karitativen Initiativen, die von Vereinen und Schwesternschaften getragen wurden und denen, für die das persönliche Engagement bestimmend war, sind fließend. Fast immer standen auch bei der Bildung von Vereinigungen einzelne engagierte Persönlichkeiten als treibende Kräfte am Anfang. Berücksichtigt werden in diesem Kapitel zum einen Persönlichkeiten, die überwiegend als Einzelne handelten. Zum anderen geht es um Frauen, von denen Impulse für verschiedene Vorhaben ausgingen. Sie selbst wurden dabei in der Regel nicht karitativ tätig und doch ging von ihrem Engagement eine weitreichende Wirkung aus.

Rahel Levin verh. Varnhagen von Ense (1771–1833)

Es fällt auf, dass unter den Frauen, die in Berlin das Entstehen der helfenden Frauenvereine förderten und begleiteten, zahlreiche „Salondamen" vertreten waren. Sie verfügten durch ihre literarisch-musischen Salons über ein gesellschaftliches Beziehungsgeflecht. Die „Salonnièrs" waren Auftreten und Organisieren gewohnt und verfügten oft auch durch ihre Ehemänner oder Familien über Vermögen. Rahel Levin, die 1771 geborene Tochter des Berliner Bankiers und Kaufmanns Markus Levin und seiner Frau Chaie lebte jedoch nach dem Tod des Vaters in bescheidenen Verhältnissen und wurde von ihren Brüder „ausgehalten".[1] Sie hielt von 1790 bis zum Beginn des preußisch-französischen Krieges 1806 einen literarischen Salon. An diesem nahmen u. a. auch Friedrich Schlegel, Alexander und Wilhelm von Humboldt, dessen Frau Karoline, Friedrich Schleiermacher, Gottlieb Fichte und Prinz Louis Ferdinand von Preußen teil. Zu den ausländischen Gästen gehörte Prinz Ludwig de Ligne. Aus einer jüdischen Familie stammend, ließ sie sich in Zusammenhang ihrer Eheschließung mit dem Offizier und späteren Diplomaten Karl August Varnhagen im Jahr 1814 taufen. Als Anerkennung für seine Tätigkeit als preußischer Diplomat wurde er mit dem erblichen Adel ausgezeichnet und nannte sich Varnhagen von Ense.

Durch ihren Verlobten Varnhagen und zahlreiche Briefpartner war Rahel Levin laufend über die politische Entwicklung informiert. In Kenntnis der bis 1813

---

1 Dazu Hanna Arendt: Rahel Varnhagen, Frankfurt a.M./Berlin/Wien 1975, S. 169.171.173.

erfolgten Kriegsereignisse und des drohenden Befreiungskrieges stellte sie im Februar 1813 fest: „*Mich beugt ... der Krieg sehr.*“ Sie fürchtete „*daß wir noch inmitten des Rohesten leben, daß verwundender Krieg, und tolles Nehmen und Wehren bis zu unsern Schwellen kommen kann, daß wir vor den Wilden* nichts *voraus haben*“.[2] Während des Krieges schreibt sie an ihren Verlobten: „*Du weißt. Ich liebe den Krieg* nicht“, und sie ist überzeugt: „*Sieg oder Schmach; Verletzte, Verwundete bringt er unfehlbar: denen hilf!*“[3]Entgegen einer Betonung des Deutschen in Abgrenzung von dem Französischen, wie sie bei Ernst Moritz Arndt zu finden war, betonte Rahel Levin in der zugespitzten Lage des Jahres 1813: „*daß wir Deutsche heißen und sind, ist eine Zufälligkeit; und die Aufblaserei, dies so groß hervortreten lassen wollen, wird mit einem Zerplatzen dieser Thorheit endigen.*“[4] Demgegenüber betont sie: „*Wir Deutschen müssen uns nur mit dem ächtesten Schmuck schmücken; das ist Gerechtigkeit, Mäßigung, Rechtlichkeit und Gesetzmäßigkeit.*“[5] Diese deutlichen Stellungnahmen in ihren Briefen zeigen, dass Frauen in den Befreiungskriegen keineswegs nur von dem vaterländischen Pathos bestimmt waren, den der Aufruf der preußischen Prinzessinnen vermittelte.

Rahel Levin gehörte zu den ersten Frauen, die sich in Berlin für die Versorgung und Pflege von Verwundeten und Kranken in den Lazaretten einsetzten. Sie war im März 1813 eine der Initiatorinnen des „Frauenvereins für das Privat-Lazarett in der Friedrichstraße“. Ihr brieflicher Bericht über den Zustand in dem großen staatlichen Lazarett vom April d. J. vermittelt einen originären Einblick in das unvorbereitete Entstehen eines Hilfeunternehmens: „*Diesen Morgen muß ich noch nach Hemden laufen ...: weil ich denke, je schneller die Hülfe, desto mehr ist sie Hülfe: weil ich weiß,* was krank schmachten *ist; und keine Wäsche anziehen* können ... *Unser großes Lazareth war in einem schrecklichen Zustand!*“[6] Mit der Einschaltung ihres Bruders Markus initiiert Rahel Levin eine ganze Hilfekette: „*Ich schrieb Markus, dieser Böhm, Böhm dem Civilgouverneur*“.[7] Rahel Levin löst in Berlin im April 1813 geradezu einen „*General*-Aufstand“ aus: „Jeder

[2] Rahel Varnhagen: Briefe und Aufzeichnungen, Leipzig/Weimar 1985, Brief an Frau von Fouqué, Februar 1813, S. 176; Brief an Frau von Fouqué, Februar 1813, in: Rahel. Ein Buch des Andenkens, 2. Theil, S. 80f.

[3] Ebd., S. 136, Brief an Varnhagen vom 13.10.1813.

[4] Ebd., S. 89, Brief an Varnhagen vom 5.4.1813.

[5] Ebd., S. 86, Brief an Varnhagen vom 29. März 1813.

[6] Ebd., S. 90.91. Brief an Varnhagen, Berlin 20.4.1813, Unterstreichung im Original hervorgehoben, Volltext: „Diesen Morgen muß ich noch nach Hemden laufen die Markus giebt: ich muß es, weil ich mich keine Mühe, / kein Klötern, keinen Weg, keine Anrede, und Rede mit gemeinen Leuten verdrießen lasse: weil ich denke, je schneller die Hülfe, desto mehr ist sie Hülfe: weil ich weiß, was krank schmachten ist; und keine Wäsche anziehen können, eben so halte, als keine anziehen haben. Unser großes Lazarett war in einem schrecklichen Zustand! Wegen unordentlicher Einrichtung und Deprädation.“.

[7] Ebd., S. 91.

schrie, lief, und gab."[8] Für die notwendigen finanziellen Mittel wandte sie sich mit Erfolg an die jüdische Gemeinde der Stadt.[9] Anschließend freute sie sich über die positive Reaktion der Berliner nach dem Bekanntwerden der unhaltbaren Zustände im Lazarett: „*Nein, wie freut mich die Stadt! Kommt sie doch zu sich selbst; tut sie endlich wohl, wie es Jesus meint ...*"[10]

Da Berlin drohte, zum Kampfplatz zu werden, wich Rahel Levin nach Prag aus. Auch dort engagierte sie sich nachdrücklich für Verwundete unabhängig von welcher Kriegspartei. Sie beschrieb es als „*das Glück, den Verwundeten aller Nationen helfen zu können.*"[11] Nach der Schlacht bei Dresden schrieb sie mit Bestürzung: „*Diese Jammersöhne lagen vorige Woche auf Wagen in den engen Gassen gedrängt, und theils in den Straßen selbst, unter Platzregen da!*"[12] Auch hier gehören Franzosen zu den Verwundeten, für die sie sorgt.[13] Ihre Tätigkeit in Prag weitete sich nach ihrem eigenen Bericht umfangreich aus, auch wenn die Zahlen nicht wörtlich zu nehmen sind: „*Tausend und tausend Menschen konnte ich helfen, beistehen, schützen, unterstützen, trösten.*"[14] Auch findet sie immer wieder Unterstützung in Prag: „*Die Einwohner thaten wie in biblischen Zeiten* alles! *Man verband, man speiste sie in den Gassen, in den Hausfluren. Judenmädchen waren berühmt darin: eine Weisenmutter verband dreihundert an einem Tag.*"[15] Das dafür notwendige Geld erhielt sie aus dem Kreis ihrer Bekannten: „*Frau von Humboldt schickte mir über tausend.*"[16] Hinzukamen weitere kleinere und größere Beträge. Umfangreiche Hilfe leistete auch der Berliner Bankier Abraham Mendelssohn, Sohn des Philosophen Moses Mendelssohn.[17] Um eine effektive Unterstützung zu leisten, stand sie mit der preußischen Vertretung in Prag und den Stabschirurgen der preußischen Armee sowie den örtlichen Behörden in Kontakt. Sie sorgte für „*eine Unzahl Charpie, Binden, Lappen, Socken, Hemden*" und organisierte, dass an mehreren Stellen in Prag für die Verwundeten warmes Essen hergestellt wurde.[18] Sie schreibt. dass sie einmal allein 100 Essen an eine einzige Adresse schi-

[8] Ebd.

[9] Ebd. u. Rahel Varnhagen. Briefe und Aufzeichnungen, Leipzig/Weimar 1985, S. 182f.

[10] Ebd., S. 183; ähnlich Sophie von Schwerin in: Klein: Befreiung, S. 247.

[11] Brief an Varnhagen, vom 12.10.1813, in Rahel. Ein Buch des Andenkens, S. 131.

[12] Ebd., S. 120, Brief an Varnhagen vom 16.9.1813; ähnlich Brief an Frau von Grotthuß vom 2.2.1814, in: ebd., S. 167.

[13] Brief an Varnhagen vom 16.9.1813, in: ebd., S. 120.

[14] Brief an Frau von Grotthuß, 2.2.1814, in: ebd., S. 167; dazu Carola Stern: Der Text meines Herzens. Das Leben der Rahel Varnhagen, Reinbek 1994, S. 178–180.

[15] Brief an Varnhagen vom 16.9.1813, in: Rahel. Ein Buch des Andenkens, S. 120 vgl. auch Brief an Varnhagen vom 2.9.1813, in: ebd., S. 115.

[16] Ebd., S. 131.

[17] Ebd., S. 146; Rahel Varnhagen: Briefe, S. 196; Otto Berdrow: Rahel Varnhagen. Ein Leben- und Zeitbild, Stuttgart 1900, S. 203.

[18] Rahel. Ein Buch des Andenkens, 2. T., S. 146; Rahel Varnhagen: Briefe, S. 196.

cken ließ.[19] Selbst ein „*katarrhalisches* Fieber", das ein längeres Kranksein auslöste, unterbricht ihre Tätigkeit nicht: „*hatte mein Bureau vor dem Bette etablirt: und alles trat davor* hin".[20] Täglich hatte sie mit dreißig bis vierzig Verwundeten und Rekonvaleszenten Kontakt. Zeitlich voll ausgelastet kommt sie zu dem Ergebnis, sie „*mache mit der mir vertrauten Summe das Mögliche!*".[21]

Das ihr Mögliche tat sie noch im Alter von 60 Jahren, als in Berlin 1831 wie in vielen deutschen Städten, eine Choleraepidemie ausbrach. Obwohl sie wiederholt darüber klagt, dass sie selbst „*immer krank*" sei[22], engagierte sie sich für die von der Cholera besonders betroffene ärmere Bevölkerung. Ihrem Bruder in Baden berichtete sie: „*Täglich gebe ich: Kamisöler, Pakete Sachen; zwei, drei, vier fünf, auch sechs Thaler, Kaffee allen Menschen; dem Zeitungsmann, Allen die kommen; meinen Domestiken (Könige!), der Scheuerfrau; allen Einsammlungen: allen ärmeren Bekannten: den Kindern, Nahrung, Binden, Ermel; meinen Leuten jede Bekleidung u. u.*".[23] Scharf kritisiert sie die Passivität der „*Wohlhabenden*", denen es nicht an Zeit – Hilfe zu leisten – fehle: „*Aber sie sterben lieber vor langer Weile; und Unart aller Art, der Verschwendung, des Klatsches und der Prahlerei.*"[24] Um eine bessere Versorgung der Armen zu erreichen, „*sollten Frauen das „Armendirektorium sein*".[25] Diese in ihrer Zeit utopische Vorstellung ergänzte sie durch eine Anregung an ihren Bruder, deren Umsetzung ihr selbst nicht wahrscheinlich erschien: durch einen Zeitungsartikel sollte erreicht werden, dass „*für der Ärmeren Reinlichkeit, Beschäftigung und Kleidung auch in gesunden Tagen fortgesorgt werden würde*". Eine Reaktion ihres Bruders und weiteres Engagement Rahel Varnhagens in der Armutsfrage sind nicht feststellbar. In den letzten Jahren bis zu ihrem Tod 1833 nahmen Krankheitsphasen einen immer größeren Raum ein.[26]

Für ihr helfendes Engagement blieb auch Rahel Levin/Varnhagen nur ein „stilles Verdienst". Ihre bedeutendste Biographin, Hanna Arendt, geht auf ihre Hilfsaktionen in Berlin nicht ein. Rahel Levins umfangreiche Tätigkeit in Prag streift sie nur kurz und pauschal. Diese kritisiert sie sogar scharf als Beispiel „*jener Tüchtigkeit, die wir dann hundert Jahre zu studieren in Deutschland ergiebigste Gelegenheit hatten.*"[27] Sie findet, dass sich Rahel Levin mit ihrer Empathie und

---

19 Brief an M. Th. Robert vom 16.8.1813 aus Prag; ebd., S. 188, u. Rahel. Ein Buch des Andenkens, S. 112.

20 Brief an Varnhagen vom 12.10.1813 aus Prag; ebd., S. 133; Rahel Varnhagen: Briefe, S. 191.199.

21 Rahel. Ein Buch des Andenkens, S. 132, Unterstreichung im Original hervorgehoben.

22 Brief vom 18.7.1830 an Rose, Rahel. Ein Buch des Andenkens, 3. T., S. 441 u. Brief vom 17.4.1830 an Astolf Grafen von Custine, ebd., S. 428.

23 Brief an Ludwig Robert vom 20.9.1831, ebd., S. 523; Berdrow: Rahel Varnhagen, S. 417–419; Ellen Key: Rahel Eine biographische Skizze, 3. Aufl., Halle 1912, S. 113.

24 Rahel. Ein Buch des Andenkens, 3. T., S. 524.

25 Ebd.

26 Dazu Berdrow: Rahel Varnhagen, S. 418–428.

27 Arendt: Rahel Varnhagen, S. 185.

ihrem Handeln für die Verwundeten *„abscheulich gebärdet"*.[28] Rahel Levins Wortwahl und Gefühlsäußerungen können mit dem Maßstab der Zeit nach dem Zweiten Weltkrieg zweifellos kritisch hinterfragt werden, sie fallen für die Zeit der Befreiungskriege in ihrer Intensität nicht aus dem Rahmen. Inhaltlich bieten sie zu den Äußerungen anderer bekannter Vertreter dieser Zeit wie Ernst Moritz Arndt einen klaren Gegenpol. Rahel setzte sich in Berlin wie in Prag mit Wort und Tat auch für die französischen Verwundeten ein. Weil sie etwas naiv hoffte, Frauen könnten durch gemeinsame Aktion Krieg verhindern, sieht Arendt in ihr eine Person, die *„infantil-friedfertige(n) Programme ausbrütet"* in *„Unkenntnis aller objektiven, Geschichte bildenden Faktoren"*.[29] Gerade nach dem Ende des Zweiten Weltkrieges sollte vertraut sein, dass die Opfer des Krieges und deren Versorgung zu den objektiven Faktoren gehören, von denen sich Rahel Levin herausgefordert sah.

Karoline Weiße (1794–1850) – das Elisabethstift für kranke Kinder (1826)

Die Erfahrung des Leidens und Sterbens von Kindern führten bei Karoline Weiße zu einer ungewöhnlichen Initiative. Karoline Weiße geb. Neumann lebte nach ihrer eigenen Beschreibung *„ fast neun Jahre als Predigerfrau in Pankow ein stilles, ruhiges Leben ..., welches durch zwei sehr liebe Kinder den meisten Reiz erhielt"*.[30] Wenige Monate nachdem sie ihre ältere Tochter Elisabeth im Alter von fünf Jahren nach schwerer Krankheit verlor, verstarben im benachbarten Dorf Buch im Abstand von sechs Monaten das dortige Pfarrehepaar und hinterließen zwei Kinder im Alter von drei Jahren und von einem halben Jahr. Mit Einverständnis ihres Mannes und der sie unterstützenden eigenen Mutter nahm Karoline Weiße diese unversorgten Kinder auf. Das jüngere Kind befand sich in einem gesundheitlich so schlechten Zustand, dass sie an seiner Genesung zweifelte und einen Arzt hinzuzog. Wider Erwarten konnte das Kind gerettet werden. Diese Erfahrung löste bei ihr, wie sie selbst berichtete, einen folgenreichen Plan aus: *„Wie die Kleine anfing sich zu erholen, regte sich in mir der Wunsch, ähnliches Elend auch bei mehreren Kindern lindern zu können und mein Leben durch Tätigkeit in einem solchen Wirkungskreise auszufüllen."*[31] Zur weiteren Erklärung fügte sie sich selbst beobachtend hinzu: *„Ein angeborener Trieb zog mich von Kindheit an zu Kranken ... Ich mochte immer gerne Heilmittel versuchen und besah alle Rezepte, ohne sie zu verstehen."*[32] Zusätzliche Motivation bezog sie aus der Erinnerung an

[28] Ebd.

[29] Ebd.

[30] Zitat aus der Gründungsurkunde des Elisabethstiftes, Archiv des Elisabethstiftes ohne Signatur u. S.; gedruckt in: Martha Théremin: Hundert Jahre Kinderarbeit im Elisabethstift. 1826–1926, Berlin 1926, S. 10.

[31] Ebd.

[32] Ebd.

ihre verstorbene Tochter, die *„den Anblick eines leidenden oder weinenden Kindes kaum ertragen konnte“*.[33] Diese Selbstauskunft dokumentiert ihre Option für eine berufliche Zuwendung zu Kranken. Diese verband sich bei ihr mit der Intention, der Versorgung und Pflege von bedürftigen und kranken Kindern durch die Gründung einer festen Einrichtung eine langfristige Perspektive zu geben. Aufgrund ihrer damals schwachen Konstitution war Karoline Weiße von Anfang an bestrebt, eine Lösung für ihr Vorhaben zu finden, die auch nach ihrem Tod eine Fortführung der Hilfstätigkeit ermöglichte.[34] Damit wird bei ihr ein ähnlicher Impuls erkennbar, wie er sich ungefähr gleichzeitig bei Amalie Sieveking in Hamburg für die Pflege von kranken Erwachsenen zeigte.

Der Verwirklichung ihres Zieles stand jedoch ein erhebliches Hindernis im Wege: Die Einkünfte von Pfarrern auf dem Land waren in dieser Zeit äußerst bescheiden. Wie ihre Gemeindeglieder litten sie unter den Folgen der Verheerungen durch die napoleonischen Kriege und die katastrophale Missernte der Jahre 1816/17. Karoline Weiße spricht unumwunden von ihrer *„Armut, die auch so gar nichts zu dem kostspieligen Unternehmen beitragen konnte“*.[35] Für die Aufnahme einer größeren Zahl unversorgter Kinder und die Behandlung durch einen Arzt konnten die Mittel Karoline Weißes nicht reichen. Um dieses Hindernis zu überwinden, entfaltete sie weitreichende Initiativen. Sie wandte sich schriftlich mit einer Darstellung ihres Planes an Prinzessin Marianne von Preußen. Diese gewann die Kronprinzessin Elisabeth, Ehefrau des späteren Königs Friedrich Wilhelm IV., und weitere Mitglieder der Hohenzollernfamilie zur Unterstützung. Durch diesen Erfolg ermutigt, startete Karoline Weiße eine Spenden-„Subskription“. Dem Spendenaufruf gab sie zur genauen Information eine Kopie des erarbeiteten Planes bei, der zur Eintragung in die Spenderliste anregen sollte. Auf diese Weise konnte sie 576 Taler einnehmen, ein für damalige Verhältnisse ungewöhnlich hoher Betrag. Dankbar stellte sie fest: *„mit dieser Summe fange ich das Werk getrost und freudig mit 6 kleinen Kindern und zwei Krankenstellen an und hoffe, daß der große Gott, der so wunderbar bis hierher geholfen hat, auch ferner seinen Segen dazu geben wird.“*[36] Sie war nun in der Lage, ein Haus anzumieten und das notwendige Personal anzustellen. Dies setzte sich zusammen aus zwei „Wärterinnen“, einer „Aufseherin“ und einer Haushälterin. Da für diesen Beruf ausgebildete Kräfte nicht vorhanden waren, diente der Nachweis von hilfreichen Erfahrungen als ausreichende Voraussetzung für eine Besetzung. Die Aufseherin kam als „Predigerstochter“ aus Sachsen. Sie *„hatte schon von Jugend auf einen besonderen Trieb, bei Verpflegung der Kinder tätig zu*

33 Ebd., S. 10f.
34 Ebd., S. 11.
35 Ebd.
36 Ebd.

sein".[37] Zudem arbeitete sie *„nicht um des zeitlichen Gewinnes willen, sondern aus Dankbarkeit und Liebe mit Aufopferung ihrer Kräfte."*[38] Diese Motivation entsprach wohl ganz der persönlichen Einstellung und Haltung von Karoline Weiße. Neben der Spendenbereitschaft der Vermögenderen zeigt sich darin die zweite wirtschaftliche Wurzel, die zu der dynamischen Entwicklung von Diakonie und Caritas im 19. Jahrhundert führte: eine im christlichen Glauben begründete Verbindung von Hilfsbereitschaft und Verzicht auf Entlohnung.

Die gleiche Haltung war auch für den Arzt bestimmend, den Karoline Weiße für die Behandlung der Kinder und die gesundheitliche Fürsorge gewinnen konnte. Er beriet sie nicht nur bei der Vorplanung, sondern sagte ihr auch *„seinen Beistand bei der einstiegen Ausführung"* zu. Ein Versprechen, das er einlöste, *„außerdem verpflichtete er sich, die Anstalt wöchentlich ein paarmal zu besuchen und von derselben aus alle Kranke am Orte und sogar in der Umgebung zu behandeln, die seinen ärztlichen Rat verlangen werden."* Diese weitreichende Zusage machte er *„ohne Anspruch auf irgendeinen zeitlichen Gewinn"*.[39] Damit hatte Karoline Weiße hervorragende Startbedingungen geschaffen, die bei sehr begrenzten Betriebskosten der geplanten Anstalt eine längerfristige Perspektive eröffneten trotz der persönlichen Mittellosigkeit. Geschickt versuchte sie zudem die hilfreichste Förderin ihres Vorhabens, Prinzessin Marianne, auch als Schirmherrin zu gewinnen. Diese übertrug jedoch das ihr angetragene Protektorat auf ihre elfjährige Tochter Elisabeth. Die Prinzessin, die in diese Rolle hineinwuchs, blieb dem Stift lebenslang als Förderin erhalten.

Das Stift wurde am 5. Mai 1826 feierlich eröffnet. Die Namensgebung verband die Erinnerung an Karoline Weißes verstorbene Tochter und die junge Schirmherrin. Karoline Weißes ausführlicher Entstehungsbericht wurde als eine Art Gründungsurkunde von der elfjährigen Elisabeth von Preußen, dem behandelnden Arzt Dr. Hildebrand und „Caroline, verehelichte Prediger Weiße" unterschrieben. In dem angemieteten Pankower Haus fanden sechs Kinder und zwei Krankenstellen Platz. Am Eröffnungstag wurde ein gerade aufgenommener Säugling, dessen Mutter bei der Geburt gestorben war, durch Karolines Ehemann getauft. Aufgenommen wurden Kinder, die nicht älter als sechs Jahre sein sollten. Entgegen den in dieser Zeit verbreiteten Moralvorstellungen wurden auch unehelich geborene Kinder aufgenommen. Keinerlei Einschränkungen machte sie hinsichtlich der Konfession oder der Religion der Kinder und nahm 1828 das erste jüdische Kind auf. Im selben Jahr erfolgte der Umzug in ein etwas größeres Gebäude am Rande von Pankow. 1830 stieg die Zahl der zu versorgenden Kinder auf 19 an.

---

37 Ebd.

38 Ebd.

39 Ebd., S. 12.

Die Unkosten konnten nur zum geringen Teil durch das Pflegegeld von zunächst zwei, dann drei Talern im Monat gedeckt werden, denn es gab nur wenige Angehörige, die zu dieser Zahlung in der Lage waren. Die Haupteinnahmen erzielte die Einrichtung durch Spendensammlungen und Zuwendungen, die von Mitgliedern der Herrscherhäuser in Preußen, Hannover, den Niederlanden und Russland gegeben wurden. Ab 1832 erhielt das Elisabethstift von der Stadthauptkasse Pankow einen jährlichen Pauschalbetrag. Von der preußischen Staatsregierung bekam Karoline Weiße zunächst als Naturalgabe Brennholz, später stattdessen die Kosten für die Beheizung. Medikamente spendete der Potsdamer Hofapotheker Franke, hinzukamen Spenden aus einem größeren Kreis von Förderern. Dieses Geld wurde dringend benötigt. Zeitweise mussten deutlich mehr Kinder aufgenommen werden als Plätze vorhanden waren. Die Choleraepidemie im Jahr 1837 hatte vielen noch kleinen Kindern die Mutter genommen. Der 13. Jahresbericht des Stiftes für das Jahr 1844 hielt fest, dass von den Kindern die *„Mehrzahl höchst elend ins Stift kam."* Als Fortschritt wurde die deutliche Verringerung der Todesfälle auf drei bei 18 Kindern angesehen.[40] 1847 verlor Karoline Weiße ihren Mann und damit auch die wenn auch nur bescheidende wirtschaftliche Sicherung durch sein Gehalt und das Wohnen im Pfarrhaus. Sie zog in das Elisabethstift. Ihr kam zugute, dass sie gerade 400 Taler aus dem Erlös des im königlichen Schloss organisierten Bazars erhalten hatte. Damit war sie von unmittelbaren Finanzsorgen befreit. Diesen Betrag verwandte sie jedoch nicht zur Rücklagenbildung für den weiteren Betrieb des Stiftes, sondern investierte ihn in einen Anbau. Aufgrund der zwischenzeitlich guten finanziellen Situation des Elisabethstiftes hatte Karoline Weiße 1835 zusätzlich eine „Kleinkinderwartestube", eine Art Kindertagesstätte, gegründet. In dieser Einrichtung konnten die Eltern, von denen viele in dieser Zeit von Frühjahr bis Herbst in der Landwirtschaft tätig sein mussten, ihre Kinder von morgens bis abends betreuen lassen. Erste derartige Betreuungsangebote entstanden in dieser Zeit an mehreren Orten in Deutschland.

Karoline Weiße verstarb im Jahr 1850. Von ihren 56 Lebensjahren hatte sie 24 Jahre lang die Aufgabe der Vorsteherin des Elisabethstiftes ausgefüllt. Insgesamt 573 Kinder hatten in dieser Zeit die Versorgung und Pflege im Elisabethstift erfahren. Für die Kinder im Stift und die Mitarbeiterinnen begann mit ihrem Tod eine ungewisse Übergangsphase. Das Stift hatte den Rechtsstatus einer privaten Einrichtung von Karoline Weiße. Ob das Stift eine Zukunft haben konnte und wenn ja welche, war mit der Erbin, ihrer Tochter Maria zu klären. Sie war mit dem Pfarrer Julius Schröder in Elberfeld verheiratet, dessen Meinung auch bei einer Erbschaft seiner Frau rechtlich von Bedeutung war. Um das Fortbestehen der Einrichtung zu gewährleisten, wurde ein Mitglied des

---

40 Dreizehnter Bericht über das Elisabethstift in Pankow. Jahr 1844, Berlin o. J., Archiv des DW der EKD, Sign. M II 2 a 205.

Verwaltungsrates umgehend als Verwalter des Stiftes eingesetzt und den Förderern und Spendern des Stiftes versichert, dass alles für die Fortführung der Arbeit getan würde. Schließlich war das Stift nach wie vor von den freiwillig gegebenen Zuwendungen abhängig. Als Ziel benannte der Verwalter *„die Umwandlung in eine wirkliche Stiftung mit Korporationsrechten“*, damit *„ein dauernder Bestand gesichert“* würde. Dem Verwaltungsrat gelang es, in Wilhelmine Hensel eine unentgeltlich tätige Vorsteherin zu gewinnen. Drei Jahre nach dem Tod von Karoline Weiße wurden 1853 dem Stift die Korporationsrechte zuerkannt und im darauffolgenden Januar das Statut genehmigt. Die für die finanzielle Existenz des Stiftes bedeutsamen Verhandlungen mit der Erbin konnten im weiteren Verlauf des Jahres 1854 abgeschlossen werden. Erst damit gelangte das Stift in den für seine Zukunft entscheidenden Besitz.

Die Statuten der Stiftung aus den Jahren 1854 und 1905 nahmen die von Karoline Weiße getroffenen Regelungen auf. Danach sollte das Elisabethstift *„hilfsbedürftigen Kindern beiderlei Geschlechts vom zartesten Lebensalter an bis zum vollendeten sechsten Lebensjahre Aufnahme und Pflege gewähren. Uneheliche werden dabei nicht ausgeschlossen.“*[41] Eine starre Altersgrenze war für die Aufnahme nicht vorgesehen.

Der Kreis Niederbarnim engagierte sich nun stärker für das Elisabethstift. Zudem brachte die Stadt Berlin erhebliche Zuschüsse auf. Hinzu kam eine anhaltend hohe Spendenbereitschaft. Sie beruhte sicherlich auch auf der mit dem Jahr 1832 einsetzenden Jahresberichterstattung mit genauer Darstellung über die eingehenden Spenden und ihre Verwendung.[42]

Da es sowohl im Landkreis Niederbarnim als auch in der Stadt Berlin keine weitere Einrichtung für kleine Kinder gab, wurde 1879 ein Neubau mit einem erweiterten Platzangebot realisiert. Er wurde durch den Erlös eines Bazars des kaiserlichen Hofes finanziert. Ende des Jahrhunderts wurde ein vollständiger Neubau nötig, der auf einem geschenkten Grundstück in Hermsdorf (heute Berlin) entstand.[43] Die Finanzierung des Baues gelang mithilfe von Spenden und eines zinslosen Darlehens des Landkreises. Die Fertigstellung und Umsiedlung des Stiftes von Pankow nach Hermsdorf erfolgte im Jahr 1904. Die Zahl der betreuten Kinder und auch der Mitarbeitenden stieg deutlich an. Die Inflation am Anfang der zwanziger Jahre führte zu einer erneut bedrohlichen Situation, die nur mit großer Anstrengung zu bewältigen war. Eine deutliche Hilfe brachte in der schwierigsten Zeit eine ganz ungewöhnliche Dienstleistung. Vorübergehend wurden 16 Jungen aus Buchara aufgenommen, *„die in deutscher Art erzo-*

---

41 Statut für das Elisabeth-Stift § 1, Archiv des DW der EKD M II 2 a 205a.
42 Vgl. dazu die Jahresberichte im Archiv des DW der EKD, Sign. M II 2 a 205.
43 Théremin: Hundert Jahre, S. 28.

gen ... werden sollten.“[44] Die Kosten wurden von der türkischen Regierung übernommen und in harten Devisen bezahlt. Bis zum 100. Jubiläum 1926 hatte das Stift 5010 verwaisten Kindern eine Heimat auf Zeit geben können.

Die Ereignisse am Ende des Zweiten Weltkrieges und seine Folgen bewirkten für das Elisabethstift eine existenzgefährdende Krise. Kurz bevor die Rote Armee Berlin erreichte, wurden die rund 150 Kinder des Stiftes nach Mecklenburg evakuiert. Ein Teil der Mitarbeitenden floh und kehrt nicht in das Elisabethstift zurück. Durch die Grenzziehung (Zonen- und ab 1949 die DDR-Grenze) wurde das Stift von einem Teil seiner Immobilien und der Zweiganstalt Friedrichsthal sowie seinem Hinterland für die Gewinnung von Mitarbeitenden abgeschnitten. Die Gestellung von Diakonissen des Deutschen Gemeinschaft-Diakonieverbandes im Jahr 1952 und die deutliche Erhöhung der Finanzierung durch die öffentliche Hand sicherten die Fortführung der Arbeit für die Kinder. Beim 150jährigen Jubiläum war der Ausbau soweit fortgeschritten, dass 100 Kinder Aufnahme finden konnten. Heute arbeiten rund 200 Mitarbeitende für etwa 230 Kinder und beratend für 60 Familien in den vielfältig differenzierten ambulanten und stationären Angeboten des Elisabethstiftes. Das Stift hat sich stets weiterentwickelt und alle Wechselfällen überstanden. Für seine Gründerin scheint sich das Wort vom stillen Verdienst zu bestätigen.

Apolonia Diepenbrock (1799–1880) – ein Krankenhaus für Frauen in Regensburg (1845)

Als siebentes von zehn Kindern wurde Apolonia Diepenbrock am 13. November 1799 im westfälischen Bocholt geboren. Längere Zeit sah es so aus, als ob das Zusammenleben mit der immer zahlreicher werdenden Großfamilie und der Dienst für die Familienangehörigen ihr lebenslanges Schicksal werden sollte. Sie wuchs in einer Familie auf, deren katholische Religiosität als geradezu „puritanisch“ eingestuft werden kann.[45] Da sie den Gedanken an eine Ehe ablehnte, wurde sie für innerfamiliäre Arbeiten und nach dem Tod der Mutter für die Betreuung des Vaters und der Kinder von Geschwistern in Anspruch genommen, obwohl bei ihr früh der dringende Wunsch nach dem Eintritt in ein Kloster entstanden war. Maßgeblichen Einfluss auf die religiöse Prägung ihrer Glaubens- und Lebenseinstellung gewannen ab 1818 der Priester, Theologieprofessor und spätere Bischof von Regensburg, Johann Michael Sailer, und Clemens von Brentano. Letzterer machte Apolonia Diepenbrock 1821 mit der Nonne Anna Katharina Emmerick bekannt, an deren Körper Wunden, die den

---

44 Ebd., S. 38.

45 So Ursula Finken: Apolonia Diepenbrock – Gründerin des ersten ‚Hauses für Frauen‘ in Regensburg (1799–1880), in: Berühmte Regensburger. Lebensbilder aus zwei Jahrtausenden, hg. v. Karlheinz Dietz u. Gerhard H. Waldherr, Regensburg 1997, S. 252.

Wunden Jesu am Kreuz entsprechen sollten, zu erkennen waren. Die Begegnung mit ihr hinterließ bei Apolonia Diepenbrock einen bleibenden, tiefen Eindruck. Sie beteiligte sich bis zu Tod der Nonne im Jahr 1824 an der Pflege der Kranken.

Die Absicht Kranke zu pflegen, verband Apolonia Diepenbrock mit dem Wunsch, in einen Orden einzutreten. Das Kloster der Barmherzigen Schwestern in Münster erschien ihr als die geeignete Institution. Apolonias Familie war jedoch mit dem Eintritt in ein Kloster nicht einverstanden. Dahinter stand offenbar die später von Apolonia selbst geteilte Einschätzung ihres Vaters und des Bruders Melchior, dass die Ausprägung ihrer Persönlichkeit nicht zu einem Leben im Kloster passen würde. Auch wenn sie sich in die familiär ihr zugeordnete Rolle fügte, so tat sie dies nicht ohne Widerspruch und entwickelte eigene Vorstellungen. Der Eintritt in ein Kloster war ohne Einwilligung des Vaters nicht möglich, der in der Regel auch ein Eintrittsgeld aufzubringen hatte.

Im Jahr 1825 eröffnete sich für Apolonia Diepenbrock endlich eine Möglichkeit, ihrer Lebensgestaltung eine von ihr beabsichtigte Wende im Sinne einer karitativen Tätigkeit zu geben. Der Koblenzer Stadtrat Dietz hatte angesichts der zahlreichen unversorgten mittellosen Kranken im Jahr 1825 ein Bürgerspital gegründet. Doch fehlten ihm für eine angemessene Versorgung der Kranken die Pflegerinnen. Schließlich erklärten sich Karoline Settegast, die Tochter eines Koblenzer Arztes, Luise Hensel und Apolonia Diepenbrock bereit, für eine Übergangszeit die Pflege zu übernehmen. Auch der Protest ihrer Schwestern, denen nach dem Tod ihrer Mutter nun die Fürsorge für den Vater oblag, konnte Apolonia Diepenbrock nicht abhalten, nach Koblenz zu gehen. Der Vater erklärte sich mit ihrem Vorhaben einverstanden. Im November 1825 nahm Apolonia Diepenbrock ihre Tätigkeit im Bürgerspital auf, für die sie ihre Erfahrung aus der Pflege von Anna Katharina Emmerick einbringen konnte. Trotz ihrer nicht sehr umfangreichen Qualifikation konnten die drei Frauen für einige Monate entscheidend dazu beitragen, dass das Bürgerspital noch vor der Übernahme durch einen Orden ein Ort der Pflege von mittellosen Kranken wurde. Das Vorbild der drei auswärtigen Frauen motivierte zudem eine Reihe von jungen Koblenzer Frauen, sich in der Pflege von Kranken zu betätigen.[46] 358 Personen wurden in dieser Zeit im Hospital versorgt.[47] Im Juli des Folgejahres gelang es, die Interimslösung für das Bürgerspital zu beenden. Acht „Barmherzige Schwestern vom hl. Borromäus“, deren Entsendung das Ehepaar Dietz inzwischen erreicht hatte, übernahmen die Pflege. Damit endete die Tätigkeit der weltlichen Krankenpflegerinnen.

---

46 Liese: Caritativ-soziale Lebensbilder, S. 26.

47 Sigrid Plank: Apollonia Diepenbrock (1799–1880), in: Lebensbilder aus der Geschichte des Bistums Regensburg, hg. v. Georg Schwaiger, 2. Teil, Regensburg 1989, S. 647.

Apolonia Diepenbrock setzte an anderer Stelle in Koblenz ihre karitative Tätigkeit fort. Gemeinsam mit Karoline Settegast begann sie, Mittellose und Kranke in ihren Wohnungen zu besuchen und zu versorgen. Dieser ehrenamtliche Dienst war ohne eine Sicherung und Versorgung durch eine Anstellung jedoch für Apolonia Diepenbrock nicht längere Zeit durchzuhalten. Gezwungenermaßen kehrte sie daher zu ihrer Familie zurück. Nach mehreren Jahren erreichte sie dort die Anfrage des Pädagogen Johann Nepomuk Schwerz, einem Freund ihres Vaters, als Erzieherin in dem 1828 von ihm in Koblenz gegründeten und geleiteten Waisenhaus zu arbeiten. Zusammen mit Karoline Settegast und Amalie von Merveldt, einer weiteren Freundin aus der Koblenzer Zeit, stellte sie sich der für sie noch ungewohnten Aufgabe. Als Schwerz altersbedingt sein Waisenhaus schloss, erschien es zunächst als eine glückliche Lösung, dass als Erzieherin in dem Waisenhaus St. Barbara arbeiten konnte. Das Waisenhaus verdankte sein Entstehen nicht zuletzt erheblichen Spenden von Schwerz.[48] Trotz ihrer früheren Neigung zu einem Leben und Arbeiten im Kloster widerstrebte Apolonia Diepenbrock das strenge Reglement, das von der Leiterin Amalie Merveldt ganz im Sinne der Oberin eines Klosters praktiziert wurde. Die klösterliche Ordnung widersprach offensichtlich Apolonia Diepenbrocks Charakter, der eine selbstbestimmte Gestaltung für ihre zutiefst religiös bestimmte Sozialarbeit suchte. Dieses Persönlichkeitselement und möglicherweise auch der Umstand, dass sie einer erzieherischen Tätigkeit für sich nicht die erste Priorität einräumte, führten zu einem weiteren Orts- und Aufgabenwechsel. Ihr alt gewordener Vater war inzwischen in Regensburg ansässig geworden, wo ihr Bruder Melchior als Priester Dienst tat und bei ihrer Ankunft dort bereits zum Domdechanten aufgestiegen war. Eine wohlhabende Münchner Protestantin, Emilie Lindner erklärte sich auf Vermittlung von Clemens von Brentano bereit, Apolonia Diepenbrock bei der Realisierung einer karitativen Einrichtung finanziell zu unterstützen. Daraufhin verließ Apolonia Diepenbrock Koblenz, siedelte nach Regensburg über und konnte dank der finanziellen Hilfe eine Wohnung anmieten. In zwei Zimmern der Wohnung richtete Apolonia von Diepenbrock fünf Plätze für unversorgte, hilfebedürftige Frauen und Mädchen ein. Bei der Ausstattung der Wohnung achtete sie aufgrund ihrer begrenzten Mittel auf sparsamste Beschaffungsmethoden – wie ihr Bruder Melchior feststellen musste –, *„indem sie möglichst, was ihr von meinem Hausrath an Kleinigkeiten dienlich erscheint, in aller Stille mitfortwandern heißt"*.[49] Dennoch musste sie für die Beschaffung des notwendigsten Inventars 955 Gulden aufwenden.[50] Für die von ihr ins Auge gefasste Zielgruppe war Hilfe dringend notwendig, weil die städtische Armenversorgung nur Regensburger Bürgerinnen zugutekam, die nach den städtischen Regularien versorgungsberechtigt waren. Zahlreiche Frauen

48 Ebd., S. 648.
49 Zitiert in Finken: Apolonia Diepenbrock, S. 259.
50 Plank: Apolonia Diepenbrock, S. 649.

waren jedoch aus dem Umland zugezogen, aufgrund der städtischen Ehevorschriften unverheiratet und blieben unversorgt.[51] Wie groß das Elend dieser Frauen gewesen sein muss, zeigte sich daran, dass eine größere Anzahl von ihnen obdachlos war. Für manche Frauen konnte nur noch eine das Sterben begleitende Pflege erfolgen. Apolonia Diepenbrock führte über die Aufnahmen genauestens Buch und vermerkte differenziert den Zustand der Kranken und ihre soziale Situation.[52] Da die Zahl der Hilfebedürftigen die Aufnahmemöglichkeit in der Wohnung bei weitem überstieg, richtete Apolonia Diepenbrock bei sich zusätzlich einen Mittagstisch ein, an dem bis zu acht Frauen teilnahmen. Zudem begann sie Besuche bei Notleidenden in deren Wohnungen zu machen und sie durch Verteilung von Lebensmitteln und Kleidung zu unterstützen. Neben pflegebedürftigen Frauen nahm sie in ihrer Wohnung auch unversorgte Mädchen auf. Für diese Mädchen sucht sie nicht allein Pflegeeltern, sondern brachte auch noch Geld für ihre Verpflegung und den Schulbesuch auf. In der Wohnung muss bei aller menschlichen Wärme eine drangvolle Enge geherrscht haben. Erst 1845 gelang es ihr, ein größeres Haus, das Priesterhaus Xaverianum, anzumieten. Nun war sie in der Lage, ihre Hilfstätigkeit deutlich auszuweiten. In dem Haus konnten acht pflegebedürftige Frauen aufgenommen werden sowie zwei zusätzliche Krankenpflegerinnen, vier weitere Mitarbeiterinnen und ein Hausknecht. Die familienähnliche Wohn- und Pflegegemeinschaft für Frauen vollzog damit einen ersten Schritt der Weiterentwicklung zu einer größeren Pflegeeinrichtung. Zudem blieb das Haus die Zentrale für die ambulanten Hilfsangebote. Aufgrund der weiteren institutionellen Entwicklung gilt1845 als das Gründungsjahr der „St.-Josephs-Krankenanstalt". Diese Namensgebung knüpft an die bescheidene Bezeichnung „Josephshäuschen" an, die Apolonia Diepenbrock dem Haus gab.

Apolonia Diepenbrock beschränkte ihr Handeln nicht auf die pflegerische Versorgung der aufgenommenen Frauen, sondern schuf das erste „Haus für Frauen"[53] in Regensburg. Sie bezog die Frauen in die *„ungewöhnliche Lebensgemeinschaft"* des Hauses ein, die *„Platz zum Wohnen und Arbeiten"* umfasste, und regte sie zu eigenen Aktivitäten an.[54] An der Pflege der Kranken beteiligte sie sich bis 1871 selbst. Erst im Alter von 72 Jahren vollzog sie angesichts einer fortschreitenden Gichterkrankung eine entscheidende Veränderung für den Betrieb des größer gewordenen Josephshäuschens. Auf ihre Bitte hin übernahmen sieben Schwestern der Mallersdorfer Franziskanerinnen die Krankenpflege.

51 Dazu Finken: Apolonia Diepenbrock, S. 259; Plank: Apolonia Diepenbrock, S. 648.
52 Ebd., S. 649f.
53 Formulierung von Finken, Apolonia Diepenbrock, S. 251.
54 Finken: Apolonia Diepenbrock, S. 260.

Das Josephshäuschen blieb nicht die einzige caritative Einrichtung, die auf das Wirken von Apolonia Diepenbrock zurückging. 1860 regte sie die Gründung eines Waisenhauses für Jungen an. Ihre Freundin Antonie von Fugger-Glött übernahm mit einem kleinen Team noch im gleichen Jahr die Leitung der Einrichtung. Sie fand in einem dafür angekauften Haus eine Unterkunft und konnte bis zu 14 Jungen aufnehmen.

Apolonia Diepenbrock verband ihre karitative Begabung mit einem ausgesprochenen unternehmerischen Geschick. Auch wenn es sich bei dem „Josephshäuschen" zunächst um keine große Einrichtung handelte, so erforderten doch ihre gesamten karitativen Unternehmungen erhebliche Mittel, zumal die angestellten Mitarbeitenden nicht unentgeltlich tätig waren. Zunächst war sie für die Finanzierung ihrer Aktivitäten ganz auf Spenden angewiesen. Die wohl bedeutendste Spenderin, Emilie Lindner, wurde zugleich ihre Freundin. Diese ermöglichte nicht nur die Bezahlung der Miete für die erste Wohnung, sondern förderte die Arbeit immer wieder mit erheblichen Beträgen. Einen besonderen Beitrag für das Fortbestehen der von seiner Schwester geschaffenen Hilfeeinrichtung leistete ihr Bruder Melchior Diepenbrock. Er hatte inzwischen Regensburg verlassen und war zum Fürstbischof von Breslau und Kardinal aufgestiegen. Er kaufte das zunächst nur angemietete Josephshäuschen und schenkte es seiner Schwester. Damit entfiel die Notwendigkeit, die Miete aufzubringen. Für die Spendenbeschaffung günstig war sicherlich auch, dass Johann Michael Sailer, ein Freund des Bruders Melchior, als Regensburger Bischof ihre Arbeit anerkannte und bis zu seinem Tod förderte. Durch einen umfangreichen Briefverkehr stand sie außerdem mit einem großen Freundeskreis in Verbindung, zu dem einflussreiche und wohlhabende Persönlichkeiten gehörten wie die Fürstin von Thurn und Taxis. Der König von Bayern besuchte sie im Josephshäuschen und versah damit der Bedeutung ihrer Arbeit einen in der damaligen Zeit besonders wichtigen offiziellen Stempel.

Bei der Verwaltung der ihr anvertrauten Gelder zeigte Apolonia Diepenbrock einen hohen ökonomischen Sachverstand und große Bescheidenheit. Sorgfältig führte sie Buch über Einnahmen und Ausgaben. Sie selbst lebte in einfachen Verhältnissen. „*Sie war arm für sich und reich für die Armen*", wie ihre Grabinschrift festhielt. Einen Teil der gespendeten Gelder legte sie zinsgünstig an, um damit einen nachhaltigen Betrieb ihres karitativen Unternehmens zu gewährleisten. Darlehen und Hypotheken vergab sie gegen 4–4,5% Zinsen. Sie kaufte insbesondere staatliche Obligationen und verkaufte sie bei günstiger Gelegenheit wieder. Auch mit Aktien handelte sie erfolgreich.[55] Während kirchliche Repräsentanten heute einen solchen Umgang mit Geld entweder mit diskretem Schweigen übergehen oder als kapitalistische Entartung kritisieren würden, würdigte Bischof Sailer Apolonia Diepenbrock als „*Gottes Rechnungs-*

[55] Dazu im Einzelnen Plank: Apolonia Diepenbrock, S. 653.

führerin im Dienst der Armen".[56] Ihr Vorgehen war in der Zeit eines oft menschenverachtenden Kapitalismus ein Versuch, mit dem „ungerechten Mammon" im Sinne Jesu umzugehen. Ein solcher Umgang ermöglichte es ihr, das begonnene Werk dauerhaft zu betreiben und weiter auszubauen.

Dieselbe Umsicht und Vorsorge zeigte sie auch in der rechtzeitigen Abfassung und den Bestimmungen ihres Testaments. Ihr Vermögen in Höhe von 104.342 Mark vertraute sie zur Verwaltung dem bischöflichen Domkapitel an. Dieses sollte gemeinsam mit dem Vorstand des Regensburger Vinzenz-Vereins, dem die Organisation der Krankenpflege in Regensburg anvertraut war, nach ihrem Tod Ordensschwestern für die Pflegetätigkeit aussuchen. Aus dem weltlichen, allerdings entschieden religiös geprägten, karitativen Werk wurde so eine Einrichtung der kirchlichen Caritas Damit erreichte sie, dass auch für die Zukunft der religiöse Charakter der Arbeit im Sinne der katholischen Konfession gesichert wurde. Die konfessionelle Note bestand in dem Dienst der Nonnen und darin, dass die Aufnahme im Josephshaus allein katholische Frauen vorbehalten blieb. Da sich in dieser Zeit die christlich geprägte Hilfstätigkeit auch den Angehörigen der jeweils anderen Konfession oder Religion immer mehr öffnete, stellte eine evangelische und jüdische Frauen ausgrenzende Regelung eine deutliche konfessionelle Tendenz dar. Zwar gehörte der überwiegende Teil der Bevölkerung von Regensburg der katholischen Kirche an, aber fast ein Viertel der Bewohner waren in dieser Zeit entweder evangelisch oder jüdisch. Das Testament folgte auch bei den weiteren Aufnahmekriterien dem bis dahin Üblichen. Auch in Zukunft sollten unversorgte und mittellose kranke Frauen aufgenommen werden.

Apollonia Diepenbrock verbrachte ihren Lebensabend in dem zum „Josephshäuschen" gehörenden Gartenhaus, ihrer Wohnstätte. Sie verstarb in ihrem 81. Lebensjahr 1880. Ihr Werk lebte unter verschiedenen institutionellen Veränderungen und Namenswechseln fort. Das alte „Josephshäuschen" ist nach wie vor Sitz der Schwestern des Vinzenz-Vereins.

Von 1882 an trug der neuerrichtete Krankenhausbau den Namen „Apollonia Diepenbrock'sche St. Josef Krankenanstalt". Mit Übernahme in die Trägerschaft des Domkapitels wurde daraus das „Domkapitel'sches katholisches Krankenhaus". Von 1929 an diente es unter dem Namen „Katholisches Krankenhaus" der Aufnahme von „Bedürftigen".[57] Auch die heutige Bezeichnung „Caritas Krankenhaus St. Josef" erinnert noch an die Entstehung im „Josephshäuschen". Träger ist der Caritas-Verband der Diözese Regensburg. Mit der Geschäftsfüh-

---

[56] Zitiert in: Lotte Schiffler: Die Antwort der Frau in der sich ändernden Welt, Münster 1969^2, S. 25.

[57] Vgl. Heinz Eppenich: Geschichte der deutschen homöopathischen Krankenhäuser: von den Anfängen bis zum Ende des Ersten Weltkrieges, Heidelberg 1995, S. 208, das Krankenhaus gehörte jedoch nicht zu den homöopathischen Häusern.

rung ist inzwischen allerdings die „Sana Kliniken AG“ betraut. Das Haus versteht sich weiterhin als „katholisches Krankenhaus“ und arbeitet *„auf der Basis des christlichen Menschenbildes der katholischen Kirche“*.[58] Der Löschung des Namens von Apolonia Diepenbrock im Jahr 1929 entspricht die Nichterwähnung ihres Verdienstes um die Entstehung des Hauses auf der Homepage.

Fanny Nathan (1803–1877) – Das Jüdische Waisenhaus in Paderborn (1856)

In *„demuthsvoller Beharrlichkeit“* widmete sich seit Januar 1855 Fanny Nathan der Aufgabe, ein Waisenhaus für arme, jüdische Kinder in Paderborn zu gründen.[59] Sie leitete dieses Vorhaben ähnlich wie alttestamentliche Propheten aus einem „Ruf des Allmächtigen“ an sie ab.[60] Fanny, zunächst als Viette bezeichnet, wurde 1803 in Paderborn als dritte von fünf Töchtern des Ehepaares Susanna und Nathan Alexander geboren.[61] Die Familie lebte in bescheidenen Verhältnissen. Noch vor der Geburt der fünften Tochter im Jahr 1808 starb der Vater. Die Familie war nun zunächst auf Almosen angewiesen. Die Armut, vor der sie später Kinder bewahren wollte, hatte Fanny Nathan als Kind selbst erlebt. Der Mutter gelang es jedoch, die finanzielle Lage der Familie zu verbessern und sogar ein Haus zu erwerben. Fanny Nathan wurde als Erzieherin in jüdischen Familien u. a. in Frankfurt a. M. tätig. Sie kehrte nach Paderborn zurück und gründete 1832 ein „Institut zur Ausbildung jüdischer Mädchen“, das später als „Höhere Unterrichts- und Erziehungs-Anstalt der Geschwister Nathan in Paderborn“ bezeichnet wurde.[62] Das Institut vermittelte seinen jüdischen und christlichen Schülerinnen ein umfassendes Bildungsangebot von Handarbeiten bis zur Kenntnis der Weltgeschichte und Geographie.[63] Den Unterricht erteilten mehrere angestellte Lehrkräfte unter der organisatorischen Leitung von Fanny Nathan.[64] Im Jahr 1854 wurden 20 Schülerinnen gezählt.[65]

Ab Januar 1855 verfolgte Fanny Nathan mit aller Entschiedenheit und „Beharrlichkeit“ das Ziel, die Bildungs- und Lebensverhältnisse von Kindern zu verbessern, die sich in einer besonders prekären Lage befanden. Viele jüdische

---

58 Leitbild des Caritas Krankenhauses St. Joseph, Online-Version.

59 Fanny Nathan: Chronik des jüdischen Waisenhauses für Westphalen und Rheinland, Paderborn um 1859, Digitalisat in Internet-Portal „Westfälische Geschichte“, 20.4.2004, S. 1.

60 Ebd.

61 Margit Naarmann: Die Paderborner Juden 1802–1945, Paderborn 1988, S. 355f. u. Biografie Fanny Nathan 1803–1877. Gründerin des jüdischen Waisenhauses in Paderborn, in Internet-Portal „Westfälische Geschichte“, 23.5.2005, S. 2.

62 Naarmann: Die Paderborner Juden, S. 356 u. Biographie, S. 4.

63 Ebd.

64 Naarmann: Die Paderborner Juden, S. 356f.

65 Ebd., S. 358.

Waisenkinder lebten verstreut in Westfalen. In ihren zumeist christlichen Pflegefamilien wurden sie zur Arbeit herangezogen und abwechseln von jüdischen Familien „koscher" ernährt. Der Besuch einer Schule oder eine Ausbildung war nicht möglich.[66] Im August 1855 erreichte sie gefördert durch den Landrat Grasso die staatliche Anerkennung des geplanten Waisenhauses und die Bildung eines sie unterstützenden Kuratoriums.[67] Für die finanzielle Grundlage sorgten – neben bescheideneren eigenen Mitteln – wohlhabende jüdische Paderborner Bürger.[68] Die formelle Errichtung der Stiftung erfolgte 1856. Am 1. März 1856 nahm Fanny Nathan die ersten beiden Kinder in ihrem Haus auf. Bis 1857 kamen drei weitere Kinder hinzu. Um die finanziellen Mittel für ein größeres Haus zu erhalten unternahm Fanny Nathan, wie in dieser Zeit nicht ungewöhnlich, eine „Collecten-Reise".[69] Auf dieser Reise begegnete sie in Krefeld dem Oberrabbiner Löb Moses Bodenheimer, der sie überzeugte, auch Kinder aus der Rheinprovinz aufzunehmen. Auch für diese Ausweitung des Einzugsgebietes erhielt sie die staatliche Genehmigung und so konnte 1861 der Grundstein des „Jüdischen Waisenhauses für Westphalen und Rheinland" in Paderborn gelegt werden. Zwei Jahre später wurde das Haus, zu dem auch eine Synagoge gehörte, mit 21 Waisenkindern bezogen.[70] Ziel war es, die männlichen Jugendlichen soweit zu qualifizieren, dass sie mit 13 Jahren Berufsausbildung beginnen konnten, und die Mädchen zu befähigen mit 15 Jahren in einem Haushalt zu arbeiten.[71] Die Einrichtung und auch Fanny Nathan selbst erhielten vielfältige öffentliche Anerkennung. Dennoch blieb das Haus zu Lebzeiten von Fanny Nathan auf die Finanzierung durch Spenden und Legate angewiesen. Ein Antrag auf dauerhafte staatliche Mittel blieb erfolglos. 1876 konnte bei der Feier des zwanzigjährigen Bestehens das Waisenhaus auf eine erfolgreiche Arbeit zurückblicken: 93 Kinder hatten dort ihre Grundlage für die weitere Lebensführung erhalten.[72] Auch nach dem Tod von Fanny Nathan im Jahr 1877 konnte das Waisenhaus seine Arbeit fortsetzen. Die Leitung übernahm bis 1899 ihre Nichte Johanna Marcks-Nathan und anschließend deren Tochter Paula Marcks. 1906 konnte das Jüdische Waisenhaus für Westfalen und Rheinland sein 50-jähriges Bestehen feiern.[73] Fanny Nathan hatte eine Institution mit

---

66 Dazu Naarmann: Die Paderborner Juden, S. 359.

67 Nathan: Chronik, S. 1

68 Naarmann: Biografie, S. 5.

69 Nathan: Chronik, S. 1.

70 Naarmann: Die Paderborner Juden, S. 362.

71 Ebd.

72 Ebd., S. 7.

73 Festschrift zur 50jährigen Stiftungs-Feier der jüdischen Waisen-Erziehungs-Anstalt für Westfalen und Rheinland zu Paderborn 1856–1906, Kassel 1906; Naarmann: Die Paderborner Juden, S. 370–372.

einem weiten Einzugsbereich und nachhaltiger Wirkung geschaffen. Erst das NS-Regime erzwang 1942 das Ende seiner Tätigkeit.[74]

Lina Morgenstern geb. Bauer (1830–1909)

An ihrem 18. Geburtstag am 25.11.1848 konnte Lina Bauer den bei ihr schon länger bestehenden Plan zur Gründung eines karitativ tätigen Vereins umsetzen. Bei der Geburtstagstafel kündigte sie ihr Vorhaben an und rief gleich zu einer ersten Geldsammlung für den „Pfennigverein" auf.[75] Es war – nach ihren später aufgezeichneten Worten – Lina Bauers Absicht, „*denen wohlzutun, die unsere Hilfe am meisten bedürfen: den notleidenden Schulkindern, denen es an warmer Kleidung und an Mitteln fehlt, sich Schulbücher zu kaufen, die verwahrlosen, weil sie die Schule nicht besuchen, sondern bettelnd auf den Straßen umherirren, weil ihnen meist das schützende Elternhaus fehlt.*"[76] Die finanziellen Mittel, die für diesen Zweck eingesetzt werden sollten, klangen bescheiden: „*Wenn jeder von uns täglich nur einen Pfennig opfert, ließe sich vielen bedürftigen Kindern helfen.*"[77] Dennoch konnte der Verein seine Hilfstätigkeit mehr als achtzig Jahre ausüben.[78] Das hing sicherlich auch damit zusammen, dass die Familie Bauer zur wohlhabenden jüdischen Oberschicht in Breslau gehörte und die Vereinskasse nicht allein durch Pfennigbeträge gefüllt wurde.[79]

Zu den ersten Mitgliedern des Pfennigvereins gehörten ihre Geschwister, Freundinnen und ihre Mutter Fanny Bauer. Diese war bereits Mitglied in den Vereinen für die „Rettung verlassener Kinder" und die „Fortbildung der weiblichen Jugend".[80] Lina Bauer wurde zur Vorsitzenden gewählt und die Geschwister Jenny und Anna beteiligten sich als Beisitzerinnen im Vorstand. Als Lina, verheiratet mit Theodor Morgenstern, 1854 nach Berlin umzog, übernahm ihre Mutter den Vorsitz im Pfennigverein. Nach deren Tod wurde Jenny, verheiratete Asch, zur Vorsitzenden gewählt.[81]

In Berlin nahm Lina Morgenstern die pädagogischen Ideen von Friedrich Fröbel auf. Zusammen mit Bertha von Marenholtz-Bühlow, die sich schon länger

---

74 Ebd., S. 382f.

75 Dagmar Nick: Jüdisches Wirken in Breslau. Eingeholte Erinnerung: Der Alte Asch und die Bauers, Würzburg 1995, S. 19f.; Heinz Knobloch: Die Suppenlina. Wiederbelebung einer Menschenfreundin, Berlin 1997, S. 50.

76 Denkschrift zum 80jährigen Jubiläum des Pfennig-Vereins zur Unterstützung armer Schulkinder, Breslau im Juni 1828, Auszug in Nick: Jüdisches Wirken, S. 20.

77 Ebd.

78 Ebd., S. 20; Knobloch: Die Suppenlina, S. 52.

79 Nick erwähnt ein Vermächtnis von 75 Mark für den Verein, in: Jüdisches Wirken, S. 76.

80 Ebd., S. 8.

81 Ebd., S. 73.

für das Konzept von Fröbels Kindergärten einsetzte, gründete sie den „Berliner Frauen-Verein zur Beförderung der Fröbel'schen Kindergärten" und wurde seine erste Vorsitzende.[82] Der Verein bemühte sich um die Beendigung des Verbotes von Kindergärten in Preußen und konnte nach Aufhebung des Verbotes im Jahr 1860 einen „Volkskindergarten" im Jahr 1861 errichten.[83] Zudem begann Lina Morgenstern neben der Veröffentlichung von Kochbüchern für gesunde Ernährung auch Kinderbücher und Bücher für eine kindgerechte Erziehung zu verfassen. Acht Kindergärten eröffnete der Verein, jetzt als „Berliner Kindergartenverein" bezeichnet, während Lina Morgenstern den Vorsitz im Vorstand innehatte. Zudem richtete der Verein1862 ein Seminar für die Ausbildung von „Kinderpflegerinnen" ein.[84]

Ihr Engagement für benachteiligte Kinder setzte sie 1868 mit der Gründung des „Kinderschutz-Vereins" fort. Ziel des Vereins war der Schutz der zahlreichen unehelich geborenen Kinder, die häufiger vernachlässigt oder sogar dem Tod preisgegeben wurden.[85]

Angesichts der mangelhaften Ernährungslage in Berlin während des deutschen Krieges 1866 entstand bei Lina Morgenstern und ihrer Freundin Bertha Richter der Plan, Volksküchen für kostengünstige Mahlzeiten einzurichten.[86] Lina Morgenstern informierte sich bei dem hannoverschen Fabrikanten Georg Egestorff über seine Betriebsküche, die gegen geringes Entgelt seinen 2000 Mitarbeitern eine nahrhafte Mittagsmahlzeit mit größeren Portionen anbot.[87] Bekannt war auch die Leipziger „Städtische Speiseanstalt", die seit 1849 bestand.[88] Nach einem Unterstützungsaufruf an die Berliner Bevölkerung, den u. a. der bekannte Arzt Rudolf Virchow und der Präsidenten des Stadtgerichts Karl Twesten unterschrieben, erfolgte die Gründung des „Vereins Berliner Volksküchen".[89] Lina Morgenstern verstand es, die notwendigen großen Räumlichkeiten für die Volksküchen u. a. von der Stadt mietfrei zu erhalten. Der größte Teil des Personals arbeitete ehrenamtlich. So konnten die Mahlzeiten, bei denen auf gesunde Ernährung geachtet wurde, gegen ein geringes Entgelt abgegeben werden.[90] Auf die Bezahlung legte sie großen Wert, um den Gedanken an Almosen auszuschließen.[91] In besonderen Fällen wurde das Essen jedoch

82 Ebd., S. 43; Knobloch: Die Suppenlina, S. 10; Reinhold Kruppa: Lina Morgenstern. „Social couragiert und frauenbewegt. Ein Berliner Lebensbild, Norderstedt 2008, S. 21.25.

83 Ebd., S. 25.

84 Ebd.; Nick: Jüdisches Wirken, S. 216; Knobloch: Die Suppenlina, S. 11.

85 Ebd., S. 52f.

86 Kruppa: Lina Morgenstern, S. 32.

87 Ebd.

88 Knobloch: Die Suppenlina, S. 27f.

89 Ebd., S. 33.

90 Nick: Jüdisches Wirken, S. 50f.; Ursula Foertsch: Nächstenliebe war ihr Werk. Bedeutende Frauen in der sozialen Arbeit, Stuttgart 1975, S. 15f.

91 Ebd.; Nick: Jüdisches Wirken, S. 48; Knobloch: Die Suppenlina, S. 22.26.

auch kostenlos abgegeben.[92] Lina Morgensterns Initiative hatte großen Erfolg. 14 Volksküchen entstanden in Berlin, in denen das Essen zum Selbstkostenpreis abgegeben wurde. Eine erste Volksküche in Preußen außerhalb Berlins wurde 1869 nach beratender Mitwirkung von Lina Morgenstern in Burg bei Magdeburg eingerichtet.[93] Als Schirmherrin förderte die preußische Königin Augusta die Arbeit der Volksküchen nachdrücklich. Sie besuchte wiederholt verschiedene Volksküchen und kostete das dort angebotene Essen.[94] Um das angestellte Personal der Volksküchen bei Krankheit vor Verdienstausfällen zu schützen, errichtete Lina Morgenstern ohne jedes bekannte Vorbild für sie eine eigene „Betriebskrankenkasse". Diese übernahm die ärztliche Behandlung und Krankenhausaufenthalte ebenso wie die die volle Gehaltszahlung für vier Wochen.[95] Als die Volksküchen des Vereins Ende des Jahrhunderts rote Zahlen schrieben, ging der „Verein Berliner Volksküchen" beraten durch ihren Mann Theodor Morgenstern in dem breiter aufgestellten und vermögenderen „Berliner Hausfrauen-Verein" auf. Die Schließung von sieben Volksküchen ermöglichte den rentablen Fortbetrieb der besser platzierten und frequentierteren Küchen.[96]

Während der Mobilmachung für den französisch-deutschen Krieg 1870 bot Lina Morgenstern dem Kriegsministerium ihrer Unterstützung an, um der absehbaren Verschlechterung der Nahrungsversorgung für die Bevölkerung entgegenzuwirken. Das Proviantamt fragt daraufhin, ob sie die Verpflegung der über die Berliner Bahnhöfe zur Grenze zu transportierenden Truppen übernehmen könne.[97] Sie stellte sich dieser Aufgabe, für die militärisch nicht vorgesorgt war. Zahlreiche Truppentransporte aus den östlichen und südöstlichen Landesteilen Preußens führten über die Berliner Bahnhöfe. Täglich trafen während der Mobilmachung tausende von Soldaten ein. Mit der Hilfe ihres Mannes und einiger Frauen aus dem Volksküchenverein organisierte Lina Morgenstern zwei Wochen lang Räume, Küchenausrüstung und Nahrungsmittel zur Verpflegung der Soldaten.[98] Die Finanzierung der Nahrungsmittel übernahm das Proviantamt. Durch zusätzliche Spenden, z. T. aus der Kasse der Volksküchen, konnten die Soldaten auch „*Bier, Brot und Zigarren*" sowie einige praktische Gegenstände erhalten.[99]

---

92 Kruppa: Lina Morgenstern, S. 32.
93 Ebd., S. 47.
94 Ebd., S. 41–43; Nick: Jüdisches Wirken, S. 52.
95 Knobloch: Die Suppenlina, S. 47; Nick: Jüdisches Wirken, S. 52.
96 Kruppe: Lina Morgenstern, S. 191.
97 Knobloch: Die Suppenlina, S. 60–62.
98 Kruppa: Lina Morgenstern, S. 51f.; Knobloch: Die Suppenlina, S. 67–69; Nick: Jüdisches Wirken, S. 59.
99 Knobloch: Die Suppenlina, S. 67f. mit Zitat von Lina Morgenstern.

Nach Beginn der Kampfhandlungen zeigte sich ein schwerwiegendes weiteres Versäumnis der Militärverwaltung. Zwar gab es bei der kämpfenden Truppe Sanitätseinheiten, aber in Berlin waren keine Vorbereitungen für die Aufnahme der Schwerverletzten getroffen.[100] Als die ersten Züge mit Verwundeten in Berlin eintrafen, blieben sieunversorgt auf Abstellgleisen stehen. Die Situation erinnert an das Versagen der Militärverwaltung im Jahr 1813. Wie damals Rahel Levin und andere Frauen so ergriff jetzt Lina Morgenstern die Initiative. Sie fand Frauen, die bereit waren ehrenamtlich die Verwundeten zu versorgen und Verbände zu wechseln. Verbände und Nahrungsmittel mussten auf eigene Rechnung eingekauft werden. Die leichter Verwundeten erhielten aus Spenden Mittel für die Rückfahrt und den Reiseproviant. Schwerverletzte wurden in Krankenhäuser weitertransportiert. Nach einigen Tagen konnten zwei Ärzte und eine Krankenschwester als freiwillig Helfende und zwei aus der Volksküchenkasse bezahlte Heilgehilfen gewonnen werden. Mit diesen wenigen, zumeist ehrenamtlichen Hilfskräften wurden die Züge voller deutscher und französischer Verwundeter versorgt.[101] Als nach einer guten Woche die finanziellen Mittel zuendegingen, bat Lina Morgenstern Königin Augusta um Unterstützung. Diese reagierte noch am selben Tag und veranlasste die Zuteilung von Militärärzten und die Überlassung eines großen Schuppens als Verbandsplatz.[102] Ihre Tätigkeit für die Verwundeten setzte Lina Morgenstern noch bis zum Kriegsende fort.

Drei weitere Einrichtungen, an denen Lina Morgenstern maßgeblich beteiligt war, versuchten benachteiligten Mädchen eine bessere Lebensperspektive zu eröffnen: 1880 gründete Lina Morgenstern gemeinsam mit Gertrud Guillaume-Schack den „Verein zur Rettung und Erziehung minorenner strafentlassener Mädchen“. Der Verein wollte Mädchen, die wegen Prostitution verurteilt worden waren, nach der Haft eine Hilfe bieten. Für ihre Ausbildung schuf der Verein eine „Haus-, Landwirtschafts- und Industrieschule“.[103] Als diese Schule nach fünf Jahren vom Staat übernommen wurde, beendete der Verein seine Tätigkeit.[104] Gemeinsam mit einer Gruppe von Frauen gründete Lina Morgenstern den „Verein zur Erziehung schulentlassener Mädchen für die Hauswirtschaft“ und dessen Haushaltungsschule.

Zu den weiteren Themen ihrer Arbeit gehörten in ihrer letzten Lebensperiode das Engagement für die Emanzipation und die Friedensbewegung. 1871 trat sie in den „Allgemeinen Deutschen Frauen-Verein“ ein, der 1865 von Louise Otto-

---

100 Ebd., S. 78f.
101 Nick: Jüdisches Wirken, S. 62f.
102 Knobloch: Die Suppenlina, S. 61–64.98f.; Nick: Jüdisches Wirken, S. 63f.
103 Kruppa: Lina Morgenstern, S. 73–76; Nick: Jüdisches Wirken, S. 88.
104 Ebd.

Peters und Auguste Schmidt gegründet worden war.[105] Ab 1875 gehörte sie auch dem Vorstand des Vereins an. Mit einer Reihe von Frauen schuf sie angesichts einer deutlichen Verteuerung der Lebensmittel 1873 den „Berliner Hausfrauen-Verein". Dieser setzte sich unter ihrem Vorsitz die Beschaffung kostengünstiger Lebensmittel und die Verbesserung der Stellung der „Dienstboten" als Ziel.[106] 1897 wurde Lina Morgenstern in den Vorstand der „Deutschen Friedensgesellschaft" gewählt. Ein Schwerpunkt blieb ihre Tätigkeit für die Volksküchen und eine gesunde Ernährung. Neben der Anerkennung für Lina Morgenstern als „Suppenlina" geriet die Würdigung ihrer breiten karitativen und ihrer emanzipatorischen Wirksamkeit in den Hintergrund.

Frauen finanzieren soziale Stiftungen

Anna Maria Juliana de Noel geb. von Haupt vw. Breuer (1787–1861) – ein Krankenhaus für Männer in Köln (1856)

Unter den zahlreichen Stiftern und Stifterinnen der Stadt Köln nimmt Anna de Noel eine herausragende Rolle ein. Sie wurde 1787 in Mainz als Tochter des königlichen Präfektur-Rates Bernhard von Haupt und seiner Frau Sophia von Sandt geboren. 1825 heiratete Anna Maria von Haupt den Kölner Juristen Dr. Peter Andreas Breuer.[107] Gemeinsam planten und finanzierten die Eheleute den Neubau der katholischen Pfarrkirche von Sürth, einer vor den Toren von Köln gelegenen Gemeinde. Sie verfügten in Sürth über Grundbesitz und ließen den Neubau in Korrespondenz zu ihrem Herrenhaus errichten. Die Stifter sorgten zudem für eine reiche Innenausstattung der 1830 vollendeten Kirche.[108] 1841, im Todesjahr ihres Mannes, finanzierte Anna Breuer den Bau der Sürther Schule und 1842 den Bau des neuen Pfarrhauses. Zudem schenkte sie das Grundstück für den Friedhof.1842 heiratete Anna Breuer den Kölner Kaufmann, Kunstsammler und Stadtrat Matthias Josef de Noel. Sieben Jahre später verstarb er im Alter von 67 Jahren.[109]

Ab 1855 engagierte sich Anna de Noel zunehmend für die Wohltätigkeit in Köln. Einer ihrer Ratgeber, Adolf Kolping, legte ihr die Stiftung eines Kranken-

105 Kruppa: Lina Morgenstern, S. 67.

106 Ebd., S. 60–65.

107 Carl Wortmann: Chronik des St. Marienhospitals Stiftung de Noel, Köln 1906, S. 9, jedoch begegnet hier die leicht veränderte Schreibweise „Brewer" statt Breuer.

108 Dank- und Gedenkurkunde für Peter Andreas Breuer und Anna Maria Juliana von Haupt im Eingangsbereich der Kirche, abgebildet in Wikipedia: St. Remigius (Köln). Die Kirche war zur Zeit ihrer Erbauung Petrus und Andreas geweiht, den Namenspatronen von Peter Andreas Breuer.

109 Wortmann: Chronik, S. 9.

hauses für mittellose, unheilbar kranke und pflegebedürftige Männer nahe. Als „Gesellenvater“ hatte er tiefe Einblicke in das schwere Schicksal solcher Männer gewonnen. Anna de Noel erwarb ein Haus in der Straße Glockenring mit Garten und ließ es zum Krankenhaus umbauen. 1856 war das Haus bezugsfertig und bot Platz für 12 Betten. Es sollten dort *„unheilbare, arme Brustkranke und gichtleidende Männer auf Lebenszeit verpflegt und gekleidet werden“*.[110] Diese Stiftung war besonders hilfreich, *„weil das Bürgerhospital keine chronischen Brust- und Gichtkranken* aufnahm.“[111] Der Kölner Erzbischof, Kardinal Johannes von Geissel, würdigte das Krankenhaus als *„Anstalt, die den Unglücklichsten und Verlassensten unter den Menschen Pflege, Trost und Frieden zu bringen bestimmt ist“*.[112] Das Haus erhielt auf Wunsch von Anna de Noel den Namen „St. Marienhospital“. Später erfolgte die Zusatzbezeichnung „Stiftung de Noel“. Dies ehrte die Stifterin und ermöglichte eine Unterscheidung zu dem 1861 entstandenen Hospital gleichen Namens. Für die Pflege gewann sie die „Barmherzigen Schwestern“ des Ordens vom hl. Borromäus. Als Träger des Hauses legte sie die Armenverwaltung der Stadt fest.

Anna de Noel übernahm zusätzlich zu den Baukosten auch die Betriebskosten.[113]

Ihr nächster Plan galt der Gründung eines Hauses für verwahrloste Kinder. Dieses Vorhaben kam infolge ihres plötzlichen Todes nach einem Schlaganfall im Jahr 1861 nicht mehr zur Ausführung.

Ihre testamentarischen Verfügungen bedachten zahlreiche kirchliche und karitative Zwecke mit hohen Summen. Für die Caritas hinterließ sie 83.000 Taler: Den Hauptbetrag von 50.000 Talern erhielt das St. Marienhospital. 9000 Taler kamen Kindern des Waisenhauses zugute und 2000 den Kindern in der Taubstummenanstalt. Mit jeweils 2000 Talern bedachte sie zwei Armenschulen, in deren Tätigkeit sie als Vorstandsmitglied Einblick hatte. Die großzügigen Zuwendungen Anna Noels motivierten weitere Personen zu Spenden für das Marienhospital. Diese günstige finanzielle Ausstattung erlaubte dem Krankenhaus eine höhere Belegung und den Einsatz zusätzlicher Schwestern.

Als ein Teil des Krankenhausgrundstückes für den Bau der Eisenbahn benötigt wurde, erfolgte ein Neubau und Umzug zum Pantaleonswall 65. Das 1886 eingeweihte, im neugotischen Stil erbaute Ensemble umfasste ein Krankenhaus und eine angegliederte, große Kapelle. Der Namenszusatz „Stiftung de Noel“ wurde bei dieser Gelegenheit getilgt. Am Pantaleonswall konnte das Marienhospital sein 50jähriges und 75 Jubiläum feiern. Die Gebäude wurden im Zweiten Weltkrieg zerstört und nicht wieder aufgebaut.

---

110 Wortmann: Chronik, S. 7.
111 Ebd.
112 Ebd., S. 7.
113 Ebd.

Anna von Eichel (1822–1884) - das Diakonissenkrankenhaus in Eisenach (1872)

Ambulante und stationäre Pflege standen Kranken auch noch im letzten Drittel des 19. Jahrhunderts nicht überall in Deutschland zur Verfügung und wurden nicht immer auf einem professionellen Qualitätsniveau ausgeübt. Dies galt selbst für städtische Regionalzentren wie Eisenach in Thüringen. Als im deutschen Krieg von 1866 nach der Schlacht von Langensalza auch in Eisenach zahlreiche Verletzte monatelang zu pflegen waren, zeigte sich der Mangel an ausgebildeten Pflegekräften deutlich. Dies bedeutete nicht nur einen Nachteil für die Verwundeten, sondern für alle, die auf pflegende Zuwendung angewiesen waren. Der Hausarzt der Familie Eichel *„äuszerte sich eines Tages voll Unmuth"* über die unzureichende, allein durch die *„grauen Schwestern"* besetzte professionelle Pflege *„und warf hin, warum es nur in der Wartburgstadt noch keine evangelischen Schwestern gebe?"*[114] Zu diesem Zeitpunkt waren Diakonissen bereits in einigen Städten und Gemeinden tätig und neue Mutterhäuser entstanden. In weiten Teilen Deutschlands fehlten dennoch ausgebildete Pflegekräften.[115]

Die Familie Eichel hatte durch die unternehmerische Tätigkeit von Carl Eichel, für die er den Adelstitel erhielt, ein bedeutendes Vermögen erworben. Das Ehepaar Carl und Amalie Eichel setzten ihr Vermögen auch zur Wohltätigkeit ein.[116] Anna, als zweites der drei Kinder 1822 geboren, litt von Kindheit an unter einer Gehbehinderung, einer *„krankhaften Anlage der Hüfte"*.[117] In späteren Jahren kam ein *„gesteigertes Kopfleiden"* hinzu.[118]

Nach dem Tod des Vaters im Jahr 1852 fiel ein Teil des Vermögens an die drei Kinder, Walter, Anna und Dorette. Anna von Eichel war damit in der Lage, den Gedanken des Hausarztes aufzunehmen und verfolgte das Ziel, eine „Diakonissenstation" in Eisenach zu errichten.[119] Im Jahr 1868 hatte Anna Eichel den „Ackerhof" erworben, ein *„altes baufälliges Gebäude"*.[120] Sie war dazu finanziell in der Lage, weil sie von dem väterlichen Erbe *„ein bedeutendes Capital ... zurückge-*

---

114 Bräuer: Zur Geschichte unseres Hauses, maschinenschriftliches Manuskript des Vorstehers Pastor Bräuer, o. J., Blatt 1, Archiv des DW der EKD; gemeint waren die Barmherzigen Schwestern.

115 Sohr: Frauenarbeit, S. 8f.

116 Ebd., S. 4

117 Jenny von Gerstenbergk: Anna von Eichel, die Stifterin des Diakonissenhauses zu Eisenach. Ein Lebensbild, Eisenach, 1894, S. 4

118 Ebd., S. 10.13.

119 Bräuer: Zur Geschichte, Blatt 1.

120 Gerstenbergk: Anna von Eichel, S. 18.

legt" hatte.[121] Das vorhandene Gebäude wurde abgerissen und ein sorgfältig geplanter Neubau entstand.[122] Ihr Ziel bildete jetzt die Schaffung eines von Diakonissen geführten Kinderhospitals. Die Ausbildung der Diakonissen gewährleistete eine Pflege nach dem bestmöglichen Standard der Zeit. Sie sprach daher schon in der Planungsphase von einem „Diakonissenhaus".[123] Der Neubau des Kinderhospitals wurde in den Jahren 1869 und 1870 ausgeführt. Es entstand eine Einrichtung für 12 Kinder. Für Anna Eichel unerwartet schwierig gestaltete sich die Gewinnung von Diakonissen. So konnte der fertiggestellte Neubau noch nicht belegt werden. Die Diakonissen waren durch die zusätzliche Pflege der Kriegsverletzten des deutsch-französischen Krieges 1870/71 neben der stationären Pflege in Krankenhäusern und ihrer ambulanten Pflegetätigkeit vollständig ausgelastet. Erst im Mai 1872 stellte das Henriettenstift in Hannover zwei Diakonissen für das Kinderhospital. Nun konnte im darauffolgenden Juli die Einrichtung eröffnet und die ersten zwölf Kinder aufgenommen werden. Anna von Eichel finanzierte nicht allein den Kauf des Grundstücks und den Bau des Kinderhospitals. Sie rüstete das Hospital für die Zukunftssicherung mit einer größeren Summe aus und übernahm die Kosten der aktuellen Anschaffungen, die mit dem Aufbau der Pflegearbeit einhergingen. Für die strategische Entwicklung und die begleitende Aufsicht schuf sie durch die Konstituierung eines Verwaltungsrats einen festen institutionellen Rahmen.[124] Sie selbst stellte sich als Vorsitzende zur Verfügung und auch ihr Bruder Walter gehörte dem Verwaltungsrat an. Durch ständige Besuche im Hospital stand Anna Eichel im engsten Kontakt zu den Schwestern und Patienten.

Die auf zwölf Betten beschränkte Aufnahmemöglichkeit des Hauses hatte einerseits zur Folge, dass schon bald nicht alle Kinder aufgenommen werden konnten, für die Anfragen vorlagen. Andererseits waren die beiden Diakonissen durch die Pflege der Kinder nach dem Maßstab der damaligen sehr ausgedehnten Arbeitszeiten nicht dauerhaft ausgelastet. Sie wurden daher auch in der ambulanten Gemeindekrankenpflege in Eisenach tätig.

Die seelsorgerliche Begleitung von Patienten und Diakonissen war Anna Eichel ein besonderes Anliegen. Ihr Augenmerk auf diese Frage entsprach ihren eigenen Bedürfnissen. Durch die in Eisenach tätigen Theologen fand sie offenbar weder eine sie persönlich ansprechende Seelsorge und Predigt noch hinreichende Unterstützung für ihre diakonischen Anliegen und den Dienst der Diakonissen. Rückblickend stellte ein späterer Stiftsprediger für diese Jahre uneingeschränkt fest: „*Die kirchlichen Verhältnisse waren damals in Eisenach sehr*

121 Eisenacher Diakonissenhaus: Zur Geschichte unseres Hauses, o. J., S. 1.
122 Vgl., Gerstenbergk: Anna von Eichel, S. 18f.
123 Ebd., S. 19.
124 Ebd., S. 21f.

trüber Art.“[125] Um die Errichtung der Stiftspfarrstelle des noch kleinen Diakonissenhauses zu erreichen, übernahm Anna von Eichel gemeinsam mit ihrem Bruder und weiteren Förderern die Finanzierung der Stelle.[126] Ende 1874 konnte Pastor Becker als der erste vom Verwaltungsrat berufene Stiftsprediger eingeführt werden.[127] Seine Gottesdienste und Bibelstunden wurden so stark besucht, dass bald Pläne für den Bau eines größeren Andachts- oder Kirchraumes am Diakonissenhaus entstanden. Zudem wurde eine Vermehrung der Plätze für Patienten notwendig. Infolge des Todes ihres Bruders eröffnete sich eine unerwartete Lösung: Das von Walter Eichel bewohnte Haus, das ehemalige Benediktinerkloster, sollte von den Erben nicht selber weiter genutzt werden. Es wurde dem Verwaltungsrat „*zu einem so niedrigen Preis zur Verfügung gestellt, daß dies großmüthige Verfahren nahezu einer Schenkung glich*“[128], bzw. eine Schenkung einschloss.[129] Haus und Grundstück waren wesentlich größer als dies bei der bisherigen Immobilie der Fall war. Nach dem Kauf des Hauses im Jahr 1877 wurde zunächst, dem besonderen Wunsch von Anna Eichel entsprechend, ein großer „Betsaal“ geschaffen und noch im selben Jahr eingeweiht.[130] Die Personalgemeinde vergrößerte sich Anfang der 90er Jahre auf rund 1500 Mitglieder.[131] Sie stellten ein starkes Verbindungselement zwischen den Bewohnern von Eisenach und dem Diakonissenhaus dar. Die Arbeit der Diakonissen war dadurch eingebettet in einen Personenkreis, der ihnen besondere Achtung entgegenbrachte, ihre christliche Glaubenshaltung teilte und die Arbeit ideell und finanziell förderte.[132]

Im Frühjahr des folgenden Jahres konnte das neue Haus auch für die Patienten eröffnet werden. Die Räumlichkeiten boten nicht nur Platz für die bisherige Kinderstation. Nun konnte auch „*erwachsenen Kranken*“ eine Aufnahme ermöglicht werden sowie „*Reisenden, die hier erkrankten, Pensionären und alleinstehenden Kranken, deren Pflege sich in ernsteren Krankheitsfällen in ihren Privatwohnungen nicht gut ermöglichen ließ, Leidenden, die hier eine Zeitlang in ärztlicher Behandlung und Pflege sein mußten*“.[133] Drei Stationen entstanden: „*eine solche für Frauen, für Sieche und für bemitteltere, hilfsbedürftige Damen.*“[134] Damit verband sich notwendig eine Vergrößerung der Schwesternzahl. Das Diakonissenhaus entwickelte sich mehr und mehr zu einem Eisenacher Krankenhaus, zumal

125 Bräuer: Zur Geschichte, Blatt 1.
126 Ebd., Blatt 2; Gerstenbergk: Anna von Eichel, S. 22.24.
127 Ebd., S. 23f.27.
128 Ebd., S. 33.
129 So die Angabe bei Becker: Rede zur Einweihung des neuen Betsaales im evangelischen Diaconissenhause zu Eisenach, Gotha 1878, Vorwort.
130 Nach Becker (ebd., im Vorwort) bot er 180–200 Personen Platz, nach Gerstenbergk (Anna Eichel, S. 34) 300 Personen.
131 Bräuer: Zur Geschichte, Blatt 2.
132 Dazu Bräuer, ebd.
133 Becker: Rede, Vorwort.
134 Gerstenbergk: Anna von Eichel, S. 35.

Eisenacher Ärzte notwendige Operationen mit Vorliebe im neuen Diakonissenhaus vornahmen. Für die Akzeptanz des Hauses sowie für die Aus- und Fortbildung der Schwestern war es eine Bereicherung und Herausforderung, dass *„sämtliche Ärzte der Stadt in ihm verkehren"*, wie der Rektor des Diakonissenmutterhauses Bräuer Ende des 19. Jahrhunderts feststellen konnte.[135]

Das bauliche Ensemble der Diakonissenanstalt schloss Anna von Eichel mit dem Bau einer eigenen Kapelle ab, die auch nach ihren Vorstellungen künstlerisch ausgestaltet werden konnte. Mit der Einweihung der Kapelle im Februar 1884 konnte sie ihr seit langem bestehendes Vorhaben, eine Kirche zu bauen, realisieren. Zu diesem Zeitpunkt war ihre Gesundheit bereits sehr angegriffen. Noch im November desselben Jahres starb sie in Eisenach.

Anna von Eichel ging mit dem ihr zugefallenen elterlichen Erbe äußerst verantwortungsvoll um. Trotz der erheblichen Aufwendungen für Immobilienkäufe für das Diakonissenhaus, der (Mit)Finanzierung der Stiftspredigerstelle sowie der Übernahme zahlreicher geringerer Beträge für den akuten Bedarf des Diakonissenhauses übte sie obendrein noch eine umfangreiche *„sonstige Wohltätigkeit"* aus.[136] Zudem hatte sie hohe Ausgaben infolge ihrer erheblichen gesundheitlichen Beeinträchtigungen, die sie jedes Jahr für die gesamte Winterzeit zu Aufenthalten in Südfrankreich oder Italien veranlassten. Dennoch *„fand sich bei ihrem Tode nicht nur das elterliche Erbtheil unverkürzt vor, sondern sogar noch mehr."*[137]

Mit Blick auf Anna Eichels diakonisch geprägte Lebensleistung stellte der damalige Stiftsprediger Schubart in seiner Traueransprache fest, es könne *„manchen unter uns ein Bangen überkommen, ob nun auch alles, was sie gestiftet, begründet, begonnen hat, weiter bestehen und weiter gedeihen werde."*[138] Die von Anna Eichel gelegten geistigen, institutionellen und finanziellen Grundlagen erwiesen sich jedoch als so tragfähig, dass die Weiterentwicklung der Hilfeangebote des Diakonissenhauses konsequent fortgesetzt werden konnte.

Einen entscheidenden Schritt vollzog der Verwaltungsrat durch Gründung eines eigenen Diakonissenmutterhauses. Aus dem Diakonissenhaus, in dem Schwestern des Henriettenstiftes über ein Gestellungsverhältnis Dienst taten, wurde 1891 ein Diakonissenmutterhaus unter eigenständiger Leitung, auch wenn noch bis 1937 die Oberinnen aus dem Henriettenstift in Hannover kamen. Nun wurden im Eisenacher Mutterhaus Diakonissen ausgebildet und für auswärtige Einsätze ausgesandt. Bis 1916 wuchs die Zahl der Diakonissen auf 140. Sie waren in 61 Einsatzorten tätig. Inzwischen war 1896 ein Neubau des Diako-

135 Bräuer: Zur Geschichte, Blatt 3.

136 Gerstenbergk: Anna von Eichel., S. 45.

137 Ebd.

138 Zitiert ebd., S. 65.

nissenkrankenhauses entstanden, der 1925 und in den 60er Jahren an die fortgeschrittene medizinisch-pflegerische Entwicklung angepasst wurde.
Neben der Krankenversorgung wurde eine sich vielfältig erweiternde Kinderarbeit aufgebaut. In einem Ende des Jahrhunderts neu eröffneten Kinderheim wurde die gesamte Arbeit für Kinder angesiedelt. Er umfasste die Betreuung von Heimkindern, von „Krippenkinder", „Kinderbewahranstaltskindern" sowie ein Internat und ein Externat.[139]

Noch 1933 bis 1935 konnte für das Mutterhaus ein Neubau errichtet werden. In der Zeit der NS-Herrschaft geriet das Diakonissenmutterhaus wie die gesamte Innere Mission unter immer stärkeren Druck des Regimes. In der DDR hatte das Eisenacher Diakonissenmutterhaus unter zunehmenden Beeinträchtigungen des SED-Regimes zu leiden. Obendrein musste der durch verschiedene Faktoren bedingte Rückgang der Eintritte ins Diakonissenmutterhaus ab den 60er Jahren bewältigt werden. Nach der Wende fusionierten zunächst das Diakonissenkrankenhaus 1994 und das katholischen Elisabeth-Krankenhaus und beide zusammen 2002 mit dem kommunalen Wartburgklinikum zum heutigen „St. Georgklinikum". In diesem Klinikum sind nach wie vor Schwestern der Diakonischen Schwesternschaft im Pflegedienst tätig.

In die Dienstgemeinschaft wurden Diakonische Schwestern und Brüder integriert. Zur „Evangelisch-Lutherischen Diakonissenhaus-Stiftung Eisenach" gehören 23 Diakonissen der „alten" Form und drei der „neuen" sowie 70 Diakonische Schwestern und ein Bruder.

Die diakonischen Aktivitäten des Diakonissenmutterhauses wurden mit Ausnahme der stationären Krankenpflege im Klinikum übergeleitet in die „Diako Westthüringen gemeinnützige GmbH". Diese bietet diakonische Dienste in den Bereichen Seniorenhilfe, Kinder- und Jugendhilfe, Beratung, Therapie und Eingliederungshilfe. Anna von Eichels aufopferungsvolle Initiative hat damit durch schwierige und existenzbedrohende Phasen hindurch zu einem sich immer noch weiter entwickelnden diakonischen Hilfeangebot geführt, bei dem durch die Diakonissenhaus-Stiftung Eisenach auch die seelsorgerlich-geistliche Dimension ihres Anliegens weiter gepflegt wird.

Emilie Auguste Jenisch (1828–1899) – die Anscharhöhe in Hamburg (1885)

Etwa 900 Stiftungen wohlhabender Hamburger Bürger waren im zweiten Drittel des 19. Jahrhunderts der Wohlfahrtspflege in der freien Hansestadt gewidmet. Mit unterschiedlich hohen finanziellen Mitteln ausgestattet, begegneten sie den vielfältigen sozialen Notständen in der Hansestadt. Für zahlreiche Gruppen von Betroffenen bildeten sie die einzige Hilfe in ihrer Notlage. Aus der

[139] Bräuer: Zur Geschichte, Blatt 3.

christlichen Grundmotivation hatte sich eine umfangreiche bürgerliche „Philanthropie“, eine tatkräftige „Menschenliebe“ entwickelt. Dennoch wies dieses freiwillige Hilfenetz zwangsläufig zahlreiche Lücken auf und konnte keineswegs alle Bedürftigen unterstützen. Der ständige Zuzug von neuen Bewohnern, die Arbeit nur gegen geringste Entlohnung fanden und in extrem ungesunden Wohnverhältnissen unterkamen, sorgte für eine stetige Vermehrung der Hilfebedürftigen. Damit verbanden sich eine Ausbreitung des Alkoholismus, der Prostitution und des Elends der Kinder, die ohne Hoffnung bringende Perspektive aufwuchsen. Familiäre Bande lösten sich auf. Die Mitgliederzahlen der Kirchengemeinden wuchsen auf mehrere Zehntausend an. Die Kirchengemeinden waren daher vielfach nicht in der Lage, hinreichend Halt und Sinnstiftung für das Leben zu bieten oder bedürftigen Gemeindegliedern zu helfen. Der Senat als weltliche Obrigkeit und zugleich als Kirchenregiment entwickelte weder eine angemessene Sozialpolitik noch war er für eine Vermehrung der Pfarrstellen und Verkleinerung der Kirchengemeinden zu gewinnen. So blieben die Bedürftigen auf private Stiftungen und Initiativen einzelner Kirchengemeinden oder Theologen angewiesen. Eine gemeindliche Initiative für die neue Bewegung der „Inneren Mission“ entstand 1858 in der Kirchengemeinde St. Michaelis. Die von dem Hamburger Theologen Johann Hinrich Wichern 1848 initiierte Innere Mission verband praktische Hilfe mit Seelsorge und Predigt. Die Gemeinde St. Michaelis gehörte zu den Hamburger Großgemeinden. In ihr wurde die St. Anschargemeinde zunächst als nicht selbstständige „Kapellengemeinde“ gegründet, die sich insbesondere der Inneren Mission widmen sollte. Dabei wirkte Wichern anregend und hielt auf der Gründungsfeier die Festrede. Durch die Tätigkeit ihrer Prediger – erst nach der Selbstständigkeit der Gemeinde erhielten die leitenden Theologen den Status von Pfarrern – erfolgte eine immer deutlichere diakonische Profilierung.[140] So wurde neben der Einrichtung einer Sonntagsschule sowie einer „Kleinkinderschule“ ein Armenverein mit einer Armenkasse gegründet und für die Pflege mittelloser Kranker eine Diakonisse angestellt. Finanziert wurden die diakonischen Aktivitäten durch die sich um die Predigtstätte sammelnde Personalgemeinde.

Zu der Personalgemeinde St. Anschar gehörte Emilie Auguste Jenisch, die 1828 geborene älteste von drei Töchtern des Hamburger Kaufmanns und Bankiers Gottlieb Jenisch und seiner Ehefrau Caroline verwitwete Gräfin von Westphalen-Fürstenberg. Der persönliche Lebensweg von Emilie Jenisch wurde nicht allein durch den Reichtum ihres Elternhauses geprägt, sondern auch durch eine von Geburt an bestehende schwere Körperbehinderung und Taubheit. Dennoch nahm sie regelmäßig teil an den Gottesdiensten des Predigers Wilhelm Baur und von Carl Ninck, der 1873 als erster Pastor angestellt wurde. Zu ihm und dessen Frau entstand bald ein enges, freundschaftliches Verhältnis,

---

140 Dazu Hammer: Geschichte der Diakonie, S. 191–194

auch Ferienzeiten verbrachte man gemeinsam. Bei einem Sommerurlaub mit dem Ehepaar Ninck auf der nordfriesischen Insel Föhr entstand der Plan einer beschützenden Einrichtung für gefährdete weibliche Jugendliche, die nach der Konfirmation gezwungen waren, einen Lebensunterhalt zu suchen.[141] Nach dem Tod ihres Vaters 1875 standen ihr die notwendigen Mittel für die Finanzierung ihres schon länger bestehenden Vorhabens zur Verfügung. Der tatkräftige und in der Organisation von Diakonie erfahrene Ninck übernahm die praktische Ausführung.[142] Eine Wohnung wurde angemietet und eine „Hausmutter" angestellt. Diese zunächst noch kleine Einrichtung erhielt nach ihrer Stifterin den Namen „Emilienstift". Die Organisation und seelsorgerliche Betreuung lag in den Händen von Ninck, auch wenn das Emilienstift zunächst eine selbstständige Einrichtung blieb und nicht mit der St. Anschargemeinde organisatorisch verbunden war. Die Aufbringung der notwendigen Mittel für Miete, Gehalt und Versorgung der Bewohner übernahm im wesentlichen Emilie Jenisch. Ihr Ziel war es, *„daß etwas für die Rettung der jungen, gefährdeten und des Schutzes bedürftigen konfirmierten Mädchen im Alter von 14–20 Jahren geschehen müßte, für die in meiner Vaterstadt noch keine eigentliche Zufluchtstätte gegründet war."*[143] Die Arbeit wurde mit einem Mädchen begonnen, doch noch im ersten Jahr stieg die Zahl der Aufgenommenen auf 12 an. Die personelle Ausstattung wurde bald mit einer Diakonisse, später mit zwei Diakonissen des von Ninck gegründeten Diakonissenheims Bethlehem verstärkt. Das Anwachsen der Mädchenzahl machte die Anmietung eines ganzen Hauses nötig. 1885 wurden schon 22 Bewohnerinnen verzeichnet. Sie wurden *„soweit als möglich zu tüchtigen ordentlichen Dienstmädchen herangebildet"* und konnten eine Tätigkeit als Hausangestellte aufnehmen.[144] Die Ausbildung umfasste *„Nähen, Kochen, Waschen und Plätten auch Garten- und Feldarbeit, Spinnen und Weben"*.[145] Da das angemietete Haus weitere Aufnahmen begrenzte und die Nachfrage nach Plätzen anhielt, musste eine neue Immobilie für das Emilienstift gesucht werden. Im Herbst 1884 wurde ein rund 45.000 m² umfassendes Gelände in der Gemeinde Lockstedt gefunden. Emilie Jenisch sagte die Finanzierung des Kaufpreises von 28.000 Mark zu. Ihr Vater und ihre Mutter – letztere verstarb 1882 – hatten Emilie Jenisch und ihrer Schwester ein umfangreiches Vermögen hinterlassen. Der Großvater Martin Jenisch galt bei seinem Tod als der reichste Mann Hamburgs. Angesichts der Finanzierungszusage von Emilie Jenisch konnte Ninck einen Kaufvertrag aushandeln, der jedoch erst nach der für das Vorhaben notwendigen behördlichen Genehmigung realisiert werden sollte. Es kam dann jedoch zu einer

141 Harald Jenner: 100 Jahre Anscharhöhe 1886–1986. Die Anscharhöhe in Hamburg-Eppendorf im Wandel der Zeit, Neumünster 1986, S. 23.

142 So nach Friedrich Cuntz: Carl Wilhelm Theodor Ninck. Ein Lebensbild, Herborn 1890, S. 159.

143 Jenner: 100 Jahre Anscharhöhe, S. 23.

144 Ebd., S. 24.

145 Ebd.

Abwicklung des Kaufvertrages ohne Genehmigung. Diese erfolgte zwei Jahre später überraschend direkt durch Kaiser Wilhelm I. im April 1887, nachdem die ersten Häuser bereits errichtet und bezogen waren.[146] In dem Schreiben Wilhelms I. wurde seine *„landesherrliche Genehmigung nachträglich"* erteilt. Die Genehmigung für den Erwerb des *„Grundstücks behufs Begründung gemeinnütziger christlicher Anstalten"*[147] war zunächst schlicht vergessen worden.

Grundlegend für die weitere Entwicklung war die Entscheidung von Emilie Jenisch, das gesamte Gelände der Ansgardiakonie zu schenken. Die Grundsteinlegung des neuen Emilienstiftes und des Kastanienhofes erfolgte am 8. Juli 1885. Der Kastanienhof unter der Trägerschaft des Rauhen Hauses war für die Aufnahme von „verwahrlosten" Mädchen unter 14 Jahren bestimmt. Bei der Grundsteinlegung brachte Emilie Jenisch zum Ausdruck, dass die Schenkung ein Zeichen ihres Dankes für *„die vielen Segnungen"* sei, die ihr von der Anscharkapelle zuteilwurden.[148] Das neue Emilienstift wurde im Januar 1886 und der Kastanienhof im April fertiggestellt. Die Bauarbeiten an dem Erholungsheim „Bethanien" für die Schwestern des Diakonissenheims Bethlehem und an dem Siechenhaus „Emmaus" konnten wenige Wochen später abgeschlossen werden. Die Einweihung der Gesamtanlage, die den Namen „Anscharhöhe" erhielt, erfolgte unter großer Beteiligung am 15. August 1886. Damit entstand nun ein eigener Träger dieser von verschiedenen Bauherren errichteten diakonischen Einrichtungen.

Die Baukosten der verschiedenen Häuser wurden von Emilie Jenisch, dem Rauhen Haus, der St. Anschargemeinde und Carl Ninck aufgebracht. Den Bau des neuen Emilienstiftes finanzierte Emilie Jenisch. Es sollte nun der *„Aufnahme von 32 sittlich gefährdeten konfirmierten Mädchen"* dienen und weiterhin von den Schwestern des Diakonissenheims Bethlehem betreut werden.[149] Mit dem Emilienstift und dem Kastanienhof gab es an dieser Stelle nun eine durchgängige, altersunabhängige Aufnahmemöglichkeit für Mädchen. Die Errichtung des Siechenhauses mit dem Diakonissenheim als Träger wurde durch Kollekten und Spenden der Anschargemeinde ermöglicht. Eine besondere Finanzierung fand das Erholungsheim Bethanien: Carl Ninck konnte die Baukosten von dem Erlös seines Buches über Palästina bestreiten. Außer Diakonissen fanden hier auch in den Ferien kranke und pflegebedürftige Kinder der Anschargemeinde und andere Gäste Aufnahme.[150] Die schnelle Zunahme der aufgenommenen Mädchen und Seniorinnen bestätigte die Notwendigkeit der Neubauten. 1891

146 Genehmigungsschreiben vom 13.4. und Amtsblatt der Königlichen Regierung zu Schleswig vom 7.5.1887 wiedergegeben in ebd., S. 29.

147 So die Formulierung im königlichen Genehmigungsschreiben, ebd., S. 29.

148 Jenner: 100 Jahre Anscharhöhe, S. 24.

149 Cuntz: Ninck, S. 159.

150 Ebd., S. 161f.

war das Emilienstift bereits mit rund 40 Mädchen belegt und das für 50 Plätze ausgelegte Siechenhaus mit bis zu 60 Frauen.

Die Schenkung des Grundstückes der Anscharhöhe und die Finanzierung des Neubaues für das Emilienstift blieben nicht die letzten Zuwendungen, die Emilie Jenisch der Diakonie in Hamburg zukommen ließ. Nicht einmal ein Jahr nach der Einweihung der Anscharhöhe erklärte sie sich gegenüber Carl Ninck bereit, die Kosten für den Bau einer Kirche auf der Anscharhöhe zu übernehmen, die 1889 eingeweiht wurde. Diesmal zog sie allerdings ihren Vetter Dr. Godeffroy, Mitinhaber der Firma „Jenisch und Godeffroy" für die Aufbringung der Kosten mit heran.[151] Auch nach dem Tod von Ninck förderte Emilie Jenisch die diakonische Arbeit der Anscharhöhe. Mit der Schenkung eines dem Gelände der Anscharhöhe benachbarten Grundstückes schuf sie die Voraussetzungen für den Bau eines Altenheims für Männer. In dem bestehenden Haus Emmaus wurden ausschließlich Frauen aufgenommen, jedoch war auch ein dringender Bedarf für die Versorgung und Pflege von alten und kranken Männern vorhanden. Die Baukosten brachte die Anschargemeinde mithilfe von Sammlungen auf. Es entstand ein Haus mit 50 Plätzen.[152]

Den Höhepunkt ihrer fast unerschöpflichen Förderung diakonischer Zwecke durch Emilie Jenisch bildete ihr Testament. Nach ihrem letzten Willen erhielten die Anschargemeinde 30 000, kleinere gemeindlichen Einrichtungen 17 000, das Diakonissenheim Bethlehem 50 000 und das Emilienstift 200 000 Mark.[153] Damit waren diese Einrichtungen für die nächste Zukunft abgesichert und in der Lage, ihren helfenden Dienst wirkungsvoll auszurichten.

Mehrfach waren in diesen und den folgenden Jahrzehnten Frauen an der in wohlhabenden Kreisen verbreiteten Förderung gemeinnütziger und auch kirchlich-diakonischer Zwecke beteiligt. Unter ihnen nimmt Emilie Jenisch dennoch durch die ganz außergewöhnliche Höhe ihrer Zuwendungen und die aufmerksame, anteilnehmende Förderung diakonischer Projekte eine herausragende Stellung ein. In einem mehrfach zitierten Nachruf wurde sie als eine der *„wohltätigsten Damen"* von Hamburg gewürdigt.[154] Diese Würdigung erscheint angesichts dessen, was Emilie Jenisch an Geld und Engagement aufbrachte und nachhaltig bewirkte eher hanseatisch zurückhaltend. Die mehrfach um-, aus- und neugebauten Häuser der Anscharhöhe dienen heute als

[151] Jenner: 100 Jahre Anscharhöhe, S. 30.

[152] Ebd., S. 39.

[153] Ebd., S. 23.

[154] Ebd., S. 23; Hamburgische Biographie. Personenlexikon hg. v. Franklin Kopitzsch u. Dirk Brietzke, Bd. 3, Göttingen 2006, S. 201.

„Stiftung Anscharhöhe" der Betreuung von 650 Kindern, Senioren und Menschen mit Behinderung.

Almata Reismann (1798–1881) – eine Pflegeeinrichtung für Frauen und Mädchen in Bremen (1880/92)

Ein Beispiel dafür, dass es nicht immer die großen Vermögen waren, mit deren Hilfe nachhaltige Projekte auf den Weg gebracht wurden, bietet das Testament von Almata Reismann. Sie heiratete in erster Ehe den Tischlermeister Martin Brummerhop und nach seinem Tod den Tischlermeister Gottfried Reismann. Nach dem Tod ihres zweiten Mannes erwarb sie ein Haus im dem Vorort Walle und lebte hier mit ihrem Sohn Dietrich Brummerhop, dem Sohn aus ihrer ersten Ehe. Dietrich Brummerhop erkrankte schwer und wurde pflegebedürftig. Für die Krankenpflege engagierte Almata Reismann eine Diakonisse des 1868 gegründeten Bremer Diakonissenmutterhauses. Seine letzten Tage verbrachte Dietrich Brummerhop vermutlich im Diakonissenkrankenhaus. Am 8.5. 1880, kurz nach ihrem 82. Geburtstag und wenige Monate vor dem Tod ihres Sohnes, verfasste Almata Reismann ihr Testament. Danach sollte das Diakonissenmutterhaus ihr Vermögens erben, falls ihr Sohn vor ihr sterben würde. Sie verband diese Bestimmung mit der Bedingung, dass *„eine zweite Evangelische Diaconissen-Anstalt, mit gleichem Zwecke, wie die jetztige Anstalt, an der Waller-Chaussee errichtet und unterhalten werde(n)"*.[155]

Almata Reismann versuchte mit ihrer Stiftung einem leidvollen Mangel entgegen zu wirken. Walle verfügte über kein eigenes Krankenhaus und die in Bremen vorhandenen Häuser reichten insbesondere für die Versorgung der ärmeren Bevölkerung nicht aus. Unter dem Pflegenotstand litten besonders Frauen. Wirtschaftlich schlecht gestellte oder mittellose Ehefrauen und Witwen sowie unverheiratete Hausangestellte fanden in der Regel keine angemessene Pflege. Die wohlhabenden Bürger organisierten die Krankenbehandlung mit Pflegekräften und niedergelassenen Ärzten zumeist im eigenen Haus. Nach Almata Reismanns Testament sollte die zu gründende Anstalt dem Wunsch ihres Sohnes entsprechend den Namen „Almata-Stift" tragen.[156] In der Tat starb ihr Sohn wenige Monate vor ihr im November 1880.

Als nach Almata Reismanns Tod 1881 der Erbfall eintrat, betrug das für die Stiftung hinterlassene Vermögen rund 50 000 Mark. Dieser Betrag reichte bei

---

[155] Staatsarchiv Bremen, Testamentenbuch 1881–1882, 2-Qq. 4.c. 3.b. 4.qqq Nr. 3787; Text in: Georg-Hinrich Hammer: Das Almatastift in Bremen Walle. Seine Entstehung, Geschichte und Gegenwart, Bremen 2007, S. 10f.

[156] 2. Artikel Abs. 3 des Testaments von Almata Reismann, in Hammer: Almatastift, S. 11.

weitem nicht für die Errichtung der beabsichtigten Anstalt. Der erfahrene Bremer Geschäftsmann Johann Ludwig Schrage verstand es als Verwalter der Stiftung, das ererbte Vermögen deutlich zu vermehren. Im Jahr 1890 war das Stiftungsvermögen auf 83 488,98 Mark angewachsen. Der Oberlehrer der Waller Schule bewog den Rat der noch selbstständigen Gemeinde Walle, ein Grundstück für die Errichtung des Hauses kostenlos zu überlassen. Damit konnte 1891 an die Realisierung des von Almata Reismann intendierten Projektes gegangen werden. Bereits ein knappes Jahr nach der Grundsteinlegung wurde am 20.11. 1892 die Einweihung gefeiert. Aus diesem Anlass erfolgten umfangreiche Spenden der Bremer Bevölkerung für die Möblierung des Hauses, für Verbrauchsmaterialien, Zimmerpflanzen und Lebensmittel. Besonders engagierte sich dabei das „Damenkomitee" der Diakonissenanstalt.[157] Es entstand eine Kranken- und Altenpflegeeinrichtung für Personen weiblichen Geschlechts. Der im Stil des wilhelminischen Historismus erstellte Bau zeichnete sich durch helle Räume und einen verglasten Vorbau aus. Zum Haus gehörte ein größerer Garten. Das Almatastift war zwar nicht das von Almata beabsichtigte zweite Diakonissenkrankenhaus. Doch verband das Stift eine fachlich ausgewiesene Krankenpflege durch Diakonissen mit der ständigen medizinischen Versorgung durch einen in Walle niedergelassenen Arzt. Im ersten vollen Betriebsjahr konnten 15 Frauen und 6 Kinder aufgenommen werden. Aufgrund des großen Bedarfes wurde 1908 ein Anbau errichtet. Damit verfügte das Almatastift über 35 Plätze, für die *„stets überreichlich Anmeldungen"* eingingen, wie der behandelnde Arzt Dr. Schelb, berichtete.[158] Der gute Ruf des Hauses unter Leitung der Diakonissen veranlasste auch im 20. Jahrhundert eine Reihe von Spenden. Die Spende *„eines amerikanischen Freundes"* war so umfangreich, dass für das gesamte Haus eine Zentralheizung eingebaut werden konnte.[159] Die hilfreiche Arbeit des Almatastiftes führte sogar zu einer Schenkung, durch die Almata Reismanns ursprüngliche Absicht, ein Krankenhaus zu errichten, doch noch verwirklicht werden sollte. Der Vorstand der Diakonissenanstalt beschloss allerdings, diese Mittel entgegen der mit ihnen verbundenen Zielsetzung für eine andere Einrichtung einzusetzen. Dieser Beschluss bildet leider nur ein Beispiel von vielen dafür, dass gespendete oder gestiftete Gelder nicht immer dem Zweck zugewandt wurden, für den sie gedacht waren.

Im Almatastift arbeiteten zwei Diakonissen und drei Hilfskräfte.[160] Eine der Diakonissen übernahm zusätzlich die Leitung der „Flickschule". Diese bildete ein zusätzliches Angebot für Mädchen aus Walle, um sie für die Arbeit im eige-

157 Dazu: Bremer Kirchen-Blatt, 28. Jg., Bremen, 1892, Nr. 49, S. 387–389.394–395; Bremer Nachrichten vom 11.12.1892, Nr. 343; dazu Hammer: Almatastift, S. 10–24.

158 Jahresbericht des Diakonissenmutterhauses Bremen, 1909, S. 14.

159 Bericht über das Evangelische Diakonissen-Mutterhaus zu Bremen für das Jahr 1926, S. 11.

160 Handbuch der Inneren Mission, Bd. 2, S. 556.

nen Haushalt oder als Hausangestellte besser vorzubereiten. Das Angebot fand eine gute Akzeptanz: Zeitweise wurden 40 bis 50 Mädchen unterrichtet.

Das Almatastift überstand den Zweiten Weltkrieg nicht. Im Sommer 1944 wurde das Almatastift bei einem Bombenangriff völlig zerstört. Das Schicksal der Bewohnerinnen ist nicht überliefert. Eine erste Fortsetzung seiner Arbeit fand das Almatastift 1947. In dem Leuchtenburger Herrenhaus der Familie Albrecht konnte das Diakonissenmutterhaus einen großen Teil des Gebäudes anmieten. Es wurde als Erholungsheim und Altenheim genutzt.[161] Zur Verfügung standen 35 Plätze in den teilweise dafür hergerichteten Räumen des Herrenhauses. 1954 wurde diese Lösung aufgegeben. Ein Wiederaufbau des Almatastiftes an der angestammten Stelle erfolgte nach dem Krieg zunächst nicht. Das Grundstück wurde verkauft. Erst im Jahr 2003 konnte durch die Stiftung Friedehorst an die Tradition der Pflege an diesem Ort angeknüpft werden. Es entstand eine Altenpflegeeinrichtung mit 60 Plätzen. Ähnlich wie das erste Almatastift verfügt das neue über helle Räume und besitzt eine überschaubare Größe im Unterschied zu den vielfach errichteten industriellen Altenpflegeeinrichtungen. Es zeichnet sich zudem durch eine sorgfältige Innengestaltung aus, zu der auch eine kleine Hauskapelle gehört. Hinzu kam ein gesonderter Baukörper für Wohnungen von Personen mit mehrfacher Behinderung.

Almata Reismanns Stiftung hatte damit eine umfangreiche Hilfebewegung ausgelöst, an welcher der Oberlehrer der Waller Schule, der Rat der Gemeinde Walle, Johann Ludwig Schrage als Verwalter der Stiftung, das „Damenkomitee" der Diakonissenanstalt, zahlreiche Bremer Bürger und nicht zuletzt Bremer Diakonissen und Dr. Schelb als behandelnder Arzt im Stift Anteil hatten. Durch den Neubau des Almatastiftes erlebte die testamentarische Willensbekundung von Almata Reismann gut 120 Jahre nach ihrem Tod eine Wiederbelebung und eine Fortführung des von ihr beabsichtigten gemeinnützigen Zweckes.

Rosine Meyer geb. Frank (1825–1902) – eine Sozialstiftung für alleinstehende Frauen in Krefeld (1863/1903)

Die Lage alleinstehender Frauen der ärmeren Bevölkerung war im 19. Jahrhundert und zu Beginn des 20. Jahrhunderts besonders prekär. Eine Krefelder Sozialstiftung versuchte, ihre Situation abzumildern. Mit der Gründung dieser

[161] Dazu Ursula von Schwartz: Erinnerungsbuch, Leuchtenburg 1949 u. Hammer: Almatastift, S. 49–57. Das Erinnerungsbuch wurde als Weihnachtsgeschenk von der damaligen Leiterin Ursula von Schwartz an die Bewohner des Almatastiftes 1949 in maschinenschriftlichen Kopien verschenkt.

Stiftung durch Rosine Frank verbindet sich eine tragische Lebensgeschichte.[162] Rosine Franks Vater, Johann Jacob Meyer, war als Seidenfabrikant und Lotterieeinnehmer einer der besonders wohlhabenden Krefelder Bürger. Aufgrund seines Ansehens und seines Vermögens gehörte er wie seine beiden direkten Vorfahren zu den führenden Repräsentanten der jüdischen Gemeinden am Niederrhein. Rosine Meyer wurde 1825 geboren. Sie heiratete Hermann Frank und zog mit ihm nach Köln. Aus ihrer Ehe gingen keine Kinder hervor. Nach dem Scheitern der Ehe und der Scheidung kehrte sie 1863 nach Krefeld zurück. Da ihr ein Teil des Erbes ihres 1861 verstorbenen Vaters zufiel, konnte sie dort in relativ großzügigen Verhältnissen leben. Das für die spätere Stiftung entscheidende Testament verfasste sie bereits 1868 – mit 43 Jahren! Es ist nicht bekannt, ob sie verhindern wollte, dass ihr geschiedener Mann ein Erbteil erhalten konnte oder ob sie ihre später ausbrechende Erkrankung bereits spürte. Jedenfalls befand sie sich für einige Zeit in Wiesbaden in stationärer Behandlung. Denkbar erscheint auch, dass der Tod ihrer Eltern, ihre Mutter war vier Jahre nach ihrem Vater im Jahr 1865 verstorben, den Impuls für das Testament gab oder ihn verstärkte. Es mag aber auch sein, dass die durch den Umbruch im Textilgewerbe besonders ansteigende Not in Krefeld für Rosine Frank den Ausschlag gab. Bei ihren testamentarischen Verfügungen traf sie eine sehr persönliche Auswahl. Von ihren noch lebenden Geschwistern wurde nur die Schwester bedacht. Hinzu kamen kleinere Beträge für andere ihr nahestehende Personen. Auch wenn an ihrer persönlichen Verwurzelung im jüdischen Glauben und ihrer Zugehörigkeit zur jüdischen Gemeinde kein Zweifel besteht, sollte der Hauptteil ihres Vermögens nicht einer jüdischen, sondern einer säkularen Institution zukommen. Als Haupterbin legte Rosine Frank die Stadt Krefeld fest. Jeweils an dem Geburtstag von Rosine Frank sollten *„bedürftige Witwen, alleinstehende Frauen und ältliche Jungfrauen moralischen Lebenswandels“* mit Geldgeschenken von 100 bis 200 Talern bedacht werden.[163] Dies waren recht hohe Beträge, die für einen begrenzten Zeitraum den Lebensunterhalt sichern konnten. Den Hintergrund für diese Verfügung bildete eine damals verbreitete Form der Geldleihe, die aber nur für kurze Zeit den Betroffenen finanziell Luft verschaffte, oft aber zu nicht reversiblen Verlusten führte: Personen, die in wirtschaftliche Not gerieten, konnten Gegenstände aus ihrem Besitz in ein Leihhaus bringen und dafür einen Gegenwert in Geld erhalten. Wenn sich ihre wirtschaftliche Situation besserte, war es möglich, die verliehenen Gegenstände gegen eine Rückzahlung des erhaltenen Geldes plus Zuschlag wieder in Besitz zu nehmen. Oft jedoch waren die Betroffenen dazu nicht in der Lage und die Gegenstände wurden nach Ablauf einer Frist versteigert. Da es sich oft um Gegenstände mit einem emotionalen Wert handelte wie Schmuckstücke oder

---

[162] Dazu Ingrid Schupetta: Rosine Frank (1825–1902) und ihre Stiftung für Krefeld, in Jüdische Wohlfahrtsstiftungen, S. 133–158.

[163] Zitiert in ebd., S. 148.

persönliche Erbstücke, war deren dauerhafter Verlust besonders schmerzlich. Rosine Frank bestimmte in ihrem Testament, dass „*brave*(n) *Leute*(n)" mit Geld aus der Stiftung die Auslösung solcher Gegenstände ermöglicht werden sollte.[164] Eine Vorgabe hinsichtlich der Religionszugehörigkeit der Zuwendungsberechtigten machte sie nicht.

Nur zwei Jahre nach der Abfassung ihres Testaments kam es für Rosine Frank zu einem schwerwiegenden Bruch in ihrem Lebenslauf. Ihre Familie erwirkte in Zusammenarbeit mit dem Hausarzt Dr. Matthias Frank die Unterbringung von Rosine Frank in einer Bonner Pflegeanstalt. Es handelte sich um die „Hertz'sche Privat-Heil- und Pflege-Anstalt". Sie war von dem Psychiater Carl Reiner Hertz 1849 gegründet worden und wurde ab 1887 von Robert Thomsen geleitet. Hertz versuchte u. a. mit der „familialen Irrenverpflegung" neue Wege einer integrierenden Versorgung von psychiatrisch Erkrankten zu beschreiten. Im Jahr 1871 erfolgten die Entmündigung von Rosine Frank und die Auflösung ihrer Wohnung. Ihre Brüder wurden zu Vormündern bestellt. Der Erlös aus dem Verkauf des Inventars wurde der Erbmasse angefügt. Rosine Frank verblieb bis zu ihrem Tod am 29.12. 1902 in dieser Einrichtung, die sie offenbar kaum verlies. In der Einrichtung scheint sie – von außen gesehen – ein ruhiges und in sich zurückgezogenes Leben geführt zu haben.[165] Beigesetzt wurde sie auf dem Bonner Jüdischen Friedhof an der Römerstraße, wo ihr die Stadt Krefeld „in dankbarer Erinnerung" ein Ehrengrab widmete.[166]

Wenige Tage nach ihrem Tod errichtete die Stadt Krefeld die Stiftung. Das aus dem Erbe sich ergebende Kapital betrug 390 000 Mark. Zur Vermeidung von Gerichtsverfahren um das Erbe zahlte die Stadt aus dem Erbe 30 000 Mark an entfernte Verwandte, die sich bei der Nachricht über das der Stadt zugefallene Erbe mit Ansprüchen meldeten. Den Bestimmungen des Testaments entsprechend sollte für die Unterstützung der von Rosine Frank benannten Zielgruppen das Kapital nicht angegriffen werden. Die jährlichen Auszahlungen an Rosine Franks Geburtstag erfolgten von den Zinsen des Kapitals, welche die Stadt auf 3% begrenzte. Für die erstmalige Austeilung der Mittel erfolgte 1904 eine Bekanntmachung der zuständigen Städtischen Armen-Deputation in der Zeitung. Da sich aufgrund dieser Vorgehensweise eine zu große Anzahl von Bedürftigen meldete, unterblieb eine öffentliche Bekanntmachung in den Folgejahren. Der Zuteilung erfolgte nun aufgrund von Erkenntnissen der Armen-Deputation über die Bedürftigkeit von Betroffenen. Die etwas bürokrati-

164 Ebd., S. 148.151.

165 Ebd., S. 145f.

166 Die Inschrift lautet: DER FRAU / HERMANN FRANK / ROSINE GEB. MEYER / GEB. 4. OCTOBER 1825 / Gest. 29. Dezember 1902 / in dankbarer Erinnerung / DIE STATDT CREFELD.

sche Regelung sah ab 1906 vor, dass in jedem der 33 Armenbezirke der Stadt eine Person die Zuteilung erhalten sollte. Die verteilten Mittel, die in der Folgezeit zwischen 300 und 600 Mark schwankten, bildeten für die Betroffenen eine erhebliche Verbesserung ihrer finanziellen Verhältnisse. Schon mit 300 Mark überstiegen sie deutlich die für Arme von der Stadt höchstens gezahlten 234 Mark an jährlicher Unterstützung.[167] Diese Zahlungen blieben bis 1939 eine wertvolle Hilfe, auch wenn sie kurzzeitig während der Inflation ausgesetzt werden mussten oder zeitweise nur als Darlehen gewährt wurden. Unter der NS-Herrschaft löste die Stadt 939 die Stiftung auf und überführten das Restkapital, das immerhin die Inflation und die Wirtschaftskrise überstanden hatte, in die „Allgemeine Grunderwerbsrücklage".[168] Der Name der jüdischen Stifterin war bereits zuvor im Zusammenhang mit den Zahlungen nicht mehr erwähnt worden.

Eine Restitution der Stiftung nach 1945 erfolgte nicht. Selbst das Ehrengrab auf dem Jüdischen Friedhof in Bonn wurde durch die Stadt Krefeld nicht mehr gepflegt. Erst Ende der Sechziger Jahre des 20. Jahrhunderts setzte ein Erinnern an Rosine Frank geb. Meyer ein. Der ehemalige Sozialdezernent von Krefeld, Walter Nettelbeck, ging in einer Veröffentlichung 1969 nebenbei auch auf Rosine Frank und ihre Stiftung ein.[169] 1972 veranlasste er die Stadt Krefeld, der gemeinnützigen „Bürgergesellschaft Stadtmitte-Sozialhilfe e. V." ein Grundstück für die Bebauung mit einem Haus für Alten- und Sozialwohnungen zu überlassen. Allerdings erfolgte die Überlassung nur gegen die Zahlung von Erbpacht. Wenigstens vier der 12 dort gebauten Wohnungen sind nach Bedarf jüdischen Mietern vorbehalten. Nach Angabe des Vermieters hat bisher kein Mieter von dieser Bestimmung Gebrauch gemacht. Das Haus wurde abweichend von der Namensform der aufgelösten Stiftung nach dem Geburtsnamen „Rosine Meyer Haus" genannt.[170] Ein „auswärtiger Bürger" wies 1977 die Stadt auf den verwahrlosten Zustand des Ehrengrabes von Rosine Frank hin. Daraufhin wurde das Grab saniert und seitdem von der Stadt Krefeld wieder als Ehrengrab geführt und gepflegt.[171] Schließlich erfolgte im Jahr 2005 noch die Benennung eines Fußweges in Krefeld nach Rosine Frank.[172]

---

167 Schupetta: Rosine Frank, S. 152.

168 Ebd., S. 155f. u. Merländer Brief, 8/2002, S. 5.

169 Walter Nettelbeck: Cornelius de Greiff – Ein Seidenfabrikant, der nach seinem Tod seine Mitbürger höchlich überraschte, Krefeld 1969, S. 112f.

170 Ingrid Schupetta: Rosine Frank und ihre Stiftung – Ein Nachtrag, in: Die Heimat 77/2006, S. 142 u. Schupetta: Rosine Frank, S. 157.

171 Die Geschichte Rosine Franks und ihrer Stiftung. Zwei Millionen für Krefeld, in: Merländer-Brief, Veröffentlichungen des Merländer E. V., 8/2002, S. 5.

172 Schupetta: Rosine Frank und ihre Stiftung, Die Heimat 77/2006, S. 142 u. Schupetta: Rosine Frank, S. 157.

Amélie von Langenau (1830–1902) – Startkapital für Hilfsorganisationen in Österreich und Deutschland (1881–1902)

Der Tod ihres Mannes im Jahr 1881 veränderte das Leben der Baronin Amélie von Langenau, geb. von Haffner, grundlegend. 1856 hatte sie als gebürtige Dänin den österreichischen Diplomaten und General Baron von Langenau geheiratet, der als Gesandter des Kaisers an verschiedenen europäischen Höfen die Interessen der k. u. k. Monarchie vertrat. Bis zu dem einschneidenden Ereignis seines Todes hatte Amélie von Langenau an der Seite ihres Mannes am höfischen Leben, zuletzt an dem besonders glanzvollen in St. Petersburg, teilgenommen. Mit dem Tod des Ehemanns, dem bereits der Tod des einzigen Sohnes vorausgegangen war, begann für sie nun eine längere Phase der Sinnsuche.[173] Die Position einer Gesellschaftsdame der Kaiserin Elisabeth in Wien füllte sie innerlich nicht aus.

Ihre Suche nach einem sinnerfüllten Leben führte sie zu ihrem Seelsorger, Pfarrer Dr. Paul von Zimmermann. Dieser riet ihr zur Aufnahme christlicher Liebestätigkeit.[174] Amélie von Langenau widmete sich nach dem Ratschlag Zimmermanns ab 1881 zunächst intensiv der diakonischen Arbeit in Wien. Sie tat dies mithilfe von finanziellen Zuwendungen und durch persönlichen Arbeitseinsatz. Schon bald stand sie als Vorsteherin an der Spitze des „Evangelischen Frauenvereins" und des „Evangelischen Kinderhortvereins in Wien".[175] 1885 wurde sie zudem in den Vorstand des „Evangelischen Diakonissenvereins in Wien" berufen.[176] Damit gehörte Amélie von Langenau den Vorständen aller drei in Wien diakonisch tätigen Vereine an. Zudem wurde sie Mitglied im Vorstand des Wiener „Gustav-Adolf-Vereins", der evangelisches Gemeindeleben insbesondere durch Unterstützung beim Bau von Kirchen, Gemeindehäusern und Pfarrhäusern, aber auch von diakonischen Initiativen förderte.

Als Vorstandsmitglied des „Evangelischen Diakonissenvereins in Wien" kam Amélie von Langenau in Kontakt mit der sich 1882 von Gallneukirchen nach Wien ausweitenden Diakonissenarbeit. 1877 waren die ersten zwei Diakonissen des drei Jahre zuvor gegründeten „Oberösterreichischen Vereins für Innere Mission" mit Sitz in Gallneukirchen eingesegnet worden. Initiator dieses Vereins war Dr. Ludwig Schwarz, Pfarrer von Weikersdorf und Gallneukirchen. Für ihn bestand eine aus dem Neuen Testament sich ergebende selbstverständliche

---

173 Friedrich Rösch: Erinnerungen an Wien, Bremen 1931, S. 9.13.

174 Ebd., S. 30.

175 Paul Ernst Hammer: Baronin Amelie von Langenau, Wien, 2001, S. 18; Rösch: Erinnerungen, S. 30f.

176 12. Jahresbericht des oberösterreichischen evangelischen Vereins für Innere Mission, erstattet auf dem Jahresfest am 8.9.1886.

Einheit von Predigen und helfendem Handeln.[177] Er hatte 1873 mit einigen Gleichgesinnten einen Verein für Innere Mission gegründet, der 1874 mit dem „Oberösterreichischen Verein für Innere Mission“ mit Sitz in Gallneukirchen seine erweiterte Gestalt erhielt.[178] In zunächst kleinen Schritten entwickelte Ludwig Schwarz vielfältige diakonische Aktivitäten. Er hatte aus der Anstalt Beuggen, die zu dieser Zeit als pädagogische Vorzeigeeinrichtung sowohl für die Lehrerausbildung als auch für die Beschulung armer Kinder angesehen wurde, den Lehrer für die evangelischen Schule in Weikersdorf, Matthias Bollinger, geholt. Dieser sollte dabei helfen, durch schulische Bildung die Zukunftschancen der Dorfkinder zu verbessern. Als Bollinger einen verwaisten Jungen aus einer entfernteren Gemeinde bei sich zuhause aufnahm, entwickelte sich daraus die Weikersdorfer Waisenhausarbeit.[179] Nach und nach schuf Ludwig Schwarz zuerst in kleinerem Umfang, bald jedoch in größerer Form stationäre Einrichtungen für Geistigbehinderte, Epileptiker, Kranke, psychisch Kranke und Senioren. Der Aufbau dieses Verbundes diakonischer Einrichtungen erforderte Initiativgeist und Mut angesichts einer nahezu geschlossen katholischen Gesellschaft und Bürokratie, die solchen evangelischen Vorhaben nicht besonders geneigt gegenüberstand. Der Aufbau war zudem ohne erhebliche finanzielle Mittel nicht denkbar. Zwar wurde der Oberösterreichische Verein für Innere Mission auch für die Gewinnung von Spenden genutzt, diese flossen aber nicht in dem Maß, das für die Weiterentwicklung der Einrichtungen nach den Vorstellungen von Schwarz benötigt wurde.

Amélie von Langenaus Eingreifen bewirkte in dieser Situation die entscheidende, weiterführende Hilfe. Bereits 1882 erfolgte ihre erste finanzielle Unterstützung für die Einrichtungen in Gallneukirchen.[180] Sie gewährte ein Darlehen für den Erwerb eines Bauerngutes in Weikersdorf und wandelte nach kurzer Zeit das Darlehen in eine Schenkung um. In den nächsten Jahren wurde Amélie von Langenau zur entscheidenden uneigennützigen Geldgeberin für Gallneukirchen. 1884 erwarb sie für den Evangelischen Verein für Innere Mission in Oberösterreich das „Obermayrgut“ in Weikersdorf und bestimmte: *„daß der Ertrag desselben beiden Anstalten, dem Waisenhause in Weikersdorf und dem Krankenhause in Gallneukirchen zukommen möge.“*[181] Es handelte sich um einen Bauernhof mit über 60 Joch Land (ca. 30.000 m^2). Neben zahlreichen kleineren Beträgen spendete sie 4000 Gulden im Jahr 1884 für den Bau des Hauses „Zoar“, das für pflegebedürftige Frauen und Epileptiker bestimmt war. 1886 wurde das Bau-

[177] Dazu Hans Jaquemar. Innere Mission. Das Werden und Wirken der organisierten christlichen Liebestätigkeit in der Evangelischen Kirche Österreichs, Wien 1951, S. 29–31; Hammer: Amelie von Langenau, S. 19.

[178] Jaquemar: Innere Mission, S. 30.

[179] Ebd., S. 31.

[180] Hammer: Amélie von Langenau, S. 20.

[181] Evangelisches Vereinsblatt für Oberösterreich, Gallneukirchen, November 1884.

erngut Nr.1 des Ortes Linzerberg erworben. Die genaue Summe wird in dem Jahresbericht der Diakonissenanstalt Gallneukirchen nicht erwähnt, wohl aber der Name der Person, die den Kauf hauptsächlich möglich machte. Dazu heißt es im Jahresbericht 1886/1887: „*Wir verdanken die Erwerbung desselben vornehmlich unserer unermüdlichen Wohltäterin, der Frau Baronin von Langenau, die im Frühling mehrere Tage sich hier aufhielt und die Überzeugung gewann, daß sich das ganze Anwesen für unsere Zwecke besonders eigne, und uns ermuthigte, das Haus durch eine entsprechende Umgestaltung zur Aufnahme von Pfleglingen herzurichten. Mit ihrer großmüthigen Hilfe konnte im Laufe des Sommers damit der Anfang gemacht werden.*“[182] Das Gelände des „Hofbauernhauses“ umfasste ca. 22 500 m². 1888 folgte eine Spende von 12 000 Gulden für die Errichtung des Martinsstiftes auf dem Linzerberg. Zudem übernahm Amélie von Langenau die Zinszahlungen und die Abzahlung des darüber hinaus aufgenommenen Darlehens. 1892 konnte das Martinsstift seine Arbeit als Einrichtung für Menschen mit geistiger Behinderung und für Epileptiker beginnen. Zu dem Haus gehörte eine umfangreiche Landwirtschaft, in der die Bewohner nach ihren Möglichkeiten Beschäftigung fanden. Insgesamt summieren sich die heute noch feststellbaren Zuwendungen von Amélie von Langenau für Gallneukirchen auf weit über 80.000 Gulden. Hinzu kamen Geldspenden an den Evangelischen Frauenverein in Wien und an den Evangelischen Kinderhortverein in Wien sowie umfangreiche Sachspenden. Diese kamen häufiger dem Wiener Evangelischen Frauenverein zugute. Durch den Frauenverein wurden die Sachspenden an bedürftige Kinder, insbesondere Waisen, weitergeleitet. Auch Gallneukirchen profitierte von Sachspenden.[183] 1885 ermöglichte sie „*armen Frauen Näharbeiten und dadurch Verdienst*“, indem sie dafür „*einige Zimmer ihrer Wohnung*“ zur Verfügung stellte.[184]

Ungeachtet ihres enormen diakonischen Engagements blieb Amélie von Langenau auf der Suche nach Heilung von dem Trauma des Verlustes von Mann und Sohn. Aufgrund der Empfehlung einer in Wien arbeitenden Gallneukirchener Diakonisse kam sie in Kontakt mit der kleinen methodistischen Gemeinde in Wien. Mithilfe des Predigers der Gemeinde, Friedrich Rösch, fand sie den gesuchten Seelenfrieden und Sinnerfüllung. Aus einer ersten gottesdienstlichen Begegnung im November 1889 entwickelte sich ein immer engeres Verhältnis. Zu einem Bruch mit ihrer lutherischen Gemeinde kam es jedoch erst,

---

182 Dritter Jahresbericht der evangelischen Diaconissen-Anstalt zu Gallneukirchen in Oberösterreich 1886–1887.

183 Evangelische-Vereinsblatt aus Oberösterreich für den Mai 1888, Juni 1888: Spenden „*durch Schw. Elisabeth i. Wien u. Exzl. Fr. Bar. Langenau*“ auf: „*1 Lehnstuhl, 2 eiserne Bettstellen, 1 Kinderbett, Lampen, 12 Polsterbezüge*“; die Auflistung erfolgte ohne genauere Zuordnung bei den beiden spenden Personen, ganz überwiegend dürfte wohl Amelie von Langenau die Zahlende gewesen sein.

184 Evangelisches-Vereinsblatt aus Oberösterreich, Mai 1885 unter „Mitteilungen aus dem Gebiet der inneren Mission“.

als ein Mitglied des Presbyteriums ihrer lutherischen Gemeinde ohne dessen Auftrag sie ultimativ zu einer Beendigung ihres Verhältnisses zur methodistischen Gemeinde aufforderte.[185] Der Presbyter begründete sein Einschreiten damit, dass sie bei einer Fortsetzung der Kontakte nicht in den Vorständen der evangelischen Diakonievereine bleiben könnte. Dahinter stand möglicherweise die Befürchtung, behördliche Repressalien gegen die nicht anerkannte methodistische Gemeinde könnten sich auch auf die anerkannte evangelisch-lutherische Kirche und ihre Vereine übertragen. Jedoch ist auch ein konfessionelles Abgrenzungsverhalten als Motiv denkbar. Jedenfalls beendete Amélie von Langenau von sich aus ihre Vorstandstätigkeiten und schied auch im Gallneukirchener Vorstand aus, wie der Jahresbericht vom 8. September 1892 bekanntgab. Amélie von Langenau zeigte jedoch selbst keine konfessionelle Enge. 1890 besuchte sie gemeinsam mit dem methodistischen Prediger Rösch das Gallneukirchener Jahresfest[186] und am Reformationstag 1892 hielt der bekannte evangelische Theologe und Diakoniker Adolf Stoecker den Festvortrag in ihrem Haus.

Angesichts dieses aufwendigen persönlichen Engagements und des außerordentlichen Umfangs ihrer Spenden bleibt das Vorgehen des Vorstandes der Gallneukirchener Einrichtungen wegen einer ausbleibenden Zahlung unverständlich: Am 30. September 1892 erhielt Amélie von Langenau das Mahnschreiben eines Rechtsanwalts, ihrer Zahlungspflicht für die Begleichung eines Darlehenzinses nachzukommen. Sie hatte zusätzlich zu den hohen von ihr gespendeten Beträgen auch die Verpflichtung übernommen, bestimmte Darlehenszinsen zu den entsprechenden Fälligkeiten zu finanzieren. Doch befand sie sich zu dem Zeitpunkt der Fälligkeit in einem akuten Liquiditätsengpass. Dem Mahnschreiben des Anwalts war offenbar keinerlei Kontaktnahme des Vorstandes mit ihr vorausgegangen.[187] Trotz dieses Vorgehens erfüllte sie jedoch – wenn auch in dem dargestellten Fall mit Verzug – ihre früher übernommenen Zahlungsverpflichtungen.

Verständlicherweise unterstützte Amélie von Langenau in der Folgezeit die diakonische Arbeit der methodistischen Kirche.[188] Sie erwies sich dabei als ebenso großzügig wie bei ihren Spenden zugunsten der evangelisch-lutherischen Einrichtungen in Wien und Gallneukirchen. Im November 1890 gründete sie mit organisatorischer Hilfe von Rösch in Wien ein Kinder- und Diakonissenheim.[189] Aufgenommen wurden 14 Mädchen, die eine weitreichende Ausbildung erhielten. Das Erlernen von Stenographie sowie des Englischen

[185] Rösch: Erinnerungen, S. 31f.; Hammer: Amélie von Langenau, S. 24.
[186] Rösch: Erinnerungen, S. 15.
[187] Zu dem Vorgang s. Hammer: Amelie von Langenau, S. 20–23.
[188] Dazu s. Hammer: Amelie von Langenau, S. 35–47.
[189] Rösch: Erinnerungen, S. 24f.

und Französischen schuf gute Voraussetzungen für eine berufliche Anstellung.[190] Den 1889 gegründeten methodistischen „Martha-Maria-Verein" in Nürnberg bat sie um die Gestellung von vier Diakonissen. Die Diakonissen wurden sowohl in dem Kinderheim als auch in anderen sozialen Problemfeldern eingesetzt. Die Aufwendungen für die Wohnung und Lebensführung übernahm Amélie von Langenau, leitete aber alle Einnahmen der Schwestern an die Zentrale des Vereins in Nürnberg weiter. Da die Finanzierung des Kinderheims vollständig von der Baronin übernommen worden war, und keine neue Finanzierung sich ergab, wurde das Kinderheim 1903 – im Jahr nach ihrem Tod – aufgelöst.[191] Entscheidende finanzielle Hilfe leistete sie für das Entstehen des ersten Diakonissenmutterhauses des „Martha-Maria-Vereins". Von dem 1893 zu zahlenden Kaufpreis über 88 500 Mark übernahm sie 40 000 Mark. Weitere 5000 Mark spendete sie für die Beschaffung der Einrichtung und die Minderung der Schulden.[192] Den Erwerb eines Hauses für den „Martha-Maria-Verein" in Magdeburg im Jahr 1895 ermöglichte sie mit einer Spende von 20 000 Mark – bei einem Kaufpreis von 54 000 Mark.[193] Zuvor war sie 1891 auch in den Vorstand des Vereins eingetreten. Als es zu einer Auseinandersetzung über die Satzung des Vereins kam und eine Veränderung der umstrittenen Satzung von der Mehrheit des Vorstandes nicht akzeptiert wurde, schied sie aus dem Vorstand aus. Zu den von ihr geförderten Einrichtungen gehörte auch der Bethanienverein in Hamburg, den sie mit 50.000 Mark bedachte.[194] Neben der Förderung diakonischer Institutionen widmete sie sich – oft ohne die Lage der Betroffenen zu prüfen – der Unterstützung zahlreicher Bedürftiger, die sich mit ihrem Anliegen an sie wandten.[195] Ihr Interesse und ihre Förderung galten darüber hinaus zahlreichen missionarischen und kirchlichen Zielen, die sie mit hohen Beträgen unterstützte.[196]

Ihre großzügige Gebebereitschaft war so ausgeprägt, dass sie gelegentlich trotz ihres ansehnlichen Vermögens in finanzielle Engpässe geriet. Rösch, der Kenntnis ihrer Vermögensangelegenheiten hatte, führte in einem Rückblick auf ihr Leben aus, sie habe allein *„in den letzten zehn Jahren ihres Lebens kaum weniger als eine Million verschenkt."*[197] Amélie von Langenau setzte offenbar alle

---

190 Hammer: Amélie von Langenau, S. 42.

191 Ebd., S. 43.

192 Ebd., S. 36.

193 Ebd.; Rösch: Erinnerungen, S. 28f. nennt in beiden Fällen etwas abweichende Zahlen: 50 000 Mark für Nürnberg und 25 000 Mark für Magdeburg.

194 Ebd., S. 29.

195 Hammer: Amélie von Langenau, S. 93.95.

196 Rösch: Erinnerungen, u. a. S. 84.88.98–103.

197 Rösch, Erinnerungen, S. 109. Diese Summe umfasste die Aufwendungen für die methodistische Kirche und ihre diakonische Arbeit, vgl. Friedrich Rösch, in Evangelist für die Donauländer, Jg. 1932, S. 3.

verfügbaren Mittel für ihre diakonischen Aufwendungen ein und verzichtete auf Ausgaben, die ihrer gesellschaftlichen Stellung entsprochen hätten. Sie verkaufte ihre Kutschen und Pferde und legte in Wien ihre Wege lieber zu Fuß zurück als standesgemäß mit einer Equipage zu fahren. Die Durchführung aufwendiger Gesellschaftsabende in ihrem Haus und die Teilnahme an den teuren Gesellschaftsabenden als Palastdame der Kaiserin beendete sie.[198]

Amélie von Langenau muss als eine der bedeutendsten Förderinnen diakonischer Arbeit insbesondere in Österreich angesehen werden. Ihre praktische, organisatorische und gesellschaftliche Unterstützung für eine große Zahl von Bedürftigen und ihre ehrenamtliche Mitarbeit und umfangreichen Zuwendungen für helfende Institutionen in Österreich und Deutschland fanden ein Ende durch ihren Tod als Folge eines Badeunfalls im Jahr 1902. Das mangelnde Verständnis für die Veränderungen in ihrer Lebensführung und für ihr konfessionsübergreifendes diakonisches Engagement scheinen bisher einer angemessenen konfessionsübergreifenden Würdigung im Wege zu stehen. In dem grundlegenden Werk von Hans Jaquemar über die Innere Mission in Österreich aus dem Jahr 1951 wird sie mit keinem Wort erwähnt und dem umfangreichen Band zum 125jährigen Jubiläum des Diakoniewerkes Gallneukirchen wird nur eine ihrer zahlreichen und für das Werk konstitutiven Spenden mit ihrem Namen verbunden.[199] Eine persönliche Würdigung und ein Eingehen auf ihr ehrenamtliches Wirken fehlen.

Anna von Borries (1854–1951) – Eine Rehaeinrichtung für Körperbehinderte in Hannover (1894/97)

Von den ersten Heimen für Körperbehinderte bis zum Entstehen von Einrichtungen mit einem rehabilitativen Ansatz war es ein langer Weg. Erst am Ende des 19. Jahrhunderts schuf Theodor Hoppe eine erste Einrichtung dieser Art in Mitteldeutschland. Er ergänzte 1884 die bestehende Ausbildung von Kleinkinderlehrerinnen im Potsdamer Oberlinhaus um eine Abteilung für „Krüppelpflege“. Eine zweite entstand ab 1894 in Hannover. Die Initiative dazu ging von Anna von Borries aus. Sie brachte keine Fachkenntnisse mit und verfügte auch über keine Position in der am Ende des 19. Jahrhunderts gut organisierten Inneren Mission. Als siebentes von elf Kindern und ältestes Mädchen wuchs sie zunächst auf dem vom Vater verwalteten Gut auf. Beim Spielen in der Scheune misslang ihr ein Sprung vom hohen Heuboden und sie blieb regungslos auf

[198] Rösch: Erinnerungen, S. 89.

[199] 125 Jahre Diakoniewerk Nächstenliebe in unserer Zeit, hg. v. Diakoniewerk Gallneukirchen, Gallneukirchen 1999, S. 254.

dem Rücken liegen.[200] Die Vermutung ist naheliegend, dass dies die Ursache für ihr jahrzehntelanges schweres Rückenleiden war.[201] Noch in der Kindheit verlor sie zunächst den Vater, dann auch die Mutter. Sie fand jedoch in einer von ihrer Mutter noch vor ihrem Tod ausgesuchten Pflegefamilie eine liebevolle Aufnahme. Nach dem Tod ihres Pflegevaters siedelte sie gemeinsam mit ihrer Pflegemutter nach Hannover um. Die kirchliche und diakonische Lage in Hannover war in diesen Jahren des vorletzten und letzten Jahrzehnts des 19. Jahrhunderts durch eine deutliche Aufbruchssituation bestimmt. Entscheidenden Anteil daran hatten die sich immer weiter ausdehnende Arbeit der Diakonissen des Henriettenstiftes sowie der Diakone des Stephansstiftes und die Tätigkeit des hannoverschen Landesvereins für Innere Mission.

Ihre Teilnahme am kirchlichen Leben in Hannover führte zu der Entscheidung, die dem Leben von Anna von Borries und der Therapie von Körperbehinderten in Niedersachsen die entscheidende Weichenstellung gab. Im Januar 1891 besuchte sie einen Vortrag von Pastor Adolf Kottmeier. Dabei ging er auf die Arbeit des Kopenhagener Pfarrers Hans Knudsen für die „Krüppel", dem damaligen Begriff für Körperbehinderte, in Dänemark ein. Kottmeiers auffordernder Hinweis, dass eine ähnliche therapeutische und pflegerische Versorgung von Körperbehinderten in Norddeutschland noch kaum vorhanden sei, machte auf Anna von Borries einen bleibenden Eindruck. Einige Wochen nach dem Vortrag erhielt sie die Nachricht, dass ihr aus dem Erbe ihres Großvaters mütterlicherseits ein Erbteil von mehreren tausend Mark zustände. Am 6. Oktober desselben Jahres stellte sie verbunden mit einem Stiftungsbrief ein Sparkassenbuch über 5000 Mark dem Vorsitzenden des Landesvereins für Innere Mission, Pastor Emil Petri, *„zur Fürsorge und Erziehung für jugendliche Krüppel"* zur Verfügung.[202] Angesichts der für den Zweck bescheidenen Summe verwies sie auf die Erfahrung, *„daß die meisten Veranstaltungen für Krüppel aus kleinen Anlagen hervorgegangen sind ...".*[203] Durch die Lektüre der ihr zugänglicher Schriften hatte sie u. a. von den Ansätzen in Hamburg und in Potsdam-Nowawes erfahren. Auf höfliche, fast indirekte Weise forderte sie Petri und *„einsichtige Männer"* zum Tätigwerden auf. Sie selbst hielt sich nach dem damaligen Rollenverständnis einer Dame von Stand ganz zurück und bat, *„daß meines Namens dabei möglichst wenig Erwähnung geschieht."*[204] In einem Nachsatz vom 18.10. fügt sie hinzu, die von ihr intendierte „Krüppelschule" sollte nicht allein Angehörige der evange-

---

200 Werner Dicke: Anna von Borries. Die Helferin der Körperbehinderten, Giessen und Basel 1954, S. 9.

201 Ebd., S. 20.23.35.41.52.

202 Vollständige Wiedergabe des Stiftungsbriefes in Göran Hachmeister: Die Geschichte des Annastiftes, in: Annastift (1897–1997). 100 Jahre Kompetenz und Nächstenliebe, Hannover 1997, S. 32, Faksimile S. 30f.; auszugsweise in Dicke: Anna von Borries, S. 24.

203 Hachmeister: Geschichte, S. 32.

204 Dicke: Anna von Borries, S. 24; Hachmeister: Geschichte, S. 32, Faksimile, S. 31.

lisch-lutherischen Konfession und der Provinz Hannover aufnehmen, auch wenn sie *„auf dem Boden der evangelisch-lutherischen Kirche“* arbeiten sollte. Voraussetzung für die Aufnahme sollte lediglich die Lernfähigkeit sein.[205]

Petri und die einsichtigen Männer waren sich der Lage der Körperbehinderten durchaus bewusst. Pastor Johannes Büttner, Vorsteher des Henriettenstiftes, hatte 1890 eine Schrift über die „Pflege der Siechen und Krüppel“ verfasst. Dennoch war daraus weder für ihn selbst noch für andere Vertreter der Inneren Mission in Hannover ein Handlungsimpuls erwachsen. Erst als das Sparbuch von Anna von Borries zur Verfügung stand, entschlossen sie sich zum Handeln und bildeten 1892 das „Comitee für die Pflege bildungsfähiger Krüppel in der Provinz Hannover“. Anna von Borries hatte mit dem Sparbuch und dem Stiftungsbrief weit mehr erreicht, als nur *„die ‚Körperbehindertenproblematik‘ in Hannover auf der Tagesordnung zu halten“*, wie Göran Hachmeister einschränkend meinte.[206] Die Selbstbezeichnung des Komitees und die von ihm zunächst beschlossene Zielsetzung entsprachen im Wesentlichen den Zwecken, die sie in ihrem Stiftungsbrief benannt hatte. Es gibt auch keinen Hinweis darauf, dass ein solches Komitee sich ohne ihre Aktion gebildet hätte. Anna von Borries wurde von den tatsächlich einsichtigen Männern gebeten, in das Komitee einzutreten. Aus dem Komitee entstand die „Vereinigung zur Pflege bildungsfähiger Krüppel in der Provinz Hannover“. Anna von Borries wurde Mitglied des Vorstandes. Den Vorsitz übernahm ein Oberkonsistorialrat der Landeskirche, den stellvertretenden Vorsitz Pastor Büttner vom Henriettenstift, als Schatzmeister fungierte ein Bruder von Anna von Borries. Das Amt des Schriftführers fiel Pastor Karl Meyer zu, der für die Innere Mission in der Stadt Hannover zuständig war. Die von ihm aufgenommenen Aktivitäten für die Körperbehinderten zeigen ihn als das geschäftsführende Vorstandsmitglied.[207] Er besuchte Einrichtungen in Deutschland und analysierte ihre Arbeit sehr detailliert. Erste Überlegungen für das anzustellende Personal und die Kostensituation gingen von ihm aus. Meyer setzte sich auch nachdrücklich für eine handwerkliche Ausbildung der aufzunehmenden Körperbehinderten ein. Zahlreiche leitende Mitglieder von staatlichen Behörden, der Kirchenleitung, Ortsvorsteher, Oberbürgermeister, Gymnasialdirektoren und Ärzte traten der Vereinigung bei. Ihr leitendes Motiv bildete dabei vor allem die Schaffung von Bildungs- und Ausbildungsmöglichkeiten, damit Körperbehinderte zukünftig durch eigene Arbeit ihr Brot verdienen konnten und nicht die Zahl der Bettler vermehrten.

Dass ihr Sparbuch nur eine Starthilfe sein konnte, war Anna von Borries von Anfang an klar. Sie zielte ja mit ihrer Zuwendung auf eine fördernde, ausbildende Einrichtung, die ein Hauskauf oder Hausbau voraussetzte. 17 Jahre

---

[205] Ebd.

[206] Ebd., S. 29.

[207] Vgl. Hachmeister: Geschichte, S. 32f.

später stellte sie dazu fest: *„Wer nun wirklich darüber nachdenkt, müßte sich doch sagen: Sind die Leute verrückt, mit 5000 Mark auf einen Hausbau hinauszuwollen?“*[208] Doch wurde nicht gleich ein Hausbau in Angriff genommen. Zunächst sollten Körperbehinderte eine angemessene Unterbringung und fördernde Betreuung in einer bestehenden Einrichtung erhalten sowie die fachgerechte Ausbildung einer Schwester finanziert werden. Die vorbereitenden Arbeiten gingen Anna von Borries nicht schnell genug voran. Nachdrücklich drängte sie zur Veröffentlichung eines Spendenaufrufes und zur Aufnahme der Tätigkeit. Im November 1892 – immerhin war seit dem Stiftungsbrief erst ein gutes Jahr vergangen – wurde der Aufruf veröffentlicht.[209] Leitmotiv des Aufrufs waren die mehrfach wiederholten Worte Jesu: *„Lade die Krüppel ein“.*[210] Der Aufruf beschränkte sich jedoch nicht auf das Ansprechen der christlichen Motivation für diese Arbeit, sondern ging ausführlicher auf die Erfolge der rehabilitativen Arbeit in Kopenhagen ein, durch die zahlreichen Personen trotz Körperbehinderung eigene Berufstätigkeit möglich wurde,[211] ließen einen ähnlichen Erfolg auch in Norddeutschland erwarten. Allein für die Provinz Hannover rechnete der Aufruf mit *„mehreren Tausend Krüppel*(n)*“.*[212] Ihre Lage wurde infolge der fehlenden Förderung als elend und perspektivlos beschrieben. Ein großer Teil von ihnen sah sich danach zur Bestreitung des Lebensunterhalts auf lebenslanges Betteln angewiesen. Der Erfolg der ersten Veröffentlichung des Aufrufs war mit 300 Mark bescheiden. Der Aufruf wurde dann bis 1896 in zahlreichen Presseorganen abgedruckt. So konnten weitere Spenden eingeworben und weitere Mitglieder der beitragspflichtigen „Vereinigung zur Pflege bildungsfähiger Krüppel gewonnen werden.

Inzwischen waren die ersten Mädchen mit Körperbehinderung aufgenommen worden. Mit jungen Mädchen die Arbeit zu beginnen, ging auf einen Vorschlag von Meyer zurück. Nach seiner Einschätzung würde der Aufwand für die Erziehung und Ausbildung von Mädchen geringer ausfallen als der von Jungen. Büttner hatte ein Heim in Herrenhausen bei Hannover gefunden, in dem vier Plätze für Körperbehinderte auf Kosten der „Vereinigung zur Pflege bildungsfähiger Krüppel“ belegt werden konnten.[213] Für diese Kinder wurde durch die Vereinigung eine geeignete Betreuungskraft eingestellt. Doch damit konnte der entstehenden Nachfrage nach Plätzen und Betreuung von Körperbehinderten bei weitem nicht entsprochen werden. Insgesamt wurden von 1892–1894

---

208 Dicke: Anna von Borries, S. 25.

209 Aufruf „Wir wollen die Krüppel einladen“ als Faksimile in Hachmeister: Geschichte, S. 33f.

210 Lukas 14,13.

211 Ebd., S. 33.

212 Ebd.

213 So die Angabe bei Dicke: Anna von Borries, S. 31; nach Hachmeister: Geschichte, S. 36 handelte es sich sogar nur um drei Plätze.

acht Mädchen aufgenommen und pädagogisch sowie pflegerisch betreut. Für eine Erweiterung der Plätze und ein Ausbau der Förderung im Sinne einer schulischen Bildung oder beruflichen Ausbildung war mehr Geld notwendig. Noch verliefen der Eingang von Spenden und die Weiterentwicklung der Arbeit stockend. Für zusätzliche Einnahmen sorgte Anna von Borries durch ihre schriftstellerische Arbeit.[214]

Ein bedeutsamer erster Schritt der Weiterentwicklung bildete 1894 die Anmietung eines Hauses in der Rautenstraße in Hannover. Auch wenn es sich dabei nur um ein kleines Hinterhaus handelte, bot es doch immerhin Platz für elf zu Betreuende. Die vier Plätze in dem Herrenhäuser Heim wurden dafür aufgegeben. Nun stellte auch die Stadt Hannover eine jährliche Mietkostenentschädigung von 500 Mark zur Verfügung. Damit hatte die Vereinigung zur Pflege bildungsfähiger Krüppel den ersten öffentlichen Zuschuss für ihre Arbeit erreicht, der angesichts der Jahresmiete von 560 Mark fast die gesamten Mietkosten abdeckte. Eine erste pädagogische Kraft wurde 1895 angestellt. Sie unterrichtete in Handarbeit und Turnen. Das angemietete Haus erwies sich schnell als zu klein und baulich ungeeignet. Für den Bau eines angemessenen Gebäudes zur Unterbringung, Therapie und schulischen Ausbildung von Körperbehinderten mussten jedoch erhebliche Mittel aufgebracht werden, die bisher nicht zur Verfügung standen. Die gute Vernetzung der Vereinigung mit der Kirchenleitung und staatlichen Behörden erwies sich als entscheidende Hilfe. Das Mittel der Wahl bildete in dieser Zeit nicht der direkte Investitionskostenzuschuss aus öffentlicher Hand, sondern die Genehmigung einer Hauskollekte durch den Oberpräsidenten der Provinz Hannover. Nachdem die Genehmigung 1896 erfolgt war, wandte sich die Vereinigung zur Pflege bildungsfähiger Krüppel in der Provinz Hannover erneut mit dem bereits vorhandenen Aufruf an die Bevölkerung.[215] Der Aufruf zeigte Wirkung. Durch die Hauskollekte kamen 42.694 Mark ein. Allerdings deckte die Hauskollekte bei weitem nicht die Baukosten von rund 75.000 Mark ab. Weitere Geldquellen mussten erschlossen und auch Darlehen aufgenommen werden. Die Hauskollekte wurde ergänzt durch weitere Spenden und Aktionen wie einen Bazar der „christlichen Jungfrauen“. Sein Erlös von 4000 Mark war für die Baukosten der neuen Einrichtung bestimmt. Eine weitere finanzielle Hilfe waren auch die Beiträge der Mitglieder der „Vereinigung zur Pflege bildungsfähiger Krüppel“. Die Zahl der Mitglieder erhöhte sich innerhalb eines knappen Jahrzehnts nach der Gründung im Jahr 1892 von anfangs zehn auf über 200. Die Anzahl der für die „Krüppelpflege“ engagierten Damen der Gesellschaft überstieg dabei die Anzahl der männlichen Honoratioren bei weitem. Dies war keine selbstverständliche Entwicklung. In vielen Vereinen der Inneren Mission dominierten in dieser Zeit hinsichtlich der Leitung und der Mitgliedschaft ganz klar die Män-

214 Dazu Dicke: Anna von Borries, S. 28.

215 Faksimile des Aufrufs in Hachmeister: Geschichte, S. 33f.

ner. Eine Ausnahme bildeten nur die rein weiblich ausgerichteten Vereine, die sich u. a. der ehrenamtlichen Krankenpflege widmeten.

Die Suche nach einem geeigneten Baugelände gestaltete sich schwierig. Zum einen musste ein hinreichend großes Gelände gefunden werden. Zum anderen schien eine gewisse Rücksichtnahme auf bestehende Vorbehalte geboten zu sein. Diese richteten sich gegen Personen, denen man eine stärkere Körperbehinderung ansah.[216] Daher kam am ehesten ein größeres Grundstück in einer Randlage infrage. Die finanzielle Frage hoffte man durch eine kostenlose Überlassung von der Stadt zu lösen. Am Rande von Hannover-Kleefeld wurde ein entsprechendes Gelände gefunden, das dennoch verkehrsgünstig gelegen war und Erweiterungsmöglichkeiten bot. Tatsächlich stellte die Stadt zunächst für 30 Jahre das Grundstück kostenlos zur Verfügung unter der Bedingung, dass auf ihm die geplante Arbeit für Körperbehinderte durchgeführt werde. Die Genehmigung für den Bau eines „Krüppelheimes" erfolgte ebenso zügig wie die Ausführung der Baumaßnahmen: Im Oktober 1897 konnte das Gebäude bezogen werden. Jetzt standen vierzig Plätze zur Verfügung und neben Mädchen konnten nun auch Jungen aufgenommen werden. Mit dem Einzug der ersten Kinder begann die erste leitende Schwester als „Hausmutter" ihre Tätigkeit im Heim. Die Diakonisse Maria Heinsius hatte zuvor drei Monate lang im Potsdamer Oberlinhaus hospitiert. Sie war für die Betreuung, Pflege und Unterbringung der Kinder zuständig und bildete die einzige Vollzeit-Leitungskraft, da sowohl der Theologe als auch der betreuende Arzt ehrenamtlich neben ihrer beruflichen Tätigkeit zur Verfügung standen. Anna von Borries wurde ehrenamtliche „Hausmutter" der neuen Einrichtung. Da ihr eine fachliche Qualifikation fehlte, erweiterte sie ihre Kenntnisse durch den Besuch anderer Einrichtungen für Körperbehinderte und steten Kontakt mit führenden Vertretern der Inneren Mission.

Das Haus, das zunächst ohne Namenszusatz als „Krüppelheim" bezeichnet wurde, erhielt durch Vorstandsbeschluss im Jahr 1900 die Bezeichnung „Annastift". Der Vorstand würdigte damit die besonderen Verdienste und das nachdrückliche Drängen von Anna von Borries für das Entstehen der Einrichtung. Er gab damit zugleich zu verstehen, wer die Person war, deren *„schöne Liebesgabe"* den Anfang der Arbeit ermöglichte, und die in dem Aufruf von 1892 und 1896 noch schlicht als *„eine Christenseele"* bezeichnet worden war.[217] Die Namensgebung bedeutete neben der Würdigung der Initiatorin auch einen

---

216 Vgl. Hachmeister: Geschichte, S. 37f., auch wenn, wie Hachmeister betont, für solche Überlegungen in den Akten sich kein Beleg finden lässt, wird diese Problematik dem Vorstand der „Vereinigung zur Pflege bildungsfähiger Krüppel" bewusst gewesen sein, begegnete doch u. a. auch Friedrich von Bodelschwingh solchen Einstellungen Bielefelder Bürger in seiner Arbeit und stößt heute selbst die Ansiedlung von Wohngruppen im normalen Wohnumfeld immer wieder auf Schwierigkeiten.

217 Hachmeister: Geschichte, S. 33.

Gewinn für die Würde der Bewohner. Sie waren nunmehr Bewohner des Annastiftes und nicht bereits in der Benennung des Hauses auf die ihre Würde antastende Bezeichnung „Krüppel" festgelegt.

Der Position von Anna von Borries als ehrenamtliche Hausmutter neben der leitenden Schwester Maria Heinsius kam auch daher eine besondere Bedeutung zu, weil die christliche Erziehung einen Schwerpunkt der Arbeit bilden sollte.[218]

Von vornherein war die Arbeit des Annastiftes von einer stetigen fachlichen Kompetenzsteigerung in Pflege, medizinischer Rehabilitation und Ausbildung geprägt. Die vorgesehene Pflegekraft sollte in der „Technik der Krüppelpflege" ausgebildet werden. Ferner waren „*Apparate und Bandagen*" zu beschaffen.[219] Unter Beteiligung von Anna von Borries wurden für das Annastift Pflegekräfte, Pädagogen und Berufserzieher, insbesondere Handwerksmeister angestellt. Bereits ab dem Jahr 1900 erfolgte auch eine medizinische Behandlung der Rehabilitanden durch fachlich besonders ausgewiesene Orthopäden. Rückblickend stellte Anna von Borries wohl zu Recht fest: „*... damals mußten wir hier Pionierdienste tun, nach allen Seiten hin versuchen und tasten, um das Richtige für uns Passende und Durchführbare zu finden.*"[220] Im Jahr 1902 wurde der Orthopäde Peter Bader ärztlicher Leiter des Annastiftes. Durch Operationen gelang es ihm, Patienten mit angeborenem Hüftleiden die Gehfähigkeit herzustellen. Aufgrund seiner erfolgreichen Behandlungen setzte er eine Veränderung im Aufnahmeverhalten des Annastiftes durch. Bis dahin wurden Kinder mit der Perspektive einer mehrjährigen, mindestens aber mehrmonatigen Verweildauer ins Annastift aufgenommen. Ab 1907 erfolgte die Aufnahme auch für eine kürzere Zeit. Die Verweildauer richtete sich jetzt nach dem Erfolg von Behandlung oder Operation. Sogar ambulante Behandlung war möglich. Zudem wurde im Annastift eine Beratungsmöglichkeit für Eltern geschaffen.

Schon bald reichten die vorhandenen Plätze des Annastiftes trotz Überbelegung nicht mehr. Durch eine bauliche Erweiterung wurde die Zahl der Plätze für Rehabilitanden auf 90 mehr als verdoppelt. Die zunehmende Bekanntheit und Wertschätzung dokumentierte sich auch darin, dass die Baukosten nahezu vollständig durch Kollekten und besondere Zuwendungen aufgebracht werden konnten. Für die Gewinnung von Spenden und Kirchenkollekten bedeutete die schriftstellerische Tätigkeit von Anna von Borries eine entscheidende Voraussetzung.[221] Ihre zahlreichen Veröffentlichungen in der Kirchenpresse sowie in anderen Zeitschriften berichteten über die Fortschritte im Annastift und weck-

---

218 Dazu ebd., S. 35.39.

219 Ebd., S. 32.

220 Dicke: Anna von Borries, S. 33.

221 U. a. Anna v. Borries Lutherworte, Gütersloh 1903.

ten das Bewusstsein für die Notwendigkeit der Arbeit für Körperbehinderte. Der Stellenwert des Annastiftes und seiner Arbeit war jedoch nicht unumstritten und die Wertschätzung musste immer wieder erarbeitet werden. Selbst aus kirchlichen Kreisen wurde von Einzelnen scharfe Kritik geübt. Sie richtete sich darauf, dass durch das Angebot von Betreuung, Pflege, medizinische Behandlung und Ausbildung verbunden mit dem Wohnen im Annastift die Eltern sich veranlasst sahen, ihre körbehinderten Kinder für längere Zeit ins Annastift zu bringen. Damit waren die Kinder fast vollständig von ihrer Familie und ihrer vertrauten Umgebung getrennt. Es begann eine kontroverse Diskussion um stationäre und ambulante Behandlung und Betreuung von Körperbehinderten. Sicherlich zögerten auch viele Eltern, ihre Kinder vollständig in die Hände fremder Personen zu geben. Für die Aufnahme sprach wohl in vielen Fällen vornehmlich die Hoffnung auf eine bessere Zukunftsperspektive der körperbehinderten Kinder. In der Regel bestand ja für die Kinder in ihrer Umgebung keine Möglichkeit der Beschulung und Ausbildung und damit auch keine Chance der Ausübung eines Berufes. Das Verdienst der vollstationären Einrichtungen dieser Zeit bestand zweifellos darin, dass sie durch die Weckung des öffentlichen Bewusstseins für die Probleme und die Hilfe für Menschen mit Körperbehinderung sowie durch die Zusammenfassung einer größeren Anzahl von Betroffenen erste Ansätze für die Rehabilitation entwickelten. Viele von ihnen litten unter gesellschaftlichen Vorurteilen. Manche wurden von ihren Familien geradezu versteckt gehalten. Sie erhielten keine Aufwendungen für Pflege, Ausbildung und Behandlung. „Krüppel“ erhielten bestenfalls als völlig Mittellose eine minimale Unterstützung, die sie vor dem Verhungern bewahren sollte. Auch diese Leistung stand ihnen nur dann zu, wenn es keine Angehörigen gab, die für ihre Ernährung sorgen konnten.

Die nächste Herausforderung für das Annastift und Anna von Borries bildete das Vorhaben, eine geeignete Lösung für die Ausbildung und Unterbringung der zahlreichen körperbehinderten Lehrlinge zu finden. Die Vorplanungen ergaben, dass für den Bau von Werkstätten und Unterkünften rund 200 000 Mark nötig waren – für damalige Verhältnisse eine enorme Summe. Das Zögern des Vorstandes, dieses Vorhaben anzugehen, war daher verständlich. Erneut wurde Anna von Borries zur treibenden Kraft und ging mit der Gewährung eines Darlehens aus ihren eigenen Mitteln mit gutem Beispiel voran. Doch dies reichte alleine nicht. Der Realisierung des Vorhabens kam ein besonderer Umstand zugute: Das deutsche Kaiserpaar, Wilhelm II und Auguste Viktoria, begingen ihre Silberne Hochzeit. Dieser besondere Anlass wurde für verschiedene Sammlungen vornehmlich in den preußischen Provinzen genutzt. Auf entsprechenden Vorschlag hin wurde die Sammlung in der Provinz Hannover durch das Kaiserpaar für den Bau des geplanten Lehrlingsheims bestimmt. Die bei der Sammlung eingenommenen gut 40 000 Mark bildeten eine entscheidende Hilfe für die Finanzierung des Baues. Weitere Zuwendungen erfolgten, aber auch zusätzliche Darlehen mussten aufgenommen werden. Es entstand ein stattlicher Baukörper im „wilhelminischen“ Stil. Er umfasste ein nach damaligen Maßstäben umfangreiches Raumprogramm für die Unterbringung und Ausbildung von bis zu 112 Lehrlingen. Gerade angesichts der Tatsache, dass die Bezeichnung „Krüppel“ in dieser Zeit ein deutliches Element der Herabsetzung beinhaltete, musste das Wohnen und die Ausbildung in einem solchen herausgehobenen Baukörper eine das Selbstbewusstsein und das Ansehen von Körperbehinderten stärkende Bedeutung gehabt haben. Das Lehrlingsheim konnte am 6. Oktober 1908 eingeweiht werden. Es erhielt aufgrund der vom Kaiserpaar bewilligten Sammlung den Namen „Wilhelm-Auguste-Viktoria-Stift“.

Die Berufung Pastor Friedrich Arends als vollberuflichen Vorsteher machte im Jahr 1908 das professionelle Leitungsteam bestehend, aus Vorsteher, Arzt und leitender Schwester, komplett. Nach diesen Schritten der Weiterentwicklung sah Anna von Borries die selbstgestellte Lebensaufgabe in der „Krüppelpflege“ als erfüllt an. Sie schied nun auch als ehrenamtliche Hausmutter aus und zog nach Blankenburg im Harz. Dort hatte sie ein Haus gekauft und widmete sich der Pflege der Kontakte in ihrer Großfamilie. Als Anna von Borries durch die Inflation den größten Teil ihres finanziellen Rückhalts verloren hatte, kehrte sie 1926 ins Annastift zurück. Sie traf jetzt auf eine Einrichtung, die eine umfassende Modernisierungs- und Ausbauphase durchmachte. Die medizinische Arbeit des Stiftes wurde erheblich ausgebaut und eine eigene orthopädische Klinik entstand. Aus dem ehrenamtlich tätigen Arzt der Anfangszeit war ein ganzes Team aus Ärzten, Schwestern und weiteren Fachkräften geworden. Rund 350 Kinder, Jugendliche und Erwachsene konnten in den verschiedenen Abteilungen des Annastiftes Aufnahme finden.[222] Die finanzielle Lage des Annastiftes blieb infolge der Inflation schwierig, auch wenn das „Gesetz betr. die öffentliche Krüppelfürsorge“ von 1920 erstmals bei entsprechendem Bedarf Leistungen der öffentlichen Hand für die Unterbringung von Körperbehinderten in „Anstalten“ verpflichtend vorsah.

Mit großer Regelmäßigkeit konnte der Vorstand Anna von Borries noch bis in die Zeit des Zweiten Weltkrieges hinein als Ehrenmitglied bei seinen Sitzungen begrüßen. Darüber hinaus übernahm sie jedoch keinerlei ehrenamtliche Aufgaben. Die Kosten für Wohnung und Verpflegung übernahm sie selbst. Am 6. Oktober 1947 erlebte sie das fünfzigjährige Jubiläum der Gründung des Annastiftes. Bis zu diesem Zeitpunkt waren insgesamt 48 496 Personen stationär aufgenommen und 113 417 ambulant in der Poliklinik behandelt worden.[223] Auch die männlichen Auszubildenden vorbehaltene handwerkliche Ausbildung

---

[222] Anzahl nach Dicke, ebd., S. 59; die Statistik der Evangelischen Liebestätigkeit, Anstaltsarbeit, Berlin-Dahlem 1925, S. 206 führt mit Stand 1924 230 Betten für das Annastift und 35 Betten für das Wilhelm-Auguste-Victoria-Stift auf. Hinzuzurechnen sind die Plätze, die durch die Erweiterungsmaßnahmen 1925/26 entstanden.

[223] 50 Jahre Annastift Hannover 1897–1947, hg. v. Central-Ausschuß für die Innere Mission der Deutschen Evangelischen Kirche, Berlin-Dahlem 1947, S. 5.

war erfolgreich gewesen: *„Fast 200 männliche Lehrlinge konnten in diesen fünf Jahrzehnten die Gesellenprüfung bestehen und sind somit dem praktischen Leben wiedergeschenkt.“*[224]

Anna von Borries verstarb am 4. Juni 1951. Das Annastift hat seitdem eine vielschichtige Entwicklung genommen. Die ambulanten Angebote wurden weiter ausgebaut, mehrere Sonderschuleinrichtungen entstanden, ein Berufsbildungswerk wurde gegründet sowie Wohn- und Pflegeeinrichtungen gebaut. Inzwischen gehören alle 63 Ärzte nicht mehr dem Annastift, sondern der Medizinischen Hochschule an. Zu dem traditionellen Standort Kleefeld sind inzwischen Mittelfeld, Bremerode und Kirchrode hinzugekommen.

Beeindruckend bleibt die keineswegs nur finanzielle Initiative von Anna von Borries für die Aufnahme der „Krüppelfürsorge“ in Hannover, ihr anhaltendes wohl auch gelegentlich ungeduldiges Drängen auf weitere Fortschritte sowie ihr Bemühen um eine nach damaligen Vorstellungen fachlich angemessene Betreuung, Ausbildung und Behandlung von jungen Menschen mit Körperbehinderung. Damit hat sie nicht allein den entscheidenden Anstoß für die Gründung des Annastiftes gegeben, sondern gehörte zu den Pionierinnen der sich dann stetig weiterentwickelnden modernen Rehabilitation. Ihre Motivation ist wohl in dem Bezug zu sehen, den sie zwischen der Botschaft Jesu und ihrer persönlichen Situation als körperlich erheblich Beeinträchtigter herstellte. Der Auftrag Jesu zu Hilfe und Heilung wurde ihr so zur Lebensaufgabe.

Anna von Borries gehört zu den Frauen, deren Beitrag zur Entstehung einer großen Hilfeeinrichtung unterschiedlich bewertet wird. Der Diakoniehistoriker Martin Gerhardt hielt es für richtig, weder Anna von Borries noch das Annastift in seinem umfassenden zweibändigen Werk „Ein Jahrhundert Innere Mission“[225] zu erwähnen, während er nicht nur auf das Oberlinhaus und Theodor Hoppe, sondern auch auf weitere Einrichtungen einging, die mit ihrer Arbeit für Körperbehinderte erst später begannen.[226] Werner Dicke dagegen konstatierte 1951 in seinem Nachruf auf Anna von Borries, dass das Annastift *„allein auf die Initiative von Fräulein von Borries hin geworden ist.“*[227] Als ehemaliger Vorsteher des Annastiftes stellte er sie in der ihr gewidmeten Biographie in den Mittelpunkt der Gründungsphase und der ersten Entwicklungsjahre und würdigte sie als eine *„unermüdliche(n) Helferin der Körperbehinderten“*.[228] Göran Hachmeister erkennt zwar in seiner „Geschichte des Annastiftes“ an, dass Anna

---

224 Ebd.

225 Gütersloh 1948.

226 Gerhardt, ebd., S. 160.235.

227 Dicke in: Annastift e. V. Orthopädische Heil- und Lehranstalt Hannover-Kleefeld, Jahresbericht 1951, S. 3, ähnlich Werner Dicke: Das Annastift in Hannover-Kleefeld 1891–1965, in: 100 Jahre Innere Mission Hannover, hg. v. Gottfried Maltusch, Hannover 1965, S. 87.

228 Werner Dicke: Anna von Borries. Die Helferin der Körperbehinderten, Giessen/Basel 1954, S. 5.

von Borries *„der ‚Körperbehindertenfürsorge' in Niedersachsen einen entscheidenden Anstoß gegeben und ihre Entwicklung immer tatkräftig unterstützt hatte"*.[229] Allerdings geht er in seiner detailreichen Gründungsgeschichte des Annastiftes auf viele Elemente ihrer Fördertätigkeit nicht ein und meint einschränkend, dass das von Anna von Borries zur Verfügung gestellte Kapital *„nicht allein Anstoß gewesen"* sei, *„die Situation der ‚Krüppel' zu thematisieren und die Arbeit schließlich in Angriff zu nehmen."*[230] Zweifellos begann dies „Thema", eine kleine Gruppe von Vertretern verschiedener Fachrichtungen zu beschäftigen. Die Frage war nur, wer den gordischen Knoten aus Unwissenheit, Vorurteilen, mangelnden medizinischen und pädagogischen Kenntnissen und fehlender Finanzen für helfende Maßnahmen lösen wollte und konnte. Folgte man Gerhardt und Hachmeister, bliebe auch für Anna von Borries nur ein stilles, bestenfalls leises Verdienst.

Wohltätige Initiativen von Fürstinnen

Katharina, Königin von Württemberg (1788–1819)

Katharina Pawlowna heiratete 1816 den Kronprinzen Wilhelm von Württemberg nach dem Tod ihres ersten Mannes. Sie wurde geboren als Tochter des späteren Zaren Paul I. Petrowitsch und seiner Frau Maria Fjodorowna, einer württembergischen Prinzessin.

Zum Zeitpunkt ihrer Hochzeit mit Wilhelm befand sich Württemberg ebenso wie große Teile Mitteleuropas in einer für viele Bewohner äußerst notvollen Situation.[231] Diese war die Folge der napoleonischen Kriege sowie der katastrophalen Missernte des Jahres 1816. Katharina nahm an dem Leiden der Bevölkerung lebhaften Anteil. Ihr Engagement für die württembergische Wohlfahrt erinnert an das Hilfehandeln ihrer Mutter Maria. Diese hatte als Zarin die Aufsicht über die russischen Erziehungseinrichtungen und Wohlfahrtsanstalten übernommen. Gemeinsam mit ihrem Sohn Alexander I. schuf sie in St. Petersburg und Moskau Witwenhäuser und Einrichtungen für die zahlreichen Invaliden aus dem Krieg mit Napoleon. In Stuttgart förderten Katharina und Wilhelm die pietistisch inspirierte „Privatgesellschaft freiwilliger Armenfreun-

229 Hachmeister: Geschichte, S. 132.

230 Ebd., S. 29.

231 Daniel Römer: Die Ursprünge der Verflechtungen zwischen Pietismus und Staat auf dem Gebiet des Sozialen im Württemberg des 19. Jahrhunderts, Dissertation, Stuttgart 2012, S. 260–283.

de" finanziell.[232] Die Gesellschaft betrieb eine Suppenküche und zwei Einrichtungen für arme Kinder.[233]

Katharina beabsichtigte eine Hilfsaktion für das ganze Land, die möglichst viele Akteure einbeziehen sollte. Sie beriet sich ausführlich darüber mit Persönlichkeiten, die eine besondere Kenntnis für die Lage in Württemberg hatten, wie dem Staatsrat August von Hartmann, der an der Umsetzung des Vorhabens maßgeblich mitwirkte. Wahrscheinlich fragte Katharina brieflich auch Wilhelmine von Boguslawski um Rat. Als Leiterin des Berliner „Weiblichen Wohltätigkeitsvereins" teilte sie Katharina ihre Vorschläge mit.[234] Das Ergebnis von Katharinas Überlegungen mündete in einem ersten „Plan" für eine „Zentralleitung des Wohltätigkeitsvereins". Die zweite Fassung ihres Sekretärs bearbeitete sie persönlich. Katharina wollte verhindern, dass *„die Kräfte sich zersplittern und die einzelnen Wohltaten wie Tropfen im Meere zerrinnen"*. Sie wollte nach ihren eigenen Worten *„alle zum Helfen Bereite"* geradezu *„aneinander gekettet"* sehen *„und Einheit und Zusammenhang in das große Geschäft der Menschenliebe"* bringen. Konzeptionen und Arbeitsergebnisse der Privatgesellschaft scheinen deutlichen Einfluss auf Katharinas Ausführungen gehabt zu haben. Diese wurden dann von Staatsrat August von Hartmann aufgenommen, aber auch erheblich verändert.[235] Am 29. 12. 1816 trafen sich 17 Persönlichkeiten des gesellschaftlichen Lebens zu einer ersten Zusammenkunft im Alten Schloss ein. Dazu gehörten sieben Frauen, von denen drei in der Privatgesellschaft mitarbeiteten. Die Königin konnte an dieser ersten Versammlung nicht teilnehmen. Bei weiteren Treffen brachte Katharina sich selbst als Vorsitzende ein und leitete die Sitzungen. Sie sah selbst die Protokolle durch und versah sie mit eigenen Randbemerkungen. Der persönliche Einsatz der Königin war ein entscheidendes Element der Motivation für die Gewinnung von Helfenden.[236] Doch selbst als Königin konnte Katharina nicht auf eine optimale Umsetzung durch die Bürokratie des Obrigkeitsstaates setzen. Wiederholt musste sie bei der Ausführung ihrer Vorhaben sich mit Unverständnis und Widerständen auseinandersetzen. Zeugnis dafür ist ihre handschriftliche Bemerkung auf einer Akte: *„Wie wenige unserer Beamten im Lande haben den Sinn unserer Einrichtung verstanden!"*[237]

Das Engagement Katharinas besaß auch eine materielle Seite: Ein vorrangiges Ziel des Vereins bildete das landesweite Sammeln von Spenden zur Finanzierung von Hilfsmaßnahmen. Ein staatlicher Zuschuss und ein Betrag aus der „Privatschatulle" der Königin förderten im Jahr 1817 die zügige Aufnahme der Arbeit des Wohltätigkeitsvereins. Auch im Jahr 1818 stattete Katharina den

232 Ebd., S. 202–255.
233 Ebd., S. 202–217.
234 Ebd., S. 293f.
235 Ebd., S. 295–306.
236 Ebd., S. 28.
237 Ebd.

Verein mit erheblichen Mitteln ihres umfangreichen privaten Vermögens aus.[238] Selbst ihre Mutter, die verwitwete Zarin, verfügte eine jährliche Zuwendung von 2000 Rubeln.[239]

Dem Ziel der Armutsbekämpfung diente auch die Gründung einer Schule, die Katharina im Frühjahr 1817 einrichten ließ. Zunächst 200 und in den Folgejahren bis zu 360 Jungen und Mädchen wurden dort aufgenommen.[240] Neben der in dieser Zeit besonders bedeutsamen Verpflegung und einer schulischen Elementarbildung lag der Akzent auf der Beschäftigung, so dass Katharina diese Einrichtung auch als „Kinderbeschäftigungsanstalt" bezeichnete.[241] Unter der Tätigkeit der Kinder war eine nicht freiwillige „*zweckmäßige Beschäftigung mit kleineren Industriearbeiten*" zu verstehen.[242] Die Schule erhielt nach ihrer Stifterin den Namen „Katharinenschule". Eine größere Anzahl ähnlicher, wenn auch kleinerer Einrichtungen wurden in kurzer Zeit gegründet für insgesamt rund 2000 Schüler in 88 Anstalten.[243] Bis 1849 stieg die Zahl der Einrichtungen auf 99 und der Kinder auf 6400.[244] Ihre schulischen Initiativen für die ärmere Bevölkerung ergänzte die Königin durch die Gründung der „Katharinen-Stiftes", eine 1818 eröffnete Mädchenschule mit einem höheren Bildungsanspruch ähnlich dem von ihrer Großmutter, der Zarin Katharina, in Petersburg geschaffene Smolny-Institut.

Der Absicherung gegen „Vermögenszerfall"[245] und damit das möglich Abrutschen in Armut diente Katharinas Initiative für die Gründung einer Sparkasse, die sie gegen manchen Widerstand durchsetzte.[246] Anregend waren dafür Vorbilder aus Oldenburg, der Heimat ihres verstorbenen ersten Ehemannes, und aus England, eventuell auch aus der Schweiz.[247] Nach Beratungen mit Hart-

[238] Dazu Andrea Kittel u. Gisela Hengstenberg: Königin Katharina von Württemberg (1788–1819), in: Frauen gestalten Diakonie, Bd. 2: Vom 18. Bis zum 20. Jahrhundert, Stuttgart, hg. v. Adelheid von Hauff, 2006, S. 106.

[239] Dazu Hans-Martin Maurer: Das Haus Württemberg und Russland, in: Zeitschrift für württembergische Landesgeschichte Jg. 48, 1989, S. 209 u. Kittel/Hengstenberg: Königin Katharina, S. 107.

[240] Zahl nach Römer: Ursprünge, S. 358; nach Wilhelm Heinrich Plieninger: Beschreibung von Stuttgart hauptsächlich nach seinen naturwissenschaftlichen und medicinischen Verhältnissen, Stuttgart 1834, S. 16, Digitalisat des MDZ der BSB München 2020, betrug 1834 die Zahl der Kinder 278.

[241] Rehm: Königin Katharina, S. 29.

[242] Nach Plieninger: Beschreibung von Stuttgart, S. 16.

[243] Kittel/Hengstenberg ebd., S. 108.

[244] Landesarchiv Baden-Württemberg online, Findbuch zum Bestand E 191, S. 2.

[245] Protokoll der Sitzung der Zentralleitung des Wohltätigkeitsvereins vom 2.9.1817, in: Rehm: Königin Katharina, S. 37.

[246] Dazu ausführlicher Rehm, ebd., S. 32–42.

[247] Dazu ausführlicher Rehm, ebd., S. 33–37; Kittel/Hengstenberg, ebd., S. 108f.; Schumann: Königin Katharina, S. 56. Nicht auszuschließen ist, dass das Vorbild Friedrich Oberlins,

mann und insbesondere dem Hofbankier Gottlob Heinrich Rapp wurde die Sparkasse 1818 gegründet. Auch für dieses Projekt engagierte sich Katharina finanziell – in diesem Fall gemeinsam mit ihrem Mann – durch die Einbringung des ersten Betriebskapitals der Sparkasse.

Der medizinischen Versorgung der ärmeren Bevölkerung in Stuttgart diente ein weiteres Vorhaben von Katharina und Wilhelm I, der Bau eines Krankenhauses. Ein Krankenhaus dieser Art fehlte in Stuttgart bis dahin. Das bereits 1350 gegründete „Bürger-Hospital" diente als Pflegeeinrichtung nicht der Akutversorgung. Katharina erlebte infolge ihres frühzeitigen Todes im Jahr 1819 nicht mehr die Ausführung aller ihrer weitreichenden Pläne. Der Bau des Krankenhauses, für den sie sich ausführlich durch ihren Sekretär hatte beraten lassen, fand erst nach ihrem Tod seine Realisierung. Mit der Namensgebung „Katharinenhospital" diente es ihrem Gedächtnis.

Die auf Katharina zurückgehenden Gründungen haben bis heute Bestand, auch wenn Rechtsform und Name sich änderten. Die Sparkassenidee hat sich über mehrere institutionelle Änderungen umfassend durchgesetzt. Das Katharinenhospital gehört heute als eines von vier Krankenhäusern zum Klinikum Stuttgart und hat den Status eines akademischen Lehrkrankenhauses der Universität Tübingen.

Augusta, deutsche Kaiserin (1811–1890)

„Die bedeutungsvolle Stellung, welche die Kaiserin Augusta in der Entwicklung der Einrichtungen praktischer Menschenliebe eingenommen hat, ist weit über die Grenzen unseres Landes ... gekannt und bewundert worden ... kein Beispiel ist bekannt, daß eine so hochstehende Frau in so umfassender und zugleich in so wissenschaftlicher Weise auf allen Gebieten der Krankenpflege tätig gewesen wäre."[248] Ausgerechnet der bekannte Arzt Rudolf Virchow, der den Hohenzollern und Bismarck äußerst kritisch gegenüberstand, zeichnete Augusta posthum im Jahr 1890 mit diesen Worten auf dem 10. Internationalen Medizinischen Kongress in Berlin aus.

Augustas familiäre Herkunft und die Erfahrungen als Kind haben bei ihrem Engagement für das Wohlfahrtswesen offenbar eine Rolle gespielt. Ihre Großmutter Maria Fjodorowna hatte als Zarin sich um das Wohlfahrtswesen in Russland verdient gemacht und ihre Tante Katharina Pawlowna hatte als Königin von Württemberg den Wohltätigkeitsverein gegründet. Ihrer Mutter, Maria Pawlowna, Großfürstin von Russland und Ehefrau des Großherzogs Carl Friedrich von Sachsen-Weimar-Eisenach, wurde eine *„weitumfassende Caritas"* be-

der im Elsass zur Hebung des Wohlstandes seiner verarmten Gemeine eine erste Sparkasse schuf, im benachbarten Württemberg bekannt war.

[248] Zitiert in Marie von Bunsen: Kaiserin Augusta, Berlin, 1940, S. 220 u. in Karin Feuerstein-Praßer: Augusta Kaiserin und Preußin, München 2011, S. 236.

scheinigt.[249] 1817 gründete sie das „Patriotische Institut der Frauenvereine zu Weimar“ als Zusammenfassung der entstandenen Frauenvereine. Sie sorgte dafür, dass aus dem vom Mitleid bestimmten Handeln ihrer jungen Tochter *„praktische(n) Tatkraft“* wurde.[250] Als Augusta 1829 den preußischen Prinzen Wilhelm heiratete, fand sie am Berliner Hof eine andere Situation vor als in Weimar. Das Verhaltensmuster der Regentin im preußischen Königreich war nur am Rande karitativ bestimmt. Prinzessin Marianne, die nach dem Tod der Königin Luise die Position der ersten Dame innehatte, übernahm die repräsentative Aufgabe an der Spitze der Frauenvereine in den Befreiungskriegen und war auch später auf karitative Vorhaben ansprechbar, entwickelte jedoch keine eigenen Initiativen. Erst zur Zeit der Königin Elisabeth, der Frau Friedrich Wilhelms IV. begann der Hof die karitative Tätigkeit als Aufgabenbereich der Königin anzusehen. Elisabeth förderte verschiedene karitative Projekte und setzte dies auch in ihrer Witwenzeit fort.[251]

Zu einer wegweisenden Lebensstation wurde für Augusta die Mittelrheinmetropole Koblenz. Nachdem ihr Mann 1849 dort das Amt des Generalgouverneurs und Höchstkommandierenden in der preußischen Rheinprovinz übernommen hatte, zog sie im Folgejahr mit ihrer Tochter Luise dorthin. Die Förderung von Wohlfahrtseinrichtungen wurde ihr ein besonderes Anliegen.[252] In Koblenz begegneten ihr die „Barmherzigen Schwestern“ wieder, die auch hier ihre Pflegetätigkeit für die ärmere Bevölkerung ausübten. Mit ihnen hatte sie bereits in Berlin Kontakt gehabt. Besonders setzte sie sich für den „Evangelischen Frauenverein“ ein, dessen Protektorat sie sogleich im Jahr 1850 übernahm und bis zu ihrem Tod 1890 innehatte. Das nachlassende Engagement des Vereins regte sie mit einem *„schriftlichen Vorschlag“* an, *„die Unterstützung und Pflege armer Familien in den Kreis seiner Thätigkeit aufzunehmen.“*[253] Auch für den „Katholischen Frauenverein“ stellte sie sich 1852 als Schirmherrin zur Verfügung. Sie achtete sowohl bei der Zusammensetzung der Personen ihrer Hofhaltung als auch in ihrer Wohltätigkeit, auf *„unbedingte Parität“*.[254] Ganz besonders eng entwickelte sich ihr Kontakt zu Peter Friedhofen. Er gründete und leitete die „Genossenschaft der Barmherzigen Brüder“ und hatte in Koblenz ein erstes Haus dieser Kongregation geschaffen. Die Brüder dieser Kongregation hatten

---

249 Bunsen: Kaiserin Augusta, S. 5.

250 Lily Braun: Im Schatten der Titanen. Erinnerungen an Baronin Jenny Gustedt, Berlin 1929, S. 191.

251 Die Gründung des Elisabeth-Kinderkrankenhauses in Berlin durch Johannes Evangelista Goßner im Jahr 1837 unterstützte sie ebenso wie das Elisabethstift in Pankow mit erheblichen finanziellen Mitteln. Ihrer Fürsprache war das Entstehen der ersten „Herberge zur Heimat“ für wandernde Handwerksgesellen in Bonn zu verdanken.

252 Dazu Gihring: Ein neues Licht, S. 11.

253 Jahres-Bericht des Evangel. Frauenvereins zu Coblenz pro 1899, S. 1f.

254 Bunsen: Kaiserin Augusta, S. 136.

sich der Krankenpflege und Versorgung von Armen gewidmet. Augusta unterstützte ihre Arbeit und besuchte ein bis zweimal in der Woche ihr Haus.[255] Sie stand auch im persönlichen Kontakt mit Theodor Fliedner, dem Vorsteher des Kaiserwerther Diakonissenmutterhauses. Der Krankenpflege, die durch die Diakonissen auf eine neue Professionalitätsstufe gehoben wurde, galt von da an bis zu Augustas Lebensende ihre ganz besondere Aufmerksamkeit. Immer wieder ließ sie sich über die neuesten fachlichen Entwicklungen unterrichten. Darüber korrespondierte sie auch mit Florence Nightingale.

1858 verließen Wilhelm und Augusta Koblenz. In Berlin übernahm Wilhelm für seinen psychisch erkrankten Bruder Friedrich Wilhelm IV. die Regentschaft. 1861 folgte Wilhelm nach dem Tod des Bruders diesem auf den preußischen Königsthron. Was sie in der Rheinprovinz begonnen hatte, konnte Augusta nun in Berlin für Preußen und später für das neue Deutsche Reich fortsetzen. Der Bogen ihrer Tätigkeit war dabei weit gespannt und reichte von der Förderung der Volksküchen bis zum Magdalenenverein. Ihre Einstellung zeigte sich auch darin, dass sie nicht allein die überwiegend konservativ ausgeprägten Einrichtungen der Inneren Mission und der katholischen Kirche unterstützte sowie dem Invalidenverein vorstand, sondern auch den als *„linksstehend“* eingeordneten Asylverein förderte.[256]
In besonderer Weise setze sie sich in Aufnahme der Intentionen von Henri Dunant für die medizinische und pflegerische Versorgung von Verwundeten ein. Sie las 1862 seine Schrift „Un souvenir de Solférino“ und reichte sie an den König weiter.1863 erreichte Dunant in Genf die Gründung des „Internationalen Komitees zur Unterstützung der Verwundeten“, das 1880 den Namen „Internationales Komitee vom Roten Kreuz“ annahm. Auch die Gründung des „Badischen Frauenvereins“ durch ihre Tochter Luise, die in ihren karitativen Intentionen ihr nahestand, dürfte sie angeregt haben. Nach dem deutschen Krieg 1866 mit seinen zahlreichen Opfern und Verwundeten ließ sie einen Aufruf zur Gründung des „Vaterländischen Frauenvereins“ veröffentlichen.[257] Anfang des Folgejahres erfolgte die Konstituierung des Vereins. Der „Vaterländische Frauenverein“ erhielt als Aufgabe die Pflege und Versorgung von militärischen sowie von zivilen Kriegs- und Katastrophenopfern. Seine Aktivität richtete sich aber auch auf Krankenpflege, Kinderbetreuung und soziale Aufgaben.

Augusta handelte bei ihrer Fürsorge für Verwundete keineswegs mit der Intention, die Kriegführung zu erleichtern, sie stand kriegerischen Vorhaben ablehnend gegenüber.[258] Mehrfach besuchte sie während des deutsch-französi-

[255] Gihring: Ein neues Licht, S. 12/13.
[256] Bunsen: Kaiserin Augusta, S. 219.
[257] Textauszug in Statistik der Frauenorganisation, S. 12.
[258] Vgl. Paul Wiegler: Wilhelm der Erste, Sein Leben und seine Zeit, Dresden 1927, S. 94 u. Ernst Engelberg: Bismarck. Das Reich in der Mitte Europas, Berlin 1990, S. 511; Bunsen: Kaiserin Augusta, S. 199–204.

schen Krieges die verwundeten Soldaten in Lazaretten. Sie intervenierte erfolgreich bei der für diese Frage nicht besonders aufgeschlossenen Militärverwaltung für eine bessere Versorgung der Verwundeten u. a. durch Absendung eines Lazarett-Zuges. Ihr Engagement führte zu einem deutlichen Rückgang der Sterblichkeit bei Verwundeten. Sie wagte es sogar, nach dem Ende des Krieges ein Blatt mit einem offiziellen Porträt erstellen zu lassen, bei dem sie mit dem Abzeichen des Roten Kreuzes dargestellt ist umgeben von einem französischen und einem deutschen verletzten Soldaten. Die Absicht der Auftraggeberin wird dadurch noch unterstrichen, dass der französische Soldat von einer Pflegekraft ein Getränk erhält, während der deutsche nur als Verletzter gekennzeichnet ist. Damit wurde bildlich zum Ausdruck gebracht, dass die pflegerische Zuwendung auch den französischen Opfern des Krieges gelten sollte.[259] Dem entsprach auch ihr eigenes Verhalten: Sie setzte sich für die Behandlung von französischen Verletzten ein und förderte den brieflichen Kontakt zwischen Gefangenen und ihrer Heimat. Über eine Brücke von Jahrzehnten knüpfte sie damit an das an, was die Salondame Rahel Levin und die jugendliche Mutter Fontanes 1813/14 praktiziert hatten. Zudem verlieh sie der Intention Henri Dunant damit in repräsentativer Führungsrolle lebendigen Ausdruck. Dieser Geist der fürsorgenden Humanität für Freund und Feind in der Nähe und der Ferne bewog sie auch, eine rumänische Bitte im Jahr 1877 nachdrücklich zu unterstützen: Während des russisch-türkischen Krieges (1877–78) rang sie der Militärbehörde die Entsendung von deutschen Militärärzten ab.[260] Der von ihr geförderte Aufbau des „Vaterländischen Frauenvereins“ / des Deutschen Roten Kreuzes war eine entscheidende Voraussetzung für die Versorgung von Verletzten und Gefangenen der eigenen und der gegnerischen Nationen im Ersten Weltkrieg.

Mehrere Krankenhäuser und weitere Einrichtungen gehen auf das Betreiben von Augusta zurück und wurden teilweise durch sie finanziell gefördert. Besonders verbunden sah sie sich mit dem Kaiserin-Augusta-Hospital in Berlin-Mitte und der Kaiserin-Augusta-Stiftung, zunächst in Berlin, später in Potsdam angesiedelt. Für diese Tätigkeit war sie stets bestrebt, durch Lektüre und Gespräche den aktuellen Stand des Fachwissens zu erfahren. Für die Pflege stand sie unter anderem in Kontakt mit Theodor Fliedner und Florence Nightingale und für die Medizin mit Bernhard Langenbeck, Theodor Billroth, Johann Friedrich August Esmarch und Rudolf Virchow. Das Augusta-Hospital wurde 1869 errichtet und bot Platz für 85 Betten. Wiederholt machte Augusta Krankenbesuche in diesem Haus, in dem während des deutsch-französischen Krieges

---

[259] Karin Feuerstein-Praßer hat in ihrer Biographie auf diese außergewöhnliche Darstellung hingewiesen und sie abgebildet: Augusta. Kaiserin und Preußin, München/Zürich 2011, S. 248f.

[260] Bunsen: Kaiserin Augusta, S. 219.

zahlreiche deutsche und französische Verwundete behandelt und gepflegt wurden. Augusta scheute sich nicht, trotz der ihr bekannten Ansteckungsgefahr sogar die Baracken für die Typhuskranken zu besuchen. Auf die Besetzung der leitenden Stellen in Pflege und Medizin nahm sie persönlich Einfluss. Mit der Berufung des Chirurgen Ernst Küster und dem besonderen Augenmerk auf eine hygienisch sorgfältige Pflege verlieh sie dem nur kleinen Kaiserin-Augusta-Hospitals eine herausgehobene Bedeutung, sodass eine öffentliche Würdigung nach ihrem Tod *„das weltberühmte Augusta-Hospital“* als *„Musterschöpfung“* bezeichnete.[261] Bekannt wurde das Krankenhaus durch die von Joseph Lister eingeführte antiseptische Wundbehandlung, die Küster weiter entwickelte.

Die Errichtung der Kaiserin-Augusta-Stiftung war eine Antwort von Augusta auf den deutsch-französischen Krieg, dessen Ausbruch sie hatte verhindern wollen. Die 1872 gegründete Stiftung war bestimmt für Töchter von Offizieren, die als Folge des Krieges zu Waisen oder Halbwaisen geworden waren. Die Kaiserin-Augusta-Stiftung wurde 1902 in ein stattliches dafür errichtetes Gebäudeensemble nach Potsdam verlegt. Nach dem Zweiten Weltkrieg wurde das Stiftungsgebäude mit dem gesamten Mobiliar von der sowjetischen Besatzungsmacht beschlagnahmt. Bis 1958 konnte noch an anderer Stelle in Potsdam durch die Stiftung ein eingeschränkter Internatsbetrieb durchgeführt werden. Danach war nur noch die Förderung kirchlicher Ausbildung möglich.1994 erfolgte die Rückgabe des Stiftungsgebäudes, das 2009 verkauft wurde. Unter dem wiederhergestellten Namen „Kaiserin Augusta-Stiftung“ dient die Stiftung nun der Förderung verschiedener Bildungs-, Aus-, Fort- und Weiterbildungsprojekten für Kinder, Jugendliche und Erwachsene. Zur Verfügung stehen dafür die Zinsen des Stiftungskapitals von 1,653 Millionen Euro.[262]

Ihre Position im Gefüge der Macht nutzte Augusta konsequent für die Förderung karitativer Arbeit. Wenn sie in der Bevölkerung und am Hof keine allgemeine Akzeptanz fand, lag dies nicht zuletzt an Bismarcks Gegnerschaft und seiner geschickten Medienbeeinflussung zu ihren Ungunsten. Trotz ihrer zweifellos großen humanitären und karitativen Verdienste ist es im Gegensatz zu der von Rudolf Virchow geäußerten Wertschätzung um sie ganz still geworden. Schon 1909 konnte es heißen: *„Wer kennt noch Augusta?*[263]

[261] Zitiert in: Feuerstein-Praßer: Augusta, S. 237.

[262] Stiftungsurkunde vom 10.11.2009.

[263] Heinz Knobloch: Die Suppenlina. Wiederbelebung einer Menschenfreundin, Berlin 1997, S. 110.

Carola, Königin von Sachsen (1833–1907)

Das soziale Engagement der sächsischen Königin Carola war, bezogen auf das Königreich Sachsen, ähnlich umfangreich wie das der Kaiserin Augusta. Als Prinzessin von Wasa geboren, gehörte Carola zu den umworbensten Frauen des europäischen Adels im 19. Jahrhundert. Sie heiratete 1853 in Dresden den sächsischen Prinzen Albert aus dem Haus Wettin. Der Konfession des Vaters, des schwedischen Prinzen Gustav Wasa, entsprechend war sie lutherisch getauft worden. Nach der Scheidung ihrer Eltern hatte ihre katholische Mutter, Prinzessin Luise von Baden, die Erziehung übernommen. Ihr Wohnsitz wurde das Schloss Morawetz in Mähren. Im Jahr vor der Heirat mit Albert entschied sich Carola, zur katholischen Konfession überzutreten.

Ihre Position als Kronprinzessin – ab 1854 – und ab 1873 als Königin nutze sie konsequent für ihre christlich fundierte Hilfstätigkeit. Im Deutschen Krieg 1866 engagierte sie sich für die Pflege der zahlreichen verwundeten Soldaten. In den Feldlazaretten von Prag und Wien, in denen insbesondere nach der äußerst verlustreichen Schlacht von Königgrätz tausende von Verwundeten lagen, beteiligte sie sich 1866 persönlich an der Pflege. Im deutsch-französischen Krieg erhielt sie die Gesamtverantwortung für die sächsischen Lazarette. Dabei kümmerte sie sich auch intensiv um die Pflege französischer Soldaten und übernahm auch das Schreiben von Briefen an deren Angehörige in Frankreich.[264]

Aufgrund der Erfahrungen des Jahres 1866 initiierte sie gemeinsam mit der ihr befreundeten Marie Simon im Folgejahr den nach ihrem Mann benannten „Albertverein“. Der Verein wollte Frauen auf die Pflege von im Krieg Verwundeten besser vorbereiten und war Vorläufer des sächsischen Roten Kreuzes. 1869 begann der Albertverein unter der Schirmherrschaft von Carola mit einer Krankenpflegeausbildung. Der „Albertverein“ wurde schon bald auch in der zivilen Krankenpflege eingesetzt und war insbesondere an der Pflege der Erkrankten während der Choleraepidemie 1873 beteiligt. Aus dem Albertverein ging die Schwesternschaft der „Albertinerinnen“ hervor.[265] Als konfessionsverbindende Pflegegemeinschaft, in der evangelische und katholische Schwestern gemeinsam tätig waren, stellten die Albertinerinnen im 19. Jahrhundert eine Ausnahme dar. Diese frühe, bis heute nicht wiederholte Form einer ökumenischen Schwesternschaft war sicherlich auch dem Umstand geschuldet, dass die sächsische Bevölkerung im Unterschied zum katholischen Königshaus ganz überwiegend der evangelischen Konfession angehörte. Den Schwerpunkt des

[264] Liese: Caritativ-soziale Lebensbilder, S. 39.

[265] Nicht zu verwechseln mit der in Krakau 1891 gegründeten franziskanischen Ordensgemeinschaft, die in Deutschland den gleichen Namen führt.

Einsatzes der Albertinerinnen bildete Stadt und Umland von Dresden und das Erzgebirge.[266] Sie waren in der ambulanten Krankenpflege tätig, übernahmen die Pflege in lokalen Krankenstationen und die Betreuung von Kindereinrichtungen. Selbst bei Kriegen im Ausland, wie 1877/78 in Rumänien und in der Türkei, pflegten sie Verwundete in den Lazaretten.[267] 1878 wurde das nach der Königin benannte „Carola-Haus" in Dresden eingeweiht. Es umfasste ein Frauen- und ein Männerkrankenhaus sowie zwei Isolierstationen. Das Carola-Haus konnte 225 Patienten aufnehmen. Es diente zugleich als Mutterhaus der Albertinerinnen-Schwesternschaft. Es hatte – zuletzt als Fachkrankenhaus für die Behandlung von Tbc-Patienten – bis 1930 Bestand und wurde aus wirtschaftlichen Gründen aufgegeben.

Die karitative Tätigkeit der Königin Carola deckte zahlreiche Hilfefelder ab.[268] Allein für sieben Wohlfahrtsinstitutionen übernahm sie die Schirmherrschaft.[269] Für die Arbeiterbevölkerung, die vielfach keine Gelegenheit für die Zubereitung einer warmen Mahlzeit hatte, ließ sie drei Volksküchen einrichten, „*in denen gegen geringe Bezahlung kräftiges Mittagessen verabreicht*" wurde.[270] Die von ihr initiierten „Suppenanstalten" dienten der Speisung von Schulkindern der ärmeren Bevölkerung. In ihrem Jugendwohnsitz Schloss Morawetz schuf Carola eine Kinderkrippe für die ganztätig landwirtschaftlich tätige Bevölkerung, das nach ihrer Mutter benannte „Luisenstift". Den Namen ihres Vaters erhielt die Altenwohn- und Altenpflegeeinrichtung „Gustavheim" in Niederpoyritz nahe Dresden.

Engagiert setzte Carola sich für die Erwerbstätigkeit von Frauen ein. 1876 schuf sie mit dem „Johannesverein" eine gemeinsame Organisation von vier verschiedenen Vereinen, welche die Erwerbstätigkeit von Frauen in der Region Dresden förderten. Dazu gehörten auch fünf Kindergärten und drei Krippen. In Dresden sorgte sie durch die Errichtung des Amalien- und des Sidonienheims für Wohnstätten von jungen Fabrikarbeiterinnen, die nicht in der Stadt beheimatet waren. Weitere Einrichtungen dieser Art an anderen Orten kamen hinzu. 1884 bewirkte sie die Gründung einer Frauenschule in Schwarzenberg/Erzgebirge.

Angesichts der in dieser Zeit weitverbreiteten Tuberkulose förderte Carola die Schaffung von Lungenheilstätten und stellte Teile des Pillnitzer Schlosses während des Sommerhalbjahres erkrankten Mädchen und Frauen als Erholungsstätte zur Verfügung. Carola hatte auch die Schirmherrschaft des Vereins „Krüppelhilfe" inne. Sie veranlasste und finanzierte seit 1896 die Errichtung

266 Sohr: Frauenarbeit, S. 79.

267 Schimpff: Aus dem Leben, S. 149.

268 Dazu s. Siegfried Seifert: Königin Carola von Sachsen lebte die Liebe, in: Tag des Herrn, Katholische Wochenzeitschrift, Ausgabe 29, 49. Jg. 1999, Online-Ausgabe 25.7.1999.

269 Schimpff: Aus dem Leben, S. 149.

270 Ebd., S. 151

des „Carola-Krüppelheims" in Dresden-Trachenberge. Körperbehinderte Kinder und Jugendliche aus Sachsen konnten hier aufgenommen werden, schulische Bildung und berufliche Ausbildung erwerben. Dieses erste sächsische „Krüppelheim" gehörte zu den frühen vollstationären Einrichtungen der Behindertenhilfe. Über mehrere institutionelle, programmatische Wechsel und Namensänderungen konnte die Arbeit dieser Einrichtung bis heute fortgesetzt werden.

Neben den staatlichen Einrichtungen, der ökumenischen Albertinerinnen-Schwesternschaft und den Frauenvereinen galt die Unterstützung von Königin Carola den katholischen Caritasvereinen. Sie förderte Vorhaben der Elisabeth- und Vinzenzvereine, wie das Kinderasyl des Vinzenzvereins in Dresden-Striesen.[271] Carola bezog in die Gründung von karitativen Einrichtungen auch die außerhalb des Königreich Sachsens gelegenen privaten Besitzungen des Königs ein. So stiftete sie in Schlesien ein Krankenhaus in Guttentag und ein Kinderheim in Langenwiese. In Mannheim, wo sie sich als Kind häufiger bei ihrer Großmutter aufgehalten hatte, schuf sie wie in Morawetz ein „Luisenhaus".[272] Zahlreiche Einrichtungen, Vereine und Projekte förderte sie mit erheblichen Summen, die jährlich in die Hunderttausende gingen.[273] *„Bazare, Ausstellungen, Konzerte, Theatervorstellungen, Bälle, Lotterien zu wohlthätigen Zwecken"* konnten mit ihrer Unterstützung und Anwesenheit rechnen.[274]Auch in ihrem Testament bedachte sie umfangreich karitative Zwecke. Persönlich nähte und häkelte sie Kleidungsstücke für Bedürftige und kochte Früchte für sie ein. Ihr karitatives Engagement fand nicht nur in Sachsen Anerkennung. Die selbst in der Förderung der Wohlfahrt engagierte Kaiserin Augusta sprach öffentlich ihre Anerkennung für Carolas vorbildliche Tätigkeit aus. Nach ihrem Tod würdigte die „Kölnische Volkszeitung" ihre *„wahre Leidenschaft, zu helfen, zu trösten, wohlzutun."*[275] Ihre karitative Tätigkeit überstieg deutlich das für eine Frau in ihrer Position vorgesehene Maß. Es war Ausdruck ihres persönlichen Engagements.

Auguste Viktoria, deutsche Kaiserin (1858–1921)

Die vielfältige karitative Tätigkeit der Kaiserin Augusta wurde für Auguste Viktoria zum Vorbild. Eigene Aktivitäten entfaltet sie schon bald nach der

[271] Ebd., S. 150 u. Seifert: Königin Carola, s. o.
[272] Ebd., S. 152.
[273] Liese: Caritativ-soziale Lebensbilder, S. 40.
[274] Schimpff: Aus dem Leben, S. 152.
[275] Zitiert in Liese: Caritativ-soziale Lebensbilder, S. 40.

Hochzeit.[276] Sie übernahm in Potsdam die Protektorate über das „Rettungshaus", einer Erziehungsanstalt für „verwahrloste" männliche Kinder und Jugendliche[277], und über das Elisabeth-Kinderkrankenhaus. Das Elisabeth-Kinderkrankenhaus sollte vornehmlich der Versorgung der ärmeren Bevölkerung dienen. Das Protektorat erfüllte sie mit Leben durch Besuche und Teilnahme an Weihnachtsfeiern und Osterfesten. Sie förderte eine Vergrößerung des Krankenhauses und spendete ein Freibett.[278] Ähnlich wie Königin Elisabeth von Preußen setzte sie sich für die Gründung eines „Seehospizes" ein, das im Kolberger Dep an der Ostsee entstand. Angesichts der katastrophalen Wohnsituation der ärmeren Bevölkerung, die mit ihren Kindern in stickigen Hinterhöfen leben musste, kam diesen Erholungseinrichtungen eine hohe Bedeutung zu.

Durch die Gräfin Waldersee, die sich für die Innere Mission engagierte, nahm Auguste Viktoria Kontakt mit der Berliner Stadtmission auf. Diese stand seit 1877 unter der Leitung des Hofpredigers Adolf Stoecker, der ihr eine wirkungsvolle Organisation gegeben hatte. Gemeinsam mit ihrem Mann förderte Auguste Viktoria die Arbeit der Stadtmission unter besonderer Berücksichtigung der Fürsorge für entlassene Strafgefangene. Die Baukosten für eine entsprechende Einrichtung wurden durch den Erlös eines von ihr organisierten Bazars nahezu gedeckt.[279] Sie scheute sich auch nicht, dieses „Asyl" zu besuchen und mit den entlassenen Strafgefangenen Gespräche zu führen.

Die Arbeit der Berliner Stadtmission und die damit verbundene Hoffnung, der sich ausbreitenden Kirchenferne, dem Atheismus und der „sozialdemokratischen" Gesinnung entgegenzuwirken, bestimmten das Prinzenpaar, eine umfangreichere Förderung kirchlich-diakonischer Arbeit ins Auge zu fassen. Auf ihre gemeinsame Einladung kam Ende November 1887 eine größere Gruppe von Persönlichkeiten des öffentlichen Lebens zusammen.[280] Diese Zusammenkunft sollte als die „Waldersee-Versammlung" bzw. „Waldersee-Konferenz" in die Geschichte eingehen. Das Treffen fand in der Dienstwohnung des Generalquartiermeisters Graf Waldersee statt. Anwesend waren Vertreter verschiedener Parteien, Repräsentanten der Evangelischen Kirche, der Finanzwelt, der Wirtschaft, der Forschung und Kunst.[281] Teilnehmer der Versammlung war

276 Vgl. Angelika Obert: Auguste Victoria. Wie die Provinzprinzessin zur Kaiserin der Herzen wurde, Berlin 2011, S. 32.

277 Vgl. ebd., S. 40.

278 Vgl. Paul Lindenberg: Das Buch der Kaiserin Auguste Viktoria, Berlin-Schmargendorf u. Leipzig, 1927, S. 70.153–155.

279 Ebd., S. 71.

280 Fritz Mybes: Der Evangelisch-Kirchliche Hilfsverein und seine Frauenhilfe, Köln 1988, S. 20f. Anm. 34 zählt 31 Herren und drei Damen als Teilnehmende namentlich auf (ohne Wilhelm und Auguste Viktoria), weitere Personen waren eingeladen. Hinzuzurechnen ist auch Stoecker, der ursprünglich nicht auf der Einladungsliste stand.

281 Wenn Wilhelm II. rückblickend festhielt, es seien „*Angehörige aller Parteien*" gewesen, bedeutete dies wohl nur aller von ihm akzeptierter Parteien (Wilhelm II.: Aus meinem Leben 1859–1888, 3. Aufl., Berlin/Leipzig 1927, S. 340). Die gemischte Zusammensetzung

auch Adolf Stoecker, der *„eine niederschmetternde Schilderung von der Not in den* Berliner *Vorstädten“* gab.[282] Der zukünftige Kronprinz Wilhelm schlug in der sich anschließenden Diskussion die Gründung eines evangelischen Hilfsvereins vor. Die angedachte einmalige Kollekte erschien ihm nicht ausreichend für eine umfassende, landesweite Unterstützung der Stadtmissionsarbeit. Auguste Viktoria sollte die Schirmherrschaft für den Verein übernehmen.[283] Das Treffen löste in der Presse heftige Auseinandersetzungen aus, an der sich liberale und sozialdemokratische Presseorgane führend beteiligten. Ein Kritikpunkt war die Teilnahme von Stoecker, der die Berliner Stadtmission, eine eigenständige Ausprägung der Inneren Mission, leitete. Seine konservativen sozialreformerischen Vorstellungen und seine Arbeit für die Berliner Stadtmission wurden aus unterschiedlichen Gründen attackiert. Den teilnehmenden Politikern konservativer Ausrichtung wurde unterstellt, dass sie im Sinne ihrer politischen Ziele Einfluss auf den zukünftigen Thronfolger nehmen wollten. Sicherlich bot die Versammlung eine Gelegenheit, die Nähe Wilhelms zu suchen. Angesichts der sich ausbreitenden Gerüchte über den Widerstand Bismarcks gegen eine Unterstützung der Inneren Mission schrieb Wilhelm dem Kanzler einen mehrere Seiten langen Brief.[284] Er betonte darin die landesweite Ausrichtung des geplanten kirchlichen Hilfsvereins, der in zahlreichen Städten das Entstehen und die Arbeit von Stadtmissionen fördern sollte. Dadurch würde die Rolle von Stoecker eher relativiert, für den auch keine herausgehobene Position im Verein vorgesehen sei. Bismarck antwortete gleichfalls mit einem langen Brief, der die grundsätzliche Unterschiedlichkeit ihrer Meinungen deutlich machte.[285] Er befürchtete einen für ihn nicht zu kontrollierenden Einfluss sowohl von erzkonservativer wie von christlich-sozialer Seite. Entscheidendes Element der Stabilität seiner Machtposition war sein persönlicher Einfluss auf Wilhelm I, der bei dem Enkel Wilhelm verloren gehen konnte und ja auch verloren ging. Die evangelisch – zivilgesellschaftliche Bewegung der Inneren Mission, zu der die Berliner Stadtmission gehörte, war offenbar eine in sein Machtdenken nicht einzuordnende, störende Größe. Zudem widersprach die demokratische Struktur der Vereine seinem in der konservativen Standesordnung verwurzelten Denken. Für ihn waren *„alle Vereine ... als Werkzeuge zum* Angreifen und Zerstören *des Bestehenden sehr wirksam zu verwenden, aber nicht zum Bauen und Erhalten.“*[286] Der konservative Politiker Bismarck geriet dabei in Konflikt mit dem

lässt die Einschätzung von Ernst Engelberg (in: Bismarck. Das Reich in der Mitte Europas, 2. Aufl., Berlin 1990, S. 525) als unwahrscheinlich erscheinen, es habe sich um ein politisches Komplott gehandelt.

282 Wilhelm II.: Aus meinem Leben, S. 341.

283 Vgl. Ernst Evers: Auguste Victoria, S. 167 mit einem Auszug der Rede von Wilhelm.

284 Otto von Bismarck: Gedanken und Erinnerungen, Bd. 3 Erinnerung und Gedanke, Stuttgart/Berlin 1919, S. 7–12.

285 Ebd., S. 14–22.

286 Ebd., S. 21, Hervorhebung im Brief.

Realpolitiker. Er übersah die Realität der Erfolge der inzwischen deutschlandweit aktiven Inneren Mission. Bis zum Ende des Jahrhunderts entstanden allein rund 10 000 der Inneren Mission angeschlossene Vereine und zahllose Projekte wurden verwirklicht wie u. a. Kindergärten, Kinderheime, Krankenhäuser, Einrichtungen für Menschen mit Behinderung, ambulante und stationäre Krankenpflege. Er warnte Wilhelm vor der „*inneren Mission*", da „*die Erfolge, welche durch Reden und Vereine gewonnen werden, ... keine dauernden Unterlagen monarchischer Stellungen* (seien)."[287] Nahezu diffamierend wirkt sein Hinweis auf die in den Vereinen leitenden Personen, wenn er ausführt: „*Das werden Redner und Geistliche sein, vielfach auch Damen, lauter Elemente, die zu einer politischen Wirksamkeit im Staate nur mit Vorsicht verwendbar sind*".[288] Die auf die Damen zielende Bemerkung musste auch Auguste Viktoria treffen. Eine solche Wendung überrascht bei Bismarck nicht, hatte er doch zum früheren Zeitpunkt auch Augustas Wohlfahrtstätigkeit angegriffen. Bismarck traute diesen Unternehmungen zudem keine anhaltende und erfolgversprechende Arbeit zu und fordert Wilhelm eindringlich auf, für den Hilfsverein kein Protektorat zu übernehmen. Da Wilhelm dies für sich in seinem Schreiben ausdrücklich ausgeschlossen hatte, konnte sich dies nur gegen das angedachte Protektorat von Auguste Viktoria als „Prinzessin Wilhelm" richten. Wilhelm und Auguste Viktoria ließen sich nicht durch Bismarcks geharnischte Einrede von der Gründung des Vereins abhalten.[289] Der Ausführung des Plans kam sicherlich zugute, dass Wilhelm angesichts des hohen Alters des Kaisers und der Krankheit des Thronfolgers inzwischen als der kommende Thronfolger angesehen werden musste. Nach dem Tod Wilhelms I. im März wurde Wilhelm zum Kronprinzen und angesichts der tödlichen Krankheit seines Vaters Friedrich I. zum baldigen Thronerben. So konnte sich im Mai 1888 der „Evangelisch-Kirchliche Hülfsverein" mit Einverständnis des Kaisers Friedrich I. konstituieren. Wie vorgesehen übernahm Auguste Viktoria das Protektorat. Ziel des Vereins sollte es nach ihr sein, „*daß eine gemeinsame Liebesarbeit aller, denen das Wohl unserer evangelischen Kirche und die geistliche Not der Massen am Herzen liegt, im ganzen Lande ins Leben gerufen werden müsse.*"[290] Auguste Viktoria wollte „*durch planmäßige Organisationen auf diesem Gebiete der inneren Mission die Nachteile der Zersplitterung beseitigen helfen.*"[291] In der Tat fehlte es den zahlreichen Aktivitäten der Inneren Mission an einer zentralen Leitung und einem koordinierten Vorgehen. Seit 1849 bestand zwar der Centralausschuß für die Innere Mission mit Sitz in Berlin. Dieser bildete jedoch lediglich ein Gremium von Honoratioren, das den Gedanken der Inne-

287 Ebd., S. 17.

288 Ebd., S. 17.

289 In seinem Antwortschreiben an Bismarck vom 14.1.1888 beharrte Wilhelm nachdrücklich auf dem Plan und weist die gegenläufigen Argumente Bismarcks in höflicher, aber auch sehr bestimmter Form zurück.

290 „Handschreiben" Auguste Viktorias zitiert in Evers: Auguste Victoria, 4. Aufl., S. 168.

291 Ebd.

ren Mission in der Öffentlichkeit förderte sowie Ratschläge und Anregungen für die Arbeit der Vereine gab. Dieser Aufgabe kam der Centralausschuß zwar mit Erfolg nach, die einzelnen Vereine und auch die Landes- und Provinzialvereine besaßen jedoch ein ausgeprägtes Eigenleben. Die „Zersplitterung" konnte jedoch nicht überwunden werden: Es entstand ein neuer Verein zusätzlich zu den vorhandenen. Der „Evangelisch-Kirchliche Hülfsverein konstituierte sich auf seiner ersten Generalversammlung im Mai 1888. Die Satzung hatte Bernhard Weiß, der Präsident des Centralausschusses der Inneren Mission, ausgearbeitet.[292] Der Hilfsverein machte es sich zur Aufgabe, *„den kirchlichen und sittlichen Notständen in den großen Städten und Fabrikzentren entgegenzutreten."*[293] Er förderte durch einen regelmäßigen Zuschuss die Tätigkeit der Berliner Stadtmission und unterstützte die Tätigkeit von zahlreichen Stadtmissionen zwischen Königsberg und dem rheinisch-westfälischen Industriegebiet.[294]

Als Kaiserin übernahm Auguste Viktoria auch die Schirmherrschaft des überkonfessionellen Vaterländischen Frauenvereins, dessen Entstehen auf die Initiative der preußischen Königin Augusta zurückging.[295] Der Vaterländische Frauenverein/das Rote Kreuz entwickelte sich in dieser Zeit in erheblichen Umfang weiter.

Die erwähnten großen Vereine waren jedoch nicht die einzigen, für die sich Auguste Viktoria einsetzte. So übernahm sie in Berlin auch die Schirmherrschaft für den „Verein zur Fürsorge für die weibliche Jugend". In vier sogenannten „Marienheimen" bot er jeweils 50 bis 80 jungen, alleinstehenden Frauen *„Unterkunft, Beköstigung, Rat und Trost"*.[296] Hinzu kamen eine Stellenvermittlung, Ausbildungsangebote, eine „Erziehungsanstalt", größere Erholungsheime und zwei Hospize in Berlin. Ein weiteres Protektorat hatte Auguste Viktoria für das 1876 gegründete Paul-Gerhardt-Stift in Wedding übernommen. Die dort beheimateten Diakonissen widmeten sich der Krankenpflege stationär im eigenen Krankenhaus und ambulant in mehreren Berliner Gemeinden. Ihre Pflegetätigkeit kam insbesondere der ärmeren Bevölkerung zugute. Auguste Viktoria setzte sich für die Therapie von an Tuberkulose erkrankten Kindern ein und rief eine Initiative für die Bekämpfung der hohen Säuglingssterblichkeit ins Leben. Sie veranlasste die Gründung des „Kaiserin-Auguste-Viktoria-Hauses" in Berlin-Charlottenburg, dessen Schirmherrschaft sie übernahm. Der leitende Arzt, Professor Dietrich, bekundete 1919 rückblickend, dass Auguste Viktoria nicht nur zum *„Entstehen"*, sondern auch *„zur Weiterentwicklung der*

---

[292] Dazu Mybes: Der Evangelisch-Kirchliche Hilfsverein, S. 37–40.

[293] Schreiben Auguste Viktorias an die zweite Generalversammlung des Vereins vom 20.5.1889, ebd., S. 170.

[294] Ausführliche Auflistung in: Evers: Auguste Victoria, 4. Aufl., S. 172.

[295] Zum Folgenden s. Lindenberg: Das Buch der Kaiserin, S. 152f.

[296] Ebd., S. 239.

Anstalt unendlich viel beigetragen habe".[297] Als zentrale deutsche Einrichtung der Geburtshilfe widmete sich das Haus ab 1909 den Erkrankungen von Säuglingen und Kleinkindern. Besondere Bedeutung hatte die Einrichtung für Schwangere, die nicht in einer Ehe lebten. Dies war bei einem Drittel der Frauen der Fall. Auch für Hilfsaktionen im Ausland engagierte sich die Kaiserin. So übernahm sie als repräsentative Spitze die Leitung der deutschen Hilfsaktion nach einem Erdbeben in Italien.[298]

Auguste Viktoria verstand das Engagement für Kranke, bedürftige Kinder und entlassene Strafgefangene als ihre persönliche Aufgabe, ihre *„Pflicht gegen Gott und Menschen"*.[299] Dazu gehörte für sie auch ihr Einsatz für die Besserstellung der Heimarbeiterinnen durch ein neues Gesetz. Auguste Viktoria nutzte die ihr möglichen personellen Ressourcen ihres Hofstaates nach Kräften, brachte sich aber immer wieder auch persönlich ein. An den Jahresversammlungen der zahlreichen Vereine unter ihrem Protektorat nahm sie in der Regel teil. Durch die Hilfe für Einzelne lieferte sie Stoff für anrührende Fallberichte.[300] Ihre Besuche in zahlreichen Einrichtungen waren sorgsam inszenierte Auftritte mit großer Öffentlichkeitswirkung. Ihre persönliche Zuwendung zu den Betroffenen und ihre überzeugende Natürlichkeit haben diese Anlässe nicht zu reinen Schauveranstaltungen werden lassen. Dadurch wurde ein positives Licht auf die Monarchie geleitet und zugleich ihr christlich-soziales Anliegen einer breiten Öffentlichkeit bekannt gemacht. Ihre Öffentlichkeitswirkung war außerordentlich. In diesem öffentlichen Agieren zeigte sie sich – trotz ihres ganz traditionellen Frauen- und Familienbildes – als eine selbstbewusst und eigenständig handelnde Persönlichkeit. Weder für ihre direkte Vorgängerin noch für ihre präsumtive Nachfolgerin, Kronprinzessin Cecilie war die karitative Ausrichtung ihres Auftretens bestimmend. Auguste Viktoria förderte durch die Vereinsgründungen und karitativen Projekte den Aufbau der Zivilgesellschaft. Durch ihr Handeln entstanden neue Akteure in der Gesellschaft. Sie förderte die Wertschätzung von Diakonissen, Krankenschwestern, Ärzten und ehrenamtlich tätigen Frauen. Zudem lenkte Auguste Viktoria durch ihre Initiativen und ihre zahlreichen Besuche von Sozial- und Gesundheitseinrichtungen immer wieder die Aufmerksamkeit der Öffentlichkeit auf hilfebedürftige Kinder, Kranke, Menschen mit Behinderung und Strafentlassene. Nach der Beurteilung

---

297 Bericht der Kaiserin Auguste Victoria Hauses zur Bekämpfung der Säuglingssterblichkeit im deutschen Reiche und des Organisationsamtes für Säuglingsschutz vom 1. April 1918 bis zum 31. März 1919, Charlottenburg 1919, S. 8, Archiv des DW der EKD Sign. M II 1a 71.

298 Vgl. Brief Friedrich von Bodelschwinghs mit seinem Unterstützungsangebot an die Kaiserin in: Friedrich v. Bodelschwingh Briefwechsel, Teil 12 von 1907 bis 1910, hg. v. Alfred Adam, Bethel 1974, S. 735.

299 Zitiert in Paul Lindenberg: Kaiserin Auguste Viktoria. Ein deutsches Volksbuch, Berlin 1933, S. 234.

300 Ebd., S. 164f.

von Michael Balfour, einem der bekannten Biographen von Wilhelm II., hat es sich bei Auguste Viktoria um eine *„schlichte, phantasielose Person mit geringen intellektuellen Interessen und wenigen Talenten“* gehandelt.[301] Eine gewisse Einfachheit verbunden mit Güte und Frömmigkeit attestierte ihr Joachim von Winterfeldt-Menkin, der als Vorsitzender des Deutschen Roten Kreuzes ihr mehrfach begegnete.[302] Eben diese Charakterzüge scheinen ihr Agieren in der Wohlfahrtspflege, das von Balfour wie auch bei anderen Historikern keine angemessene Berücksichtigung findet, wirkungsvoll gemacht zu haben. Für ihre Position war es nicht ungewöhnlich, dass Berater, Fachleute und Interessenvertreter mit Ideen und Anregungen an sie herantraten. Ob fremde oder eigene Phantasie sie anregte – sie zeigte sich als eine karitativ ungewöhnlich agile Persönlichkeit.

Dabei darf nicht übersehen werden, dass es für Auguste Viktoria um die Restauration und die Stabilisierung eines Gesellschaftssystems ging, in dem Thron und Altar verbunden waren und das durch Säkularisation, Atheismus und dem Streben nach Demokratie sich angegriffen sah. Doch nimmt man ihr ab, dass sie durch die Schilderung von Not und Elend, die u. a. Adolf Stoecker ihr vortrug, berührt war. Ohne Frage verknüpfte sich bei ihr die systemerhaltende Zielsetzung mit dem Motiv christlicher Nächstenhilfe. Sie verstarb am 11. April 1921 in Doorn, dem holländischen Exil des Kaiserpaares. Nach dem Ende der zwanziger Jahre fanden ihre karitativen Verdienste kaum noch Erwähnung.

Die hier berücksichtigten Repräsentantinnen führender deutscher Dynastien standen mit ihrem sozialen Engagement keineswegs allein. Zahlreiche Fürstinnen kleinerer Dynastien setzten sich persönlich für eine Verbesserung der Versorgung der Bevölkerung ein. Diese war ungeachtet der ersten Erfolge von Bismarcks Sozialgesetzgebung auch dringend notwendig. Auch wenn die Frauen der herrschenden Dynastien zumeist keinen Einfluss auf die sozialpolitische Entwicklung nahmen, nehmen wollten oder nehmen konnten, hatten ihre Gründungen, Förderungen und Schirmherrschaften zusammengenommen einen erheblichen Einfluss auf die pädagogische, medizinisch-pflegerische und soziale Situation größerer Bevölkerungsgruppen. Sie ergänzten in vielfältiger Weise das von zahlreichen Frauen und Männern im 19. Jahrhundert nach und nach entwickelte Hilfesystem.

Trotz des Gegensatzes zum demokratischen Gesellschaftsbild und der Sozialordnung der Nachkriegszeit zeigt sich in der Rollenwahrnahme eine gewisse Kontinuität von den Frauen der Fürsten zu den Frauen der Bundespräsidenten. Diese schufen helfende Institutionen wie das Müttergenesungswerk oder

---

301 Balfour: Der Kaiser, Berlin 1967, S. 90.

302 Joachim Winterfeldt-Menkin: Dem Andenken der Kaiserin, in: Die Woche, Berlin, März 1921 Sonderheft, S. 2.

die Deutsche Krebshilfe und ihre Öffentlichkeitskampagnen lenkten die gesellschaftliche Bewusstseinsbildung auf nicht gelöste soziale, medizinische und therapeutische Fragen.

Erfolge und ihre Grenzen

Ihren bedeutendsten Erfolg erzielte die karitative Frauenbewegung des 19. Jahrhunderts in der **Entwicklung der Krankenpflege.** Die freiwillige Kranken- und Verwundeten-Pflege der Frauen in der Zeit der napoleonischen Kriege sorgte für den ersten Anstoß eines Prozesses, der zur modernen Krankenpflege in Deutschland führte. Die zunehmend geschulte Pflege durch Barmherzige Schwestern, Diakonissen und weitere Schwesternschaften erreichte im 19. Jahrhundert eine neuartige Pflegekompetenz. Sie schuf die Basis für die Weiterentwicklung der ambulanten und stationären Pflege bis in die Gegenwart. Unser gesamtes Krankenhauswesen ist ohne den Einsatz fachlich ausgebildeten Personals, der mit den Schwesternschaften begann, nicht denkbar.

Im Fokus der Pflegetätigkeit stand zunächst **die unversorgte ärmere Bevölkerung.** Eine Reihe weiterer Initiativen kam gleichfalls den Ärmeren zugute. Zahlreiche Aktivitäten von Vereinen, Einzelpersonen, Genossenschaften und Schwesternschaften dienten mithilfe von Koch- und Suppenanstalten sowie Lebensmittelspenden der Versorgung von Notleidenden in den sich mehrfach wiederholenden Zeiten von Mangelernährung und während der Ausbreitung von Epidemien. Häufiger wurden für den Winter auch Kleider verteilt und mittelose Schwangere finanziell unterstützt. Auch konnten die Initiativen für Kinderbetreuung, Schulunterricht und Ausbildung für die Kinder mitteloser Eltern die Armut der nächsten Generation lindern. Umfang und Dauer dieser Maßnahmen waren jedoch infolge der vorhandenen personellen und finanziellen Ressourcen begrenzt. Lösen konnten sie das Problem der Armut ohnehin nicht. Die Armut war dem gesellschaftlichen System des 19. Jahrhunderts immanent. Ein großer Teil der Aktivitäten konnte die Armut nur punktuell lindern. Stand, Familie, Religion und eine den Besitz schützende Moral sorgten in den gesellschaftlich bestimmenden Ständen zu einer Einengung der Sicht und der Bereitschaft zur Hilfe. Insbesondere das Streben nach Macht oder Machterhalt und Vermehrung des Vermögens verhinderten gesellschaftliche Veränderungen. Fürsten- und Adel ebenso wie der bürgerliche Adel in den freien Städten und die sich ausbreitenden Fabrik- und Kapitalherren schützten die geradezu ungeheuerlichen Unterschiede in Vermögen, Grundbesitz und Einkommen. Selbst die weitreichenden Ansätze für eine Verbesserung der Situation der Armen von Pauline zur Lippe konnten das strukturelle Problem nicht lösen, zumal die Ständevertretung des Fürstentums sich dem entgegenstellte. Dem nur allzu begrenzten Einsatz von Angehörigen der fürstlichen, der adligen und der reichen bürgerlichen Oberschicht ist mit Richard Rothe entgegenzuhalten: „*Läßt die Gesellschaft in ihrem Schooße Einrichtungen fortbestehen, durch* *welche gewisse Menschenclassen zu eigentlicher Armuth verurtheilt werden, und sorgt nur dafür, daß diese dem Hunger nicht erliegen, so sind ihre Wohlthaten nichts als eine Abgabe vom Raube der Ungerechtigkeit.*"[1]

Die **ehrenamtliche Tätigkeit von Frauen** erlebte im 19. Jahrhundert eine vorher nicht denkbare Entwicklung. Schon vor der Jahrhundertwende gründeten Frauen in Homburg v. d. Höhe 1787 den jüdischen „Frauenkrankenverein", der noch am Ende des 19. Jahrhunderts tätig war. Der wohl erste allgemein karitativ tätige Frauenverein, der 1810 entstandene Wiener „Damenverein", soll 8000 Mitglieder in 111 Tochtergesellschaften in seine Aktivitäten mit einbezogen haben. Die Zweigvereine waren in Österreich und Süddeutschland tätig. In Deutschland entstanden rund 600 Frauenvereine zwischen 1813 und 1815.[2] Sie nähten Kleidung für Freiwillige, stellten Verbandsmaterial her, pflegten und verköstigten Verwundete und Kranke ohne Ansehen der Nationalität und versorgten Gefangene. Sie retteten tausenden Verletzten in den Lazaretten das Leben und unterstützten durch den Krieg verarmte Familien. Etwa 130 Frauenvereine entstanden bis 1848 neu.[3] Auch danach setzte sich die Gründung von Frauenvereinen in einem Maße fort, dass eine nur annähernd genaue Zahlenangabe nicht möglich erscheint. Nur für einzelne Gruppen wie die Elisabethvereine oder die Frauenvereine im Erzgebirge und Vogtland lassen sich begrenzt gültige Angaben machen. In den größeren Städten kam es bis zur Jahrhundertwende zu einem starken Anstieg der Gründung von Frauenvereinen unterschiedlicher weltanschaulicher Ausrichtung. Allein in Berlin lassen sich über 250 karitativ tätige Frauenvereinigungen nachweisen.[4]

In den meisten katholischen Pfarreien des Deutschen Reiches dürften sich bis zum Ende des Jahrhunderts mehr oder weniger organisierte karitativ tätige Frauenvereinigungen gebildet haben. Das Gleiche gilt für zahlreiche jüdische Gemeinden. Die größten Vereins- und Mitgliederzahlen entfallen auf zwei Vereine, den Vaterländischen Frauenverein/Frauenverein des Roten Kreuzes und die Evangelische Frauenhilfe. Aus den 44 Vereinen des 1866 in Preußen gegründeten „Vaterländischen Frauenvereins" wurden bis 1907 1380 Vereine. Sie umfassten 395 054 Mitglieder.[5] Bis zum Anfang des 20. Jahrhunderts stieg

1 Richard Rothe: Theologische Ethik, 4. Bd., § 1042, S. 300.

2 Von der sorgfältigen Auflistung von Reder (Frauenbewegung, S. 489–503.506–512) sind wenigstens 662 Frauenvereine in unserem Zusammenhang zu berücksichtigen. Die genaue Zahl ist nicht mehr zu ermitteln, da nur die Frauenvereine berücksichtigt werden können, für die es heute noch irgendeinen Nachweis oder Hinweis gibt.

3 Nach Reders Auflistung sind für diesen Zeitraum 97 zu berücksichtigen, hinzukommen der Heidelberger Armen- und Frauenverein, der 1835 eine Armenschule gründete, der in seinem Text erwähnte „Evangelische Kranken-Frauenverein" in Karlsruhe (1842), die „Elisabethvereine" in Mainz (1848) und Karlsruhe (1848) und 28 jüdische Frauenvereine (Morgenstern: Frauenarbeit II. T., S. 140–177 / S. 306–343).

4 S. o., S. 78f.

5 Statistik der Frauenorganisationen im Deutschen Reiche, S. 13.

die Zahl der Mitglieder in der Evangelischen Frauenhilfe auf 128 325, die in 11 Landesverbänden und 1407 Ortsvereinen organisiert waren.[6]

Die Vereinsform scheint jedoch nicht immer eine effektive Arbeit ermöglicht zu haben. Schon früh gab es heftige Kritik an den Wohltätigkeitsvereinen. Den jüdischen Vereinen in Berlin wurde 1828 vorgeworfen, sie seien *„zum Teil ganz zwecklos geworden"*, ja sie würden *„mehr Schaden als Nutzen hervorbringen, da sie vereinzelt wirken"*.[7] Noch für den Anfang des 20. Jahrhunderts wurden den Mitgliedern der jüdischen Frauenvereine in Frankfurt von einer jüdischen Ärztin *„Selbstgerechtigkeit und Überheblichkeit"* vorgeworfen.[8] Ähnliche Phänomene waren sicherlich auch in den christlichen oder weltanschaulich neutralen Vereinen anzutreffen und bildeten den realen Hintergrund für die sarkastische Schilderung des fiktiven „Frauenvereins in Krähwinkel" durch Rosa Litten im Jahr 1897.[9] Begrenzt wurde die Wirkung der Frauenvereine auch, wenn die „Standes-Interessen" ihrer Mitglieder oder Schirmherrinnen Einschränkungen bewirkten. So sollte die Ausbildung von „Dienstboten" nicht dazu führen, dass diese eine selbstständige Stellung und angemessene Entlohnung erhielten, wie das Beispiel des Frauenvereins in Göttingen zeigte. Auch war die Unterstützung von Armen oft nur auf eine eingeschränkte Alimentation ausgerichtet, nicht aber auf die Eröffnung eines Weges aus der Armut heraus.

Dennoch liegt eine umfangreiche Bilanz des Wirkens der wohltätigen Frauenvereine vor mit erheblichen Auswirkungen bis in unsere Gegenwart. Sie haben nicht allein zahllose Einzelfallhilfen geleistet, sondern auch Institutionen wie Kindergärten, ambulante Pflegeorganisationen und Krankenhäuser gegründet, die bis heute bestehen. Zudem hat die durch die Frauen im 19. Jahrhundert ausgelöste Entwicklung dazu geführt, dass bis heute in zahllosen christlichen und jüdischen Gemeinden Frauen in Vereinsform – oder heute häufiger als Gemeindegruppen organisiert – karitativ tätig sind. Hinzu kommt das Engagement zahlreicher Frauen in weltanschaulich anders ausgerichtete Gruppen, Initiativen und Vereinen. Auch in den gemischtgeschlechtlichen Organisationen wie etwa den örtlichen Organisationen des DRK und der AWO übernehmen Frauen einen hohen Anteil an der praktischen Durchführung von Aktivitäten.

Aus kleinen Anfängen heraus entwickelte sich im 19. Jahrhundert die Gründungsbewegung von **Schwesternschaften.** Waren es 1808 in Münster nur 5

---

6 Ebd., S. 14.

7 Lordick: Mildtätigkeit, S. 29f. Zitat nach Adolf Diamant: 150 Jahre jüdische Wohlfahrtspflege in Berlin, in: Allgemeine Jüdische Wochenzeitung v. 25.11.1983, die Kritik betraf männliche und weibliche Wohltätigkeitsvereine.

8 Lordick: Mildtätigkeit mit Zitat aus Rahel Straus: Wir leben in Deutschland. Erinnerungen einer deutschen Jüdin 1880–1933, hg. v. Max Kreutzberger, Stuttgart 1961, S. 147f.

9 Rosa Litten: Frauenverein in Krähwinkel, in: Frauenverein in Krähwinkel und andere Humoresken, S. 3–62, Berlin 1897.

Schwestern und in Kaiserswerth 1836 anfangs nur eine Diakonisse, setzte ab den 40er Jahren eine dynamische Entwicklung ein. Die 1808 errichtete Genossenschaft der Klemensschwestern in Münster entwickelte sich bis 1926 zu einer Schwesternschaft von 2200 Genossinnen in 111 Niederlassungen. Schon für die Mitte des 19. Jahrhunderts ging der Caritashistoriker Georg Ratzinger von 15 000 Barmherzigen Schwesternaus, die sich aus verschiedenen Ordensgemeinschaften zusammensetzten.[10] 51 Orden, die sich der Krankenpflege und/oder dem Unterricht insbesondere der ärmeren Bevölkerung widmeten, wurden in diesem Jahrhundert gestiftet.[11] Zur gleichen Zeit entstanden evangelische Diakonissenmutterhäuser. 1901 arbeiteten für die in der Kaiserswerther Generalkonferenz zusammengeschlossenen deutschen Diakonissenmutterhäuser 11 584 Diakonissen.[12] Die 1925 veröffentlichte, detaillierte Statistik der Inneren Mission weist für den Kaiserswerther Verband 23 792 Schwestern aus und für die sonstigen Mutterhäuser 5338 Schwestern.[13] Bis 1938 stieg die Anzahl der dem Kaiserswerther Verband angehörenden Diakonissen auf 30 369. Zudem führte die Innere Mission für dieses Jahr 16 500 Schwestern weiterer Mutterhäuser und Schwesternschaften in Deutschland auf.[14] Hinzu kamen jeweils konfessionsübergreifende und konfessionsneutrale Schwesternschaften.

Die geringen Kosten waren eine der Ursachen für die schnelle Ausweitung der Schwesterntätigkeit in der Krankenpflege, Betreuung, Erziehung und Ausbildung. In ihren eigenen Einrichtungen hatten die Schwesternschaften nur die Kosten von Ausbildung, Unterbringung, Ernährung und Kleidung sowie – sofern üblich – ein bescheidenes Taschengeld zu zahlen. Fremde Träger von Einrichtungen, in denen Schwestern eines Ordens bzw. eines Mutterhauses eingesetzt wurden, hatten ein Gestellungsgeld an die entsendende Stelle zu entrichten. Auch in diesem wurde bestenfalls ein Taschengeld, aber kein normaler Lohn angerechnet. Die Schwestern erhielten so die Gewährleistung eines einfachen Lebensunterhalts verbunden mit einer Absicherung für Krankheit und Alter. Solange die Schwestern zum größten Teil ihren Dienst ausüben konnten, war die Versorgung der wenigen kranken und alten Schwestern leicht tragbar. Als jedoch die Zahl der im Ruhestand zu Versorgenden deutlich anstieg und gleichzeitig die Anzahl der neu eintretenden Schwestern stark zurückging, stellte dies die Ordensgemeinschaften und Diakonissenmutterhäuser vor

---

10 Ratzinger: Geschichte der kirchlichen Armenpflege, S. 511.

11 Quardt: Millionärin ohne Hab und Gut, S. 53.

12 Die Angabe 14 584 in Hammer: Geschichte der Diakonie, S. 148 beruht auf einem Druckfehler.

13 Handbuch der Inneren Mission, 2. Bd., S. 2–77. Die Zahl schließt die Lehr- und Hilfsschwestern ein.

14 Unser Werk. Ein ABC der Inneren Mission, für den Central-Ausschuß der Inneren Mission hg. v. Wilhelm Engelmann, Berlin-Steglitz 1939, S. 163.

schwerwiegende finanzielle Probleme, die für viele Gemeinschaften nicht lösbar waren.

Der Rückgang bei den Eintritten in die Gemeinschaften hatte mehrere Gründe. Zum einen begrenzte der Erfolg der Schwesterntätigkeit sich selbst: Je selbstverständlicher es wurde, dass eine große Zahl von Frauen als Schwestern bestimmte Berufe ausübten, desto naheliegender wurde es, solche Berufstätigkeit bei entsprechender Absicherung durch Gehalt und Rente auch ohne Schwesternschaft auszuüben. Die in den Gemeinschaften bestehende dauerhafte oder auf die Zeit der Zugehörigkeit begrenzte Ehelosigkeit führte zur Suche nach selbstbestimmten Lösungen beruflicher Tätigkeit. Hinzukam, dass die Schwesternschaften im Unterschied zu den demokratisch organisierten Frauenvereinen weitgehend hierarchisch strukturiert waren. Die Mitsprache der Schwestern war auf wenige Entscheidungen begrenzt. Die Wirkung autoritären Leitungshandelns wurde durch die organisatorische Geschlossenheit noch verstärkt. Der Schutz gegen autoritäres Leitungshandeln war damit gering. Darunter konnten Mitglieder der Schwesternschaften wie Rosa Flesch, aber auch die Klientel, der die Schwestern dienen wollten, zu leiden haben.

Die Frauen in den Genossenschaften hatten dazu beigetragen, dass sich das Rollenbild der Frau im 19. Und 20. Jahrhundert wandelte, sie selbst passten sich den gesellschaftlichen Veränderungsprozessen nicht oder nur unzureichend an und wurden damit auch selbst ein Opfer desselben. Die Berufstätigkeit von Frauen wurde zunehmend selbstverständlich. Diese Entwicklung verband sich in den fünfziger Jahren des 20. Jahrhunderts mit den gesellschaftlichen Folgen der Säkularisation. Damit setzten ein starker Rückgang bei der Anzahl der Schwestern und eine Überalterung in den konfessionellen Schwesternschaften ein, so dass viele Schwesternschaften keine karitativen Tätigkeiten mehr ausüben konnten. Auch die Zahl der Schwestern in den überkonfessionellen oder konfessionsneutralen Schwesternschaften ging zurück.

Eine große Zahl der Initiativen von Frauen im 19. Jahrhundert führte zu **neuen Lösungen** in bis dahin nicht oder nicht genügend berücksichtigten Hilfefeldern. Mit kreativen Ideen für die Eingrenzung der Armut, zur Betreuung von Kindern, für professionelle Versorgung von Geisteskranken und Epileptikern eilte Pauline zur Lippe vielen Zeitgenossen und erst recht den Regenten ihrer Zeit voraus. Zu den neuen Wegen gehörte auch die Förderung der schulischen Bildung von Mädchen. Beginnend mit Einzelinitiativen u. a. von Margaretha Jenisch in Lübeck und Pauline zur Lippe in Detmold für mittellose Mädchen weitete sich dieser Tätigkeitsbereich erheblich aus. 12 000 Kinder wurden 1872 von dem durch Klara Fey gestifteten Orden der „Schwestern vom armen Kinde Jesu" unterrichtet, 2000 Mädchen in Internaten betreut. Eine erste Einrichtung für kranke und pflegebedürftige Kinder gründete Karoline Weiße 1826. Doch auch das Kinderhospital, das Anna von Eichel am Ende des Jahrhunderts in Eisenach schuf, war in der Region einmalig. Eine Neuerung waren auch die dörflichen Kindertagesstätten, die Regine Jolberg zunächst in Baden schuf, ebenso wie die Seminare für die Ausbildung von Fachkräften für die Kinderbetreuung, die in Kaiserswerth und in Langenwinkel/Nonnenweier ihre Arbeit begannen. Als Pauline von Mallinckrodt 1842 in Paderborn ihre Arbeit für blinde Kinder begann, betrat sie immer noch Neuland, auch wenn die ersten Blindenanstalten in Deutschland ab 1809 in Dresden und ab 1818 in Breslau ihre Arbeit aufgenommen hatten. Die Rehaeinrichtung für Kinder mit Körperbehinderung, die 1894 aufgrund der Initiative von Anna von Borries in Hannover entstand, war erst die zweite in Norddeutschland zwischen Oder und Ems. Ihrer Zeit weit voraus initiierte Carola von Sachsen im Zeitalter eines streng trennenden Konfessionalismus eine Schwesternschaft, die evangelische und katholische Schwestern verband.

Eine Reihe von Frauen durchbrachen bei ihren Aktivitäten sogar die Ausgrenzungen, die bestimmte Gruppen von gesellschaftlich akzeptierten Hilfeleistungen ausschlossen. Sie scheuten sich nicht, strafgefangene und entlassene Frauen unter dem Gesichtspunkt der Begleitung und Hilfe in den Blick zu nehmen wie Friederike Fliedner, Franziska Schervier und Eva von Tiele-Winckler. Franziska Schervier kannte keine Scheu, syphiliskranke Frauen zu pflegen und eine umfangreichere Arbeit für junge Frauen zu betreiben, deren Verhalten den gesellschaftlichen Moralvorstellungen der Zeit nicht entsprachen oder Zwängen ausgeliefert waren, in denen sie diesen nicht nachkommen konnten. Auch Emilie Jenisch, Angehörige einer der angesehensten Hamburger Familien, schenkte ihnen ebenso wie Alkoholikern ihre besondere Aufmerksamkeit.

Aus vielen der Pionierleistungen sind inzwischen durch die Sozialgesetzgebung abgesicherte Regelleistungen der öffentlichen Hand geworden. Daneben hat sich der im 19. Jahrhundert begonnene Prozess verstetigt, dass sich Frauen auf neuen Hilfefeldern engagieren. So ist u. a. das Entstehen der „Lebenshilfe“ und der Spastikerhilfe im vorigen Jahrhundert zuerst den Müttern der Betroffenen zu verdanken.

Bei den meisten sozial engagierten Frauen war **Emanzipation** kein bewusstes Ziel. Sie wurde vielmehr gelebt. Frauen, die durch ihre gesellschaftliche Position und finanzielle Verfügungsmöglichkeiten herausgehoben waren, fiel es zu allen Zeiten leichter, selbstbewusst und souverän ihren Weg karitativer Tätigkeit zu gehen. Das galt für die Salondame Rahel Levin ebenso wie für die Baronin Amélie von Langenau. Augusta war weder in ihrer Zeit als Kronprinzessin noch als preußische Königin und deutsche Kaiserin in ihrem karitativen Handeln einzuschränken. Sie scherte sich weder um die Aufgabenverteilung am preußischen Hof oder konfessionelle Bedenken bei ihrer Förderung katholischer Einrichtungen und Orden noch um Bismarcks Opposition gegen ihre Förderung der Inneren Mission. Dem Reichskanzler war sie allerdings auch aufgrund ihrer politisch liberalen Einstellung zuwider. Auch nichtgekrönte weibliche Häupter verstanden sehr souverän ihren Weg zu gehen. Amalie Sieveking war als Waise gezwungen, ihre Lebensaufgabe gegen alle Bedenken und alle Kritik zu erkämpfen. Karoline Weiße beabsichtigte bei ihrer Gründung trotz der ausgefüllten Lebensrolle als Pfarrfrau ihr *„Leben durch Tätigkeit in einem solchen Wirkungskreise auszufüllen"*[15]. Für Apolonia Diepenbrock und Franziska Schervier waren ihre selbst gewählten und gegen den Widerstand der Eltern und teilweise auch der Seelsorger erkämpften Lebenswege Ausdruck ihrer Emanzipation. Franziska Scherviers Vater erkannte dies ausdrücklich an, indem er gegenüber einem Dritten äußerte, *„seine Tochter habe sich zu emancipieren gewußt"*[16]. Auch Regine Jolberg musste um ihren Weg mit dem Vater ringen und sich mit ihren Vorstellungen behaupten. Die hohe Zahl der Mitglieder von Schwesternschaften und Genossenschaften machte Frauen und Gesellschaft im 19. Jahrhundert mehr und mehr damit vertraut, dass Frauen außerhalb der Familie einer geregelten Tätigkeit nachgingen und ihre Versorgung gesichert war. Auch wenn die Schwestern kein Gehalt erhielten, sondern bestenfalls ein bescheidenes Taschengeld, war für Essen, Kleidung, Unterkunft und die Zeit des Alters gesorgt. Die Gemeinschaft, der sie angehörten, erhielt durch Spenden, Beiträge der öffentlichen Hand und private Entgelte die dafür notwendigen Mittel.

Stifterinnen und Gründerinnen von Einrichtungen, die diese aufbauten und leiteten, nahmen schon allein durch die Wahrnahme solcher Aufgaben bis weit ins 19. Jahrhundert eine vom allgemeinen Rollenbild der Frau abweichende Position ein. Durchaus selbstbewusst leiteten Ordensschwestern und Diakonissen Pflege- und Erziehungseinrichtungen. Dabei wurde die Geschäftsfähigkeit von Frauen rechtlich erst in den Jahren 1958 und 1977 vollständig hergestellt. Doch im Laufe des 19. Jahrhunderts standen Frauen immer häufiger an der Spitze von kleineren oder größeren Organisationen und regelten deren Leben und Arbeiten selbstbestimmt und nahmen in ihrem Handeln die Möglichkeiten der späteren rechtlichen Regelungen praktisch vorweg.

Die Bedeutung der hier dargestellten Gründungen von Frauen findet ihren Ausdruck auch in der **Nachhaltigkeit** der dort geleisteten Arbeit. Mehrere der zwischen 1813 und 1815 initiierten Frauenvereine haben wie der Lübecker, der Bremer „große Frauenverein", der Hagener, der Frankfurter und der Freiburger Frauenverein über 100 Jahre eine vielfältige soziale oder pflegerische Arbeit geleistet. Die Gründungen von Pauline zur Lippe für mittellose Patienten und für psychisch Kranke leben in Nachfolgeeinrichtungen weiter. Die „Amalie

---

15 Zitat aus der von ihr verfassten Gründungsurkunde des Elisabethstiftes, wiedergegeben in: Martha Théremin: Hundert Jahre Kinderarbeit im Elisabethstift. 1826–1926, Berlin 1926, S. 10.

16 Ignatius Jeiler. Die gottselige Mutter Franziska Schervier, 4. Aufl., Freiburg i. Brsg. 1927, S. 51.

Sieveking-Stiftung“ hält Intentionen von Amalie Sieveking bis heute lebendig. Die meisten Gründungen haben trotz aller geschichtlicher Wechselfälle und gesellschaftlicher Veränderungen ihre Tätigkeit über viele Jahrzehnte, oft über mehr als hundert Jahre fortsetzen können. Die institutionellen Formen und z. T. auch die Arbeitsgebiete haben sich dabei oft verändert. Das Festhalten an alten Formen, die mangelnde Realisierung gesellschaftlicher Veränderungsprozesse führte dagegen zu erheblichen Einbußen. Die verspätetet einsetzende und bis heute nicht angemessen umgesetzte Reaktion auf die veränderte gesellschaftliche Rolle und Position der Frau hat für das Diakonissen- und Ordenswesen weitreichende Konsequenzen in Diakonie und Caritas gehabt. Nur durch die rechtliche und geschäftliche Verselbstständigung konnten sich die von Mutterhäusern und Orden gegründeten und betrieben Einrichtungen halten. Die Waldbreitbacher Franziskanerinnen bieten mit ihrer Organisationsstruktur dazu ein besonders erfolgreiches Beispiel: Die Trägerschaft wurde von der Geschäftsführung und dem Betrieb der einzelnen Einrichtungen getrennt. Die Wandlungsfähigkeit der Institutionen und das Engagement der Leitungen waren entscheidend für ihre anhaltende Wirkungsgeschichte.

Die karitativen Tätigkeiten der Frauen im 19. Jahrhundert liefen teilweise denen der Männer voraus oder parallel, teilweise knüpften sie an diese an. Sie haben entscheidend dazu beigetragen, dass in Deutschland eine Kultur karitativer und sozialer Initiativen und Institutionen entstanden ist. Die allgemeine Würdigung ihrer Verdienste blieb jedoch in vielen Fällen hinter ihren Leistungen für die Allgemeinheit zurück. Ein genauerer Blick auf die Geschichte des karitativen Engagements von Frauen im 19. Jahrhundert zeigt, in welchem Maß sie persönliche Einzelfallhilfen und die Almosenpraxis früherer Zeit hinter sich ließen. Sie gründeten Vereine und Schwesternschaften, schufen größere karitative Organisationen, legten auf Nachhaltigkeit wert und gingen ihre ehrenamtliche Arbeit mit durchdachten Konzeptionen an. Sie wurden zu einer Avantgarde der freien Wohlfahrtspflege.

Verzeichnis der Namen, Einrichtungen und Orte

Literaturverzeichnis

Quellen

Alice Großherzogin von Hessen und bei Rhein: Mittheilungen aus ihrem Leben und aus ihren Briefen, 2. Aufl., Darmstadt 1883

Annalen der Stadt Gera von 1701 bis 1812, zusammengestellt v. Robert Fürbringer, Gera 1838, Archiv der Stadt Gera, Bibl.-Nr. 5615

Annalen der Stadt Gera seit dem Jahre 1813 – eine Sammlung topographischer, statistischer und historischer Notizen über Gera nach den Jahrgängen geordnet u. zusammengestellt von Robert Fürbringer, Gera 1838, Archiv der Stadt Gera, Bibl.-Nr. 5616

Annastift: 50 Jahre Annastift Hannover 1897–1947, hg. v. Central-Ausschuß für die Innere Mission der Deutschen Evangelischen Kirche, Berlin-Dahlem 1947

Annastift e. V. Orthopädische Heil- und Lehranstalt Hannover-Kleefeld, Jahresberichte 1951, 2014

Auguste Viktoria Haus: Bericht des Auguste Viktoria Hauses zur Bekämpfung der Säuglingssterblichkeit im Deutschen Reiche und des Organisationsamtes für Säuglingsschutz vom 1. April 1918 bis zum 31. März 1919, Archiv des DW der EKD, Sign. M II 1 a 71

Barmherzige Schwestern: 125 Jahre Barmherzige Schwestern von Heiligen Vinzenz v. Paul in Freiburg im Breisgau, Freiburg i. Brsg. 1972

Baur, Wilhelm: Geschichts- und Lebensbilder aus der Erneuerung des religiösen Lebens in den Befreiungskriegen, 1. Bd. u. 2. Bd., 4. Aufl., Hamburg 1884

– Prinzeß Wilhelm von Preußen, geborene Prinzeß Marianne von Hessen-Homburg. Ein Lebensbild aus den Tagebüchern und Briefen der Prinzeß, Hamburg 1886

Becker: Rede zur Einweihung des neuen Betsaales im evangelischen Diakonissenhause zu Eisenach, Gotha 1878, Archiv des Diakonischen Werkes der EKD

Bismarck, Otto von: Gedanken und Erinnerungen, 3. Bd. Erinnerung und Gedanke, Stuttgart/Berlin 1919

Bodelschwingh, Friedrich von: Briefwechsel, Teil 12 von 1907 bis 1910, hg. v. Alfred Adam, Bethel 1974

Borries, Anna von: Lutherworte zu den Evangelien des Kirchenjahres nebst erläuternden Geschichten und Beispielen, gesammelt zum Besten des Krüppelheims Annastift, Hannover/Gütersloh 1903

Bräuer: Zur Geschichte unseres Hauses, maschinenschriftliches Manuskript von Pastor Bräuer, Rektor des Diakonissenmutterhauses Eisenach, o. J., Archiv des DW der EKD

Braun, Lily: Im Schatten der Titanen. Erinnerungen an Baronin Jenny von Gustedt, Berlin 1929

Eisenacher Diakonissenhaus: Zur Geschichte unseres Hauses, o. J. Signatur M I a 202, Bibliothek des DW der EKD

Elisabethstift

– **Das Elisabethstift.** Gründungsurkunde vom 5.5.1826, Archiv des Elisabethstiftes Berlin o. Signatur

– **13. Bericht über das Elisabethstift in Pankow**, Berlin 1844 u. 63. Bericht über das Elisabeth-Stift (früher in Pankow) in Hermsdorf bei Berlin, Berlin 1910, Archiv des Diakonischen Werkes der EKD: Sign. M II 2 a 205

– **Elisabethstift Evangelisches Kinderheim 1826–1966,** Berlin-Hermsdorf 1966, Archiv des DW der EKD, Sign. M II 2 D 205 B

– **150 Jahre Elisabethstift Evangelisches Kinderheim 1826–1976,** Berlin-Hermsdorf 1976, Archiv des DW der EKD, Sign. M II 2 D 205 C

– **175 Jahre Elisabethstift.** 1826–2001, Berlin 2001

Eschenburg, Dora: Der Frauenverein von 1813 während der ersten 100 Jahre seines Bestehens, o. Ort u. J. (Lübeck 1913)

Evangel. Frauenverein zu Coblenz: Jahres-Bericht pro 1870, 1872, 1874, 1889, 1895, 1896,1899, Coblenz, Digitalisat des Landesbibliothekszentrums Rheinland-Pfalz – dilibri Rheinland-Pfalz / Jahres-Bericht des Evangelischen Frauenvereins zu Coblenz 2012

Evangelisches Diakonissenhaus Nonnenweier, Mutterhaus für Kinderpflege und Gemeindediakonie in Nonnenweier bei Lahr in Baden: Jb. 1936/37, Lahr 1937; Jb. 1938/39, Lahr 1938; Archiv des Diakonischen Werkes der EKD, Sign. M I a 651

Fontane, Theodor: Mein Erstling: Das Schlachtfeld von Gross-Beeren, in: Sämtliche Werke, Bd. 14, München 1961, S. 189–191

– Wanderungen durch die Mark Brandenburg, Bd. 14, 2. Aufl., Berlin 1998

Fuldaer Vinzentinerinnen: 125 Jahre Fuldaer Vinzentinerinnen, 1834–1959, Fulda 1959

Fürstin Pauline zur Lippe und Herzog Friedrich Christian von Augustenburg, Briefe aus den Jahren 1790–1812: hg. v. Paul Rachel, Leipzig 1903

Generalsekretariat der Elisabethvereine (Hg.): Handbüchlein für die Elisabetharbeit, Freiburg i. Brg. 1949

Goltz, Eduard von der: Der Dienst der Frau in der christlichen Kirche. Geschichtlicher Überblick mit einer Sammlung von Urkunden, 2. Aufl., Potsdam 1914

Heinrich Gräfe: Nachrichten von wohlthätigen Frauenvereinen in Deutschland. Ein Beitrag zur Sittengeschichte des neunzehnten Jahrhunderts, Kassel 1844

Heinsius, Theodor: Das Luisenstift. Geschichte seiner Gründung zu Berlin im Jahre 1807, Neudruck der Schrift: „Geschichte des Luisenstifts bis zum Schlusse des Jahres 1808. Aus den Verhandlungen erzählt von Theodor Heinsius, Berlin, 1809“, Berlin 1982

Hennig, Martin (Hg.): Quellenbuch zur Geschichte der Inneren Mission, Hamburg 1912

Heydt, Fritz von der: Hundert Jahre Evangelischer Frauenverein Koblenz, Koblenz 1934

Hieronymus, Eusebius: Ausgewählte Briefe des heiligen Kirchenlehrers Hieronymus, Deutsch hg. v. P. Peter Lechner, Regensburg 1859 / München 1921

Hundert Jahre Kinderarbeit im Elisabethstift 1826–1926, Berlin 1926

Jantke, Carl u. Dietrich Hilger (Hg.): Die Eigentumslosen. Der deutsche Pauperismus und die Emanzipationskrise in Darstellungen und Deutungen der zeitgenössischen Literatur, Freiburg/München 1965

Kasper, Katharina: Schriften Bd. 1 Erste Regeln und eigenhändige Briefe, hg. v. Gottfriedis Amend, Kevelaer 2001

Der Katholische Frauenverein St. Barbara in Coblenz, Entstehung, Geschichte und Wirken unter besonderer Berücksichtigung des St. Barbara-Waisenhauses zur Erinnerung des neuen Waisenhauses mit Kapelle am 20. Oktober 1908, Coblenz 1908

Klein, Tim: Die Befreiung 1813.1814.1815, Urkunden, Berichte, Briefe, Ebenhausen 1913

Kracht, Jans-Joachim: Rosa Flesch. Leidenschaft für die Menschen, Bd. 2, Dokumente, Trier 2006

Kretschmer, Ernst Paul: Aus vergangenen Tagen der Stadt Gera und ihrer nächsten Umgebung, Stadtarchiv Gera, Bibl.-Nr. 4849

Krimm, Herbert (Hg.): Quellen zur Geschichte der Diakonie, II Reformation und Neuzeit, Stuttgart o. J. (1963)

Das Mutterhaus für Kinderpflege zu Nonnenweier bei Lahr: Jb. 1913, Lahr 1914
Mybes, Fritz: Geschichte der Evangelischen Frauenhilfe in Quellen, Gladbeck 1975
Nathan, Fanny: Chronik des jüdischen Waisenhauses für Westphalen und Rheinland, Paderborn um 1859, Digitalisat in Internet-Portal „Westfälische Geschichte", 20.4.2004
Nielsen, Kirsten-Marie: Erinnerungen, Wanne-Eickel 1972
Löscher, Hermann: Festbericht über die Vereinsjahre 1856–1896 des Frauenvereins zu Zwönitz, Zwönitz 1896, Kreisarchiv des Erzgebirgskreises, 03.14.11. St Zwö v45, Sign. 1042
Luisenstift: Ev. Luisenstift Berlin 1807–1982. 175 Jahre diakonische Erziehungshilfe, Berlin 1985
Luther, Martin: Erlanger Ausgabe, Bd. 53 u. Bd. 54
– Luthers Briefwechsel hg. v. Enders, VIII, n. 1844
McKee, Elsie Anne: Katharina Schütz Zell, Vol. II: The Writings, Leiden, Boston, Köln 1999
Merkwürdigkeiten des 17. und 19. Jahrhunderts in der Stadt und Herrschaft Gera, aufgezeichnet von Carl Gottfried Felbrig, Archiv der Stadt Gera, Bibl.-Nr.5620
Morgenstern, Lina: Frauenarbeit in Deutschland, II. Teil Adressbuch und Statistik der Frauenvereine in Deutschland, Adressen der israelitischen Frauenvereine zur Linderung der Not in Deutschland, S. 140–177, in: Jüdische Wohltätigkeits- und Bildungsvereine hg. v. Ulrich Stascheit u. Gerd Stecklina, Frankfurt a. M. 2013, S. 306–343
Müsebeck, Ernst: Freiwillige Gaben und Opfer des preußischen Volkes in den Jahren 1813–1815, Leipzig 1913
Neus, Jakob: Die allgemeine Armenversorgungsanstalt in der Stadt Mainz, Mainz 1823, Digitalisat dilibri Rheinland-Pfalz, Stadtbibliothek Mainz 2019
Oesterreichs Pantheon (ohne Autorenangabe), Galerie alles Guten und Nützlichen im Vaterlande. Authentische Notizen über das Leben und Wirken der ausgezeichnetsten Staatsbeamten, Krieger, Literatoren und wohlverdienten Privatmänner des Kaiserstaates in der neueren und neuesten Zeit, 1. Bd.
Perthes, Clemens Theodor: Friedrich Perthes' Leben nach dessen schriftlichen und mündlichen Mittheilungen, 6. Aufl., Gotha
Pichler, Caroline: Denkwürdigkeiten aus meinem Leben. Mit einer Einleitung und zahlreichen Anmerkungen nach dem Erstdruck und der Urschrift neu hg. v. Emil Karl Blümml, 2. Bd., München 1914
Plieninger, Wilhelm Heinrich: Beschreibung von Stuttgart hauptsächlich nach seinen naturwissenschaftlichen und medicinischen Verhältnissen, Stuttgart, 1834, Digitalisat des MDZ der BSB München 2020
Quellen zur Geschichte der Diakonie hg. v. Herbert Krimm, Bd. 1–3, Stuttgart 1960
Quellenhefte zum Frauenleben in der Geschichte, hg. v. Emmy Beckmann u. Irma Stoß, H. 10, Evangelische Frauen in bahnbrechender Liebestätigkeit im 19. Jahrhundert, ausgewählt v. Hanna Beckmann, Berlin 1927
Reis, Eduard: Mainzer Silhonetten u. Genrebilder. Ein Panorama des heutigen Mainz, Mainz 1841, Digitalisat dilibri Rheinland-Pfalz, Stadtbibliothek Mainz 2018
Rösch, Friedrich: Erinnerungen an Wien, Bremen, 1931
Sarneel, Sjef: Den Menschen zuliebe. Louise von Marillac. Geistliche Biographie in Selbstzeugnissen, Freiburg, Basel, Wien 1990
Schickedanz, Margareta (Hg.): Das Heimatheer der deutschen Frauen im Weltkrieg, 2. H., Frauenhilfe hinter der Front und hinter Stacheldraht, Leipzig u. Berlin1936
Schmidt-Scharff, Wolfgang: Geschichte des Frankfurter Frauenverein 1813–19, Frankfurt a. M. 1913
Schwartz, Ursula von: Erinnerungsbuch (maschinenschriftlich), Leuchtenburg 1949

Sieveking, Amalie: Denkwürdigkeiten aus dem Leben von Amalie Sieveking in deren Auftrag von einer Freundin derselben verfaßt, 2. Aufl., Hamburg 1860

Statistik der Frauenorganisationen im Deutschen Reiche, bearbeitet im Kaiserlichen Statistischen Amte Abteilung für Arbeiterstatistik, Berlin 1909

Statut für das Elisabeth-Stift zu Berlin-Hermsdorf, Berlin 1905, Archiv des Diakonischen Werkes der EKD, Signatur M II 2 a 205 a

Sticker, Anna: Friederike Fliedner und die Anfänge der Frauendiakonie. Ein Quellenbuch, Neukirchen 1963[2]

Tiele-Winkler, Eva von: Nichts unmöglich! Erinnerungen und Erfahrungen von Schwester Eva von Tiele-Winckler, 5. Aufl., Dresden 1929

– Vom wahren Sinn des Lebens, Lahr-Dinglingen 1977

– Zum Segen berufen. Entstehen und Wirken des Friedenshortes, 6. Aufl., Lahr-Dinglingen 1990

Varnhagen, Rahel: Briefe und Aufzeichnungen, hg. v. Dieter Bähtz, Leipzig u. Weimar 1985

– Gesammelte Werke hg. v. Konrad Feilchenfeldt, Uwe Schweikert und Rahel E. Steiner, Bd. 2 u. 3: Rahel. Ein Buch des Andenkens für ihre Freunde, 2. u. 3. Theil, Berlin, 1834, Nachdruck 1983

Wilhelm II.: Aus meinem Leben 1859–1888, 3. Aufl., Berlin u. Leipzig 1927

Woker, Friedrich Wilhelm (Hg.): Die Vinck'sche Provinzial-Blindenanstalt für Westfalen zu Paderborn und Soest, Münster 1897, Digitalisat der Universitäts- und Landesbibliothek Münster 2012

Die **Wohlfahrtseinrichtungen von Groß-Berlin nebst einem Wegweiser für die praktische Ausübung der Armenpflege in Berlin. Ein Auskunfts- und Handbuch**, 4. Aufl., Berlin 1910

Zell, Katharina: hg. v. Elsie Anne McKee: Katharina Schütz Zell, Vol. 2, The Writings, Leiden, Boston, Köln 1999

Zürcherische Hülfsgesellschaft: 17. Neujahrsblatt, Zürich 1817

Zeitungen

Allgemeine Jüdische Wochenzeitung, Düsseldorf, vom 25.11.1983

Amts-Blatt der Königlichen Regierung zu Cleve v. 27.1.1821, digiPress BSB München 2021

Berliner Intelligenzblatt, Nr. 77, 31.3.1813, Extrabeilage

Bonner Wochenblatt, Bonn 1817, Nr. 262, Nr. 264; 1826 Nr. 34, Nr. 63, Nr. 104; 1827 Nr. 100, Nr. 101; 1831, Nr. 98, Digitalisat der ULB Bonn/Münster 2018

Bremer Kirchen-Blatt, 28. Jg., Bremen 1892, Nr. 49

Bremer Nachrichten vom 11.12. 1892

Erzgebirgische Heimatblätter, Marienberg, Jg. 2007/3, Kreisarchiv Annaberg Bestand 13.07.26. SaKart, Sign. 8.6

Erzgebirgisches Nachrichten- und Anzeigenblatt, Marienberg, Jg. 1934 u. 1935, Kreisarchiv Annaberg, 08.07. ArbMusPo, Sign. 260/69

Evangelisches Vereinsblatt für Oberösterreich, Gallneukirchen, Jg. 1882–1897

Evangelist für die Donauländer. Wochenblätter für christliches Leben, Wien, Jg. 1902 u. 1931

Freiburger Wochenblatt mit großherzoglichem Privilegium, Freiburg i. Br., Nr. 11, 5.1.1815

Großherzoglich Badische Staats-Zeitung, Digitalisat der Badischen Landesbibliothek Karlsruhe

Karlsruher Zeitung, Karlsruhe Nr. 288 vom 6.12.1851, digitale Sammlung der Badischen Landesbibliothek Karlsruhe

Königlich Baierisches Intelligenz-Blatt des Iller-Kreises, Kempten, Oktober 1816 – März 1817
Leipziger Zeitung, Erste Beilage zu Nr. 101, 30. April 1959, Kreisarchiv Annaberg Bestand 03.14.1. St. Zwö v45, Sign. 1042
Merländer-Brief, Veröffentlichungen des Merländer E.V., 8/2002
Münchner Intelligenzblatt, 1780 u. 1789, Digitalisat MDZ München 2021
Paderbornsches Intelligenzblatt, Nr. 14 vom 8. April 1815, Digitalisat ULB Bonn u. ULB Münster 2018
Rhein- und Ruhrzeitung, Duisburg, Jg. 1852, 1858, 1862–1863, Digitalisat ULB Bonn u. Münster 2018
Rheinische Blätter, Wiesbaden, 1817, Nr.9.47.61.81.88.98.100.102.109.115.122, Digitalisat: digiPress Bayrische Staatsbibliothek München 2016
Die Woche, Berlin, März 1921 Sonderheft

Sekundärliteratur

Gesamtdarstellungen, Sammelwerke und Lexika

Allgemeinde Deutsche Biographie hg. v. durch die Historische Commission bei der Königlichen Akademie der Wissenschaften München, Bd. 52, Leipzig 1906
Arbeiterwohlfahrt Bundesverband e. V, Bonn (Hg.): Helfen und Gestalten. Beiträge und Daten zur Geschichte der Arbeiterwohlfahrt, Bonn 1979
Beyreuther, Erich: Geschichte der Diakonie und Inneren Mission in der Neuzeit, 3. Aufl., Berlin 1983
Biographisch-Bibliographisches Kirchenlexikon bgr. u. hg. v. Friedrich Wilhelm Bautz, fortgeführt v. Traugott Bautz: Herzberg/Nordhausen, Bd. 1–33, 1990–2012
Damen Conversations Lexikon, hg. v. Carl Herloßsohn, Leipzig 1834–1838, in: Digitale Bibliothek , Sonderband, Legendäre Lexika, Berlin 2006
Engelmann, Wilhelm (Hg.): Unser Werk. Ein ABC der Inneren Mission, Berlin-Steglitz 1939
Foertsch, Ursula: Nächstenliebe war ihr Werk. Bedeutende Frauen in der sozialen Arbeit, Stuttgart 1975
Gerhardt, Martin: Ein Jahrhundert Innere Mission, Bd. 1 u. 2, Gütersloh 1948
Hamburgische Biographie. Personenlexikon hg. v. Franklin Kopitzsch u. Dirk Brietzke, Bd. 3, Göttingen 2006
Hammer, Georg-Hinrich: Geschichte der Diakonie in Deutschland, Stuttgart 2013
Handbuch für das kirchliche Amt hg. v. Martin Schian: Leipzig 1928
Handbuch der Inneren Mission hg. v. Central-Ausschuß für die Innere Mission: Bd. 1–3, Berlin 1922, 1925 u. 1928
Hauff, Adelheid von (Hg.): Frauen gestalten Diakonie. Bd. 1: Von der biblischen Zeit bis zum Pietismus, Stuttgart 2007; Bd. 2: Vom 18. bis zum 20. Jahrhundert, Stuttgart 2006
Kaiserswerther Verband deutscher Diakonissen-Mutterhäuser (Hg.): Diakonissen-Lesebuch, Berlin 1932
Kirchliches Handbuch für die evangelische Gemeinde hg. v. Hermann Priebe, 3. Aufl., Berlin 1929
Krimm, Herbert: Das diakonische Amt der Kirche, 2. Aufl., Stuttgart 1965
Lexikon für Theologie und Kirche, 3. Aufl., hg. v. Walter Kasper, Bd. 1–11, Freiburg im Breisgau 2006
Liese, Wilhelm: Caritativ-soziale Lebensbilder, Mönchen-Gladbach 1916

– Geschichte der Caritas, Bd. 1 u. 2, Freiburg i. Br. 1922
Ludwig, Andreas u. Kurt Schilde (Hg.): Jüdische Wohlfahrtsstiftungen. Initiativen jüdischer Stifterinnen und Stifter zwischen Wohltätigkeit und sozialer Reform, Frankfurt a. M. 2010
Meyers Großes Konversations-Lexikon, 3. Bd., 6. Aufl., Leipzig u. Wien 1907
Pierers Universallexikon der Gegenwart und Vergangenheit, 4. Aufl., Altenburg, 1857–1865, hg. v. Julius Löbe, in: Digitale Bibliothek, Sonderband, Legendäre Lexika, Berlin 2006
Ratzinger, Georg: Geschichte der kirchlichen Armenpflege, 2. Aufl., Freiburg i. Brsg. 1884
Realencyklopädie für protestantische Theologie und Kirche, 3. Aufl., hg. v. Albert Hauck, Bd. 1–22, Leipzig 1896–1909
Die Religion in Geschichte und Gegenwart, 3. Aufl., hg. v. Kurt Galling, Bd. 1–7, Tübingen 1957–1965
– 4. Aufl., hg. v. Hans Dieter Betz, Bd. 1–9, Tübingen 1998–2007
Schäfer-Krebs, Margret (Hg.): Das Unmögliche von heute ist die Arbeit von morgen, 1998 Ostfildern u. Düsseldorf
Schauer, Hermann: Frauen entdecken ihren Auftrag. Weibliche Diakonie im Wandel eines Jahrhunderts, 2. Auf., Stuttgart 1962
Schiffler, Lotte: Die Antwort der Frau in der sich ändernden Welt, 2. Aufl., Münster 1969
Sohr, Amélie: Frauenarbeit in der Armen- und Krankenpflege, daheim und im Auslande, Geschichtliches und Kritisches, Berlin 1882
Steinweg, Johannes: Die Innere Mission der evangelischen Kirche. Eine Einführung in ihr Wesen und ihre Arbeit sowie in ihre Zusammenhänge mit der Wohlfahrtspflege und Sozialpolitik, Heilbronn 1928
Stiegemann, Christoph (Hg.): Caritas. Nächstenliebe von den frühen Christen bis zur Gegenwart. Katalog zur Ausstellung im Erzbischöflichen Diözesanmuseum Paderborn, Petersberg 2015
Theologische Realencyklopädie, hg. v. Gerhard Müller, Bd. 1–36, Berlin 1977–2004
Uhlhorn, Gerhard: Die christliche Liebesthätigkeit, Stuttgart 1895

Einzeldarstellungen

Amend, Gottfriedis (Hg.): Maria Katharina Kasper. Ihre Zeit und ihr Werk, Dernbach 1978
– Mutter Maria Katharinas Antwort auf die Bedürfnisse ihrer Zeit, in: Maria Katharina Kasper. Ihre Zeit und ihr Werk, S. 27–50
Appel, Reinhard u. Friedrich Dickmann: Hundert Jahre St. Elisabethverein,. Ein Kapitel Marburger Frömmigkeitsgeschichte 1879–1979, Marburg 1980
Arand, Tobias: Fürstin Pauline zur Lippe (1769–1820), in: Frauen gestalten Diakonie, Bd. 2, S. 58–70
Arbeiterwohlfahrt Bundesverband e. V. (Hg.): Helfen und Gestalten. Beiträge und Daten zur Geschichte der Arbeiterwohlfahrt, Bonn 1979
Arendt, Hannah: Rahel Varnhagen. Lebensgeschichte einer deutschen Jüdin aus der Romantik, Frankfurt a. M./Berlin/Wien 1975
Aring, Paul Gerhard: Art. „Hensel, Luise", in: BBKL, Bd. 14, Herzberg 1998, Sp. 1086
Arndt, Fanny: Die Deutschen Frauen in den Befreiungskriegen, Halle 1867
Asche, Susanne, Barbara Guttmann, Olivia Hochstrasser, Sigrid Schambach u. Lisa Sterr: Karlsruher Frauen 1715–1945. Eine Stadtgeschichte, Veröffentlichungen des Karlsruher Stadtarchivs Bd. 15, hg. v. Heinz Schmitt, Karlsruhe 1992

Balfour, Michael: Der Kaiser. Wilhelm II. und seine Zeit, Frankfurt a. M./Berlin 1967

Beyreuther, Erich: Eva von Tiele-Winckler, in: Via Humana, Wohltäter der Menschheit, hg. v. Rudolf Erckmann, München/Wien 1958, S. 231–251

Böckeler, Maura: Die Macht der Ohnmacht. Mutter Maria Rosa Flesch, Mainz 1962

Böhmert, Victor: Das Armenwesen in 77 deutschen Städten, Dresden 1886

– Die Armenpflege, Gotha 1890, in: Zimmers Handbibliothek der praktischen Theologie, Bd. XI–XIV, Abt. 34

Bornhak, Helmut: Regine Jolberg. Die Gründerin des Mutterhauses Nonnenweier. Ein Abenteuer der Liebe, Stuttgart-Sillenbuch o. J. [1964]

Brandt, Martin Gottlieb Wilhelm: Die Kleinkinderpflege und ihre Bedeutung für's Leben, 2. Aufl., Nonnenweier/Barmen 1879

– Mutter Jolberg, Gründerin und Vorsteherin des Mutterhauses für Kinderpflege zu Nonnenweier, ihr Leben und Wirken, Bd. 1/2, Barmen 1871/72

Braubach, Max: Von der französischen Revolution bis zum Wiener Kongreß, in: Gebhardt Handbuch der deutschen Geschichte, hg. v. Herbert Grundmann, Bd. 14, 10. Aufl. München 1992, Kap. 19

Berdrow, Otto: Rahel Varnhagen. Ein Lebens- und Zeitbild, Stuttgart 1900

Büchner, Carlo: Hans Werner von Tiele-Winckler, in: Dienst für Christus, hg. v. Johannes Dreßler, Berlin 1983, S. 198–206

Conze, Werner: Der Verein als Lebensform des 19. Jahrhunderts, in: Die Innere Mission, 50. Jg., 1960, S. 226–241

Cuno, Emma: Regina Julie Jolberg. Gründerin des Mutterhauses für Kinderpflege in Nonnenweier vormals Leutesheim, dann Langenwinkel, Nonnenweier o. J.

Cuntz, Friedrich: Carl Wilhelm Theodor Ninck. Ein Lebensbild, Herborn 1890

Dalton, Hermann: Johannes Goßner. Ein Lebensbild aus der Kirche des neunzehnten Jahrhunderts, Berlin 1874

De Haan, Margret: Art. „Müttervereine", in: LThK, 3. Aufl., hg. v. Walter Kasper, Bd. 7, Freiburg im Breisgau 2006, Sp. 565

Dicke, Werner: Anna von Borries. Die Helferin der Körperbehinderten, Giessen/Basel 1954

– Das Annastift in Hannover-Kleefeld 1891–1965, in: 100 Jahre Innere Mission Hannover, hg. v. Gottfried Maltusch, Hannover 1965

Döring, Luise: Frauenbewegung und christliche Liebestätigkeit, Leipzig 1917

Engelberg, Ernst: Bismarck. Das Reich in der Mitte Europas, Berlin 1990

Eppenich, Heinz: Geschichte der deutschen homöopathischen Krankenhäuser: von den Anfängen bis zum Ende des Ersten Weltkrieges, Heidelberg 1995

Eschenburg, Dora: Der Frauenverein von 1813 während der ersten 100 Jahre seines Bestehens, Lübeck 1913

Evangelisches Diakoniewerk Gallneukirchen (Hg.): 125 Jahre Diakoniewerk. Nächstenliebe in unserer Zeit, Gallneukirchen 1999

Evers, Ernst: Auguste Viktoria – Das Lebensbild der deutschen Kaiserin, 4. Aufl., Potsdam 1908

Feuerstein-Praßer, Karin: Augusta. Kaiserin und Preußin, München/Zürich 2011

Finken, Ursula: Apollonia Diepenbrock – Gründerin des ersten ‚Hauses für Frauen' in Regensburg, in: Berühmte Regensburger. Lebensbilder aus zwei Jahrtausenden, hg. v. Karlheinz Dietz u. Gerhard H. Waldherr, Regensburg 1997

Foertsch, Ursula: Nächstenliebe war ihr Werk. Bedeutende Frauen in der sozialen Arbeit, Stuttgart 1975

Frank, Karl Suso: Art. „Vinzentinerinnen", in: LThK, Bd. 10, Sp. 795f.

Stiftungsperspektiven vom Geld, vom Glück und der Zeit, Rothenburg o. d.T. 2000

Fuchs, Konrad: Katharina Kasper – ihr sozialpolitisches Wollen und Wirken, in: Maria Katharina Kasper. Ihre Zeit und ihr Werk, hg. v. Gottfriedis Amend, Dernbach 1978, S. 51–78

Funke, Alex: Eva von Tiele-Winkler ›Mutter Eva‹, Hamburg 1981

Gatz, Erwin: Art. „Mallinckrodt, Pauline von“ in: NDB, Bd. 15, Berlin 1987, S. 735f.

– Art. „Schervier, Franziska“, in: NDB, Bd. 22, Berlin, 2005, S. 705

Gehler, Georg: Zur Gründung von Frauenvereinen im Erzgebirge, in: Erzgebirgische Heimatblätter, 2007/3, Kreisarchiv Annaberg bestand 13.07.26. SaKart, Sign. 8.6

Gélieu, Claudia v.: Arbeitshaus, Bettelvogt und Tretmühle in: Allex, Anna u. Dietrich Kalkan (Hg.): Ausgesteuert – ausgegrenzt ... angeblich asozial, Neu-Ulm 2009, S. 261–266

Gerhardt, Martin: Friedrich von Bodelschwingh, Bethel, Bd. 1950, Bd. 2 1952

– Theodor Fliedner, Düsseldorf-Kaiserswerth, Bd. 1 1933, Bd. 2 1937

Gerstenbergk, Jenny von: Anna von Eichel die Stifterin des Diakonissenhauses zu Eisenach. Ein Lebensbild, Eisenach 1894

Gihring, Kurt: Ein neues Licht. Großherzogin Luise und das Rote Kreuz, Offenburg/Baden 1963

Götzelmann, Arnd: Die Speyerer Diakonissenanstalt. Ihre Entstehungsgeschichte im Zusammenhang mit Kaiserswerth und Straßburg, Diakoniewissenschaftliche Studien, Bd. 2, Heidelberg 1994

Gruber, Sabine Claudia: Art. „Diepenbrock, Apollonia (von)“, in: BBKL, Bd. 24, Nordhausen 2005, Sp. 504–506

Gundermann, Iselin: Kirchenbau und Diakonie, Kaiserin Auguste Viktoria und der Evangelisch-Kirchliche Hilfsverein, H. 7 des Evangelischen Kirchenbauvereins, Berlin 1993

Gurlt, Ernst Julius: Zur Geschichte der internationalen und freiwilligen Krankenpflege im Kriege, Leipzig 1873

Hachmeister, Göran: Die Geschichte des Annastiftes, in: Annastift (1897–1997) 100 Jahre Kompetenz und Nächstenliebe, hg. v. Gerhard Szagun, Hannover 1997, S. 15–158

– Die Herausforderung zu helfen. Anna von Borries 1845–1945, Hannover 2014

Hammer, Georg-Hinrich: Das Almatastift in Bremen-Walle. Seine Entstehung, Geschichte und Gegenwart, Bremen, 2007

Hammer, Paul Ernst: Baronin Amélie von Langenau, Wien 2001

Hauff, Adelheid M. von: Eva von Tiele-Winckler (1866–1930), in: Frauen gestalten Diakonie, Bd. 2, hg. v. Adelheid M. von Hauff, Stuttgart 2006, S. 451–466

– Regine Jolberg (1800–1870). Leben, Werk und Pädagogik. Veröffentlichungen des Diakoniewissenschaftlichen Instituts an der Universität Heidelberg, Bd. 13, Heidelberg 2002

Heinrich, Gerd: Geschichte Preußens. Staat und Dynastie, Frankfurt a. M. 1981

Herbst, Wilhelm: Amalie Sieveking. Dienerin Jesu an Armen und Kranken, Giessen u. Basel 1955[2]

Heucke, Anne: Amalie Sieveking, in: Wer mir dienen will, 24 Lebensbilder von Männern und Frauen im Dienst der Liebe, hg. v. Gerhard Bosinski u. Paul Toaspern, Berlin 1978, S. 173–186

Hindenlang, Friedrich: Großherzogin Luise von Baden. Der Lebenstag einer fürstlichen Menschenfreundin, Karlsruhe 1925

Hofmann, Beate: Art. „Tiele-Winckler 2. Eva v.“, in: RGG, 4. Aufl., Bd. 8, Tübingen 2005, Sp. 399

Hohn, Wilhelm (Hg.): Barmherzige Schwestern vom heiligen Karl Borromäus 1652–1900, Bilder aus der Geschichte der katholischen Charitas, Trier 1900

Irle, Katrin: Leben und Werk Caroline Fliedners geb. Bertheau, der zweiten Vorsteherin der Diakonissen-Anstalt Kaiserswerth, Diss., Siegen 2002

Jacobsohn. Egon: Frau Amalie Beer, in: Jacobsohn u. Leo Hirsch: Jüdische Mütter, Berlin 1936. S. 65–76
Jeiler, Ignatius: Die gottselige Mutter Franziska Schervier, 4. Aufl., Freiburg i. Brsg. 1927
Jenner, Harald: 100 Jahre Anscharhöhe 1886–1986, Neumünster 1986
Joho, Michael (Hg.): Alt genug für neue Wege. 175 Jahre Amalie Sieveking-Stiftung, Hamburg 2007
Jürgens, Wilhelm: Jüdische Vereine und Stiftungen im Wohltätigkeits- und Erziehungswesen in Hannover im 19. Jahrhundert, Magisterarbeit Hannover 1995
Kall, Alfred: Katholische Frauenbewegung in Deutschland. Eine Untersuchung zur Gründung katholischer 1 Frauenvereine im 19. Jahrhundert, Paderborn 1983
Key, Ellen: Rahel Eine biographische Skizze, 3. Aufl., Halle 1912
Kiewning, Hans: Fürstin Pauline zur Lippe 1769–1820, Detmold 1930
Kleßmann, Eckart: Prinz Louis Ferdinand von Preußen, München 1972
Knobloch, Heinz: Die Suppenlina. Wiederbelebung einer Menschenfreundin, Berlin 1997
Koch, Hansjoachim W.: Die Befreiungskriege, 1807–1815, 2. Aufl., Berg 1998
Kracht, Hans-Joachim: Leidenschaft für die Menschen. Margaretha Rosa Flesch – Leben und Wirken, Trier 2005
– **(Hg.):** Leidenschaft für die Menschen – Bd. 2, Dokumente, Trier 2006
Kruppa, Reinhold: Lina Morgenstern. „Social couragiert und frauenbewegt". Ein Berliner Lebensbild, Norderstedt 2008
Kufferath, Philipp u. Jürgen Mittag: Geschichte der Arbeiterwohlfahrt (AWO), Bonn 2019
Lindenberg, Paul: Das Buch der Kaiserin Auguste Viktoria, Berlin-Schmargendorf/Leipzig 1927
– Kaiserin Auguste Viktoria. Ein deutsches Volksbuch, Berlin 1933
Litten, Rosa: Frauenverein in Krähwinkel und andere Humoresken, Berlin 1897
Lordick, Harald: Mildtätigkeit, Solidarität und Selbsthilfe – Jüdische und Wohltätigkeits- und Bildungsvereine im 19. Jahrhundert, in: Stascheit: Jüdische Wohltätigkeits- und Bildungsvereine, Frankfurt a. M. 2013
Lüttgen, Magdalena: Die Elisabethvereine: Im Dienst am Nächsten seit dem Jahre 1840, insbesondere im Rheinland und Westfalen, Siegburg 2003
Martin, Käthe: Aus der Geschichte des Frauenvereins, Kreisarchiv Annaberg, Bestand 13.07.15. DS MEK, Sign. 749
Märkisch, Denise: Der Kampf der Frauen, in: Freie Presse 8.11.2017, Kreisarchiv Annaberg Bestand 13.07.26. SaKart – (ASZ)
McKee, Elsie Anne: Katharina Schütz Zell, Bd. 1, The Life and Work of Sixteenth-Century Reformer, Leiden/Boston/Köln 1999
Mehlhausen, Joachim: Vom Elend der Almosen zur solidarischen Selbsthilfe – Wege und Ziele evangelischer Sozialarbeit im 19. Jahrhundert, o. Ort (Duisburg) 1988
Meiwes, Relinde: Frauen in Bewegung. Das katholische Kongregationswesen im 19. Jahrhundert, in: Caritas hg. v. Christoph Stiegemann, S. 316–323
Meyer, K.: Die Fürstin Pauline zur Lippe und ihre Liebesthätigkeit. Ein Erinnerungsblatt zum hundertjährigen Jubiläum der Pflegeanstalt in Detmold, in: Monatsschrift für Innerer Mission, 21. Bd., hg. v. Theodor Schäfer, Gütersloh 1901, S. 137–153.177–203
Meyer-Renschhausen, Elisabeth: Weibliche Kultur und soziale Arbeit. Eine Geschichte der Frauenbewegung am Beispiel Bremens 1810–1927, Köln/Wien 1989
Michessen, Alexander: Die innere Mission in Lübeck, Hamburg 1880
Miller, Susanne: Marie Juchacz – ihre Zeit, ihr Leben, ihr Werk, in: Helfen und Gestalten. Beiträge und Daten zur Geschichte der Arbeiterwohlfahrt, hg. v. Arbeiterwohlfahrt Bundesverband e. V., Bonn 1979, S. 6–10

Miller, Susanne u. Heinrich Potthoff: Kleine Geschichte der SPD. Darstellung und Dokumentation 1848–1980, Bonn 1981

Mirbt, Carl: Art. „Droste-Vischering", in RE, Bd. 5, 1898, S. 23–38

Müller, Roland B.: Auf den Spuren der Breslauer Synagogengemeinde bis zur Shoah, Fakten. – Personen – Geschichten, Leipzig 2018

Mybes, Fritz: Der Evangelisch-Kirchliche Hilfsverein und seine Frauenhilfe, Köln 1988

Naarmann, Margit: Fanny Nathan 1803–1877. Gründerin des jüdischen Waisenhauses in Paderborn, in: Internet-Portal „Westfälische Geschichte", 23.5. 2005

– Die Paderborner Juden 1802–1945, Emanzipation, Integration und Vernichtung. Ein Beitrag zur Geschichte der Juden in Westfalen im 19. und 20. Jahrhundert, Paderborn 1988

Nick, Dagmar: Jüdisches Wirken in Breslau. Eingeholte Erinnerung: Der Alte Asch und die Bauers, Würzburg 1998

Obert, Angelika: Auguste Viktoria. Wie die Provinzprinzessin zur Kaiserin der Herzen wurde, Berlin 2011

Ohff, Heinz: Auch sie waren Preußen, 15 Lebensbilder, Berlin 1979

Omde, Klaus vom: Art. „Tiele-Winckler 1. Hans-Werner v.", in: RGG 4. Aufl., Bd. 8, Tübingen 2005, Sp. 399

Pape, Friedrich Wilhelm (Hg.): Ein Jahrhundert für Menschen mit Behinderungen. Die Geschichte des Verbandes Evangelischer Einrichtungen für die Rehabilitation Behinderter e. V. 1901–1997, Reutlingen 1998

Philippi, Paul: Die Vorstufen des modernen Diakonissenamtes (1789–1848) als Element für dessen Verständnis und Kritik, Neukirchen-Vluyn 1966

Plank, Sigrid: Apolonia Diepenbrock (1799–1880), in: Lebensbilder aus der Geschichte des Bistums Regensburg, 2. Teil, hg. v. Georg Schwaiger, Regensburg 1989, S. 644–656

Quardt, Robert: Millionärin ohne Hab und Gut. Aus dem Leben der Ordensstifterin Maria Kasper, 2. Aufl., München 1967

Rehm, Max: Königin Katharina von Württemberg. Ihr Leben und Wirken nach Selbstzeugnissen und im Spiegel der Zeitgenossen 1788–1819, Stuttgart 1968

Remé, Richard: Amalie Sieveking eine Vorkämpferin der christlichen Frauenbewegung, Hamburg 1911

Riehl, Wilhelm Heinrich: Die Naturgeschichte des deutschen Volkes als Grundlage einer deutschen Sozial-Politik, 1. Bd., Land und Leute, Stuttgart 1860, 10. Aufl. 1899

Römer, Daniel: Die Ursprünge der Verflechtungen zwischen Pietismus und Staat auf dem Gebiet des Sozialen im Württemberg des 19. Jahrhunderts, Dissertation, Stuttgart 2012; Digitalisat http://elib.uni-stuttgart.de/opus/volltexte/2012/7572/ 27.1.2016

Rosenlehner, August: Art. „Maria Anna Josepha, Herzogin in Baiern, in ADB, Bd. 52, Leipzig 1906, Sp. 196–201

Sander-Wietfeld, Käthe: Pauline von Mallinckrodt. Ein Lebensbild nach ihren Briefen und Aufzeichnungen, Paderborn 1985

Sauer, Paul: Die Frauen der württembergischen Könige, in: Tradition und Fortschritt. Württembergische Kirchengeschichte im Wandel. Festschrift für Hermann Ehmer zum 65. Geburtstag, hg. v. Norbert Haag, Siegfried Hermle, Sabine Holtz u. Jörg Thierfelder, Epfendorf/Neckar 2008, S. 223–238

Sauer, Charlotte: Fremdling und Bürger. Lebensbild des Johannes Evangelista Goßner, Berlin 1966

Schad, Martha: Bayerns Königinnen, München/Zürich 2008

Schian, Martin: Art. „Müttervereine", in: Handbuch für das Kirchliche Amt, hg. v. Martin Schian, Leipzig 1928, S. 418

Schiffler, Lotte: Die Antwort der Frau in der sich ändernden Welt, Münster 1969

Schmid, Alois: Art. „Maria Anna, Herzogin von Bayern, geborene Pfalzgräfin von Pfalz-Sulzbach“, in: Neue Deutsche Biographie, Bd. 16, 1990, S. 181f.

Schmittdiel, Agnes: Pauline von Mallinckrodt, Paderborn 1949

Schulz, Ilse: Verwehte Spuren. Frauen in der Stadtgeschichte, 2. Aufl., Ulm 2005

Schumann, Hans: Königin Katharina von Württemberg, Stuttgart 1993

Seifert, Siegfried: Königin Carola von Sachsen lebte die Liebe, in: Tag des Herrn, Katholische Wochenzeitschrift, 49. Jg., Leipzig 1999, Ausgabe 29, Online-Ausgabe 25.7.1999

Seligman, Stanley A.: The Royal Maternity Charity: The First Hundred Years, in: Medical History, 1980, 24: S. 403–418

Sohr, Amélie: Frauenarbeit in der Armen- und Krankenpflege, Daheim und im Auslande. Geschichtliches und Kritisches, Berlin 1882

Stascheit, Ulrich u. Gerd Stecklina (Hg.): Jüdische Wohltätigkeits- und Bildungsvereine, Frankfurt a. M. 2013

Stern, Carola: Der Text meines Herzens: Das Leben der Rahel Varnhagen, Reinbek 1994

Sticker, Anna: Theodor Fliedner. Von den Anfängen der Frauendiakonie, 2. Aufl., Neukirchen 1959

– ... und doch möchte ich nur meinem Sinn folgen ... Friederike Fliedner Stifterin der Kaiserswerther Diakonissenanstalt, Offenbach a. M. 1986

– ... und doch möchte ich nur meinem Sinn folgen ... Friederike Fliedner Stifterin der Kaiserswerther Diakonissenanstalt, Sonderdruck des fehlenden Manuskriptteiles Schmutz, Schmier und Läuse, Offenbach 1987

Stratmann-Döhler, Rosemarie: Stephanie Napoleon Großherzogin von Baden 1789–1860, Katalog des Badischen Landesmuseums Karlsruhe, Karlsruhe 1989

Szagun, Gerhard (Hg.): Annastift (1897–1997). 100 Jahre Kompetenz und Nächstenliebe, Hannover 1997

Theml, Christine: Die ersten Frauenvereine in Thüringen, in: Blätter zur Landeskunde, Erfurt 1993

Théremin, Martha: Hundert Jahre Kinderarbeit im Elisabethstift 1826–1926, Berlin 1926

Tischhauser, Christian: Geschichte der evangelischen Kirche Deutschlands in der ersten Hälfte des 19. Jahrhunderts, Basel 1900

Toaspern, Paul: Eva von Tiele-Winckler, in: Wer mir dienen will. 24 Lebensbilder von Männern und Frauen im Dienst der Liebe, hg. v. Gerhard Bosinski u. Paul Toaspern, Berlin 1978, S. 363–390

Treitschke, Heinrich von: Deutsche Geschichte im Neunzehnten Jahrhundert, 1. Theil, 7. Aufl., Leipzig 1904

Troxler, Walter: Art. „Schervier, Franziska“ in: BBKL, Bd. 9, Herzberg 1995, Sp. 170f.

Tüchle, Hermann: Die barmherzigen Schwestern von Untermarchtal. Zur 125jährigen Tätigkeit der Vinzentinerinnen im Bistum Rottenburg-Stuttgart, Ostfildern 1983

Uhlhorn, Gerhard: Die christliche Liebesthätigkeit, Bd. 3, Stuttgart 1890

– Vermischte Vorträge über kirchliches Leben der Vergangenheit und der Gegenwart, Stuttgart 1875

Watterott, Ignaz: Mutter Klara Fey Stifterin der Genossenschaft der Schwestern vom armen Kinde Jesu, Freiburg i. Brsg. 1917

Weber-Reich, Traudel: Louise von Marillac (1591–1660) Urheberin der Mutterhäuser, in: Frauen gestalten Diakonie, hg. v. Adelheid von Hauff, Bd. 1, Stuttgart 2007, S. 355–391

– „Um die Lage der hiesigen Nothleidenden Classe zu verbessern“. Der Frauenverein zu Göttingen von 1840 bis 1956, Studien zur Geschichte der Stadt Göttingen, Bd. 18, Göttingen 1993

Weinbrenner, Hildegard: Art. „Müttergenesungswerk“, in: ESL, hg. v. Theodor Schober, Martin Honecker u. Horst Dahlhaus, 7. Aufl., Stuttgart/Berlin 1980

Wennemuth, Udo (Hg.): Mission und Diakonie, Kultur und Politik Vereinswesen und Gemeinschaften in der evangelischen Kirche in Baden im 19. Jahrhundert, Karlsruhe 2004

Wiegler, Paul: Wilhelm der Erste. Sein Leben und seine Zeit, Dresden 1927

Wies, Ernst W.: Elisabeth von Thüringen. Die Provokation der Heiligkeit, 3. Aufl., München 2004

Wilking, Bernhard: Genossenschaft der Barmherzigen Schwestern von der allerseligsten Jungfrau und schmerzhaften Mutter Maria ›Klemensschwestern‹, Münster 1927

Wortmann, Carl: Chronik des St. Marienhospitals Stiftung de Noel, Köln 1906

Wurzbach-Tannenberg, Constantin v.: Art. Karolina Fürstin Lobkowitz, Biographisches Lexikon des Kaiserthums Oesterreich, Bd. 15, 1866, S. 325f., Digitalisat wikisource 2015

Ziegler, Wilhelm: Mutter Jolberg und die Väter des Nonnenweierer Werkes, Karlsruhe 1925

Zimmermann, Karl: Art. Gustav-Adolf-Stiftung, in RE³, Bd. 7, Leipzig 1899, S. 252–257

Verzeichnis der Abkürzungen

Abt.	Abteilung
ADB	Allgemeine Deutsche Biographie
Anm.	Anmerkung
Art.	Artikel
Aufl.	Auflage
BBKL	Biographisch-Bibliographisches Kirchenlexikon
Bd.	Band/Bände
bgr.	begründet
BLKÖ	Biographisches Lexikon des Kaiserthums Oesterreich
Br.	Breisgau
BSB	Bayerische Staatsbibliothek
Diss.	Dissertation
DM	Deutsche Mark
DRK	Deutsches Rotes Kreuz
drs.	derselbe
DW	Diakonisches Werk
DZA	Deutsches Zentralarchiv
EA	Erlanger Ausgabe der Werke Martin Luthers
ebd.	ebenda
EKD	Evangelische Kirche in Deutschland
EKL	Evangelisches Kirchenlexikon
ESL	Evangelisches Soziallexikon
f.	folgende
fl.	Gulden
H.	Heft
Hg.	Herausgeber/Herausgeberin
hg.	herausgegeben
i.	in
J.	Jahr
Jb.	Jahresbericht
Jg.	Jahrgang

Kap.	Kapitel
kr.	Kreuzer (Währung)
LThK	Lexikon für Theologie und Kirche
MDZ	Münchner Digitalisierungszentrum
NDB	Neue Deutsche Biographie
o.	ohne
o. J.	ohne Jahr
o. S.	ohne Seite
RE	Realenzyklopädie für protestantische Theologie und Kirche
RGG	Die Religion in Geschichte und Gegenwart
Rthlr.	Reichsthaler
s.	siehe
S.	Seite
Sign.	Signatur
Sp.	Spalte
T.	Teil
TRE	Theologische Realenzyklopädie
u. a.	unter anderem/n
u. ö.	und öfter
usw.	und so weiter
übers.	übersetzt
ULB	Universitäts- und Landesbibliothek
v.	von
vgl.	vergleiche
Vol.	Volumen
vw	verwitwet
WA	Weimarer Ausgabe der Werke Martin Luthers

Danksagung

Ich danke den folgenden Archiven und Bibliotheken bei der tatkräftigen Unterstützung meiner Recherchen:

Archiv und Bibliothek der Bremischen Evangelischen Kirche

Archiv und Bibliothek des Diakonischen Werkes der EKD, Berlin

Archiv des Diakonissenmutterhauses Bremen

Archiv des Elisabethstiftes in Berlin-Hermsdorf

Bayerische Staats- und Universitätsbibliothek München

Institut für Stadtgeschichte, Frankfurt

Johannes a Lasco Bibliothek Emden

Kreisarchiv des Erzgebirgskreises, Annaberg-Buchholz

Lippische Landesbibliothek/Theologische Bibliothek Detmold

Staatsarchiv und Universitätsbibliothek der Freien und Hansestadt Bremen

Staatsarchiv Hamburg

Stadtarchiv Gera

Universitätsbibliothek Bonn